SCEAUX GASCONS

DU MOYEN AGE

(GRAVURES ET NOTICES)

PUBLIÉS POUR LA SOCIÉTÉ HISTORIQUE DE GASCOGNE

PAR LA

COMMISSION DES ARCHIVES HISTORIQUES.

Ire PARTIE

SCEAUX ECCLÉSIASTIQUES
SCEAUX DES ROIS DE NAVARRE ET DES GRANDS FEUDATAIRES

PARIS	AUCH
HONORÉ CHAMPION	COCHARAUX FRÈRES
ÉDITEUR	IMPRIMEURS
8, quai Voltaire, 8	11, rue de Lorraine, 11

M DCCC LXXXVIII

ARCHIVES HISTORIQUES
DE LA GASCOGNE

FASCICULE QUINZIÈME

SCEAUX GASCONS DU MOYEN AGE

PAR

LA COMMISSION DES ARCHIVES HISTORIQUES

INTRODUCTION.

L'habitude de se servir de cachets ou sceaux pour donner aux actes leur authenticité, au lieu d'y apposer des signatures, remonte à la plus haute antiquité. Ces pierres, gravées avec tant d'art, que l'on admire dans nos musées, étaient des cachets.

Le moyen âge est resté fidèle à ces traditions antiques. Les actes étaient rarement signés ; chacune des parties contractantes et même les témoins exprimaient leur consentement en appliquant au bas du parchemin un sceau gravé en creux, qui laissait son empreinte sur de la cire chaude.

Rois, princes, seigneurs, hommes d'église, bourgeois et paysans, chacun avait un sceau ; on le tenait soigneusement enfermé, ou bien on le portait avec soi en voyage, maintes preuves s'en rencontreront dans ce volume. Au XIVᵉ siècle, l'apposition du sceau était si nécessaire qu'à défaut du sien propre on empruntait celui d'une autre personne présente. Notamment on verra les consuls de Clairac se servir du sceau de Jean de Ferrioles, sire de Tonneins ; un seigneur emprunter celui d'un bourgeois d'Agen.

Confier un sceau à quelqu'un, c'était lui donner une procuration, l'autoriser à contracter des obligations qui engageaient le propriétaire du sceau, même absent. Ainsi, dans une lettre que plusieurs des historiens de Jeanne d'Arc ont publiée, on voit le jeune André de Laval, récemment arrivé auprès du roi Charles VII et désireux de suivre la petite armée que commande Jeanne, demander à sa mère l'argent qui lui est nécessaire pour s'équiper selon son rang. Il écrit : « Pour ce vous Madame ma mère, « *qui avez mon sceau*, n'épargnez point ma terre « par vente et engagement. Lahire est arrivé, et « ainsi on besognera bientôt. » (O' Reilly, *Procès de Jeanne d'Arc.*)

Nous relevons dans l'inventaire des archives d'Armagnac (Arch. de Pau, E. 238), ce qui suit : « Ung instrument signé et scellé soubz le scel de « la prevosté de Paris, datté de l'an mil quatre cens « quatorze, par lequel appert que Begnot d'Arzac, « seigneur du Cayla, gouverneur de Jehan, comte de « Lomanhe, fils aisnez du comte d'Armaignac, ayant « perdu le sceau de la dite vicomté de Lomanbe, « revoqua le dit sceau afin que jamais l'on ne s'en « peult ayder. »

L'importance de ces empreintes de cire était telle, dans les affaires publiques ou privées, qu'elle a obligé les savants à en faire une étude particulière. Les Bénédictins de Saint-Maur y ont consacré plus de quatre cents pages de leur quatrième volume du *Nouveau Traité de Diplomatique*. Ils y ont mis cette science profonde, ce soin minutieux, cette foule d'exemples, cette sagesse d'observation qui sont les caractères de leurs travaux historiques. Leurs gravures manquent d'exactitude.

Natalis de Wailly, traitant le même sujet après eux dans ses *Éléments de Paléographie*, a eu quelque peine à y ajouter des enseignements nouveaux. La science générale des sceaux était complète; mais ses gravures, quoique confuses, sont supérieures à celles de ses devanciers. M. G. Demay, dans son introduction de l'*Inventaire des sceaux de Normandie*, a traité savamment des légendes des sceaux.

Depuis lors on a redoublé de soins pour conserver ces fragiles empreintes, dont les destructions révolutionnaires avaient anéanti déjà une immense quantité. Le gouvernement a fait faire des moulages en plâtre de tous les sceaux qui sont dans les collections de Paris; il en a fait dresser un inventaire descriptif. On voulait procéder de même pour chaque province. M. Demay, archiviste aux Archives nationales, a donné au public l'inventaire descriptif accompagné d'un certain nombre de photographies des sceaux de Normandie, Artois, Picardie et Flandre, en cinq volumes grand in-quarto. A elle seule, la Flandre a fourni 7,689 articles décrits. Le travail n'a pas été continué pour les autres provinces à cause de la trop grande dépense.

Nous n'oserions nous livrer à une aussi laborieuse entreprise pour notre Gascogne. Nos vues sont beaucoup plus humbles et se conforment à la faiblesse de nos moyens de recherche et de publication.

Les sceaux que nous avons recueillis dans les collections publiques ou particulières sont ceux qui nous ont paru appartenir à l'Agenais et Condomois,

Gascogne, Bigorre, Béarn, Navarre et Landes. Nous sommes sortis de ces limites pour certains personnages qui, quoique étrangers à ces pays, y ont cependant exercé un pouvoir politique qui les rattache à nous. Ainsi, on verra les sceaux de ces sénéchaux de Toulouse qui ont fondé plusieurs de nos bastides, des Varambon, de Jean Chandos et de Talbot. Nous croyons qu'un grand nombre de sceaux nous ont échappé, qui auraient dû trouver place dans ce volume, et c'est avec regret que nous nous restreignons dans nos limites territoriales. Il est à désirer que G. Demay trouve d'autres imitateurs, que dans nos provinces méridionales surtout les hommes d'étude s'appliquent à recueillir ces fragiles empreintes si intéressantes pour l'art et pour l'histoire ([1]). Elles s'altèrent et s'anéantissent de jour en jour, quelque soin que l'on ait. Entre les feuillets de la collection des sceaux à la Bibliothèque nationale, il y a une poussière de cire rouge qui se détache continuellement; un très grand nombre de ces sceaux, décrits dans les ouvrages imprimés au dernier siècle, n'existent plus ou sont tellement altérés ou diminués qu'on ne saurait les reconnaître.

La destruction est bien plus active dans les archives des villes. Nous en connaissons où il n'y a plus un seul sceau demeuré entier et distinct.

Quel remède y a-t-il, sinon de conserver par le dessin et la gravure le peu qui subsiste.

La description d'un sceau est toujours insuffisante,

---

[1] En 1886 a paru un beau volume in-4°, avec grand nombre de dessins, prix 40 francs : *Sigillographie du Bas Limousin*, par Ph. de Bosredon et Ern. Rupin. Paris, Alph. Picard, éditeur, rue Bonaparte, 82.

elle excite la curiosité sans la satisfaire, elle ne contentera jamais ceux qui se plaisent aux œuvres de l'art. Donc nous y avons renoncé pour nous en tenir à la représentation par le dessin. Sans nous flatter d'atteindre à la perfection, que la dispendieuse gravure sur cuivre peut seule procurer, nous avons recherché la scrupuleuse exactitude et la franchise du coup d'œil par un simple trait. En cela, nous imitons les belles publications modernes, notamment la grande *Histoire de la ville de Paris*, qui après avoir tenté la photographie, l'héliogravure ou autres, en sont revenues au simple trait, qui est plus net et plus fidèle (¹).

Nous espérons donner une idée de cet art du moyen âge, qu'aujourd'hui enfin on admire sans réserve.

Au XIIIᵉ siècle, le graveur crée des types étranges, affectés, presque barbares. La main de l'évêque qui bénit est deux fois plus grande qu'il ne faut, apparemment pour mieux marquer son action. Les hommes de guerre ne montrent qu'un casque carré, un bras brandissant une épée énorme, le reste disparaît sous le bouclier et la housse aux armoiries; le cheval est encore plus petit que ceux de la frise du Parthénon; les jambes du cheval de Roger-Bernard II, comte de Foix, finissent par des nageoires; les lions sont fantastiques, les châteaux sont imaginaires et rappellent la célèbre porte romaine de la ville de Trèves. Aucun souci d'imiter la nature,

---

(1) Les sceaux sont représentés avec une telle inexactitude dans *l'Histoire de Languedoc*, édition in-folio et édition du Mège, que nous n'avons pu tirer aucun parti de ces gravures.

ce sont des allégories héroïques qui s'accordent avec ces temps qui virent les croisades, les fondations des abbayes et des villes, saint Hugues, saint Bernard, saint Dominique, saint François d'Assises et saint Louis.

Au XIVe siècle, le graveur prend un chemin tout différent, dont il ne s'écartera plus. Son burin est exercé, il veut le prouver en produisant des finesses qui échappent à l'œil nu, il faut un verre grossissant pour les découvrir. Il s'inspire de la nature et la choisit noble, simple et gracieuse. Son imagination lui suggère une variété infinie, ses figures deviennent peut-être des portraits (Demay, *Le Costume au moyen âge*, p. 122). Les vêtements sont d'une élégance parfaite. Dans l'ornementation ils obtiennent par le maniement ingénieux du compas les plus jolis dessins que l'on puisse voir.

Il y a bien des types généraux et vulgaires qui servent de modèle à tous les graveurs; les savants en ont fait un classement, ils disent le type majesté, le type équestre, le type chevalier, etc., etc.; mais les graveurs sortent si souvent et si heureusement de ces catégories qu'on reconnaît chez eux non seulement des ouvriers très habiles, mais des artistes, c'est-à-dire des hommes dont la dextérité est inspirée par l'invention, source unique de l'art véritable. Nos lecteurs en trouveront des preuves dans les sceaux de plusieurs reines de Navarre, des maréchaux de l'ost, des Barbazan, de Jeanne, comtesse de Foix, de Barcelonne-sur-Adour et bien d'autres, dont les modèles sont de petits chefs-d'œuvre.

La collection des *sceaux* à la Bibliothèque nationale a été la principale source de notre travail. Cette collection en deux cent trente-neuf volumes in-folio provient surtout des comptes des trésoriers des guerres, principalement de 1340 à 1440; c'est-à-dire d'une époque de lutte acharnée entre la France et l'Angleterre. Presque toutes les pièces scellées sont des quittances données aux trésoriers par les officiers et chefs de compagnies pour leurs gages et la solde de leurs hommes.

Nos types les plus nombreux sinon les plus intéressants seront donc les sceaux des chevaliers et écuyers. On y remarquera la bizarrerie des cimiers qui surmontent le heaume ou casque. Ce sont des animaux, des figures humaines à oreilles d'âne, des cornes de bœuf. Chaque grande famille adoptait un de ces emblèmes singuliers: les comtes d'Armagnac, un large faisceau de plumes; les sires de l'Isle-Jourdain, deux cornes de bœuf; les Comminges, un globe; les captaux de Buch, une figure à oreilles d'âne; les Albret également; les Barbazan, une chimère. Ce ne sont pas des jeux des graveurs, on allait réellement au combat affublé de cet attirail. Les peintures des manuscrits en font foi, et mieux encore les tableaux de Paolo Uccello, peintre presque contemporain, qui dans ses excellentes œuvres nous montre les hommes d'armes surmontés de ces prodigieux cimiers. La mode en dura cent ans, nous dit G. Demay (ouv. cité, p. 137). On peut dire qu'elle fut rétablie par Napoléon Ier, dont les héroïques soldats portaient des coiffures et des plumets tout aussi hauts.

Les sceaux ecclésiastiques offrent aussi des types

qui varient selon la marche des siècles. Les premiers présentent le personnage seul debout, l'évêque tient la crosse de la main gauche et bénit de la main droite; l'abbé tient sa crosse de la main droite, et de la gauche le livre de la règle ou une petite église. Au xiv° siècle commence une mode toute différente; une ornementation élégante et des figures de saints occupent presque tout le sceau, tandis que la représentation de l'évêque est reléguée dans un petit soubassement.

Combien nous regrettons de n'avoir rencontré qu'un petit nombre de sceaux des villes et communautés d'habitants.

Depuis cinquante ans et plus, les historiens ont étudié avec beaucoup d'application le régime municipal du moyen âge; tous les esprits studieux les ont suivis dans cette voie. Nous savons maintenant que nos villes jouissaient d'une indépendance presque absolue, faisant elles-mêmes leur police intérieure, votant, recueillant et dépensant leurs revenus sans contrôle; maîtres de leurs murailles et de leurs tours, accordant ou refusant l'ouverture des portes et du pont-levis, et enfin se donnant avec raison le nom de *républiques*. Dans nos contrées, ce régime municipal, calqué sur celui des cités romaines des v° et vi° siècles, s'est maintenu sans interruption jusqu'au xv° siècle. Quand la royauté eut acquis assez de force, elle diminua ces libertés et privilèges; elle finit par les anéantir; toutes les villes subirent le niveau de l'absolutisme. Les sceaux se rapportent aux temps où elles jouissaient encore de leur indépendance. Il semble que le graveur ait voulu en donner une idée en taillant sur de grands modules de bronze des sujets souvent un peu trop ambitieux. Nous reviendrons sur ces sceaux des communautés à l'occasion de la partie historique de notre volume. Ici bornons-nous à constater l'exécution négligée des matrices. Les consuls ont visé l'économie en s'adressant à des ouvriers inhabiles, ils la rachètent par la superficie. Notons que ces petites bastides nouvellement fondées et beaucoup de villes, qui partout ailleurs qu'en Gascogne ne seraient que des villages, se donnaient des sceaux aussi grands que ceux des rois, et des aigles et des lions à l'aspect terrible. Les plus sages font représenter le saint qui est le patron de leur ville.

Cette série malheureusement trop courte paraîtra la plus intéressante, parce qu'il n'y a plus ni Église ni noblesse, il n'y a plus aujourd'hui que des villes.

En dépit de cet état moderne, comme nous écrivons sur le moyen âge, nous nous croyons obligés de nous conformer à la hiérarchie de cette époque. Donc nous présenterons d'abord les sceaux de l'Église qui était dans la nation le premier ordre, ensuite ceux de la noblesse qui était le second ordre, et enfin ceux des villes et bourgeois ou paysans qui étaient le troisième ordre.

Partie historique.

§ I.

Nous nous écartons des exemples donnés par nos maîtres et devanciers en accompagnant chacun de nos dessins d'une notice sur le personnage auquel appartenait le sceau. La plupart sont connus par les dictionnaires biographiques, par nos histoires provinciales ou par des travaux particuliers. Nous renvoyons le lecteur à ces sources, autant qu'elles nous sont connues.

Ce que nous n'avons pas trouvé dans les livres, nous l'avons cherché dans les Archives; la récolte y serait très abondante si nous avions la liberté indéfinie d'imprimer. Aux notes biographiques, très brèves, nous joindrons des indications sur l'histoire du fief, et quelques pièces originales que nous croyons inédites. On nous saura gré, peut-être, de les avoir tirées de l'obscurité. Les montres ou revues de notre noblesse gasconne ont attiré notre attention, mais il faudrait un volume entier pour les contenir. Nous en donnerons plusieurs, même avec le signalement des chevaux, d'autres par extrait.

Nous avons copié seulement quelques quittances, parce que la formule ne varie point. Il s'agit toujours, ou d'un présent pécuniaire fait à un capitaine qui s'est distingué, ou d'une allocation pour fortifier un château, ou du *restor* des chevaux, c'est-à-dire du retour ou indemnité pour les chevaux perdus à la guerre, ou enfin des gages militaires ou solde, sur lesquels nous n'avons rien à ajouter à ce qui est expliqué dans les ouvrages spéciaux tels que l'*Histoire de la Milice française,* par le P. Daniel ([1]), les

---

([1]) Voici cependant la solde, au temps pendant lequel on trouvera dans notre volume le plus grand nombre de quittances militaires : — Guerre de Gascogne, 1338 à 1341. Chevalier banneret, 20 sous par jour; — chevalier bachelier, 10 sous; — écuyer, monté au plus haut prix, 6 sous 6 deniers ; — idem, au moindre prix,

Institutions militaires de la France, par Boutaric, l'*Histoire de l'ancienne infanterie* et l'*Histoire de la cavalerie*, par le général Susane.

Les documents les plus féconds se rapportent à la dernière période de la guerre de Cent ans, à la période décisive, c'est-à-dire à l'expulsion des Anglais enfin accomplie par ces braves capitaines, en grand nombre *Armagnacs*, qui vinrent au secours du dauphin Charles VII et lui restèrent fidèles jusqu'à la fin, de 1415 à 1445.

Toute la noblesse du Rouergue, de l'Agenais, de l'Albret, de la Gascogne prit les armes pour le Dauphin contre l'Anglais et le Bourguignon, même ceux qui comme Lahire étaient les feudataires du roi d'Angleterre. Les uns suivirent le comte d'Armagnac Bernard VII; les autres allèrent servir sous les ordres du comte de Foix, où ils firent beaucoup moins de besogne. Celui qui voudrait recueillir et trier les montres de cette époque aurait une liste à peu près complète de la noblesse de notre pays. Nous signalons à nos compatriotes érudits cette voie en imprimant dans notre volume quelques-unes de ces montres.

Même après la trahison des Parisiens et le massacre de ses principaux chefs, en 1418, cette noblesse resta fidèle au Dauphin; elle soutenait la guerre dans l'Ile-de-France, la Normandie, la Champagne, la Picardie, avec une persévérance admirable depuis dix années,

---

5 sous; — gentilhomme à pied, 2 sous; — sergent à pied, 12 deniers; — arbalestrier, 15 deniers.

Du 1er avril 1368 au 1er mars 1369. Chevalier banneret, 40 sous; — chevalier bachelier, 20 sous; — archer, 5 sous. (Bib. nat., manusc. franc. 20684, pages 386 et 283.)

lorsque l'avènement de Jeanne d'Arc ranima la nation désespérée. C'était bien une *Armagnagaise*, les Anglais et les Bourguignons ne l'appelaient pas autrement. Ce furent bien les capitaines armagnacs qui la suivirent d'abord, car la liste des chefs de guerre ou capitaines, qui obligèrent les Anglais à lever le siège d'Orléans, contient quarante-cinq noms dont vingt-cinq Armagnacs, que l'on rencontrera dans les notices.

Nous parlons avec assurance de cette part principale que la noblesse de notre pays a prise dans la délivrance du royaume de France, parce que nous nous appuyons sur un nombre infini de documents originaux. Mais nous nous trouvons en contradiction avec plusieurs historiens modernes, et des plus savants, qui enseignent que le patriotisme naquit à cette époque dans la classe bourgeoise et le peuple, à qui Charles VII et Jeanne d'Arc sont redevables de leurs victoires. Boutaric (*Institutions militaires de la France*, page 222) résume ainsi cette thèse : « Ce « furent les milices communales et les compagnies « d'archers et d'arbalétriers qui contribuèrent puis- « samment à expulser les Anglais sous Charles VII ; « ils fournissaient aux capitaines du Roi des auxi- « liaires pleins d'ardeur et de patriotisme ; ils « marchaient *spontanément* là où il y avait une ville « à défendre ou un château à enlever à l'ennemi. »

Yanoski est encore plus précis dans son *Histoire des milices bourgeoises*, et nous inspire encore plus de respect et de crainte, car son ouvrage a obtenu l'un des plus grands honneurs que puisse ambitionner un savant : l'Académie des Inscriptions et Belles-

Lettres l'a fait imprimer dans son tome IV, *Antiquités de la France.* (Paris, in-4°, Imp. imp.)

« L'instinct de la nationalité s'éveilla, dit-il, dans
« toutes les âmes; il se montra surtout avec une
« grande force parmi les habitants des villes et des
« campagnes, et ce sentiment *tout populaire* eut
« alors sa plus belle expression dans la pure et
« sublime figure....... de la Pucelle d'Orléans »
(page 86). — « Ainsi, tandis que la noblesse indis-
« ciplinée avait causé toutes les défaites... les
« murailles des villes, garnies de bourgeois, étaient
« contre l'ennemi des barrières plus puissantes que
« les nombreuses armées de chevaliers rassemblés
« par la royauté » (page 85). — « Nous l'avons ren-
« contrée (la bourgeoisie) au sein des villes, toujours
« animée par un sentiment profond de ses devoirs et
« toujours prête à sacrifier, pour le salut commun,
« son sang et son argent; puis, quand la sphère
« d'action s'agrandit, elle accourt sur les champs de
« bataille, et là elle ne tarde pas à donner des
« preuves de son dévouement au Roi, qui représente
« à ses yeux tous les intérêts du pays » (page 92).

Ces auteurs ne citent point d'exemples, ils ne nomment ni les villes défendues victorieusement, ni les champs de bataille gagnés par les milices bourgeoises.

Les chroniqueurs de l'époque nous éclairent avec plus de précision : Honfleur se défendit jusqu'à l'extrémité, l'intrépide Gaucourt commandait ces gens de mer qui ne voulaient pas de l'Anglais.

Orléans opposa une résistance héroïque, par un patriotisme spécial. La population était très attachée à son duc, prisonnier en Angleterre, elle se souvenait de l'autre duc assassiné par le Bourguignon; Anglais et Bourguignons étaient ses ennemis mortels. Charles VII en ressentait une sorte de jalousie; après les victoires de Jeanne d'Arc, il refusa, malgré les instances de ses conseillers et de ses capitaines, d'aller à Orléans, où on lui avait préparé une entrée triomphale. Il fit un grand détour pour éviter la ville.

En 1418, les bourgeois de Rouen bien commandés se défendirent pendant six mois; réduits par la famine et assez bien traités par le vainqueur, ils devinrent Anglais autant que les Anglais pouvaient le souhaiter. En 1430, le jeune roi d'Angleterre, Henri VI, fit une entrée solennelle dans la ville, et « vindrent les « bourgois de Rouen contre lui, à robes de livrée « perses (bleues) et chapperons de vermeil... et « estoient à cheval et rangiés... et crièrent tous « *Nouel* quand ils virent le roy, lequel estoit ung « très beau fils. Et estoient les rues de Rouen, là « où le roy devoit passer, mieulx tendues qu'ilz ne « furent onques le jour du Sacrement. » (*Chronique normande*, édition Vallet de Viriville, page 467.)

Le supplice de Jeanne d'Arc nous laisse sur ces *bourgois* et ce peuple un souvenir affreux.

Paris ouvrit sa porte aux Bourguignons par trahison, massacra les Armagnacs, appela et reçut les Anglais avec acclamation, se fit leur capitale et résista à l'armée de Jeanne, qui fut blessée au pied du rempart de la porte Saint-Honoré. Henri VI, roi d'Angleterre, se fit sacrer roi de France dans l'église Notre-Dame, au milieu de l'allégresse populaire, le 17 décembre 1431. Quand les Anglais furent obligés de se retirer en déroute, Paris leur resta fidèle encore et ne se rendit que par la force, le vendredi devant la Quasimodo 1437. Ses milices étaient souvent sorties de ses murs et avaient versé leur sang dans les batailles, mais pour les Anglais. A Janville et à Patay, ayant le prévôt de Paris à leur tête, elles avaient été vaincues par Jeanne d'Arc et ses Armagnacs.

Les villes de Picardie et d'Artois passaient d'un parti à l'autre avec une honteuse versatilité; Charles VII fut obligé de les conquérir; notamment Beauvais, dont l'évêque, fils de bourgeois, n'avait pas plus que ses diocésains le *sentiment de la nationalité*, car il fit brûler Jeanne d'Arc. Il n'est pas sûr qu'on eût trouvé en France un gentilhomme capable d'une aussi atroce trahison.

Troyes refusa ses portes au Roi, que l'armée de Jeanne d'Arc conduisait à Reims; il fallut mettre l'artillerie en batterie et attendre la réponse des bourgeois pendant six jours, quoiqu'on manquât de vivres et qu'on n'eût à manger que des fèves et du blé encore vert, écrasé entre les mains.

Toutes les villes depuis la mer jusqu'à la Loire étaient anglaises. (*Chronique de la Pucelle*, édition Vallet de Viriville, pages 315, 317.)

En Guyenne, Bayonne, Dax, Tartas, Bordeaux furent conquises de force par Charles VII. Bordeaux deux fois.

La bourgeoisie ne *versa pas son sang pour le salut commun;* elle n'accourut pas sur les champs de bataille, car les historiens de cette époque n'en disent rien. Si quelques-uns suivirent d'abord l'armée victorieuse sortie d'Orléans, ce ne fut pas pour gagner grand honneur. « Et fut la desconfiture des Anglois, « nombrée environ cinq cens combattans, dont le plus « furent occis, car les gens du commun occiaient « entre les mains des gentilshommes tous les prison- « niers anglois qu'ils avoient prins à rançon. » (*Chronique de la Pucelle*, 299.) Ils ne fournissaient donc pas « aux capitaines du Roi des auxiliaires « pleins d'ardeur et de patriotisme » (Boutaric).

La même chronique, pages 300, 312, nous apprend comment l'armée s'accrut rapidement : « Et plu- « sieurs autres seigneurs, capitaines et gens d'armes, « venaient encore de toutes parts au service du Roy ; « et plusieurs gentilshommes, non ayans de quoy eux « armer et monter, y alloient comme archers et « coustilliers montez sur petits chevaulx, car chascun « avoit grand attente que par le moyen d'icelle « Jehanne il advindroit beaucoup de bien au « royaume de France... si y venoient... plus pour « cette cause, que en intention d'avoir soldes ou « profict du Roy. »

En lisant les montres on reconnaît que la presque totalité des hommes d'armes, archers et même gens de pied étaient des nobles. On en rencontre aussi parmi les arbalestriers, quoique l'arbalète fut considérée comme une arme de félon, parce que celui qui s'en servait tuait de loin, en se mettant à l'abri de la lance ou de l'épée de son adversaire ([1]).

Nous croyons que lorsque commença l'ère de la

---

(1) En 1139, l'arbalète fut interdite par le concile de Latran entre armées chrétiennes, et permise seulement contre les infidèles. Elle fut reprise par les troupes de Richard Cœur de Lion, et ensuite par celles de Philippe-Auguste, malgré le bref du pape Innocent III, qui renouvela les défenses du concile de 1139. (*Cabinet historique*, 1879, page 145.)

délivrance, les Anglais ne rencontrèrent point de patriotisme dans la bourgeoisie et dans le peuple. Les chartes qui forment la collection des montres de Charles VII à la Bibliothèque nationale viennent en partie de la chambre des comptes de Normandie anglaise. Ce sont des montres ou autres pièces des armées ou de l'administration anglaise, surtout de 1420 à 1440. On y constate que tous les fonctionnaires civils, gruyers, voyers, receveurs, contrôleurs des troupes sont des Français bourgeois des villes; les hommes d'armes ou archers, ou lances à pied de la *retenue*, c'est-à-dire les troupes réglées, sont exclusivement Anglais et tiennent les garnisons frontières qui commandent le cours de la Seine, mais à tout propos ils engagent des troupes *qui sont des gens des champs vivans nagueres sans gaiges sur le pays, et ne sont d'aucune garnison ou retenue.* Tous les noms sont français et *populaires*. Jehan Martin, lance à pied, et dix-sept *archiers* de sa compagnie entrent ainsi au service de Talbot. Jehan bastard de Scalles, qui avait dix-neuf hommes d'armes et quarante archers anglais, engage deux cent quarante-sept hommes d'armes et cinq cent trois archers, *qui sont gens des champs vivans*, etc... On les engage pour servir aux champs et aller secourir la ville de Conches, assiégée par l'armée de Charles VII. (Voir année 1440, montres de Charles VII, tome XI, pièces 1489 et 1514.)

Ces mélanges d'Anglais et de Français anglaisés faisaient la guerre avec cruauté, le lecteur ne s'ennuiera peut-être pas d'en lire un exemple. Il s'agit du règlement de la solde, recettes et dépenses de la garnison de Pontoise; le contrôleur nous apprend

qu'on a envoyé des coureurs au dehors qui ont ramené des prisonniers dont la rançon devrait figurer aux recettes, il termine sa balance de compte par le certificat suivant : « Pierre Lourd, escuyer, contre-
« roleur des gendarmes et de trait de la garnison de
« Pontoise, certifie à tous que il y a eu ja pieça
« plusieurs prisonniers d'aucuns de la garnison de
« Pontoise, dont le Roy (d'Angleterre) nostre sire n'a
« eu aucuns prouffit, pour ce qu'ils ont perdu les vies
« ou ont esté bourreaulx en la maniere qui ensuit :
 « Et premierement,
 « Jehan Boursier, Estienne Longuet, Pierre Baudry,
« Jehan Perrin dit Petit, ont esté pendus et noyez ;
 « Jehan Delorme, Colin Lamoureuse ont esté
« pendus ;
 « Estienne Duleon a esté ordonné bourrel en
« ladite ville et partant quitte de sa finance ;
 « Guillaume de la Court a esté noié ;
 « Jehan Cotelle a esté semblablement ordonné
« bourrel en ladite ville et partant quitte de sa
« finance.
 « Item, par mon controle du derrain quartier de
« l'an commençant à la Saint Michel mil iiii^c et xxx,
« ay fait memoire de deux prisonniers dont il n'est
« memoire des noms, prins par deux archers, lesquels
« prisonniers je certiffie avoir esté noiez.
 « En tesmoing de ce j'ay signé ces presentes de
« mon signe manuel, le 21 jour de juillet 1433.

« Pierre Lourd » [1].

Assurément, les paysans se défendaient lorsqu'ils

---

[1] Montres de Charles VII, tome 8, pièce 783.

le pouvaient contre le pillage des petites troupes armées; ils tuaient les traînards anglais; ils traitaient de même ceux de l'armée française, ainsi qu'on le voit dans les nombreuses lettres de rémissions accordées par Charles VII pour des meurtres de ce genre; mais il n'est pas vrai que les bourgeois et le peuple aient « contribué puissamment à expulser les « Anglais ». Cette gloire est réservée à Dunois, à Gaucourt, à Giresme, à Saintrailles, à Lahire, à Barbazan et à tant d'autres nobles dont l'histoire nous a conservé les noms. Et c'est avec raison que le chroniqueur Cousinot, témoin et acteur dans une partie de cette guerre, a intitulé son livre « La « geste des nobles. »

Les villes et les provinces que les Anglais ou les Bourguignons ne pouvaient atteindre s'intéressaient aux armes du Roi. On en vit qui votèrent des sommes pour contribuer à payer la rançon de Lahire, prisonnier en 1431 ([1]). . . Elles aidèrent aussi le Roi en s'imposant des contributions, ainsi qu'on peut le voir dans l'*Histoire de Languedoc*, mais avec parcimonie si l'on en juge par ce fait, que Charles VII ne manqua jamais d'hommes de guerre mais seulement d'argent pour les faire vivre. Il le dit dans le préambule de l'ordonnance qui établit les compagnies d'ordonnance.

Nos villes de Gascogne étaient si loin du théâtre

---

(1) « 12 mars 1431, à Estienne de Vignoles dit Lahire. . . . . capitaine de « gens d'armes et de trait, payé par mandement des esleuz, la somme de « 300 liv. tour., laquelle somme par deliberation et consentement des bourgeois « et habitans de la ville, luy a esté baillée par don à lui fait, pour l'aider à « paier sa rançon aux Bourguignons, auxquels il a esté longuement prison- « nier. » Dons faits par la ville de Tours. (*Cabinet histor.*, juin-juillet 1859).

de la guerre qu'elles n'en ressentaient pas les malheurs. Il y a aux archives du Séminaire d'Auch une importante collection de registres des notaires de Vic-Fezensac, le plus ancien est de 1412. On y trouve un tableau, en quelque sorte vivant, de l'état de cette petite ville à cette époque; il devait ressembler beaucoup à l'état des villes voisines. La tranquillité y régnait, les élections municipales s'y faisaient régulièrement, on faisait un grand commerce de bestiaux que l'on envoyait vers l'Agenais, de drap de Paris ou d'Angleterre, de cotonnades ou de soierie. Les marchands de Toulouse, d'Auch, de Condom, de Nogaro fréquentaient le marché. On ne faisait pas le guet sur les murs, les guérites n'existaient plus, les tours servaient de latrines, il y avait une brèche où l'on pouvait passer à cheval, on n'entend parler de guerre que parce que, de temps à autre, un gentilhomme vient acheter des armes ou faire son testament. Il n'y a pas plus d'effort patriotique bourgeois que dans les autres pays.

Nous le constatons sans prétendre en faire un bien grand reproche à nos ancêtres. Au moyen âge, les bourgeois avaient la garde et la défense de leur ville, ils étaient armés et même d'une manière redoutable si l'énumération de leurs armes, donnée par l'article 28 de la coutume de Bergerac, n'est point exagérée :
« Enses, lanceæ, scuta, boglaria, platæ, pileus ferreus
« sive capellus, perponcha sive gambaycho, guisarma,
« balista et alia genera armorum necessaria ad
« tuitionem corporis et hospicii ac custodiam villæ. »

Ces bourgeois étaient armés, mais ils n'étaient pas gens de guerre. Qui dit bourgeois, dit homme de repos, qui aime les aises et la sécurité de la ville. Passer la journée derrière un comptoir ou une table à écrire, ce n'est pas se préparer à l'escrime de la lance et aux fatigues de la guerre. « Il fallut, dit le « général Susane, *Histoire de l'Infanterie*, tome I, « page 96, plusieurs siècles pour accoutumer le peu- « ple au service militaire. » Et ce n'était pas encore fait au xv⁰ siècle, puisque Charles VII, Louis XI et Charles VIII ne réussirent pas à former des corps d'archers (voir dans nos *Comptes de la ville de Riscle* des détails curieux sur ce sujet).

Les armées avaient de l'infanterie pendant la guerre de Cent ans; c'étaient les arbalétriers, formant des troupes spéciales sous le commandement du maître des arbalétriers, et ensuite les sergents à pied attachés à chaque compagnie d'hommes d'armes. Mais ces fantassins n'étaient pas des milices communales, c'étaient gens faisant métier de soldat et volontai- rement engagés sous un capitaine ou sous un autre.

On verra que les officiers se qualifient capitaines de gens d'armes et de pied. Un tiers environ de la compagnie étaient gens de pied; cette proportion était sans doute favorable à la tactique, car une ordonnance de Louis XI, en 1475, en fit une règle : la compagnie devait comprendre quatre cents cavaliers et deux cents fantassins.

En notre siècle, la noblesse est le parti vaincu. Ce n'est pas une raison pour méconnaître ses services passés, comme l'ont fait ici Boutaric et Yanoski. Rayons par amour de la vérité leur faux éloge des milices communales et rendons l'honneur à qui il. appartient.

§ II.

Les invasions normandes avaient ruiné notre pays à la fin du neuvième siècle. Il n'y avait plus de villes. Sur la surface de notre département du Gers, Auch et Lectoure sont les seules cités Franques qui paraissent avoir survécu à ces affreuses calamités. Le pouvoir public qui s'établit alors sous le nom de féodalité s'appliqua, pendant plus de deux cent cinquante ans, à remettre les terres en culture, à rassembler les peuples afin de leur procurer la sécurité et tous les avantages que donne l'agglomération. Les abbayes et les seigneurs attiraient autour du cloître ou du château leurs sujets, en leur concédant des terres, en établissant une *communauté* avec puissance municipale. Au onzième siècle, ces nouvelles créations étaient appelées *burgum* et les habitants *burgenses* (¹).

Le mouvement fut actif sous l'influence de l'ordre illustre de Cluny, qui couvrit la France de ses prieurés et de ses villages. Il le fut encore plus au douzième siècle, lorsque la féodalité eut répandu avec une surprenante rapidité les moines laboureurs de Cîteaux dans toutes les campagnes. En parlant du règne de Louis VII (1137 à 1180), Robert, moine de Saint-Marien d'Auxerre, nous dit : « Ce fut sous ce Roi que « tant de villes nouvelles ont été fondées, tant « d'anciennes villes agrandies, tant de forêts défri- « chées et cultivées » (²).

---

(1) Voir la charte d'Éauze, imprimée dans dom Brugèles, page 51 des preuves de la 2ᵉ partie.
(2) Hinc est quod sub ipso (rege), vigente pace, tot novæ villæ conditæ sunt

Devenus héritiers du Languedoc en 1249, les rois de France firent pénétrer leur pouvoir dans nos contrées gasconnes. Ils établirent des bastides sur leurs domaines et encouragèrent les fondations; bientôt, il n'y eut plus une seule de ces entreprises où le Roi ne fut mêlé; les abbés et les seigneurs appelaient à leur aide sa puissante protection.

A-t-on fondé plus de villes au treizième siècle qu'au douzième? Il est permis d'en douter, mais nous voyons et nous comptons celles du treizième, parce que les documents de cette époque abondent, conservés dans les archives royales, tandis que ceux du onzième ont péri avec les archives ecclésiastiques et seigneuriales. Les fondateurs dotaient leurs villes d'une constitution municipale.

Depuis cinquante ou soixante ans, nous avons vu fonder plusieurs villes, les unes pour le profit du commerce, comme Decazeville, les autres pour le plaisir des riches, comme Arcachon. Le pouvoir municipal n'y était pas inné, il n'a pas procédé de la volonté du peuple, mais de celle du gouvernement. Il faut une loi pour ériger en commune l'agglomération d'habitants, quelque rapide et prospère qu'elle soit. Et qui pourrait compter les lois qui, depuis quatre-vingts ans, ont créé ou supprimé des communes? Le gouvernement veille en maître sur ce pouvoir municipal qui émane de lui.

Il en fut de même au moyen âge. Il fallait aussi

---

et veteres amplificatæ, tot excisa nemora et exculta. (*Chronolog. Roberti monachi*, etc. Dom Bouquet, tome XII, page p. 299.)

« C'est une chronique fort estimée. . . . . Cet ouvrage est de ceux qu'on ne « saurait trop estimer », disent les Bénédictins. (*Hist. littéraire de la France*, tome IX, pages 127, 160.)

aux villes ou autres agglomérations d'habitants la volonté du gouvernement pour devenir communes. Et le gouvernement c'était la féodalité, roi, évêque, abbé ou seigneur. C'est pourquoi ces chartes que l'on appelle de *commune* dans le Nord, et libertés ou privilèges dans le Midi, sont toujours dites octroyées, concédées. Elles comprenaient naturellement l'autorisation de posséder un sceau, dont le *capitulum*, ou conseil formé par les consuls, devait faire usage pour donner à ses actes l'authenticité ou la force exécutoire. Quelquefois, la concession du sceau était spécialement énoncée, sa forme et ses emblèmes décrits avec interdiction d'y rien changer sans la permission du seigneur. On en verra des exemples dans nos notices sur Gimont et Condom.

L'application du cachet de la mairie est, de nos jours, une pratique si vulgaire que nul n'y fait attention. Le secrétaire de la mairie est le garde des sceaux de la commune. Nos ancêtres entendaient les choses tout autrement. Leur sceau était une sorte de palladium, respectueusement enfermé avec les archives dans un coffre de *coral*, dont un des consuls avait la clef. On ne le tirait de ce tabernacle que pour s'en servir rarement. Les consuls sortants le remettaient à leurs successeurs, en même temps que les archives, et s'en faisaient délivrer décharge, quelquefois par-devant notaire. On trouve de ces sortes d'actes jusqu'au milieu du dix-septième siècle.

Certaines coutumes, non seulement décrivent le sceau, mais aussi en règlent minutieusement l'usage. Celle de Bergerac, surtout, entre dans des détails infinis :

Article I. « . . . Habeant in perpetuum Corpus, « universitatem, consulatum, domum, arcam et sigil- « lum communia. »

Art. IV. Description du sceau.

Art. V. Il sera gardé dans un coffre ayant trois clefs différentes, qui resteront dans les mains de trois des consuls.

Art. VI. Il n'en sera fait usage qu'en présence et du consentement du tiers, au moins, des consuls.

Art. VII. Indication des actes qu'il sera permis de sceller et de ceux qui sont exclus de cette formalité.

Cette coutume est imprimée dans le *Nouveau coutumier général* de Bourdot de Richebourg; in-f°, Paris, 1724, tome VIII, p. 1007.

Le pouvoir féodal s'étant beaucoup affaibli au treizième siècle, et ayant passé définitivement aux mains des Rois à la fin du quinzième, ces privilèges, y compris celui du sceau, tombèrent en désuétude. Les consuls n'eurent plus aucun égard aux prescriptions de leurs antiques privilèges et n'obéirent plus, pour la fabrication de leur sceau, qu'à leur fantaisie. Ces productions modernes présentent une telle infériorité artistique et intellectuelle que nous les délaissons, sauf quelques-unes qui serviront à faire ressortir cette décadence.

Cependant un certain respect du passé régna dans nos villes, et surtout dans nos campagnes, jusqu'à la Révolution. On conservait avec quelque soin les archives et les sceaux; un de ceux que nous publions était plaqué sur une délibération municipale de 1791; et assurément ceux qui ornent les collections publiques et particulières ont été dérobés dans les mairies depuis la Révolution. Nos vieillards savent que presque toutes les communes rurales possédaient, il y a soixante ou quatre-vingts ans, leurs parchemins, leurs terriers, leurs registres consulaires : une incurie barbare et l'oubli des ancêtres ont laissé perdre ces petites richesses historiques, tellement qu'on est tout joyeux d'en découvrir de temps en temps quelques débris.

Essayons donc de conserver par la gravure le peu qui nous reste des sceaux des communautés.

Les sources principales où nous avons puisé sont les suivantes :

Collection dite des *Sceaux* ou *Titres scellés* (T. sc.), au cabinet des manuscrits de la Bibliothèque nationale. Les pièces y sont rangées par ordre alphabétique. L'inventaire en a été publié par G. Demay, sous ce titre : *Inventaire des sceaux de la collection Clairambault à la Bibliothèque nationale*. Paris, 1885-1886, 2 vol. in-4°.

Collection dite *Pièces originales* (P. orig.), au cabinet des Mss. de la Bibliothèque nationale. — Ordre alphabétique.

Fonds dit le *Trésor des Chartes*, aux Archives nationales (série J). Les sceaux des Archives nationales ont été décrits par M. Douët d'Arcq (*Collection de sceaux*. Paris, 1863-1868, 3 vol. in-4°).

Archives du département des Basses-Pyrénées à Pau (Archives de Pau, par abréviation). L'inventaire des sceaux qui y sont conservés a été publié par Paul Raymond (*Sceaux des Archives du département des Basses-Pyrénées*. Pau, 1874, in-8°).

Histoire de Languedoc. Nous citons ordinairement, sauf indication contraire, l'édition donnée par du Mège.

Histoire généalogique des grands officiers de la Couronne, par le P. Anselme; continuée par du Fourny. Paris, 1726-1733, 9 vol. in-f°. — Ce titre un peu long est remplacé par le nom de l'auteur (Anselme).

Histoire de la Gascogne, par l'abbé Monlezun. Auch, 1846-1849, 6 vol. in-8°.

Archives historiques de la Gironde, 26 vol. in-4°, collection des plus importantes pour nos provinces.

SCEAUX GASCONS
DU MOYEN AGE.

SCEAUX ECCLÉSIASTIQUES.

PAPE.

CLÉMENT V.

(Bulle de plomb avec l'avers : **CLE — MENS — : PP : V.** (1306) — Archives nationales, L. 289).

1

S. PA[VLVS] S. PE[TRVS].

Bertrand de Goth, fils de Béraut, seigneur de Goth, Rouillac et Villandraut, archevêque de Bordeaux en 1300, partisan déclaré du pape Boniface VIII; élu pape à Pérouse, le 5 juin 1305, couronné à Lyon, dans l'église Saint-Just, le dimanche 14 novembre 1305; mourut à Roquemaure, le 18 ou 20 avril 1314, et fut inhumé à Uzeste (Bazadais).

CARDINAL, ARCHEVÊQUES ET ÉVÊQUES.

RAYMOND DE GOTH,

CARDINAL.

S. RA[MVNDI D]IACONI [CAR]DINA[LIS].

Raymond de Goth, neveu du pape Clément V, fils de Arnaud-Garsie de Goth, vicomte de Lomagne et d'Auvillars, et de Miramonde de Mauléon, nièce d'Oger, vicomte de Soule, fut créé cardinal-diacre au titre de Sainte-Marie-la-Neuve, le 15 décembre 1305, à Lyon. Le 25 avril 1310, il assista au consistoire tenu à Avignon, où le pape Clément V prorogea pour une quinzaine l'affaire des accusations faites contre la mémoire du pape Boniface VIII; mourut le 26 juin 1310 et fut enterré dans l'église Saint-Étienne d'Agen.

Le sceau que nous donnons est attaché à la ratification de la paix entre le roi de France et le comte de Flandre, 1er juin 1307. (Arch. nat., J. 549, n° 1.)

GÉRAUD DE LABARTHE,

ARCHEVÊQUE D'AUCH.

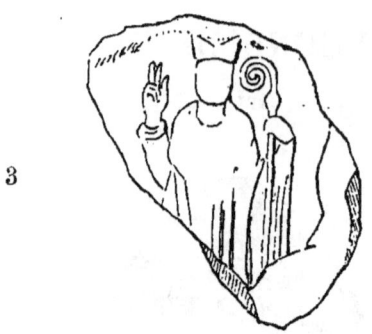

Géraud, issu de l'ancienne famille de Labarthe, fut successivement archidiacre d'Auch, évêque de Toulouse et archevêque d'Auch. Il était oncle de Raymond-Aymery II de Montesquiou. Ce dernier, étant en guerre avec Géraud d'Arbeissan, fut fait prisonnier et ne put obtenir sa liberté qu'à la condition que son oncle l'archidiacre Géraud de Labarthe prendrait les fers à sa place. Peu de temps après, Géraud fut nommé à l'évêché de Toulouse, et en 1170 il montait sur le siège archiépiscopal d'Auch. Le comte d'Armagnac, Bernard IV, mécontent du choix de ce prélat, profita de l'absence de Géraud, qui était allé à Rome recevoir le pallium, pour attaquer de vive force l'église d'Auch. L'archevêque eut beaucoup de peine à apaiser le comte et se vit obligé de rester éloigné de son diocèse pendant deux années. Nous trouvons son nom dans le cartulaire de l'abbaye de Gimont, à l'année 1173. En 1178, il règle le différend survenu entre l'évêque de Bazas et les religieux de l'abbaye de La Réole, au sujet des droits sur plusieurs églises. Il est témoin de la confirmation des droits et immunités accordés en 1181 à l'abbaye de Grandselve par Gaston vicomte de Béarn, comte de Bigorre.

L'archevêque Géraud de Labarthe fut un des conseillers intimes du roi d'Angleterre Richard Ier; il l'accompagna dans le voyage de Terre-Sainte, passa avec lui en Sicile, avec le titre d'aumônier de son armée, et assista en 1190, dans l'île de Chypre, au couronnement de la princesse Bérangère, femme de Richard Cœur de Lion.

Géraud mourut devant Saint-Jean-d'Acre, en 1191. (*Gallia christiana* t. I; — Monlezun, *Hist. de la Gascogne*.)

Le fragment de sceau que nous donnons est aux Archives de Pau, H. 148, pendu, sur une double lanière de cuir, à une charte en faveur de l'hôpital de Cauterets.

GARSIE DE LORT,
ARCHEVÊQUE D'AUCH.

S. G. ARCHIEPISCOPI AVXITANI.

Garsie de Lort (Garsias de Horto), prélat d'une grande piété, fut d'abord évêque de Comminges (1). En l'année 1215 il est déjà sur le siège d'Auch. Au 6 des ides de juin 1215, on trouve dans les registres des sénéchaussées de Carcassonne, Toulouse, etc., l'hommage de Gérard, comte de Fronsac, au comte de Montfort. A la fin de cet instrument on lit : « Et nos G. Dei gratia archiepiscopus Auxitanus, haec supradicta, « concedimus, salvo omni jure, etc... » En 1217, on le retrouve dans le registre de la cour de Carcassonne. En 1223, il est témoin de la donation faite par Raimond de Moncade, vicomte de Béarn, aux frères du Temple. Il mourut le 4 des ides de mai. Son corps fut enterré dans l'abbaye de Grandselve. (*Gallia Christ.*; — Monlezun, *Histoire de Gascogne.*)

Nous avons deux sceaux de cet archevêque, le premier est attaché à une charte du 6 des ides de juin 1215 (Arch. nat., J. 890, n° 15), le second est attaché à une charte du 4 des calendes de mai 1217 (Arch. nat., J. 890, n° 19).

(1) Voir numéro 24.

AMANIEU DE GRISINHAC,

ARCHEVÊQUE D'AUCH, 1226-1241.

. [S.] AMANEI DE[I] GR[ACIA] ARCHIEP[ISCOPI] AVX[ITANI].

Issu d'une noble famille du Bordelais, ami du pape Grégoire IX, d'abord évêque de Tarbes, Amanieu fut élevé sur le siège d'Auch en 1226. Il fit une fondation à Grandselve pour lui et ses parents et assista en 1231 à la dédicace de l'église de cette abbaye. Grégoire IX, en 1227 ou 1228, lui accorda le privilège de faire porter la croix devant lui. — Défenseur courageux de la foi, il avait tenu un concile provincial où avaient été prises des mesures sévères contre les hérétiques albigeois. Il mourut à Capoue, avant 1242. Son corps fut rapporté et inhumé dans le chœur de l'église de Grandselve. Les *Archives historiques de la Gironde*, t. x, p. 233, ont publié une sentence arbitrale rendue par cet archevêque en 1226 ; le sceau n'y existe plus. Celui que nous donnons provient des Archives nationales, J. 414, n° 119.

GUILLAUME DE FLAVACOURT
ARCHEVÊQUE D'AUCH.

7

[SIGILL]VM GVILLELMI...

Guillaume de Flavacourt, né au diocèse de Rouen... évêque de Viviers, puis de Carcassonne qu'il quitta pour monter sur le siège d'Auch, fit son entrée solennelle à Auch, le dimanche après la fête des SS. apôtres Philippe et Jacques (mai 1324). — En 1326, au mois de décembre, il assembla un concile général de la province d'Auch. — La même année, il assista au pacte de mariage entre Arnaud-Guillem de Barbazan et Mabille, fille d'Arnaud-Guillem de Monlezun, comte de Pardiac, à Villecomtal, 18 juillet 1326. — En 1330, il assista au concile de Marciac, et, en 1336, réforma la collégiale de Sainte-Candide de Jégun. — Il eût de graves différends avec le comte d'Armagnac Jean Ier. En décembre 1356, il fut transféré sur le siège de Rouen.

Le sceau ogival est attaché à une charte du 4 mars 1344, concernant la levée des décimes sur le clergé. (Archives nationales, J. 442, n° 18.)

Guillaume de Flavacourt ayant été pendant dix ans lieutenant du Roi en Languedoc en même temps que Pierre de la Palu, seigneur de Varambon (*Hist. du Lang.*, t. VII, p. 128), leurs noms paraissent ensemble dans un certain nombre de mandements et ordonnances qui sont parvenus jusqu'à nous. Dans cette fonction, l'archevêque d'Auch se servait d'un sceau dont il existe des fragments plus ou moins conservés aux Archives d'Agen et à la Bibliothèque nationale (T. S. 83 ; et manuscrit français, 20880). C'est d'après ce dernier recueil, et à l'aide des fragments rencontrés ailleurs, que nous pouvons compléter ce sceau.

S. GVILHELMI ARCHIEP[ISCOP]I AVXITANI.

Il pend à des ordonnances de payement, quittances, dons pour récompenser des services militaires, vidimus d'une bulle du pape (1348) qui abandonne au Roi la dîme pontificale pour l'aider à supporter les frais de la guerre, etc.

ARNAUD D'AUBERT,
ARCHEVÊQUE D'AUCH.

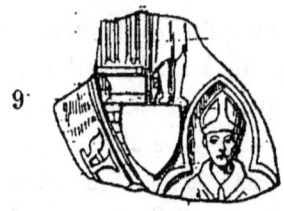

Nous extrayons du *Cartulaire noir du chapitre de Sainte-Marie d'Auch* (Arch. du Gers, G. 16, fol. 188 v°), la notice suivante :

« Arnaldus Alberti, nepos domini Innocentii, pape V, oriundus de
« loco de Montibus, prope Pompederium, Lemovicensis diocesis, fuit
« primo episcopus Agatensis, deinde Carcassonnensis, postea fuit trans-
« latus ad ecclesiam Auxitanam, videlicet die XVI januarii anno a
« nativitate Domini millesimo CCC° LV°, et fuit camerarius domini pape,
« et incepit rehedificare ecclesiam metropolitanam Auxitanam, et
« fundavit in eadem decem prebendarios qui habent deservire in
« choro ut alii prebendarii, et ultra hoc debent celebrare cotidie duas
« missas, unam de requiem bassam et aliam altam de die, in capella
« sancti Martialis, et qualibet die dum pulsatur pro vesperis tenentur

« dicere obsequium defunctorum. Item hedificavit castrum de Bassoa (1)
« cum magna turri (2) et fecit claudere totum locum. Qui obiit
« xiᵃ die junii mº cccº lxxiº in loco de Borbonio, Avinionensis
« diocesis, et est sepultus in domo Carturiensium in Villanova ejusdem
« diocesis, et fecit ecclesie Auxitane multa bona... »

Le sceau que nous reproduisons est attaché à une quittance fournie, en avril 1356, à l'abbaye du Mont-Saint-Michel, diocèse d'Avranches (Arch. de la Manche). Il est catalogué sous le numéro 2173 dans l'*Inventaire des sceaux de Normandie*, par G. Demay.

JEAN IV D'ARMAGNAC,
ARCHEVÊQUE D'AUCH.

S. IOH[ANN]IS DEI GR[ACI]A ARCHIEP[ISCOP]I AVXITANI.

Jean d'Armagnac, fils bâtard du comte Jean II d'Armagnac, fut pourvu de l'archevêché d'Auch en 1391, du vivant de son prédécesseur

---

(1) Bassoues, petite ville du département du Gers, canton de Montesquiou.
(2) Le donjon de Bassoues, une des merveilles archéologiques du sud-ouest de la France, très bien conservé, est classé monument historique.

Jean Flandrin, dont l'époque de la mort est inconnue. Il était partisan du pape Benoît XIII (Pierre de Lune). Le pape Innocent VII ordonna à l'archevêque de Bordeaux de le déposer, ce qui ne put avoir lieu à cause de la puissance du comte d'Armagnac. — Il était très attaché au pape Benoît XIII, et vivait habituellement auprès de lui à Perpignan.

Le grand sceau que nous reproduisons est conservé dans la collection de M. Cretet, et le moulage est aux Archives nationales.

11

Le petit sceau ci-dessus est attaché à une quittance de mille francs de pension, datée du 28 janvier 1401, que nous publions parce que, avec les documents dont nous la ferons suivre, elle éclaircira les incertitudes de la notice du *Gallia christiana*, t. I, p. 998.

« Nous Jehan, par la permission divine arcevesque d'Aux et conseiller
« du Roi nostre sire, confessons avoir eu et receu de Alexandre le Bour-
« sier, receveur general des aides, ordonnées pour la guerre, la some de
« mil francs sur ce qui nous peut estre deu à cause de mil francs de
« pension que le Roy nostre dit seigneur, par ses lettres données le
« XXVIe jour de septembre CCC IIII^{xx} XIX, nous a ordonné prendre et
« avoir par chascun an des deniers desdites aides, à cause dudit office
« de conseiller, auquel ledit seigneur, par ses autres lettres données le
« VIe jour d'aoust precedent, nous avait ja retenu. De laquelle some de
« mil francs nous nous tenons pour content et bien paié et en quitons
« le Roy nostre sire, ledit receveur general et tous autres à qui
« quittance en apartient. Tesmoing nostre scel mis à ces presentes le
« XXVIIIe jor de janvier l'an mil quatre cens et un. J., ARCEVESQUE
« D'AUX. » (Bibl. nat., Titres scellés, reg. 6, pièce 263.)

Jean d'Armagnac fut créé archevêque de Rouen en 1401, et maintenu en la possession du diocèse d'Auch, avec le titre d'administrateur. Cette date est fixée par une phrase du procès-verbal de l'élection de Bérenger de Guilhot, pièce dont nous nous servirons tout à l'heure.

Le testament de Jean, archevêque de Rouen, administrateur de l'église d'Auch, fait à Perpignan, le 22 août 1408, est dans la collection Doat, volume 45, f. 368.

Voici ce document :

« In nomine sanctæ et individuæ Trinitatis, Patris, et Filii et
« Spiritus sancti amen. Universis et singulis tam præsentibus quam
« futuris, constet et appareat evidenter quod anno a Nativitate
« eiusdem Domini millesimo quadringentesimo octavo, indictione
« prima, die vero vicesima secunda mensis Augusti, in præsentia
« reverendi in Christo patris ac domini domini Johannis, miseratione
« divina episcopi Mimatensis, meique notarii publici, ac testium
« infrascriptorum, constitutus personaliter reverendissimus in Christo
« pater et dominus dominus Johannes, miseratione divina archiepis-
« copus Rothomagensis, administrator ecclesiæ Auxitanensis, sanus
« mente licet gravissime infirmus corpore, volens suum ultimum
« condere testamentum, commendavit et commendat in primis animam
« suam Altissimo Creatori, et eius Virgini matri gloriosæ et toti curiæ
« celestium supernorum. Et casu quo ipsum ab hac luce migrare
« contingeret, elegit et eligit sepulturam suam in ecclesia Auxitanensi,
« ubi corpus suum portari voluit et vult, dum sua anima de eius corpore
« egressa fuerit. Deinde in omnibus bonis suis mobilibus et immo-
« bilibus, præsentibus et futuris, quæcumque, quantacumque et ubi-
« cumque sint, vel fuerint, et in quibuscumque rebus existant, magnifi-
« cum et potentem virum dominum Johannem de Armaniaco, vice-
« comitem Leomaniæ, filium illustrissimi principis domini Bernardi,
« Dei gratia comitis Armaniaci, hæredem suum universalem gratis
« et sponte fecit, instituit et ore suo proprio nominavit, facit, instituit,
« et nominavit. Et ad faciendum exequias suas et exequendum hoc
« præsens suum testamentum, ac omnia alia necessaria peragendum,
« reverendissimos in Christo patres et dominos dominum Anthonium,
« sacro sanctæ Romane ecclesiæ cardinalem, de Chalant vulgariter
« nuncupatum, necnon dominum Johannem, episcopum Mimatensem
« supra nominatum, et quemlibet eorum executores fecit, constituit,
« cum plena potestate præmissa exequendi. Quæ omnia prædicta, ego
« notarius infrascriptus, qui ad hoc fueram vocatus, scripsi, et in præ-
« sentem formam redegi. Acta fuerunt hæc in villa Perpiniani, Elnensis
« diocesis, in domo hæredum quondam domini Berengari de Petra-
« pertusa militis, quam tunc præfatus reverendus dominus Johannes
« testator inhabitabat, videlicet in camera principaliori ipsius domus
« aulæ contigua. Testes fuerunt præsentes in præmissis et ad hoc

« expresse vocati et congregati, videlicet, dictus dominus Johannes,
« episcopus Mimatensis, dominus Bernardus de Lagorsano, præsbiter,
« canonicus et sacrista ecclesiæ Auxitanæ, dominus Petrus Danidis,
« præsbiter, rector parrochialis ecclesiæ de Rigapillo, Auxitanæ dio-
« cesis, nobilis Raymundus de Murato alias de Lestanc, clericus
« Ruthenæ diocesis, Johannes de Lochen, rector parrochialis ecclesiæ
« de Capjencauat, Corisopitensis diocesis, nobilis Johannes de
« Bonauilla, scutifer dicti domini episcopi Mimatensis, Johannes
« de Laxonto, rector parrochialis ecclesiæ de Mediouico, diocesis
« Fullensis, et Vitalis de Cornelhano, clericus Auxitanæ diocesis.

« Et ego Lobenxius Cubas, clericus Albiensis diocesis, publicus
« apostolica et imperiali auctoritatibus notarius, in præmissis dum
« præmittitur fierent, una cum prænominatis testibus interfui, et de
« hiis notam recepi, et confecto inde præsenti instrumento propria
« manu scripto, signum meum apposui consuetum, hic me subscribens
« in testomonium præmissorum requisitus. »

(« Copie exécutée sur une copie originalle escrite en parchemin qui
« est au trésor des archifs du Roy en la ville de Rodez, inventoriée
« en l'inventaire des titres dudit trésor et cotée de letres h. h. h. au
« chapitre intitullé : Testaments et mariages. »)

Jean d'Armagnac mourut le 8 octobre 1408. Un des cartulaires de Sainte-Marie d'Auch, *Liber de Guarossio*, folio cxv (Arch. dép. du Gers), renferme le procès-verbal de l'élection de Bérenger de Guilhot, 2 novembre 1408, qui commence par ces mots : « Noverint... quod
« domino Johanne de Armaniaco, bone memorie, ecclesie cathedralis
« Auxitane administratore, viam universe carnis (secuto) die lune
« intitulata octava mensis octobris, ante solis ortum illius diei, sub
« anno Incarnationis Domini millesimo quadringentesimo octavo et
« eisdem anno et die ejus funere seu cadaver ecclesie sepulture
« tradito... »

Dans le même acte, les chanoines disent que Bérenger de Guilhot a exercé « continuente spatio sextem annorum proxime preteritorum
« officium vicariatus ecclesiæ Auxitane in spiritualibus et tempo-
« ralibus. » Ces sept années reportent à 1401 la promotion de Jean d'Armagnac à l'archevêché de Rouen.

BERTRAND DE BECEIRA,
ÉVÊQUE D'AGEN.

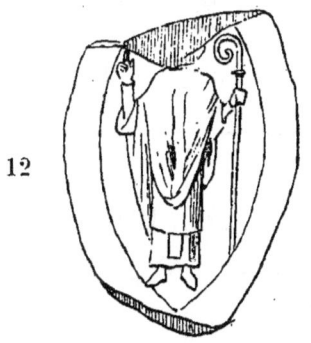

Bertrand de Beceira, chanoine de Bordeaux, fut élu évêque d'Agen en 1182, élection confirmée par le roi d'Angleterre en présence de Géraud de Labarthe, archevêque d'Auch, et de l'évêque de Bayonne.

En 1187, il figure comme témoin dans la charte de l'archevêque d'Auch en faveur des abbayes de La Sauve-Majeure et de Vopillon.

Son sceau est attaché à une attestation sans date portant que Henri, fils aîné de Henri II, roi d'Angleterre, a choisi sa sépulture dans la cathédrale de Rouen. (Archiv. de la Seine-Inférieure, *Inventaire des sceaux de Normandie*, par G. Demay, n° 2171.)

RAOUL DE PINS,
ÉVÊQUE D'AGEN.

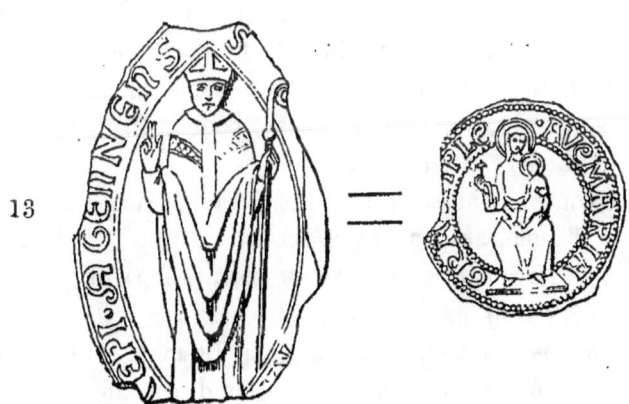

S... EP[ISCOP]I AGENNENS[IS]. — AVE MARIA GRACIA PLE[NA].

Raoul de Pins, ou de Peirin, de race illustre, moine cistercien, d'abord évêque d'Agen (1233-1235), fut plus tard élevé sur le siège de Lyon.

Le sceau et le contre-sceau que nous reproduisons sont attachés à des lettres patentes de Raoul, évêque d'Agen, assurant à la requête des bourgeois d'Agen et des barons de l'Agenais le maintien de la monnaie épiscopale appelée Arnaudine, dans les conditions de poids et d'aloi précédemment réglées, 5 février 1233. (Arch. d'Agen, AA. 1.)

GUILLAUME III DE PONTOISE,
ÉVÊQUE D'AGEN.

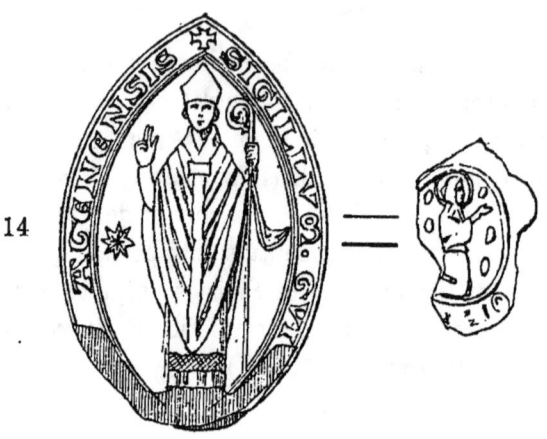

SIGILLVM GVI[LLELMI EPISCOPI] AGENENSIS.

Guillaume de Pontoise, religieux de Cluny, prieur de la Charité-sur-Loire, fut nommé évêque d'Agen en 1247. Il fit donation de quatre églises à l'abbé de Belleperche, en 1255. Cette même année il reçut l'hommage de Gaston VII, vicomte de Béarn, pour le Brulhois, avec offrande d'une lance de fief (*lancea acapto*).

Le sceau et le contre-sceau sont attachés à des lettres de Guillaume III, évêque d'Agen, suspendant la sentence d'excommunication portée contre ceux qui, ayant pris la croix, ne sont pas partis pour la Terre-Sainte, en 1256. (Arch. nat., J. 192.)

Le contre-sceau représente la lapidation de saint Étienne. On sait que l'ancienne cathédrale d'Agen était sous l'invocation de ce saint.

PIERRE II,
ÉVÊQUE D'AGEN.

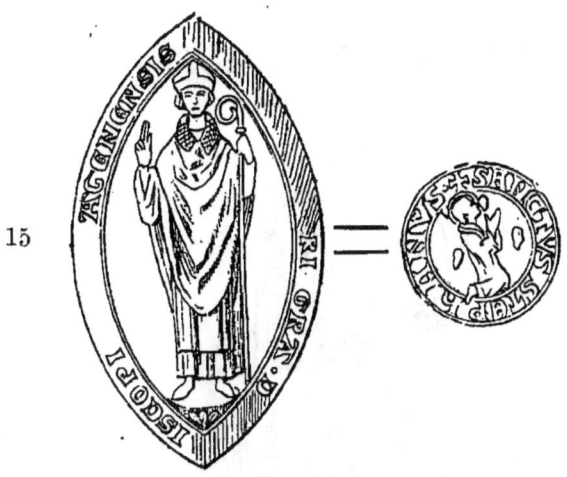

[S. PET]RI GR[ACI]A D[EI] [EP]ISCOPI AGENENSIS. — SANCTVS STEPHANVS.

Religieux dominicain, provincial de France, originaire de Reims, prélat savant qui a écrit plusieurs traités sur l'Écriture Sainte.

Le sceau et le contre-sceau sont attachés à une charte de l'année 1269. (Archives nationales, J. 312.) L'*Inventaire* de Douet d'Arcq les attribue à Pierre II, mais le prélat qui tenait le siège d'Agen en 1269 était Pierre III.

PIERRE III JORLANDI,
ÉVÊQUE D'AGEN.

Pierre Jorlandi, évêque d'Agen en 1264-1270. Ce sceau est attaché à une délégation en faveur de l'official d'Agen, datée d'Agen, le 26 avril 1264. (Archives de Pau, E. 172.)

BERTRAND DE GOTH,
ÉVÊQUE D'AGEN.

17

Bertrand de Goth, oncle du pape Clément V, élu évêque d'Agen en 1292, fut transféré à Langres en 1306.

Le sceau que nous donnons est attaché à une charte de l'année 1305. (Arch. nat., J. 347; *Inventaire* Douet d'Arcq, n° 6623.)

LOUIS D'ALBRET,
ÉVÊQUE D'AIRE.

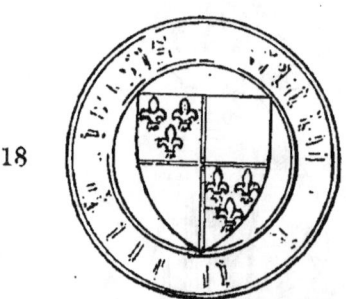

18

SIGILLVM L... EPISCOPI ADVRENSIS.

Louis d'Albret, fils de Charles II d'Albret et d'Anne d'Armagnac, évêque d'Aire en 1453, créé cardinal du titre de Saint-Marcellin et

Saint-Pierre en janvier 1461 par le pape Pie II, mourut à Rome le 4 septembre 1465. Sa tombe se trouve dans l'église des Cordeliers d'Ara-Cœli, à Rome. (*Art de vérifier les dates*, t. III; — *Gallia christ.*, t. I; — *Grands officiers de la couronne*, t. VI.)

Ce sceau est attaché à l'investiture d'un précepteur de l'hôpital de Mont-de-Marsan, Aire, 7 septembre 1452. (Arch. de Pau, E. 512.)

PIERRE DE MASLACQ,

ÉVÊQUE DE BAYONNE.

S. FR[ATR]IS PETRI DEI GR[ACI]A EP[ISCOP]I BAIONEN[SIS].

Pierre de Maslacq, de l'ordre des Frères Prêcheurs, élu évêque de Bayonne l'an 1316, n'est plus évêque en 1319.

Le sceau que nous donnons est attaché à une charte concernant les discussions du chapitre avec les Frères Prêcheurs sur la chapelle de Saint-André, datée de Bayonne, 15 novembre 1317. (Arch. de Pau, H. 57.)

PIERRE DE SAINT-JEAN,
ÉVÊQUE DE BAYONNE.

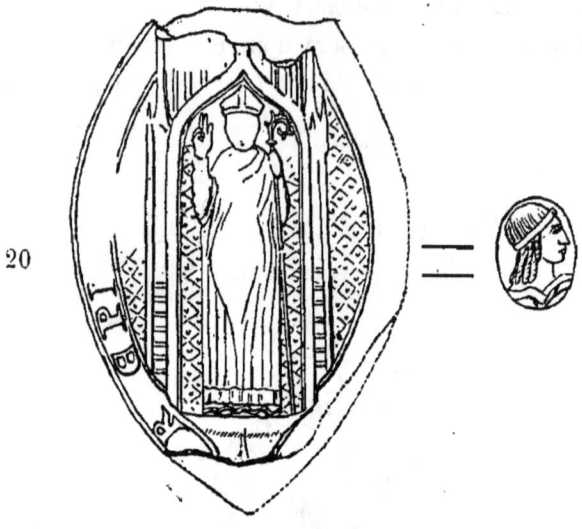

..... R EP[ISCOP]I ...

Pierre de Saint-Jean, de l'ordre des Frères Prêcheurs, évêque de Bayonne en 1320, assista au concile de Marciac en 1329 et mourut en 1359.

Le sceau et le contre-sceau sont attachés à une charte relative à l'exécution du testament du cardinal Guillaume Goudin, datée de Bayonne, 12 avril 1353. (Arch. de Pau, H. 3.)

Le contre-sceau est une pierre gravée antique.

FRÈRE GARSIA DE HEUGUY,
ÉVÊQUE DE BAYONNE.

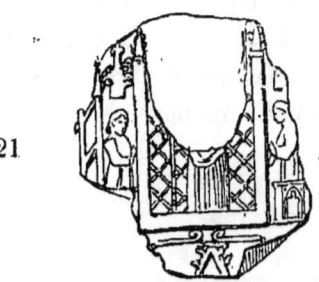

Garsias de Heuguy n'est pas au catalogue des évêques de Bayonne donné par le *Gallia christiana*. Garsias, de l'ordre des Augustins, prend le titre d'évêque de Bayonne en l'année 1370. Il était le confesseur et le confident de Charles, comte d'Évreux, roi de Navarre. Il assista au couronnement du Roi à Pampelune, en 1390.

Son sceau append au procès-verbal du serment des états de Navarre à Isabelle, infante de Navarre, daté d'Estella, 11 septembre 1396. (Arch. de Pau, E. 526.)

JEAN IV DU BELLAY,
ÉVÊQUE DE BAYONNE.

SIGILLVM... [E]PISCOPI BAIONE.

Jean appartenait à cette famille du Bellay qui s'est illustrée dans les armes et par les services rendus au royaume. Il fut nommé en 1526 à l'évêché de Bayonne, et transféré à celui de Paris en 1543.

Le sceau que nous donnons est attaché à la trève de huit mois conclue entre la France, les Pays-Bas et l'Angleterre, le 15 juin 1528. (Demay, *Inventaire des sceaux de Flandre*, n° 5811.)

GUILLAUME II DE PINS,
ÉVÊQUE DE BAZAS.

S. GVIL[LELM DEI] GR[ACI]A VASATENSIS EP[ISCOP]I.
CAPVD IOHA[N]I[S BABT]ISTE.

Guillaume de Pins, évêque de Bazas en 1266, fut en relations fréquentes avec le roi d'Angleterre et mourut en 1276. (*Arch. hist. de la Gironde*, t. xv, p. 39.)

Le sceau et le contre-sceau sont attachés à un vidimus des lettres du roi d'Angleterre, donnant au vicomte de Béarn les biens de Garsion de La Marche, daté de Bordeaux, 6 des calendes d'avril (27 mars) 1274. (Arch. de Pau, E. 200.)

GARSIE DE LORT,
ÉVÊQUE DE COMMINGES.

SIGILLVM G. EPISCOPI CONVENARUM.

Garsie de Lort est nommé comme évêque de Comminges dans le cartulaire de l'abbaye de Nizors, à l'année 1210, et dans celui de

Bonnefont, en 1212-1213. Ce prélat avait été religieux de l'abbaye de Saint-Pé-de-Générès, au diocèse de Tarbes. Il nous est signalé comme ayant une foi vive et une grande piété. Lors du départ des croisés allant combattre les Albigeois, toute l'armée fut assemblée par l'évêque de Toulouse, qui se présenta tenant en mains les reliques du bois de la vraie Croix. Tous les chevaliers vinrent adorer cette croix. L'évêque de Comminges, trouvant que la cérémonie était trop longue, arracha les reliques des mains de l'évêque de Toulouse, et, montant sur un tertre élevé, bénit les guerriers en leur disant : *In nomine Jesu Christi, ego testis sum et in die judicii fidejussor existo, quia quicumque in isto glorioso occubuerit bello, absque ullo purgatorii pena, æterna præmia et martyrum gloriam consequetur...*

Garsie de Lort monta sur le siège d'Auch en 1215. Voir plus haut le numéro 4.

Le sceau que nous reproduisons append à la charte des coutumes d'Albigeois, le premier jour de décembre 1212. (Arch. nat., J. 890, n° 6.)

AYMERIC NOËL,
ÉVÊQUE DE CONDOM.

S. AYM[ERICI EPI]SCOPI CONDOMIEN[SIS].

Aymeric Noël (*Natalis* ou *Nadal*), docteur, référendaire du pape, abbé de Saint-Sernin de Toulouse, était évêque de Condom en 1481. Au concile de Constance, en 1408, il est signalé parmi les fauteurs de l'antipape Pierre de Lune, et en conséquence privé de ses bénéfices; ils lui furent rendus en 1409. En 1418, il fut transféré sur le siège de Castres.

Le sceau ci-dessus est attaché à l'acte d'annexion du prieuré du Pecq à l'abbaye de Saint-Vandrille, diocèse de Rouen, octobre 1413. (Demay, *Inventaire des sceaux de Normandie*, n° 2201.)

N.,
ÉVÊQUE DE CONDOM.

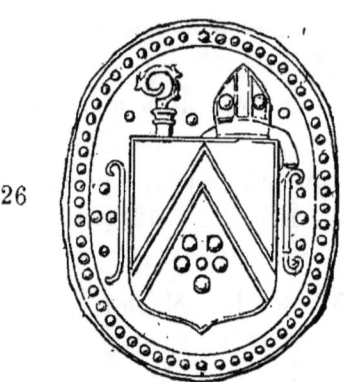

Sceau d'un évêque de Condom, d'après la matrice en cuivre conservée au musée de cette ville.

CÉREBRUN DE GODBÈS,
ÉVÊQUE DE COUSERANS.

[SI]GILLVM C. COSERANEN[SIS] EP[ISCOPI].

Cérebrun de Godbès occupait le siège de Saint-Lizier-de-Couserans, en 1228. Sous son pontificat, les Albigeois, forcés par les armes des rois

Louis VIII et Louis IX, eurent recours à la clémence du pape. Cérebrun est cité parmi les témoins de la réconciliation du comte de Foix à Saint-Jean-de-Verges. Il mourut vers 1240.

Le sceau que nous donnons est attaché à une charte datée du xvi des calendes de juillet, 1228. (Arch. nat., J. 332, n° 2.)

NICOLAS,
ÉVÊQUE DE COUSERANS.

S. N. S[ANCT]E MARIE ET S[ANCT]I LIC[ER]I COSERAN[ENSIS EPISCOPI].

Successeur de Cérebrun, Nicolas occupait le siège de Couserans dès l'année 1246, d'après un acte de donation de luminaire faite à l'église de Sainte-Marie et Saint-Lizier de Couserans. En 1256, Alphonse de Poitiers, comte de Toulouse, lui donna la ville de Couserans et plusieurs seigneuries ayant appartenu aux comtes de Toulouse ; cette donation fut faite sous condition d'hommage. Nicolas mourut vers le mois d'octobre 1270.

Le sceau ci-dessus append à une charte du mois de mai 1256. (Arch. nat., J. 312, n° 4.)

ARNAUD FREDETI,
ÉVÊQUE DE COUSERANS.

[S. ARNALD]I D[EI] G]R[ACI]A EP[ISCOP]I COSERANEN[SIS].

Originaire de la ville de Bordeaux, religieux de l'ordre des Frères Prêcheurs, chapelain et pénitencier du pape Clément V, Arnaud Fredeti fut pourvu de l'évêché de Couserans au mois de juin de l'année 1309.

Prélat pieux et savant, il fonda le couvent de Rieux, dans lequel son corps fut enseveli. Il mourut en mai 1329.

Il avait envoyé son vicaire Auger de Cauderesse au concile tenu à Nogaro en 1315.

Son sceau est attaché à la procuration qu'il donna pour assister à l'assemblée des états de 1317. (Arch. nat., J. 443, n° 4.)

BERTRAND Ier,

ÉVÊQUE DE DAX.

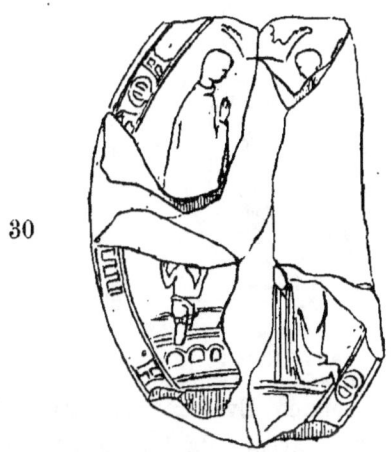

30

Bertrand Ier succède à Bernard II sur le siège de Dax en 1348. On ne le trouve plus en 1358.

Son sceau est attaché à une charte relative à l'exécution du testament du cardinal Guillaume Goudin, datée de Bayonne, 12 avril 1353. (Arch. de Pau, H. 3.)

Voici la description qu'en donne M. P. Raymond (*Sceaux des Archives des Basses-Pyrénées*, p. 295) : « La Vierge; au bas du sceau à droite un « personnage en prière; à gauche un diable sur un pont. (Le pont de « Dax sur l'Adour passait pour avoir été construit par le diable.) »

JEAN II BAUFFÉS,
ÉVÊQUE DE DAX.

31

...AQVE[NSIS].

Jean Bauffés, originaire du comté d'Évreux, conseiller de Charles II d'Évreux, roi de Navarre, fut élu évêque de Dax en 1362, et transféré en 1377 sur un siège espagnol.

Son sceau est attaché à un vidimus des lettres du roi d'Angleterre, permettant à Rose d'Albret, dame de Launac, de jouir de ses seigneuries de Marensin et de Saubusse, nonobstant la guerre, datées de Dax, le 28 février 1371. (Arch. de Pau, E. 188.)

JEAN III GUITARD,
ÉVÊQUE DE DAX.

32

S. PAR[V]VM IOH[ANNIS]... AQVEN[S]IS.

Jean Guitard monta sur le siège de Dax le 17 juillet 1374. Ce prélat eut de violents démêlés avec son chapitre, d'après ce que nous lisons dans des lettres écrites en 1382 par le pape Urbain VI.

On a de lui une transaction avec son chapitre et une autre avec les magistrats de Dax.

En 1390, il assista, dans la grande église de Pampelune, au couronnement du roi de Navarre Charles III, dit le Noble.

En 1391, il fut envoyé dans le royaume de Castille pour arracher cette contrée à l'obédience de l'anti-pape. En 1392, il fut promu à l'archevêché de Lisbonne.

Son sceau est attaché à une quittance de ses frais de voyage (5 francs par jour pour lui, ses gens et ses chevaux), lorsqu'il fut envoyé par le roi de Navarre auprès du Pape, à Avignon. Cette quittance est du 3 août 1383. (Titres scellés.)

GUILLAUME DE DURFORT,
ÉVÊQUE DE LANGRES.

Guillaume de Durfort appartenait à l'illustre famille agenaise de ce nom ; c'est pourquoi nous représentons son sceau, qui est attaché à une procuration donnée pour les États généraux, le samedi après Pâques 1317. (Arch. nat., J. 443.)

ARNAUD II,
ÉVÊQUE DE LECTOURE.

34

SIGILLV[M] A. LACTOREN[SIS] EP[ISCOP]I.

D'après une charte de Simon de Leicester, Arnaud II était évêque de Lectoure en août 1215. En 1216, il est témoin d'une donation faite par Vivian de Lomagne à l'abbaye de Belleperche. Son épiscopat va jusqu'en 1221. *(Gallia christiana.)*

Le sceau ci-dessus est appendu à une charte d'accord, touchant la ville d'Agen, du 14 des calendes de mai (18 avril) 1217. (Arch. nat., J. 890, n° 19.)

BERNARD ANDRÉ,
ÉVÊQUE DE LECTOURE.

35

S. BERN[ARD]I EPISCOPI LETOREN[SIS].

Bernard André, docteur en droit civil et en droit canon, chanoine de l'église de Lectoure, en fut élu évêque en 1449 et mourut vers la fin de l'année 1452. (*Gallia christiana*, t. I.)

Ce sceau est appendu à un acte qui porte la date du 13 février 1451. (Archives de Saint-Sernin de Toulouse, d'après un mémoire de M. Roschach dans les *Mémoires de la Société des Antiquaires de France*, troisième série, t. X. 1868.)

PIERRE V D'ABZAC,
ÉVÊQUE DE LECTOURE.

36

Pierre d'Abzac, des seigneurs de la Douze en Périgord, religieux bénédictin, d'abord évêque de Rieux, transféré sur le siège de Lectoure en 1487, était en même temps abbé de La Grasse, ce qui lui causa de nombreux embarras. Il fit plusieurs statuts importants dans son diocèse, et, en 1494, fut nommé archevêque de Narbonne.

Son sceau est attaché à une quittance du 26 février 1487, qu'il délivra au trésorier de Languedoc pour une somme de 1,000 livres en paiement de la pension que lui faisait le roi. (Titres scellés.)

ARNAUD DE SALIERS,
ÉVÊQUE DE LESCAR.

S. A. EP[ISCOP]I LASCVRENSIS.

Par les lettres du roi Charles VII accordant des pensions à Arnaud de Saliers, nous voyons qu'en 1424 il était évêque de Couserans. Un autre don du 22 décembre 1425 le qualifie d'évêque de Lescar.

Le sceau que nous donnons est appliqué sur une quittance fournie par Arnaud de Saliers, évêque de Lescar, d'une somme de 1,200 livres pour une année de son office de conseiller du Roi, datée du dernier août 1427.

Le *Gallia christiana* ne donnant aucun renseignement sur cet évêque, on nous saura gré de reproduire les trois lettres du roi Charles VII et la quittance que nous venons de citer :

« Charles, par la grace de Dieu roy de France; — Come despuis et
« du temps de nostre regence, nous eussions receu en nostre conseil
« nostre amé et feal ARNAULT DE SALIERS, à present evesque de
« Couzerans, au quel office il nous a despuis bien loyaument servi
« tant en la compaignie de nostre cher et amé cousin le comte de Foix,
« au temps desus dit comme de present nostre lieutenant general en
« nostre pays de Languedoc et duché de Guiene, desa la Dourdongne.
« Nous, en consideration et confians à plain des grans sens, loyauté et

« diligence dudit evesque, icelly avons de nouveau retenu et retenons
« en nostre conseil; et pour luy ayder à suporter les grans frais, mises
« et despens que pour nostre service faire luy conviendra tant en la
« compaignie de nostre dit cousin comme autrement, nous luy avons
« ordonné prendre et avoir doresnavant des finances de nostre dit pays
« de Languedoc la somme de 1,200 livres de gaiges ou pension par
« chacun an, avecques les autres droits, honeurs, profits acoustumés
« come nos autres conseillers, tant qu'il nous plaira ; si donnons en
« mandement à nostre amé et feal chancellier que, fait par ledit evesque
« le serment acostumé, auquel recevoir nous cometons en son absence
« nostre amé et feal conseiller l'evesque de Laon, le face, souffre et
« laisse estre et assister doresnavant en nos conseils et besoignes, et
« desdits droits joir et user plainement et tranquillement. Mandons à
« nos generaux conseillers de nos finances à nostre dit pays de
« Languedoc le facent payer desdites 1,200 livres. Donné à Espaly lez
« le Puy, le 6 janvier 1424 et le tiers de nostre regne. »

« Charles, par la grace de Dieu roy de France, à nos amés et
« feaulx les generaux conseillers sur le fait et gouvernement de
« toutes nos finances en Languedoc. Comme par noz autres lettres
« patentes desquelles il nous est apparu ou pourra apparoir, nous
« ayons retenu en nostre conseil notre amé et feal ARNAULD DE
« SALIERS, à present evesque de Lescar, et pour luy aider à suporter
« les frais et despens que pour nostre dit service luy conviendra
« faire, luy ayons ordonné dès lors sur nos dites finances de Languedoc
« la somme de 1,200 livres de gaiges ou pension par an, ainsy que
« nos dites autres lettres le contiennent, et il est advenu que François
« de Nerly, naguières receveur general de nos dites finances en
« Languedoc, soit par nous depourvu de ladite recepte, et ayons commis
« Jean Seaume, receveur general, et pour ce nostre dit conseiller
« doibt ne fayre dificulté luy payer, voulant qu'il soit à present et
« doresnavant payé. Donné à Meun sur Loire, le 22 novembre 1425 ».

« Charles, par la grace de Dieu roy de France, à nostre amé et feal
« general conseiller sur le fait et gouvernement de toutes finances en
« Languedoc, l'evesque de Laon, nous vous mandons que par nostre
« bien amé Jehan Seaume, receveur general desdites finances, vous

« faites païer à nostre amé et feal conseiller l'evesque de Lescar, en
« Bearn, la somme de mil livres, laquelle nous luy avons ordonnée par
« ces presentes et ordonnons, pour les bons, louables et agreables
« services qu'il nous a faits, fait chascun jour et esperons que fara au
« temps advenir, tant en la compagnie de nostre très cher et amé
« cousin le comte de Foix, et lui aider à suporter les grands frais et
« despens. — Donné à Montluçon, le 29 janvier 1426 et de nostre
« regne le quint.

« Par le Roy, l'ev. de Laon et le conte d'Auxeurre presents,
« DE GREYO. »

A la suite :

« Nous ARNAULT, par la permission divine evesque de Lescar,
« conseiller du Roy, confessons avoir receu de Jehan Seaume, receveur
« general des finances en Languedoc, 1,000 livres que le roy par letres
« du 29 janvier dernier nous a données, ce dernier may 1427.

« A., avesque de Lescar. »

« Nous ARNAULT, par la grace divine evesque de Lescar, conseiller
« du Roy nostre sire, confessons avoir receu de Jehan Seaume,
« receveur general des finances en Languedoc, la somme de 1,200
« livres pour un an de nostre office de conseiller, finissant ce jourd'hui
« dernier aoust 1427.

« A., avesque de Lescar. »

(Bibl. nat., latin 17026, fol. 66, 67, 69. — Communiqué par M. Communay).

JEAN DE BILHÈRES,
ÉVÊQUE DE LOMBEZ.

38

S. CAM[ERE]... ABB[AT]IS B[EA]TI DIONISII IN FRANCIA.

Jean de Bilhères, ou de Vilhères, fils de Menault de Bilhères, seigneur de Lagraulas et Camicas (près Nogaro), chanoine de l'abbaye de Saint-Pierre de Condom, fut nommé évêque de Lombez en 1472, et abbé de Pessan en 1473.

Il fut un des conseillers fidèles du roi Louis XI. Envoyé auprès des États des Quatre Vallées (Aure, Magnoac, Nestes et Barousse) qui voulaient, après le meurtre du comte Jean V d'Armagnac, se donner au roi d'Aragon, il négocia fort heureusement leur annexion à la couronne de France. Administrateur, puis élu abbé de Saint-Denis le 12 mai 1474; en 1475, envoyé en Espagne où il signa le traité de Saint-Jean-de-Luz, le 2 octobre; il jouit sous le règne de Louis XI d'une faveur qui se maintint sous la régence, dans le conseil de laquelle il entra, et sous le roi Charles VIII.

En 1489, Charles VIII l'envoya comme ambassadeur en Allemagne, où il ménagea la paix entre le roi et l'empereur Maximilien. Peu d'années après, il fut ambassadeur à Rome, où il sut s'attirer les bonnes grâces du pape Alexandre VI qui le créa cardinal. Sa sœur, Jacquette de Bilhères, avait épousé Bertrand de Faudoas d'Avensac; leur fils Jean de Faudoas était vicaire de l'évêque de Lombez pour l'abbaye de Saint-Denis. Jean de Bilhères mourut en 1499.

Le sceau que nous donnons est attaché à une pièce portant la date de 1487. (Arch. nat., L. 852.) Nous avons trouvé plusieurs quittances de ses pensions aux années 1474, 1475, 1478 et 1486. (Bibl. nat., franç., 20884, pages 81 et suiv.)

ARNAUD-GUILHEM DE BIRAN,

ÉVÊQUE DE TARBES.

39

SIGILLVM AR[NALDI] EPISCOPI BIGVORITANI.

Arnaud-Guilhem de Biran était déjà évêque de Tarbes en l'année 1200. Avant d'arriver à l'épiscopat, il avait été abbé de Sordes. Cet évêque est cité dans le pacte de mariage de Petronille, comtesse de Bigorre, avec Guy de Montfort, fils de Simon de Montfort, comte de Toulouse, en 1216. Son nom se trouve inscrit dans l'acte de donation faite en 1223 aux Templiers du lieu de Manciet (Gers), par Raymond de Moncade, vicomte de Béarn, en rachat du voyage en Terre-Sainte.

Son sceau est attaché aux coutumes d'Albigeois, données à Pamiers, le 1er décembre 1212, par Simon de Montfort. (Arch. nat., J. 890, n° 6.)

AMANIEU DE GRESINHAC,

ÉVÊQUE DE TARBES.

SIGIL. AMANEVI TARVIENSIS EPISCOPI.

Ce prélat occupait le siège de Tarbes en 1224, et d'après le *Gallia christiana* il n'était plus sur ce siège en 1226.

Le sceau que nous donnons append à un accord touchant la ville d'Agen, entre l'évêque de ce siège et Simon de Montfort, le 14 des calendes de mai (18 avril) 1217. Nous ne pouvons pas expliquer comment Amanieu pouvait être évêque de Tarbes à cette date, puisque ce siège était occupé, comme nous l'avons vu plus haut, par Arnaud-Guilhem de Biran. (Arch. nat., J. 890, n° 19.)

ROGER DE FOIX,
ÉVÊQUE DE TARBES.

41

[S. ROGERII DEI] G[RACIA] EPISCOPI TARVI[ENSIS].

Roger de Foix-Castelbon, évêque d'Aire, passe sur le siège de Tarbes en 1441 et meurt en 1461.

Son sceau est attaché au testament de Gaston IV, comte de Foix, daté du château d'Orthez, 12 novembre 1444. (Arch. de Pau, E. 439.)

JEAN DE CARDAILLAC,
ARCHEVÊQUE DE TOULOUSE.

42

Jean de Cardaillac était fils de Bertrand de Cardaillac et d'Ermengarde de Lautrec. Docteur en théologie, il fut envoyé en ambassade auprès du pape Clément VI par l'université de Toulouse, en 1350, et peu après nommé évêque de Rhodez. Le Rouergue était ravagé par les Anglais. Jean fut accusé de soutenir leur parti et obligé de fuir son siège épiscopal. Il passa en Espagne où il fut pourvu de l'évêché d'Orense et devint un des conseillers du roi de Castille, qui le nomma son ambassadeur auprès du pape Urbain V, en 1369. Nommé archevêque de Braga, il quitta ce siège en 1371 pour devenir patriarche d'Alexandrie et administrateur perpétuel de Toulouse. Il mourut en 1390.

Le premier sceau que nous donnons (n° 42) est attaché à une quittance datée de 1367.

43

Ce second sceau est attaché à une quittance, datée du 13 novembre 1383. (Bibl. nat., fr. 20887 et 20888.)

JEAN DE MONLUC,
ÉVÊQUE DE VALENCE.

44

Jean de Monluc, fils de François de Lasseran de Massencome, seigneur de Monluc, et de Françoise de Mondenard, dame d'Estillac, né à Condom, vers 1502, infirme d'un pied en naissant, entra d'abord au couvent des Frères Prêcheurs de Condom. Prêtre instruit et disert, il fut appelé à la cour de Nérac où il se fit avantageusement connaître. Nous le voyons successivement ambassadeur en Irlande, à Constantinople, à Rome, à Venise, en Écosse et en Pologne. Évêque de Valence, en 1553. Il fut chargé de plusieurs missions importantes en Guienne et en Languedoc. Il mourut à Toulouse, en avril 1579. Son corps fut inhumé dans l'église Saint-Étienne de Toulouse.

Le sceau que nous donnons est sur une quittance délivrée par Jean de Monluc, évêque de Valence et de Die, le 14 juin 1569, à Bordeaux. (Bibl. nat., fr. 20889.)

CHAPITRES, COURS ÉPISCOPALES, OFFICIALITÉS.

CHAPITRE D'AUCH.

45

S. CAPITVLO AVXVM.

La matrice en bronze de ce sceau est conservée dans la collection de M. Mathon, à Agen. Style du XIII° siècle.

COUR DE L'ARCHEVÊCHÉ D'AUCH.

46

S. CVRIE ARCHIE[PISCO]PALIS AVXITAN[E].

Ce sceau est appendu à une lettre de Jean Vaquier, vicaire général de l'archevêque d'Auch, portant permission aux consuls de la ville de lever un impôt de douze deniers sur chaque charge de vin, appelé la gabelle ou maltôte, datée du 26 septembre 1370. (Arch. d'Auch, série CC.)

« Johannes Vaquerii, legum doctor, canonicus Aginnensis, vicarius
« generalis in spiritualibus et temporalibus reverendissimi in Xristo
« patris et domini Johannis, miseratione divina archiepiscopi Auxis, etc...

« In cujus rei testimonio... sigillum *majore* capituli auxitani apponere
« misimus... »

C'était donc le grand sceau et le contre-sceau du chapitre.

CHAPITRE DE SAINT-ÉTIENNE D'AGEN.

47

SIGILVM CAPITVLI S[ANCT]I STEPHANI.

Ce sceau est appendu à un accord entre l'évêque d'Agen et Simon de Montfort touchant la ville d'Agen, 18 avril 1217. (Arch. nat., J. 890, n° 19.)

CHAPITRE D'AGEN.

SIGILL[VM] CAPITVLI AGENNENSIS.

Ce sceau append à une notification de l'absolution d'une sentence d'excommunication accordée à Arnaud de Caumont, seigneur de Lauzun, datée d'Agen, 11 avril 1488. (Arch. de Pau, E. 150.)

OFFICIALITÉ D'AGEN.

Ce sceau est attaché à une déposition de témoins entendus par l'official d'Agen. — Agen, 3 août 1261. (Arch. de Pau, E. 172.)

CHAPITRE DE BAYONNE.

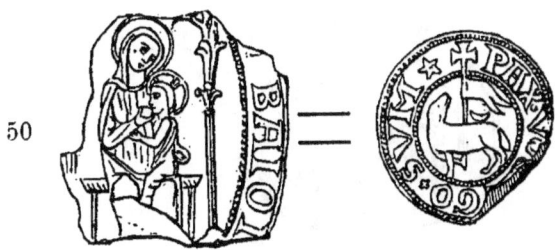

50

[S.] BAION... — PAX VO... [E]GO SVM.

Ce sceau avec son contre-sceau append à une vente de terrain faite par le Chapitre aux Frères Prêcheurs de Bayonne, datée de Bayonne, le 29 octobre 1308. (Arch. de Pau, H. 55.)

51

SIGILLVM CAPITVLI [BAIO]NE.

Cet autre sceau capitulaire est attaché à un titre de prébende, daté de Bayonne, le 31 août 1594. (Arch. de Pau, G. 107.)

OFFICIALITÉ DE BAZAS.

[S.] OFFICIAL[IS]... VASA[TENSIS].

Sceau attaché à une charte d'émancipation de Guitard d'Albret, doyen de l'église du Puy en Velay, par Amanieu VII, sire d'Albret, son père, datée de Casteljaloux, 3 juin 1317. (Arch. de Pau, E. 23.)

CHAPITRE DE BAZAS.

S[IGIL]L. CA[PITVLI] VASATENSIS ECC[LESI]E.

Sceau attaché à un vidimus de fondation de messes dans la cathédrale Saint-Jean de Bazas, 4 juillet 1493. (Arch. de Pau, E. 509.)

CHAPITRE DE CONDOM.

SIGILL. CAP[ITVLI] CATHE[DRALIS] ECCL[ESIE] CONDOM[II].

La matrice de ce sceau est conservée à Condom.

CHAPITRE DE COUSERANS.

S. CAPITVLI CONSERANENSIS.

Ce sceau est attaché à une charte datée de l'année 1256. (Arch. nat., J. 312.)

[S. C]AP[ITV]LI ECC[LESI]E AD C[AVS]AS.

Ce sceau est attaché à la procuration donnée par le chapitre pour les états de 1317. (Arch. nat., J. 443.)

CHAPITRE DE SAINT-GAUDENS.

Ce sceau est attaché à l'acte d'adhésion du chapitre de Saint-Gaudens au procès du pape Boniface VIII, daté du vendredi après l'Assomption (16 août) 1303. (Arch. nat., J. 489, n° 617.)

AMALVIN,
PRÊTRE, SOUS-CHANTRE DE BÉZIERS.

S. AMALVINI SVCCENTORIS VITARENSIS

La matrice en bronze est dans la collection de l'école communale de Condom.

ARCHIDIACRE DE LA VALLÉE D'OSSAU.

S. I[OHANNIS] PET[RI] D[E] FALCIB[VS] ARCHID[IACONI] VALLIS OSSELLE.

La matrice est au musée de Toulouse.

BERTRAND,
PRÉVÔT DE L'ÉGLISE DE TOULOUSE.

S. PREPOSITI ECCL[ESI]E THOLOSANE.

Bertrand de l'Isle, fils de Bertrand-Jourdain II, seigneur de l'Isle, et d'Indie, fille naturelle de Raymond IV, comte de Toulouse, né posthume en 1227. En 1259, nous le trouvons prévôt de l'église Saint-Étienne de Toulouse, chapelain du Pape. Cette même année il est présent à Paris, où il termine un différend entre son frère Jourdain IV, seigneur de l'Isle, Isarn-Jourdain et Bernard d'Astaffort. Peu après, Bertrand eut des démêlés avec l'évêque de Toulouse, Raymond de Falga, et la querelle menaçant de dégénérer en guerre ouverte, Alfonse comte de Poitiers intervint et ordonna au sénéchal de Toulouse de tenir la main à ce que les deux adversaires n'en vinssent pas à l'extrémité d'une guerre armée. Bertrand est cité comme un des témoins du testament de Jeanne, comtesse de Toulouse, à Aimargues, le 23 juin 1270, lorsque cette princesse s'embarqua pour la Terre-Sainte. Il fut élu évêque de Toulouse, en novembre 1270, sous le nom de Bertrand II.

Son testament est du 14 janvier ou juin 1279. Il fait des legs considérables aux églises de son diocèse, entre autres : mille calices de vermeil du poids d'un marc chacun; entretien de six chevaliers à la Terre-Sainte pendant une année. Le total de ses legs monte à la somme de 120,000 livres tournois.

Sa maison se composait de douze clercs, quatre gentilshommes, douze écuyers, courriers, fourriers et cuisiniers. Trois médecins, trois bibliothécaires, et enfin un professeur ès lois. Son argenterie fut vendue plus de mille marcs.

Bertrand mourut le 3 février 1286 et fut enterré dans le chœur de l'église cathédrale de Saint-Étienne de Toulouse. Son tombeau, en cuivre relevé et porté par quatre lions de la même matière, fut détruit par l'incendie de l'année 1609.

Le sceau que nous reproduisons est attaché au testament de Jeanne comtesse de Toulouse, du 23 juin 1270. (Arch. nat., J. 406. *Inventaire*, n° 7695.)

(Voyez *Histoire de Languedoc*, et Boutaric, *Saint-Louis et Alfonse de Poitiers*).

Le testament de Bertrand de l'Isle, avec une excellente notice, a été publié par M. Cabié, dans les *Mémoires de la Société archéologique du Midi*, tome XII, p. 221.

COLLÉGIALE D'UZESTE.

S. BEATE MARIE DE VSESTA.

Ce sceau est attaché à une procuration donnée par les chanoines de la collégiale d'Uzeste, le 26 juin 1513. (Arch. de Pau, E. 231.)

ÉGLISES, CURÉS, PRÊTRES.

ÉGLISE DE SAINT-LIZIER DE MENGUÉ.

S. ECCL[ESI]E S[ANCT]I LICERII DE MENCVE.

Matrice conservée au Musée d'Agen.

Le lieu de Mengué est dans la commune d'Aulon, arrondissement de Saint-Gaudens (Haute-Garonne; ancien diocèse de Comminges).

BERNARD DE BARDOS,

RECTEUR DE SAINT-LÉON DE BAYONNE.

63

S. B[ERNARDI] DE BARDOS RECTORIS ECC[LESI]E S[ANCT]I LEO[N]IS D[E] BAION[A].

Charte relative aux discussions du chapitre et des Frères Prêcheurs touchant la chapelle de Saint-André, 8 août 1317. (Arch. de Pau, H. 57.)

PIERRE JAUBERT,

CURÉ DE CORINHAC.

64

Testament d'Hélie de Caumont, 29 octobre 1298. (Arch. de Pau, E. 710.)

HÉLIE DE CROMERIIS,
CURÉ DE SAINT-SUPLICE.

65

... [D]E CROMERIIS...

Testament d'Hélie de Caumont, 29 octobre 1298. (Arch. de Pau, E. 710.)

R. MERCIER,
PRÊTRE.

66

S. R. MERCERII PRESBITERI.

Matrice d'un sceau conservée à Condom.

Il y avait dans cette ville une famille Mercier qui était parmi les premières de la bourgeoisie; elle s'éleva à la noblesse et posséda plusieurs terres seigneuriales dans le Condomois.

GUILLEM NEL,
PRÊTRE.

67

S. N. GVILHEN NEL.

Matrice d'un sceau conservée à Condom.

RABIN,
PRÊTRE.

68

S. V[ITALIS] DE RABINO P[RES]B[ITE]RI.

La matrice de ce sceau a été trouvée, il y a environ dix ans, dans l'ancien cimetière de la commanderie d'Abrin. Elle est maintenant conservée à l'école communale de Castelnau-sur-l'Auvignon. Sa hauteur est de 33 millimètres et se termine par un trèfle, au milieu duquel est gravé le chiffre xx. Elle était attachée en forme de breloque à un fragment de chaînette. On sait que l'usage était très répandu d'enfermer le sceau de la personne décédée dans son cercueil ; c'est ainsi que la trouvaille a été faite dans un cimetière. Le style et la forme des lettres dénotent le XIVᵉ siècle.

L'écu porte trois raves, qui sont des armes parlantes. La répugnance de notre langage gascon pour les R initiales nous porte à croire que ce prêtre ne se nommait pas Rabin mais Arrabin, nom d'une famille d'artisans condomois qui existait encore au XVIIᵉ siècle.

TORAMENE,

PRÊTRE.

S. P. TORAMENAS PRESBITER[1].

Matrice qui est dans la collection de M. Soubdès, à Condom.

ÉTIENNE DE MONTMORET,

AUMONIER DE CHARLES VI.

Étienne de Montmoret, aumônier du roi de France Charles VI. Nous donnons cette quittance avec le sceau qui y est attaché parce que cette pièce rappelle les funérailles d'un des plus illustres princes de notre province, Bernard VII, comte d'Armagnac, connétable de France, lâchement assassiné par les Parisiens, à Paris, le 12 juin 1418.

« Sachent tuit que je Estienne de Montmoret, aumosnier du Roy
« notre sire, confesse avoir eu et receu de M⁶ Reinier Boullenguy, ja
« pieça commis de par le Roy notre dit seigneur à faire l'office de tresorier
« des guerres, la some de cent francs que ledit tresorier me bailla par
« le commandement dudit seigneur pour departir tant en l'aumosne et
« messes fait et dites au mois de juing 1418 pour l'obseque de feu
« monsieur le connestable d'Armignac que ledit seigneur fist faire lors
« comme pour donner pour reverence de Dieu aus povres qui furent
« audit obseque et autrement en œuvre de charité pour le salut de
« l'ame dudit feu mons. le connestable ; laquelle some de c francs j'ay

« distribuée par la maniere que dit est et m'en tiens pour contens et en
« quitte le Roy, son dit tresorier et tous autres qu'il appartiendra.

« Donné en tesmoing de ce sous mon seing manuel, le 28 juil-
« let 1419.

« MONTMORET. »

ABBAYES.

GAUTIER VERD DE CLARENS,
ABBÉ DE BELLEPERCHE.

SIGILLVM ABBATIS BELLEPERTICE.

Belleperche, fille de Clairvaux, à quatre lieues de Montauban, rive gauche de la Garonne, d'abord établie à une lieue de là sur une hauteur près Larrazet ; saint Bernard la fit transporter là où elle est, vers 1135. — Cette abbaye, située à 1500 mètres à l'est du confluent de la Garonne et de la Gimone, a eu jusqu'à deux cents moines. Au XVIIIe siècle, il n'y avait plus que trente religieux, les bâtiments tombaient en ruine.

Le sceau est attaché à une procuration donnée par l'abbé Gautier, Verd de Clarens (abbé de 1296 à 1323), datée du samedi après Pâques 1317. (Arch. nat., J. 443.)

ABBAYE DE BOULBONNE.

72

... [MONAS]TERII BOLBO[NE].

Fille de Bonnefont, famille de Morimond, l'abbaye de Boulbonne, au diocèse de Mirepoix, fut fondée vers 1129. Enrichie par les seigneurs du pays elle fonda autour d'elle de nombreux monastères. Boulbonne avait à Toulouse un collège pour l'instruction de ses jeunes moines. Les comtes de Foix, ses bienfaiteurs, avaient leur sépulture dans son église abbatiale. Au XVIe siècle, l'abbaye fut détruite par les calvinistes, et les religieux se réfugièrent dans leur collège de Toulouse. Elle fut reconstruite en 1632, à 3 milles environ de l'ancienne, au lieu de Tramesaigues, entre le Lhers et l'Ariège.

Ce sceau append, sur double queue de parchemin, à la quittance d'un legs d'Isabelle, comtesse de Foix, datée du monastère de Boulbonne, 14 juin 1412. (Arch. de Pau, E. 425.)

PIERRE DE FOIX,
ABBÉ DE BOULBONNE.

73

S. FR[ATR]IS PETRI DEI G[RACIA] ABBATIS MON[ASTERII] B[EA]TE M[ARIE] BOLBONE.

Pierre III Élie ou de Foix fut abbé de Boulbonne, de 1404 à 1431. Son sceau append à la même charte que le précédent.

GUILLAUME D'AURE,
ABBÉ DE BONNEFONT.

74

... FONTIS.

Bonnefont, abbaye de l'ordre de Cîteaux, au diocèse de Comminges, fondée en l'année 1136, par Roger, évêque de Comminges, et le comte Bernard.

Ce sceau est attaché à une procuration donnée le samedi après

Pâques 1317, par Guillaume VI d'Aure, abbé de Bonnefont. (Arch. nat., J. 443.)

ABBAYE DE SAINT-JEAN DE LA CASTELLE,
DITE DE LA GRACE-DIEU.

75

S. CON[VENTVS] GRACIE DEI.

L'abbaye de La Castelle, ordre de saint Benoît, au diocèse d'Aire, fut fondée au VIe siècle. Détruite par les barbares, elle fut rétablie au XIIe siècle par les Prémontrés. M. l'abbé J. Légé a donné une histoire de cette abbaye dans la *Petite Revue des diocèses d'Aire et de Dax*, année 1871.

Le sceau que nous donnons append, sur cordelette bleue, à une charte dans laquelle les moines déclarent qu'ils enverront un prêtre pour desservir la chapelle de Sarrance, au diocèse d'Oleron, datée du monastère de Saint-Jean de La Castelle, 12 septembre 1345. (Arch. de Pau, E. 367.)

SANCHE-ANER.
ABBÉ DE SAINT-JEAN DE LA CASTELLE.

76

[S]IGILLVM A[BBATIS G]RACIE DEI.

Sceau attaché à la même charte que le précédent. (Arch. de Pau, E. 367.)

RAYMOND III MOREL,
ABBÉ DE SAINT-PIERRE DE CLAIRAC.

77

... RAMON...

L'abbaye de Saint-Pierre de Clairac, de l'ordre de saint Benoît (département du Lot), fut fondée, d'après la tradition, par Pépin. Deux fois ruinée au XIII° siècle par les Albigeois et au XVI° par les huguenots, ses titres et archives ont été brûlés.

Le sceau que nous donnons est attaché à une quittance délivrée par Raimond III Morel, abbé, pour les gages de la garnison de Clairac, datée du 22 juin 1353. (Titres scellés, reg. 78, pièce 6121.)

ABBAYE DE SAINT-PIERRE DE CONDOM.

[S. C]ONVENTVS MONA[STERII S[ANCT]I PETRI CONDOM[II].

Sceau attaché à la charte des coutumes de Condom. (Archives de Condom, AA. 5.)

RAYMOND DE GALARD,
ABBÉ DE CONDOM.

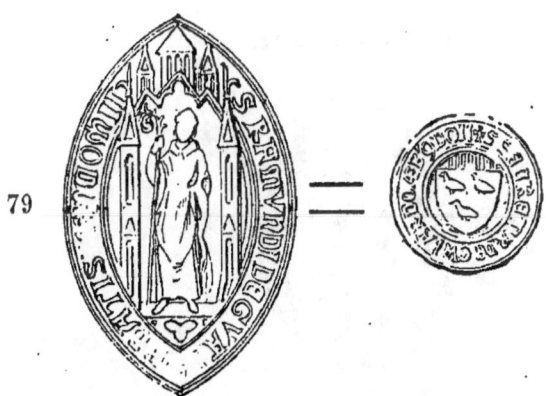

S. RAMVNDI DE GVAL[ARDO] ABBATIS CONDOMII. — S. SECRET[VM] R. DE GVALARDO ABB[ATIS] CONDO[M]II.

Sceau et contre-sceau attachés à la même charte que le précédent.

Voir dans les *Documents sur la maison de Galard*, par M. Noulens, t. I, de nombreux documents sur Raymond de Galard et son historique complet. C'est sous son gouvernement que l'abbaye fut érigée en évêché et il en fut le premier évêque.

ROBERT,
OUVRIER DE L'ABBAYE D'EYSSES.

80

S. ROB[ER]TI OPERARII ET MO[N]ACHI ECXIEN[SIS].

La matrice de ce sceau est conservée au Musée de Toulouse. L'abbaye d'Eysses est dans le diocèse d'Agen.

OGER II,
ABBÉ DE FEUILLANS.

81

SIGILLVM... [DE] FVLLIENQ[VI]S.

L'abbaye de Feuillans, située sur la Louge, à six lieues au sud-ouest de Toulouse, de l'ordre de Cîteaux, fondée en 1144 par le monastère de Crest, du diocèse de Langres, soumise plus tard à Bonnefont, avait été nommée Notre-Dame de la Clarté-Dieu. Elle fut comprise au XIVe siècle dans le diocèse de Rieux. Réformée par Jean de La Barrière en 1575.

Le sceau que nous donnons est appendu à la charte suivante :

« Noverint universi quod manifestum sit quod B. de Marestan posuit
« se ipsum et omnes homines suos et totam terram suam et quidquid
« habet vel habere debet in voluntate domini Ludovici, Dei gracia
« regis Francie, coram nostrum dominum cardinalem. Promisit et, tactis
« sacrosanctis evangeliis corporaliter, juravit quod super universis et
« singulis, pro quibus erat excommunicatus, stabit voluntati et mandato
« domini cardinalis vel ejus qui requisierit pro eo. Item eodem modo
« promisit et juravit quod quamdiu vixerit in hoc mundo, pro posse suo,
« domino regi et successoribus fidelis erit et tam suos quam ecclesie
« inimicos, qualiter poterit, expugnabit. Fuerunt obsides : B. Dei gracia
« comes Convenarum et A. B. de Palmeriis et R. de Molnar, milites.
« In ejus rei testimonium et munitionem, ad dicti B. de Marestan
« instantiam, comes Convenarum et abbas Fulliensis presentes litteras
« sigillorum suorum munimine roboraverunt. Actum anno gracie
« M° CC° XXVI°, mense septembris, die exaltationis sancte crucis. » Cet
abbé était Oger II. (Arch. nat., J. 399, n° 25.)

ABBAYE DE FLARAN.

SIGILLVM CONVENTVS MONASTERII DE FLORANO.

L'abbaye de Sainte-Marie de Flaran, de l'ordre de Cîteaux, au diocèse d'Auch, était fille de Berdoues. Le premier abbé, Guillaume, obtint une bulle de protection du pape Alexandre III, en 1162.

La matrice du sceau est au Musée de Toulouse.

BERTRAND III DE BRUAVAL,
ABBÉ DE GRANDSELVE.

83

L'abbaye de Grandselve, de l'ordre de Cîteaux, peut être regardée comme la mère de toutes les abbayes cisterciennes du Midi. Fondée en 1114, à dix lieues de Toulouse, sur la rive gauche de la Garonne, par saint Gérard de Salles, disciple de Robert d'Arbrissel, elle s'unit à Clairvaux en 1147. Il existe encore cinq cartulaires des six de Grandselve. Les *Mémoires de la Société archéologique du Midi*, t. VII, p. 179, contiennent une très importante notice sur cette abbaye.

Le sceau que nous donnons est attaché à une procuration donnée, en 1317, par l'abbé Bertrand III de Bruaval. (Arch. nat., J. 443.)

GAILLARD,
ABBÉ DE SAINT-SEVER.

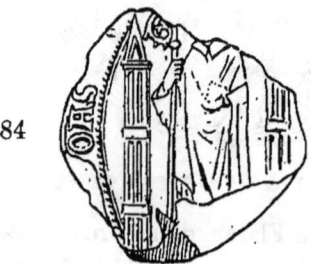

84

L'abbaye de Saint-Sever-Cap-de-Gascogne, une des plus anciennes de la Novempopulanie, de l'ordre de Saint-Benoît, diocèse d'Aire, située sur l'Adour, fut restaurée, après les ravages des Normands, par

Guillaume Sanche, comte de Gascogne, qui l'enrichit de nombreuses fondations, vers 963. — L'histoire de l'abbaye de Saint-Sever a été écrite par dom... et publiée en 2 vol. in-8°.

Gaillard, d'une illustre naissance, religieux éminent par sa piété et sa science, chéri du pape Clément V, qui lui accorda le droit d'officier pontificalement et le titre de chapelain du Pape, occupe le 19ᵉ rang dans le catalogue des abbés, de 1307 à 1309, année de sa mort.

Le sceau que nous reproduisons append, sur cordelette de lin rougeâtre, à un acte de collation de l'hôpital de Mont-de-Marsan, daté d'Avignon, 25 juillet 1309. (Arch. de Pau, E. 512.)

ABBAYE DE SORDES.

85

[S.] CONVENTVS MONASTERII SORDVENSIS.

L'abbaye de Saint-Jean-Baptiste de Sordes, de l'ordre de Saint-Benoît, au diocèse de Dax, existait en l'année 970. Le premier abbé qui est nommé est Guillaume d'Orgon, en 1060.

Le sceau que nous donnons est attaché à la charte de paréage entre l'abbé et le Roi en 1290. (Arch. nat., J. 397, n° 15.) Forton de Caupene était abbé de 1284 à 1303.

Le cartulaire de Sordes a été publié par feu Paul Raymond, archiviste du département des Basses-Pyrénées. L'original est actuellement au cabinet des manuscrits. (Bibl. nationale).

PIERRE IV DE GOUTS,
ABBÉ DE SORÈZE.

... SORIC[INENSIS].

Sorèze, diocèse de Lavaur, ordre de Saint-Benoît, au pied des montagnes noires, à une lieue au sud-est de Revel, située dans une plaine fertile, existait déjà en 817. Elle fut détruite par les Sarrasins au VIIIe siècle, restaurée par Pépin roi d'Aquitaine, et soumise au Saint-Siège qui lui accorda l'indépendance. Ce privilège fut confirmé par le pape Calixte II, en 1120, et Innocent III, en 1141. Sorèze fut détruite en 1573 par les huguenots, et rétablie en 1601. Barthélemy Robin, prédicateur du Roi, y établit la congrégation de Saint-Maur, en 1640.

Le sceau est attaché à une charte promettant des prières pour Alphonse de Poitiers, par l'abbé Pierre IV de Gouts, année 1252. (Arch. nat., J. 461.)

PRIEURÉS.

PIERRE,
PRIEUR DE SAINT-CAPRAIS D'AGEN.

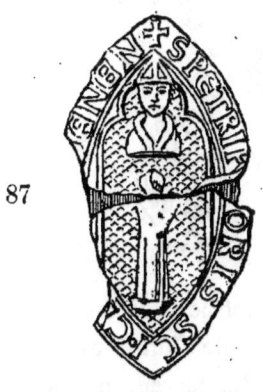

S. PETRI PRIORIS S[ANCT]I C[APRASII AG]ENEN[SIS].

Sceau attaché à une procuration générale pour le représenter dans toutes ses affaires, donnée à Fors Sanche, chanoine de Sos, par Pierre, prieur de Saint-Caprais d'Agen, du 14 octobre de l'année 1267.

Cire jaune, « datum Viterbii II idus octobris pontificatus domini « Clementis pape IIII, anno tercio. » (Arch. d'Agen.)

JEAN DE FORGETA,
CHANOINE DE BOURGES ET D'AGEN.

S. MAGISTRI IOH[ANNIS]...

Sceau attaché à un acte de règlement de succession de Pierre Cailhau, daté de Bordeaux, 8 février 1280, v. s. (Arch. de Pau, E. 173.)

ÉTIENNE DARC,

PRIEUR DE SAINT-ORENS D'AUCH.

89

Très ancienne abbaye bénédictine, qui fut donnée par le seigneur de Montaut à saint Hugues, abbé de Cluny, qui la convertit en prieuré, suivant la règle de son ordre. La ferveur des nouveaux religieux leur attirant de grandes aumônes, ce prieuré devint et resta le plus riche établissement monastique du diocèse d'Auch. Au moment de la Révolution, le prieur commendataire avait pour sa part un revenu net de 22,000 livres.

L'histoire du prieuré de Saint-Orens se trouve dans la *Chronique ecclésiastique du diocèse d'Auch,* par dom C. de Brugèles.

Ce sceau d'Étienne Darc, prieur, est attaché à une charte du 18 février 1307, par laquelle il donne procuration à religieux hommes frères Pierre de Prisagnac, prieur de la maison de Montaut, et Arnaud du Puy, doyen de la maison de Mouchan, ses vicaires au spirituel et au temporel, pour conclure un échange avec le roi de France : «... Reli-
« giosi viri frater Petrus de Prisanhiaco, prior domus de Monte alto
« (prieuré de Montaut, arrondissement d'Auch), et frater Arnaldus de
« Podio, decanus domus de Moissano (prieuré de Mouchan, Gers),
« vicarii ut dixerunt generales in spiritualibus et temporalibus religiosi
« viri fratris Stephani, prioris monasterii S^{ti} Oriencii Auxitani, fidem
« facientes de eorum vicariatu per quasdam dicti prioris apertas litteras
« suo sigillo sigillatas, quorum tenor talis est.... »

Les mandataires du Roi sont «... nobilibus viris Petro de Blanasco
« et domino Hugoni de Cella, militibus, et domino Hugoni Guiraudi,
« tenenti locum senescalli Tholos. et Albiensis. »

Le prieur de Saint-Orens cède au Roi tous ses droits seigneuriaux de justice haute, moyenne et basse au lieu de Touget. En échange, le

Roi donne au prieur tout les droits qu'il possède à Francheville près Gimont et à Grenade, avec promesse d'une soulte s'il n'y a pas égalité de revenus. — Cet acte est passé à Toulouse, dans la maison où résidaient d'habitude les Templiers, l'avant-dernier jour de mars de l'année 1307. (Arch. nat., J. 295, n° 49.)

GUILLAUME DE SAINT-MARTIN,
PRIEUR DE SAINT-ESPRIT DE BAYONNE.

S. V. D[E] S[ANCT]O MARTI[N]O P[RI]OR[IS] S[ANCT]I SP[IRITV]S D[E] CAPITE PONT[IS] BAION[E].

Le sceau est attaché à une charte relative aux discussions du chapitre et des Frères Prêcheurs sur la chapelle Saint-André. Bayonne, 25 novembre 1317. (Arch. de Pau, H. 57). Aucun renseignement sur ce prieur.

PIERRE D'ORRAVO,
PRIEUR DE SAINT-NICOLAS DE BAYONNE.

... ORRAVO PR[IORIS SANCTI] NICHOLAI BAION[E]

Sceau attaché à une charte concernant la discussion entre le chapitre et les Frères Prêcheurs sur la chapelle de Saint-André, datée de Bayonne le 8 août 1317. (Arch. de Pau, H. 57). Aucun renseignement sur Pierre d'Orravo.

JEAN AURIOL,
PRIEUR DE BAZAS.

S. IOHANNIS AVRIOLI.

Le sceau de Jean Auriol, prieur de Bazas, est attaché à une charte de l'année 1266. (Arch. nat., J. 312.)

PRIEUR D'EAUZE.

S. G. PRIORIS ELISONE.

Ce sceau d'un prieur d'Eauze est au Musée de Toulouse.

L'ancienne cité épiscopale d'Eauze fut anéantie par les Normands, lors de leur terrible invasion de l'année 840. Le siège métropolitain fut transféré à Auch. A peu de distance de ces ruines, s'établit ou se se rétablit une abbaye bénédictine, sans doute par les libéralités des comtes de Fezensac qui restèrent propriétaires de ce monastère.

Après deux siècles, la discipline ecclésiastique s'y était affaiblie, les moines n'observaient plus leur règle. Sur les instances de l'archevêque d'Auch, le comte donna le monastère à saint Hugues, abbé de Cluny, qui le convertit en prieuré. Une nouvelle ville s'était formée autour de l'abbaye, elle passa sous l'autorité féodale du prieur. La charte de privilèges est de l'année 1088.

Ce prieuré était sous l'invocation de saint Lupert; il s'est maintenu régulier jusqu'à la Révolution, malgré la commende. L'histoire en a été écrite par dom C. de Brugèles, dans la *Chronique ecclésiastique du diocèse d'Auch*. Les anciens bâtiments subsistent et sont occupés par un collège florissant.

COUVENTS.

PROVINCIAL DES CARMES D'AQUITAINE.

94

[S. PRI]OR[IS] PROVI[N]CIAL[IS]... [BEATE] M[ARIE] D[E] CAR[MELO].

Concession de prières accordée par le prieur des Carmes de Bergerac à Bernard-Ezi, sire d'Albret, pour l'âme de Mathe d'Albret, sa sœur, datée de Bergerac, 6 décembre 1347. (Arch. de Pau, E. 131.)

CLARISSES.

95

S. CONVENTVS SOROR[VM] ORD[IN]IS S[ANCT]E CLARE EDON.

Sceau d'un couvent de sœurs de l'ordre de sainte Claire (sans charte ni date). Empreinte conservée aux Archives d'Agen.

FRÈRES MINEURS DE CONDOM.

96

S. GARDIANI CONVE[N]T[VS] FR[ATRV]M MINOR[VM] S[ANCTI] F[RANCISCI] D[E] CONDOM[IO].

Établis à Condom sous l'abbé Oger Dandiran, après 1247 et avant 1266.

Ce sceau du gardien du couvent des Frères Mineurs de Condom est pendu à une charte de l'année 1266. (Arch. nat., J. 314, n° 8.)

COUVENT DES FRÈRES PRÊCHEURS D'ORTHEZ.

97

CO[N]VE[N]T[VS] FR[ATRV]M [PREDICA]TOR[VM] ORT[ESII].

Le couvent des Frères Prêcheurs d'Orthez avait été fondé en 1250, dans le chapitre provincial de Narbonne, et reçu en 1253 au chapitre de Limoges. Il eut pour premier prieur Raymond d'Esparros, de Bigorre. — Voir, dans le fascicule VIII de nos Archives historiques de Gascogne, *Les Frères Prêcheurs en Gascogne au XIIIe et au XIVe siècle*, l'histoire de la fondation du couvent d'Orthez.

Le sceau que nous reproduisons append à une assignation de rente faite par Éléonore de Comminges, comtesse de Foix, datée d'Orthez, 1er avril 1342. (Arch. de Pau, E. 405.)

GARSIE DE LABARTHE,
PRIEUR DU COUVENT DES FRÈRES PRÊCHEURS D'ORTHEZ.

98

Ce sceau append à la même charte que le précédent. (Arch. de Pau, E. 405.)

CHARTREUX DU PORT-SAINTE-MARIE.

... PORTVS...

Sceau attaché à une quittance de 8 livres 3 sous 8 deniers délivrée par les Chartreux de Port-Sainte-Marie, des rentes qu'ils ont coutume de lever à Montferrand, 22 mars 1342. (T. sc., reg. 212, pièce 9423).

PRIEUR DU PORT-SAINTE-MARIE

Fragment de sceau attaché à une délégation en faveur de l'official d'Agen, datée d'Agen, 26 avril 1264 (samedi après Pâques). (Arch. de Pau, E. 172.)

PIERRE,

PROVINCIAL DES FRÈRES PRÊCHEURS DE TOULOUSE.

[S. PRIO]RIS PROVINCIE TOL[OSANE].

Sceau apposé à une procuration datée de Carcassonne, 21 juillet 1338. (Archives de Pau, H. 59.)

Pierre-Guidon de Roberia, né à Rogever, près Roche-Abeille (Limousin), était neveu de l'illustre B. Gui, historien de l'ordre. Pierre entra dans l'ordre des Frères Prêcheurs. On le trouve en 1312 étudiant à Castres, — 1314, lecteur à Albi, — 1315, lecteur à Pamiers, — 1321-1322, lecteur à Cahors, — 1323, à Saint-Émilion, — 1325, à Montauban, — 1326, prédicateur général, — 1327-1328, prieur de Limoges, — 1332, lecteur à Albi, — 1333, prieur à Périgueux, — 1335, prieur à Carcassonne, où il édite aux frais de l'ordre le *Sanctoral* de son oncle B. Gui, — 1337-1334, prieur provincial de Toulouse.

Le couvent de Toulouse avait été fondé en 1216.

(Voir nos Archives historiques, *Les Frères Prêcheurs en Gascogne, au XIIIe et au XIVe siècle.*)

HUGUES DE VERDUN,

INQUISITEUR DE GASCOGNE A TOULOUSE.

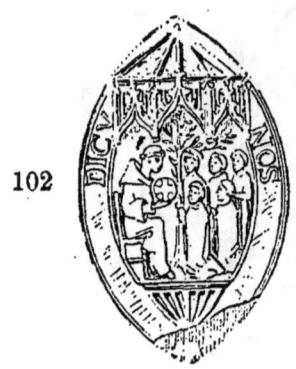

102

Sceau attaché à une quittance fournie par l'inquisiteur de Gascogne résidant à Toulouse, religieux de l'ordre des Frères Prêcheurs, d'une somme de 50 livres tournois pour ses gages.

« Noverint universi quod nos frater Hugo de Verduno, ordinis Pre-
« dicatorum, in sacra pagina professor, inquisitor heretice pravitatis
« in regno Francorum et in tota Vasconia, communiter residens
« Tholose, confitemur habuisse et recepisse a provido viro Philippo de
« Molendino, thesaurario regio Tholose, pro parte vadiorum nostro-
« rum que sunt per annum centum quinquaginta librarum turonensium,
« videlicet quinquaginta lib. tur. pro terminio purificationis beate
« Marie Virginis proxime preterite. De quibus L. lib. sumus conten-
« ti... » 24 février 1390. (T. sc., reg. 217, pièce 9815.)

SCEAUX LAÏQUES.

ROIS DE NAVARRE.

THIBAUT Ier,
ROI DE NAVARRE.

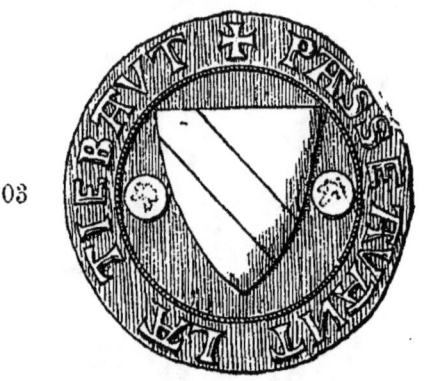

103

PASSE AVANT LA TIEBAVT.

Thibaut, comte de Champagne, succède sur le trône de Navarre à son oncle, le roi Sanche VII. Il est proclamé roi à Pampelune, en mai 1234. Passe en France en 1238 et part pour la Palestine. En 1240, il quitte la Terre-Sainte et regagne ses États; meurt à Pampelune en 1253. Il avait épousé Marguerite de Bourbon.

Contre-sceau attaché à une charte datée de l'année 1247. (Arch. nat., S. 2292; *Invent.*, n° 11372.)

MARGUERITE DE BOURBON,

REINE DE NAVARRE.

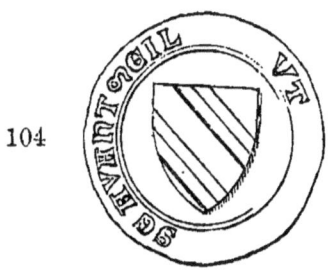

104

... VT... [PAS]SE AVANT MEIL.

Marguerite, fille d'Archambaut VIII, seigneur de Bourbon, et de Béatrix de Montluçon, mariée en 1232 au roi de Navarre Thibaut Ier, mourut à Provins, le 11 avril 1256, et fut inhumée à Clairvaux.

Contre-sceau attaché à une charte du mois d'août 1255. (Arch. nat., J. 195.) Il ne reste du sceau qu'un fragment écrasé que nous n'avons pu reproduire.

THIBAUT II,

ROI DE NAVARRE.

Thibaut II, fils de Thibaut Ier et de Marguerite de Bourbon, succède à son père, en 1253, sous la tutelle de sa mère. Est sacré dans la cathédrale de Pampelune, en 1257; épouse Isabelle de France, fille de saint Louis, en 1258; prend la croix en 1267, et part pour la guerre de Tunis; meurt à Trapani (Sicile), le 5 décembre 1270.

Grand sceau et contre-sceau (n° 105) attachés à la lausime d'une vente de 250 arpents de bois par le sire de Traisnel, vendredi avant la mi-carême 1259. (T. sc., reg. 209, pièce 9149).

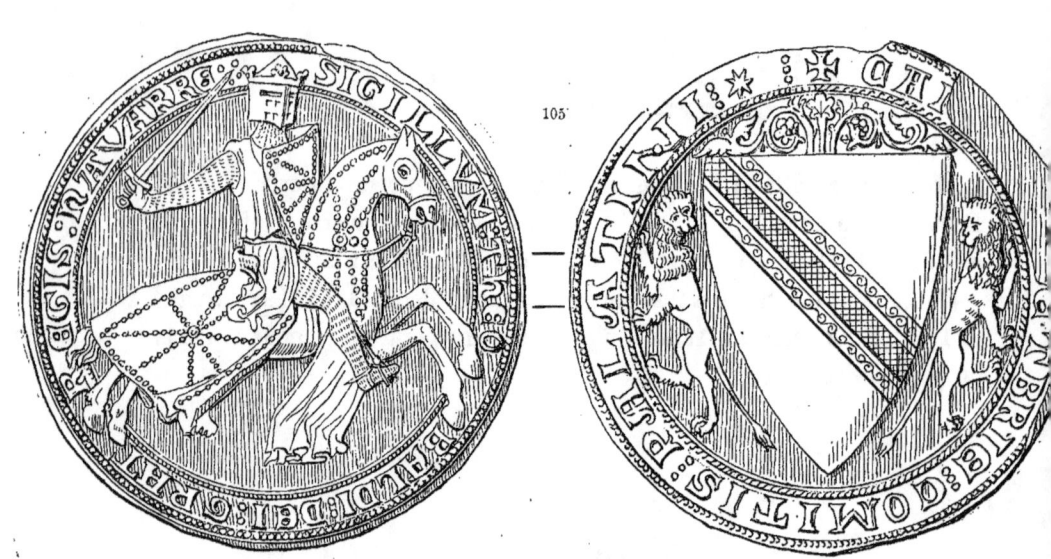

SIGILLVM THEOBALDI DEI GRAT[IA] REGIS NAVARRE. — CA[MPANIE] ET BRIE COMITIS PALATINI.

SECRET[VM] THEOBALDI D[E]I G[RACIA]...

Petit sceau attaché à un accord conclu avec le comte de Bar, en 1267. (Arch. nat., J. 582).

ISABELLE,

REINE DE NAVARRE.

YSABELLIS FILI[E] REGIS FRANCIE.

Isabelle de France, fille du roi saint Louis, épousa le roi de Navarre, Thibaut II ; elle mourut à Hières en Provence, le 27 avril 1271.

Sceau attaché à une charte datée du mois de juillet 1255, et le contre-sceau à une charte de septembre 1268. (Arch. nat., K. 31, n° 2.)

HENRI Ier,
ROI DE NAVARRE.

108

S. SECRETUM HERRICI D[E]I GRACIA REG[I]S NAVARRE.

Henri, dit le Gras, roi de Navarre, succéda à son frère Thibaut II, en 1270 ; il fut sacré dans la cathédrale de Pampelune, le 24 mai 1273, et mourut suffoqué par la graisse, en 1274, ne laissant qu'une fille en bas âge, la princesse Jeanne de Navarre.

Contre-sceau appendu à l'hommage fait au roi de France pour la Champagne et la Brie, par Henri, roi de Navarre, daté de juin 1271. (Arch. nat., J. 199, n° 31) (1).

(1) La face est occupée par un sceau équestre ; nous n'avons pu nous le procurer encore ; il est décrit dans l'*Inventaire* de Douët d'Arcq, n° 11379.

BLANCHE D'ARTOIS,

REINE DE NAVARRE.

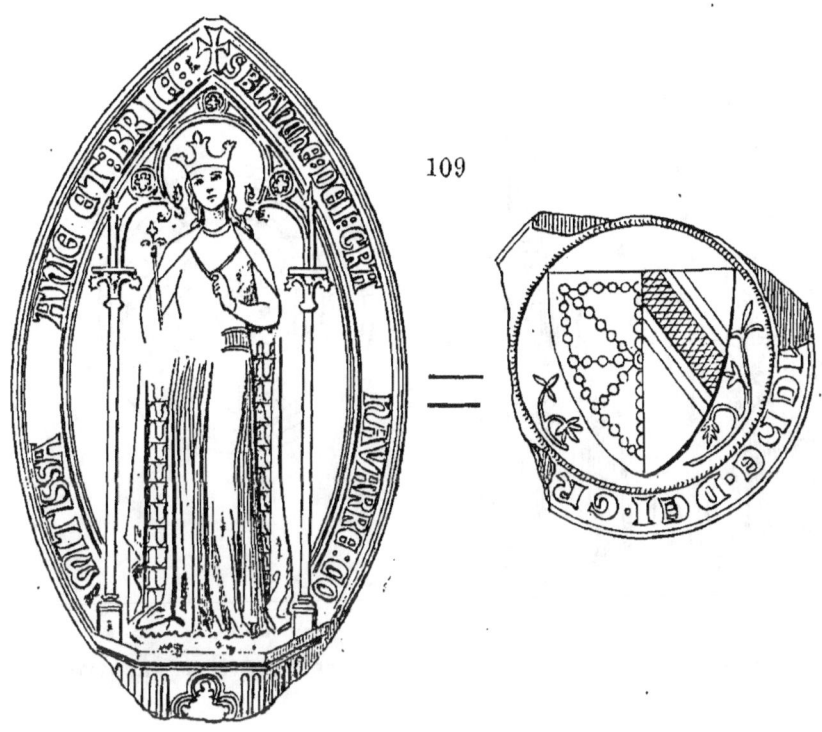

109

S. BLANCHE DEI GR[ACI]A [REGINE] NAVARRE COMITISSE [CAMP]ANIE ET BRIE.
— ... [BLAN]CHE DEI GR[ACIA]...

Blanche d'Artois, femme du roi Henri Ier, qu'elle épousa en 1269, était fille de Robert Ier, comte d'Artois, et de Mahaut de Brabant. Veuve en juillet 1274, elle épousa Edmond de Lancastre, et mourut à Paris en 1302.

Sceau et contre-sceau attachés à une charte datée d'Orléans, mai 1275. (Arch. nat., J. 613, n° 1)..

JEANNE Ire,

REINE DE NAVARRE.

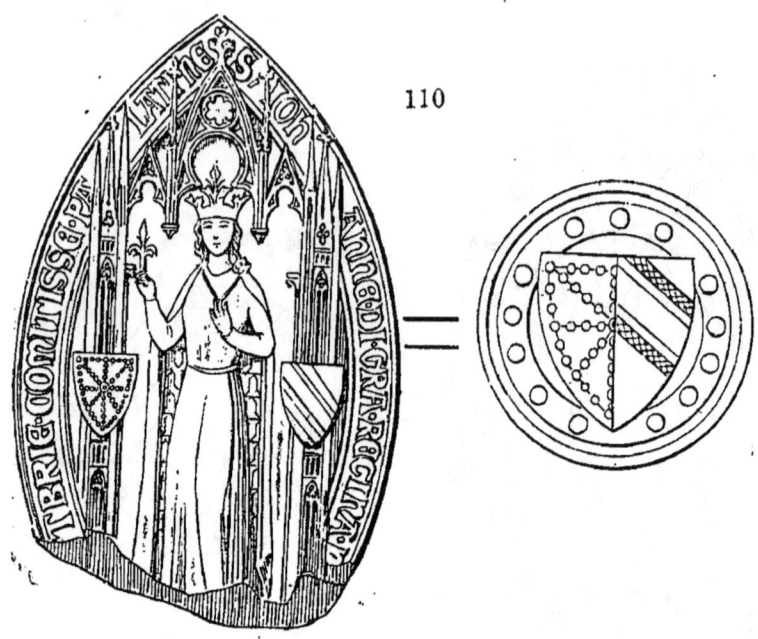

S. IOHANNE D[E]I GRA[CIA] REGINE N[AVARRE]... [E[T BRIE COMITISSE PALATINE.

Jeanne succéda à son père Henri Ier, sous la tutelle de sa mère Blanche d'Artois, en 1274. Cette régence excita des troubles que le roi de France voulut apaiser en envoyant son sénéchal de Toulouse, Eustache de Beaumarchais. Ce dernier fut pris par les Navarrais et enfermé dans les prisons de Pampelune. Robert d'Artois et le sire de Beaujeu volent à son secours, assiègent et prennent d'assaut Pampelune. Les rebelles terrifiés se soumettent. Le 12 août 1284, Jeanne épousa Philippe le Bel, roi de France. Elle bâtit la ville du Pont-de-la-Reine et fonda le collège de Navarre, à Paris. Cette princesse mourut à Vincennes, le 2 avril 1305.

Sceau et contre-sceau attachés à une charte de l'année 1284. (Arch. nat., J. 613, n° 20; *Inventaire*, n° 11381).

LVDOVICVS REGIS FRANCIE PRIMOGENITVS DEI GR[ACI]A REX NAVARRE. — CAMPANIE BRIEQ[VE] COMES PALATINVS

LOUIS LE HUTIN,
ROI DE FRANCE ET DE NAVARRE.

Louis le Hutin monta sur le trône de Navarre en 1305. Il épousa Marguerite de Bourgogne, dont il eut la princesse Jeanne qui devint reine de Navarre.

Sceau double (n° 111) apposé à une charte de l'année 1315. (Arch. nat., S. 1500; *Invent.*, n° 11382.)

G. Demay a publié (*Le Costume d'après les Sceaux,* page 85) un autre sceau de Louis le Hutin ; le type nous paraît moins beau que celui-ci.

MARGUERITE DE BOURGOGNE,
REINE DE NAVARRE.

112

Marguerite de Bourgogne, fille de Robert II, duc de Bourgogne, et d'Agnès de France, fut mariée, le 23 septembre 1305, à Louis le Hutin. Accusée d'adultère, elle fut étranglée au Château-Gaillard d'Andely, en 1315.

Sceau attaché à une charte datée du mois d'août 1311. (Arch. nat., J. 615, n° 6.)

PHILIPPE LE LONG,

ROI DE FRANCE ET DE NAVARRE.

113

Philippe succéda, en 1316, à son frère Louis le Hutin. Il tint le royaume de Navarre comme tuteur de sa nièce Jeanne, fille de Louis le Hutin.

Sceau attaché à un acte du 16 juillet 1325. « Letras siyelladas con el « grant seyello del muyt alto y muyt noble excellent princep et sseynor « don Philip rey de Francia et de Navarra. » (Titres scellés, reg. 212, pièce 9331.)

PHILIPPE D'ÉVREUX,

ROI DE NAVARRE.

Philippe, comte d'Evreux, fut couronné roi de Navarre à Pampelune, en 1329. Il mourut en 1343.

Le sceau de majesté et le contre-sceau équestre (n° 114), placés à la page suivante, sont attachés à une charte de l'année 1339. (Arch. nat., J. 685, n° 6.)

[P]HILIPPUS DEI GRACIA NA[VARRE REX]. — COME]S EBR]OYCEN[SIS ET MO]RITON[IE] ET DE LONGAVILLA.

PHI[LIPPUS DEI] GRACIA REX NAVAR[RE COMES] EBROICEN[SIS]. — GONT[RA] SIGILLUM REGIS NAVARRE.

Autre sceau équestre et contre-sceau de Philippe d'Evreux, attachés à une charte du 19 juillet 1340. (Arch. nat., L. 1484.)

JEANNE DE FRANCE,
REINE DE NAVARRE.

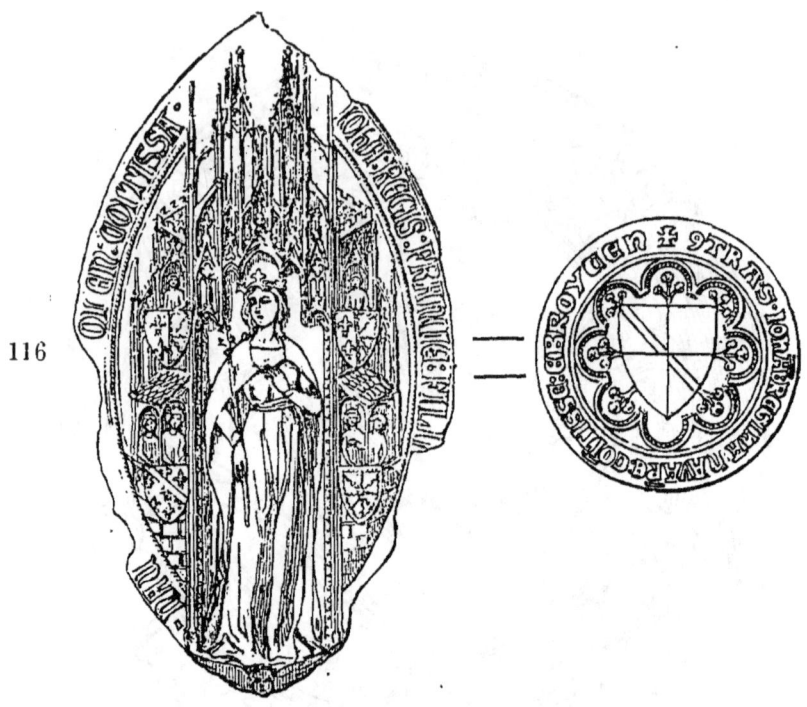

JOH[ANN]A REGIS FRANCIE FILIA [DEI GRACIA REGINA] NAV[ARRE EBR]OYCEN[SIS] CO[M]ITISSA. — CONTRA S[IGILLUM] IOHA[NNE] REGINE NAVARRE CO[M]ITISSE EBROYCEN[SIS].

Jeanne de France et de Navarre, née le 28 janvier 1311, mariée, par traité du 27 mars 1317, à Philippe, comte d'Evreux et, par elle, roi de Navarre, mourut au château de Conflans, près Paris, le 6 octobre 1349.

Ce sceau est attaché à une charte de l'année 1336. (Arch., nat., J. 202 n° 40.) Il est reproduit déjà par G. Demay, *Le Costume d'après les Sceaux*, page 105.

CHARLES II, LE MAUVAIS,
ROI DE NAVARRE, COMTE D'ÉVREUX.

Charles d'Évreux succéda à son père, en 1349, fut couronné à Pampelune, le 27 juin 1350, et mourut en 1387.

Les Archives et la Bibliothèque nationales possèdent plusieurs sceaux de ce souverain, nous les reproduisons en suivant la chronologie des chartes où ils sont attachés.

[S. KAROLI REGIS] NAVARRE.

Mandat de payement des dépenses faites pour la *gésine* de la reine de Navarre; 2 juin 1361. (Titres scellés, reg. 80.)

KAROLVS DEI GR[ACI]A NAVARRE REX ET COMES EBROICEN[SIS].

Beau sceau de majesté. Charte par laquelle le Roi ratifie un emprunt de 50,000 francs d'or fait par son frère Louis de Navarre au roi de France, à Estella, le 28 avril 1366. (Arch. nat., J. 617, n° 37.)

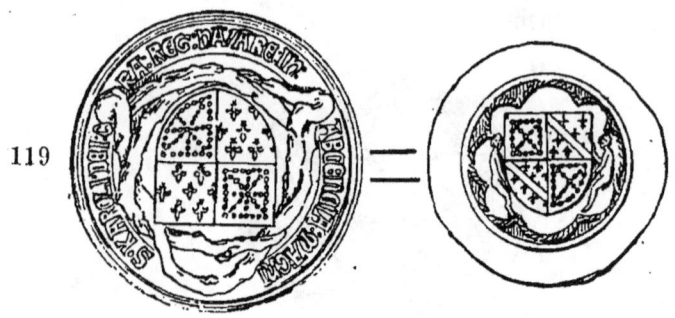

S. KAROLI DEI GR[ACI]A REG[IS] NAVARRE IN ABSENCIA MAGNI.

Petit sceau, *in absencia magni* et contre-sceau (1369).

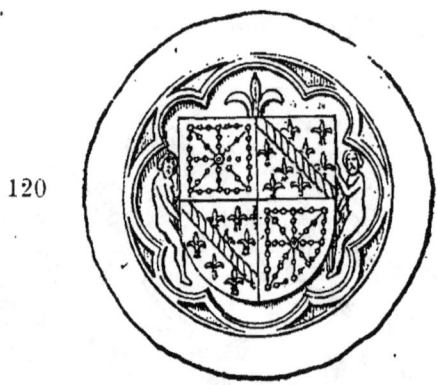

Ordre de payement donné à Cherbourg, le 19 décembre 1369.

...REGIS NAVARRE.

Le 30 mai 1377, ordre de payer à Martine Lathierie, marchande de Paris, « six vint quatre francs d'or, pour six pièces et demie de

« cendaulx noirs larges pour doubler le poille de nostre fille Marie, à
« 6 francs la pièce ; pour 4 pièces de cendaulz azurés pour ledit poille ;
« satin azuré, cendal vermeil pour une couverture de chaere, deux draps
« de soie. » (Titres scellés, reg. 215, pièce 9643.)

PIERRE DE NAVARRE.

...REGIS NAVARRE.

Pierre de Navarre, comte de Mortain, était lieutenant du roi de Navarre en ses terres du royaume de France.

Sceau attaché à un mandat de payement délivré par Pierre de Navarre, le 7 juin 1377.

Sceau attaché à un mandat de paiement délivré par Pierre de Navarre, le 5 juin 1386. (Titres scellés, reg. 131, pièce 9643.)

CHARLES III D'ÉVREUX,
ROI DE NAVARRE.

124

[KAROLUS DEI] GRACIA NAVARE REX ET COMES EBROICENSIS.

Charles III, comte d'Evreux, succéda à son père Charles le Mauvais, en 1337. Il avait épousé, en 1375, à Soria, Léonore de Castille. Il fut couronné roi de Navarre, le 25 juin 1390, et mourut le 8 septembre 1425.

Grand sceau de majesté attaché à une charte donnée à Montréal, le 19 août 1393. (Arch. nat., J. 619, n° 13.)

S. KAROLI D[E]I GR[ACI]A REGIS NAVARRE IN ABSE[N]CIA MAGNI.

Contre-sceau placé au revers du grand sceau de majesté ci-dessus.

KAROLUS DEI GRACIA [NAVARRE REX] ET DUX NEMOSENSIS.

Sceau de majesté attaché à une charte datée de Paris, 23 mars 1408, *in domo habitacionis nostre*. (Arch. nat., M. 56.)

JEAN D'ARAGON,
ROI DE NAVARRE.

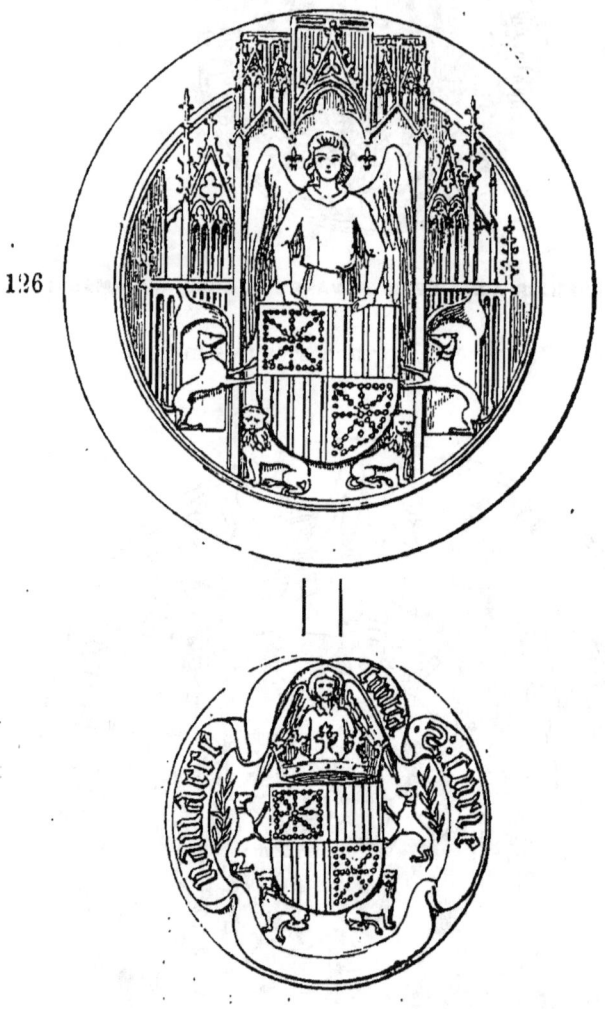

CONTRA S[IGILLUM] CURIE... NAVARRE.

Jean d'Aragon, second fils de Ferdinand, roi d'Aragon, et de Blanche de Navarre, succéda à son grand-père Charles III, roi de Navarre, et fut couronné à Pampelune, le 15 mai 1425. Il devint roi d'Aragon, en 1457.

Sceau et contre-sceau attachés à une charte datée de Tafalla, 16 septembre 1427. (Arch. nat., J, 619, n° 25.)

JEAN III D'ALBRET,
ROI DE NAVARRE.

127

[S. JOHANNIS] DEI GRACIA REGIS NAVARRE.

Jean d'Albret épousa Catherine de Foix, descendante de Jeanne de Navarre. Ils succédèrent à la reine Éléonore sur le trône de Navarre, en l'année 1484.

Sceau attaché à une quittance délivrée par Jean d'Albret, roi de Navarre, pour ses gages de capitaine d'une compagnie de cent hommes d'armes, datée de Navarrenx, 23 octobre 1514. (Titres scellés, reg. 225, pièce 459.)

128

[S. JOHANNIS] DEI GRATIA R[EGIS] NAVARRE.

Sceau de la chancellerie de Navarre attaché à un vidimus daté de Pampelune, 11 décembre 1494.

CATHERINE DE FOIX,

REINE DE NAVARRE.

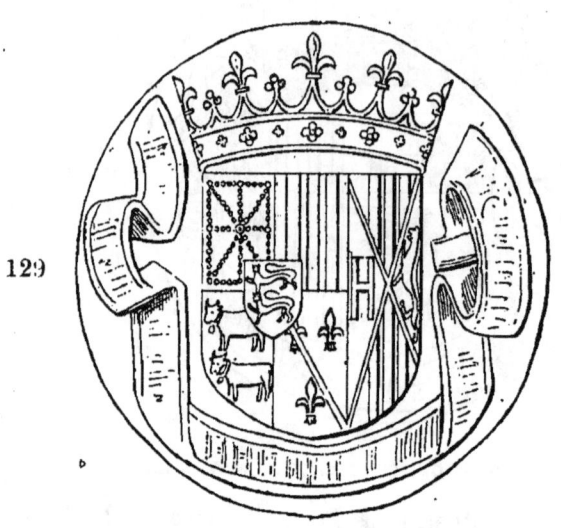

Catherine, sœur et héritière de François Phœbus, comte de Foix et vicomte de Béarn, devint reine de Navarre en 1483. Elle épousa Jean d'Albret en 1484.

Sceau attaché à une quittance délivrée par Catherine, reine de Navarre, d'une somme de 300 livres, pour l'état de capitaine de cent hommes d'armes qu'avait feu son mari le roi de Navarre, datée du 24 août 1516. (Titres scellés, reg. 225, pièce 469.)

HENRI II D'ALBRET,
ROI DE NAVARRE.

S. HENRICI DEI G[RACIA] NAVARRE REGIS COMITIS FVXI DOMINI BEARNII ET COMITIS BIGORRE.

Henri d'Albret, fils de Catherine de Navarre et de Jean d'Albret, est roi de Navarre en 1516.

Son royaume fut envahi, en 1517, par le roi de Castille, qui joignit la Navarre à la Castille.

Sceau attaché à une quittance de gages militaires délivrée par Henri, roi de Navarre, datée du 4 décembre 1526. (Titres scellés, reg. 80.)

ANTOINE DE BOURBON,

ROI DE NAVARRE.

... REGIS NAVARRE.

Antoine de Bourbon devint roi de Navarre par son mariage avec Jeanne d'Albret, reine de Navarre, comtesse de Foix et princesse de Béarn, fille de Henri II et de Marguerite de Valois, 1548.

Empreinte sur papier attachée à une quittance datée du 10 février 1558. (Titres scellés, reg. 227, pièce 663.)

HENRI III DE BOURBON,
ROI DE NAVARRE.

132

Henri III, fils d'Antoine de Bourbon et de Jeanne d'Albret, monta sur le trône de France en 1589, sous le nom de Henri IV.

Sceau attaché à des provisions de secrétaire de la maison de Navarre pour Jean Janvier, datées de Nérac, 3 novembre 1587. (Arch. de Pau, B. 2885.)

CATHERINE DE BOURBON,
PRINCESSE DE NAVARRE.

133

Catherine, fille d'Antoine de Bourbon, roi de Navarre, et de Jeanne d'Albret, était sœur du roi Henri IV. Née le 7 février 1558 à Paris, mariée, le 30 janvier 1599, à Henry de Lorraine, duc de Bar, elle mourut à Nancy, sans postérité, le 13 février 1604.

Sceau rond en papier plaqué sur une ordonnance relative au commerce du pastel, datée de Pau, 28 août 1591. (Arch. de Pau, B. 2857.)

SIRES D'ALBRET.

BERNARD II EZI,
SIRE D'ALBRET.

134

S. BERNARDI EZII DOMINI DE LEBR[ETO].

Bernard-Ezi, fils d'Amanieu VII, sire d'Albret, et de Rose du Bourg, succéda à son père en l'année 1324. Il porta les armes dès sa jeunesse. D'abord partisan du roi de France, il ne tarda pas à se jeter dans le parti des Anglais qu'il servit avec fidélité et bravoure jusqu'à sa mort. Il devint l'un des fidèles compagnons du prince de Galles. Appelé par lui à Bordeaux en 1356, il fut un des héros de l'armée anglaise à la journée de Poitiers; il se trouvait au corps de bataille du prince anglais. Bernard-Ezi avait la mission, dans les expéditions du Limousin, Berry et Languedoc, de fixer les rançons des villes. Lorsque le prince de Galles quitta la France en 1357, il le nomma un de ses lieutenants en Gascogne et Guyenne. Bernard d'Albret mourut en 1358, laissant de sa femme Mathe d'Armagnac une nombreuse postérité.

Sceau attaché à l'hommage de « Bernart, seigneur de Lebret », au roi Philippe de Valois, daté du 2 octobre 1332. (Arch. nat., J. 477, n° 1).

Le même sceau est à des quittances de gages. (Titres scellés, reg. 3, pièce 63 et suivantes.) On le retrouve encore attaché à une quittance de gages militaires délivrée à la Réole, le 12 juillet 1339. (Arch. de Saint-Blancard.)

MARGUERITE DE BOURBON,

DAME D'ALBRET

S. MARGUERITE DE BOURBON DAME DE LABRET.

Marguerite de Bourbon, dame d'Albret, fille de Pierre Ier duc de Bourbon et d'Ysabeau de Valois, fut mariée le 4 mai 1368 à Arnaud-Amanieu sire d'Albret, dont elle eut : 1° Charles; 2° Louis, mort jeune; 3° Marguerite, mariée à Gaston de Foix-Grailly.

Quittance donnée au baile de Sore, datée de Nérac, 1er janvier 1388, vieux style. (Arch. de Pau, E. 50.)

ARNAUD-AMANIEU,

SIRE D'ALBRET.

S. ARNAL[DI] AMAN[EVI] DOMINI DE LEBRETO.

Arnaud-Amanieu, fils aîné de Bernard-Ezi II et de Mathe d'Armagnac, fille de Bernard VI, comte d'Armagnac, succéda à son père dans la seigneurie d'Albret, en 1358. Il prit tour à tour le parti de la France et de l'Angleterre, suivant ses intérêts et ceux de ses peuples. Il mourut en 1461. Il avait épousé Marguerite de Bourbon.

Des fragments du sceau d'Amanieu restent attachés à des chartes des Archives nationales, J. 477.

Nous avons trouvé celui que nous reproduisons aux Pièces originales (vol. 24, folio 31), attaché à une quittance donnée à Etienne de Montméjan, trésorier des guerres, le 13 janvier 1370. « Pour la somme de dix mile « frans d'or en deduction et rabat de la pencion de LX mil frans d'or, « lesqueix nous prenons chascun an sur les aides ordonnées à lever es « dictes parties pour la delivrance du roy Jehan dont Dieux ait l'ame, et « par l'ordenance du Roy nostre sire sur ce faicte... »

CHARLES Ier D'ALBRET,
CONNÉTABLE DE FRANCE.

137

... DE LEBRET... CONNETABLE DE FRANCE.

Charles d'Albret, fils d'Arnaud-Amanieu et de Marguerite de Bourbon, succède à son père en 1401.

Le roi Charles VI sut l'attacher à son parti et utiliser ses qualités militaires. En 1402, il le créa connétable de France. Nous le trouvons mêlé à tous les événements politiques des années 1407, 1408 et 1409. Il périt, le 25 octobre 1415, à la bataille d'Azincourt. Il avait épousé Marie de Sully, dame de Craon.

Le sceau du connétable est apposé à un ordre de paiement, du 1er janvier 1408. (Titres scellés, reg. 3, pièce 63.)

GABRIEL D'ALBRET,

SIRE DE LESPARRE.

138

Gabriel, fils d'Alain d'Albret, dit le Grand, et de Françoise de Blois, fut seigneur d'Avesnes, sénéchal de Guyenne, conseiller et chambellan du Roi. Il mourut vers 1503, sans avoir été marié.

Le sceau ci-dessus est attaché à une quittance de pension à lui faite par le roi de France, du 26 mai 1492. (Tit. sc., reg. 3, pièce 67.)

139

Le registre des Titres scellés où nous avons pris le premier sceau, renferme aussi ce second, tout différend, employé par Gabriel d'Albret pour sceller une charte de 1498.

Nota. — Presque tous les sceaux de la maison d'Albret sont aux Archives de Pau, où nous n'avons pu les faire dessiner encore. Nous espérons les donner avec quelques autres dans un supplément.

COMTES D'ARMAGNAC.

Les comtes d'Armagnac ont gouverné la Gascogne pendant cinq cents ans ; leur histoire est écrite sommairement dans l'*Histoire de Languedoc*, dans l'*Histoire de Gascogne*, et avec plus de détails particuliers dans l'*Histoire généalogique* du Père Anselme. Il y a à la Bibliothèque nationale (collection Doat et autres), aux Archives nationales, aux Archives de Pau, de Rodez, de Montauban, une très grande quantité de documents inédits et oubliés au moyen desquels leur histoire deviendrait complète. Pour en faire entrer quelques-uns dans notre travail il aurait fallu faire un choix dont le lecteur ne se serait certainement pas contenté. Aussi nous nous bornons à des indications sommaires à l'occasion de chacun des sceaux.

GÉRAUD V,
COMTE D'ARMAGNAC.

S. G[ERALDI] C[OMITIS] ARMANIACI ET F[EZENCIA]CI.

Géraud, petit-fils de Bernard IV, entra en jouissance du comté en 1256. Ce prince passa sa vie sous les armes. Il lutta constamment contre les envahissements tyranniques du pouvoir royal. En 1264, il refusa l'hommage au comte de Toulouse, Alphonse de Poitiers. Le sénéchal de Carcassonne, Pierre de Landreville, marcha contre lui et le força à se soumettre et à payer les frais de la guerre. En 1267, il fut en guerre avec les habitants de Condom. La paix fut rétablie par l'entremise du vicomte de Béarn. En 1271, il fit la guerre à Géraud de Cazaubon qui, se voyant vaincu, en appela au roi de France. (Voir le sceau de Géraud de Cazaubon.) Le comte fut cité devant le roi et condamné à payer une amende de 15,000 livres. (Voir Boutaric, *Les Parlements*.)

Le sceau que nous donnons est appendu à une charte datée d'Agen, 29 février 1272, dans laquelle Géraud V s'engage à payer au Roi cette somme de 15,000 livres tournois en laquelle il a été condamné. (Arch. nat., J. 392, n° 13.)

En 1279, il accorda des coutumes aux villes de Barran et de Bassoues, de concert avec l'archevêque d'Auch, Amanieu II d'Armagnac.

De nouvelles contestations avec le sénéchal de Toulouse, Eustache de Beaumarchais, l'obligèrent à prendre les armes. Dans un combat contre les troupes royales, il fut battu, fait prisonnier et enfermé au château de Péronne. En 1281, il obtint son pardon et rentra dans ses États.

En 1283, nous le trouvons en Espagne faisant la guerre à Pierre d'Aragon. Il fut présent aux états assemblés à Tarbes pour voter la cession du comté de Bigorre à l'Angleterre. Il mourut en 1285.

BERNARD VI,

COMTE D'ARMAGNAC.

141

S. B[ERNARDI] GR[ACI]A DEI COMITIS ARM[ANIACI] ET FEZENCIACI.

Bernard, fils de Géraud V et de Mathe de Béarn, succéda à son père en 1285 ; en 1286, il rendit hommage au roi d'Angleterre.

En 1290, commence une longue guerre entre notre comte et le comte de Foix, au sujet de la succession de Gaston, vicomte de Béarn, grand-père de Bernard VI. L'intervention du roi de France fut longtemps incapable de calmer les deux rivaux, qui finirent par céder aux conseils du pape Jean XXII.

Bernard VI épousa d'abord Isabelle d'Albret, et en secondes noces Cécile, fille du comte de Rhodez, en 1298. Il mourut le 15 juin 1319.

Le sceau que nous donnons est dessiné d'après la matrice qui est conservée au Musée de Toulouse.

JEAN Ier,

COMTE D'ARMAGNAC.

142

Sceau équestre ou grand sceau attaché à des chartes datées de 1343 et 1360. (Arch. nat. J. 293.)

Jean Ier, fils de Bernard VI et de Cécile de Rhodez, succède à son père en 1319 ; il se trouve avec l'armée du roi de France à la bataille de Cassel, 1328. A Tarbes, en 1329, il signe un compromis avec le comte de Foix. En 1333, il passe en Italie et assiste au siège de Ferrare; peu de temps après il est fait prisonnier et ne recouvre sa liberté qu'en 1334 (1).

En 1337, il fait la guerre aux Anglais dans les provinces du Midi. En 1340, il va servir le roi de France en Artois, où il avait sous ses ordres 42 bannières (2); il se trouve au siège de Saint-Quentin et est désigné comme commissaire pour traiter de la paix avec l'Angleterre. Nommé

---

(1) Voir Bib. nat., mss., 11733 latin, pièce 148, un long mémoire sur cette guerre d'Italie.
(2) De Vienne, *Hist. d'Artois*, 2º partie, p. 184.

gouverneur du Languedoc en 1346, il s'établit à Agen et organise la défense des provinces méridionales contre les Anglais. Les années 1353, 1354 et 1355 le trouvent faisant une guerre active et acharnée aux Anglais. Le traité de Brequigny ayant mis fin à cette guerre, le comte Jean se décide à vider par les armes sa querelle avec le comte de Foix à la bataille de Launac (5 décembre 1362), dans laquelle le comte d'Armagnac est fait prisonnier et ne peut se racheter qu'en payant une forte rançon.

En 1366, il marche sous les ordres du prince de Galles et combat à la bataille de Navarette.

En 1370, la guerre recommence contre les Anglais. Le comte Jean Ier est sous les ordres du duc d'Anjou et est nommé lieutenant général du Languedoc.

En avril 1373, mort du comte Jean Ier.

Il avait épousé :

1° Régine de Goth, qui lui apporta la Lomagne et la vicomté d'Auvillars; morte sans enfants, en 1325;

2° Béatrice de Clermont, en 1327, dont il eut : 1° Jean; 2° Bernard, sénéchal d'Agenais; 3° Jeanne, mariée au duc de Berry, et 4° Mathe, mariée à Jean, duc de Girone, prince d'Aragon.

143

Sceau dit aux sorciers, attaché à une charte par laquelle Jean, par la grâce de Dieu, comte d'Armagnac, de Fezensac et de Rodez, vicomte de Lomagne et d'Auvillars, ordonne de payer la somme de 20 livres tournois aux consuls de Serrefront pour paiement des gages des gens de pied commis à la garde dudit lieu... nonobstant qu'ils n'aient *monstre*. (Titres scellés, reg. 6, pièce 257.)

Le même sceau se trouve sur les quittances militaires, avec la montre pour le comte chevalier banneret et dix chevaliers bacheliers. Toulouse 8 décembre 1368. — 4 décembre 1369, il fut retenu par le duc d'Anjou, avec deux cents hommes d'armes à 15 francs d'or par mois pour chacun, et 300 francs d'or par mois pour le comte. (Pièces orig., 93, n° 17.)

Idem sur une charte des Archives d'Auch, série DD.; sur d'autres des Archives d'Agen, AA. 8 et EE. 15.; sur le certificat de service militaire donné aux habitants de Lectoure, 4 juin 1354, publié par M. Druilhet.

Nous avons aussi trouvé le sceau aux sorciers dans le vol. 93 des Pièces originales, sur les pièces suivantes :

19 avril 1356 : sur le rapport des consuls et châtelains *castri de Nartico*, en Rouergue, lieu qui est menacé par l'ennemi et dépourvu de munitions de guerre, ordre par le comte de fournir sur les fonds de l'artillerie 25 arbalètes *(balistæ)*, 20 *pavesii*, 30 lances, 4,000 viretons *(quadrillos)* d'un pied de longueur.

15 mai 1356 : ordre de payer dix écus d'or aux consuls de Cumont pour fortifier ce lieu, et comme indemnité des dépenses qu'ils ont déjà faites.

18 février 1356 : le comte étant à Montréal fait donner 200 francs d'or à Thibaut de Barbasan pour ses services pendant la présente guerre, sur une ordonnance de payement qui est aux arch. de Saint-Blancard.

Le même sceau est attaché à une charte du 6 octobre 1355, à Agen, par laquelle le comte retient au service du Roi le noble Arnauld-Raymond de Castelbajac, chevalier, et lui donne à commander cent hommes d'armes et deux cents sergents à pied, avec charge de veiller à la sûreté et défense de toute la sénéchaussée de Bigorre.

Idem, 8 octobre 1355, le comte retient « Touzet d'Empoli et Jaques « Duprat, connestables, deux *tabours,* deux ragacins et 51 arbalestriers « et pavesiers de leur compagnie, c'est assavoir chascun connestable « au seur de dix florins le mois; chascun tabour et chascun ragacin à « 2 florins et demi, chascun arbalestrier et pavesier à 5 florins le mois. » (Bib. nat., Pièces orig., vol. 93.)

144

[S. IOHANNIS] CO[M]IT[IS] ARMAN[IACI] FEZENC[IACI] ET RVTHEN[E] VICECO[MITIS] LEOM[ANIE] ET ALTIVIL[LARIS].

Contre-sceau appliqué sur deux chartes des Arch. nat., J. 349, datées des 1ᵉʳ août 1369 et 8 mars 1371, concernant certaines conventions avec les officiers du Roi en Languedoc.

145

Petit sceau du comte appliqué sur l'hommage rendu au Roi le 8 mars 1371. (Arch. nat., J. 350.)

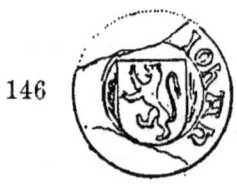

146

[S.] IOHAN[NIS]...

Et aux Titres scellés, reg. 213, pièce 9463, sur une ordonnance datée d'Agen, 28 juin 1354, Jean, comte d'Armagnac, de Fezensac et de Rouergue, etc..., lieutenant pour le Roi en tout le pays de Languedoc. « Cum nos, attentis et consideratis arduis sumptibus et expensis factis
« in reparacione clausurarum civitatis Condomii ; quos quasve cives
« dicte civitatis, cum sint grandine tempestate percussi et per alias
« clades de die in diem dampnificati, comode nequeunt supportare,
« prout et dicti domini nostri Francorum regis fideles consules dicti
« Condomii civitatis nobis humiliter supplicando explicaverunt : ad
« dictorum consulum humilem supplicationem, ipsis consulibus nomine
« universitatis dicte civitatis pro subveniendo reparationibus clausu-
« rarum predictarum, volentes ipsos affectu benevolo prosequi graciose
« ut in sue fidelitatis constancia ferventius maneant animati ; trescentas
« libras turonenses semel duntaxat solvendas de pecunia regia dederimus
« et concessimus, et tenore presentium ex nostra certa scientia et gracia
« speciali, auctoritate regia qua fungimur in hac parte, concedimus,
« donamus, etc. » (formule de mandement).

Le chancelier du comte était alors *Johannes Fabri* (Jean Dufaur), de Vic-Fezensac ; son latin s'embarrasse dans les phrases incidentes ; il ne parle pas la langue de Cicéron, mais nous ne voulons rien changer à ce certificat de patriotisme donné aux citoyens de Condom, il y a 534 ans. Et c'était du patriotisme armé, actif, puisque Condom n'avait pas d'autre avant-garde du côté de l'ennemi que cette ligne de petites bastides et de petits châteaux forts que chaque parti avait bâtis depuis 60 ou 80 ans.

JEANNE D'ARMAGNAC,
DUCHESSE DE BERRY.

147

S. IEHANNE...

Jeanne d'Armagnac, fille de Jean Ier, comte d'Armagnac, et de Béatrix de Clermont, mariée à Jean duc de Berry.

Sceau attaché à une quittance d'une somme de 113 florins, délivrée par Jeanne d'Armagnac, duchesse de Berry et d'Auvergne, à Mâcon, le 27 octobre 1362. (Titres scellés, reg. 6, pièce 261.)

« Nous Iehanne d'Armaignac, duchesse de Berri et d'Auvergne,
» havons eu et recehu de Pierre de Baigneux, receveur de Mascon, par
» la main de Humbert de Bleteus, la some de cent treze florens des
» esmolumens de la dite recepte por la despense de nostre hostel faite
» à Mascon la semayne avant la Toussaint ; desquieux cent treze florins
» nous nous tenons pour bien contente et en quitons ledict receveur et
» tous aultres. Et voulons que ladite some li soit alloée en ses comptes de
» la recepte. Donné à Mascon, soubz nostre scel, le dimenche avant la
» dicte feste de Touxains, XXVII° jour du mois d'octobre, l'an de grace
» mil trois cens sexante et deux. Par Madame la duchesse, presens :
» mess. Philbert de Lespinasse et Vesien de Jumat. G. Paien, secré-
» taire. »

JEAN II,
COMTE D'ARMAGNAC.

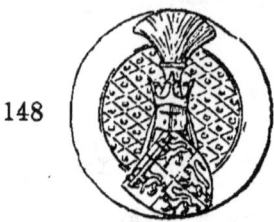

148

Jean II, fils de Jean Ier et de Béatrix de Clermont, portait du vivant de son père le titre de comte de Charolais.

Sceau attaché à la reconnaissance du don fait par le Roi du château de Saint-Jangoul, à Jean d'Armagnac, chevalier, sieur de Charolais, Paris, 1er septembre 1366. (Arch. nat., J. 293.)

Jean II succéda à son père en 1373 ; fit la guerre au comte de Foix, en 1379; puis aux Anglais, en 1381. Appelé à Avignon, en 1384, pour traiter les affaires des provinces du Midi, il y mourut et y fut inhumé.

149

SIGILLUM IOHANNIS DEI GR[ACIA] COMITIS ARMANIACI.

Sceau attaché à des pièces de l'année 1375-1376. (Pièces orig., 93, pièce 69.)

Le même sceau est aux Archives municipales d'Auch, attaché à une charte par laquelle Jean II, comte d'Armagnac, donne quittance de la somme de 11,486 florins, montant du fouage voté par les États audit comte pour la dot de ses sœurs les duchesses de Berry et de Girone, pour le douaire de sa fille Béatrice, mariée à Gaston de Foix, et pour le fouage octroyé à son feu père (que Diu aya), pour sa rançon. A Figeac, 18 septembre 1369. (Arch. d'Auch, série CC.)

JEAN III,

COMTE D'ARMAGNAC ET DE COMMINGES.

150

S. IOHANIS COMITIS ARMANIACI ET CONVENARVM.

Jean III, fils de Jean II et de Jeanne de Périgord, succéda à son père en 1384. Dès l'année suivante, le duc de Berry, son oncle, l'établit gouverneur du Languedoc. Il fit une guerre acharnée et heureuse aux routiers qui infestaient le Midi. En 1389, il se présenta au roi Charles V à Toulouse. En 1390, il traita, au nom du Pape et du roi de France, avec les bandes de routiers, qu'il engagea pour l'Italie. En 1391, il entreprit la guerre pour rendre le duché de Milan à son beau-frère Charles Visconti. Dans son excellent volume, *Les Gascons en Italie*, M. Paul Durrieu a révélé les événements tragiques de cette expédition, où le comte Jean III trouva la mort. Il avait épousé Marguerite de Comminges.

Le sceau ci-dessus est appendu aux lettres de rémission de la somme de deux francs par feu, à la requête des consuls d'Auch, délivrée par Jean, comte d'Armagnac, 31 octobre 1385. (Arch. d'Auch, série AA.)

Le même sceau est attaché à une quittance délivrée par le comte d'Armagnac, d'une somme de 1,000 livres tournois pour la chevauchée de Flandre, 27 janvier 1386. (Titres scellés, reg. 6, pièce 261).

BERNARD VII,
COMTE D'ARMAGNAC.

151

Bernard succéda à son père Jean III, en 1391; il épousa sa cousine Bonne de Berry, en 1394; fit la guerre contre les Anglais et en Espagne; traita en 1403 avec le duc d'Orléans. — En 1407, après l'assassinat du duc d'Orléans, il devint le chef du parti opposé aux Bourguignons, et connétable de France, en 1415. Il conduisit la guerre de 1407 à 1418, et périt massacré par les Parisiens, le 12 juin 1418. Il a dirigé, on pourrait dire qu'il a créé le parti qui a résisté aux Anglais et aux Bourguignons, leurs alliés. Il ne cessa d'appeler dans les provinces où la guerre sévissait, tous ses gentilshommes du Rouergue et de la Gascogne. On conserve dans les collections du cabinet des manuscrits (1), un grand nombre de revues ou montres de cette noblesse, dont les survivants soutinrent la guerre jusqu'à l'expulsion des Anglais.

152

S. BERNARDI COMITIS ARMANIACI...

A la Bibl. nationale et aux Archives, nous avons trouvé trois types

---

(1) Notamment Titres scellés, reg. 6, pièce 258 : ce sont les « noms et « seurnoms de touts homes d'armes de l'ostel et compagnie de nous Bernart « d'Armaignac, connestable de France; lesquels ont commencé de servir « Mons. le Roy en nostre compagnie et sous nostre gouvernement le 1er jour de « janvier l'an 1415. »

différents des sceaux du comte Bernard VII. Les supports sont des sirènes, le heaume est surmonté d'un énorme faisceau de plumes. Les deux premiers ont servi depuis son avènement jusqu'à 1415.

153

S. BERNARDI DEI GR[ACI]A COMIT[IS] ARM[AN]IACI
CONESTABULARII FRA[N]CIE.

Le dernier est celui de Bernard, devenu connétable de France après la bataille d'Azincourt. (Titres scellés et Pièces originales.)

JEAN IV,
COMTE D'ARMAGNAC.

154

S. IOH[ANNIS] CO[M]IT[IS] ARMAN[IACI] FEZEN[CIACI] RUTHENE[
VICECO[M]ITIS LEOMAN[IE] ET ALTIVILL[ARIS].

Jean IV, fils de Bernard VII et de Bonne de Berry, succéda en 1418 à son père; se trouva en Languedoc luttant contre le prince d'Orange. Il se fit reconnaître par ses vassaux et partit pour la France;

il rencontra le Roi à Tours, lui demanda justice contre les meurtriers de son père, et revint dans ses États. En 1420, il fut chargé de la défense du Languedoc contre les bandes de routiers et les chassa de Nîmes. En 1422, il marcha contre les Anglais occupés au siège de Bazas; la faiblesse de son armée l'obligea à la retraite. En 1443, Jean IV s'empara de vive force du comté de Comminges. Cette action exaspéra le Roi qui fit marcher une armée contre lui; cette armée, commandée par le dauphin Louis, ravagea les États du comte et s'empara de sa personne. Jean IV fut emprisonné, jugé et condamné. Cependant, par la protection de la plupart des seigneurs de la cour, il obtint rémission en 1445 et fut remis en possession de ses États, mais la haine du Roi lui faisant pressentir la ruine prochaine de sa maison, il ne vécut plus que dans la tristesse et l'inquiétude.

Jean IV mourut en 1450. Il avait épousé : 1° Blanche de Bretagne; 2° Isabelle de Navarre, dont il eut : 1° Jean ; 2° Charles, vicomte de Fezensaguet; 3° Éléonore, mariée à Louis, prince d'Orange; 4° Isabelle.

Le premier sceau (n° 154) est attaché à une ordonnance de paiement de l'année 1420. (Arch. nat., J. 293, n° 18.)

SIGILLVM IOHANIS DEI GRACIA COMITIS ARMANIACI.

Sceau qui existe entier aux Archives de Montauban : ordre de payer aux menestriers du seigneur comte Jehan Lobeu, Jehan Maître, et Falquet Jaquin, 6 marcs d'argent « obs se far escussels de nostras « armas per los portar ». Donné « en nostre castel de la Ylha « sotz nostre sagel, l'an de N^{re} Senhor 1427 ». (Arch. de Tarn-et-Garonne, fonds Armagnac, série C.)

Le même sceau, presque entier, est au bas du serment de fidélité des consuls et habitants d'Auch, dont la teneur suit :

« Noverint universi et singuli... quod anno Domini millesimo
« quadringentesimo decimo octavo, et die vicesima tercia mensis
« octobris... in pradello claustri ecclesie parrochialis et cathedralis
« Beate Marie civitatis Auxis, coram inclito et egregio principe et
« domino nostro domino Johanne, Dei gracia comite Armaniaci,
« Fezenciaci, Ruthene et Pardiaci, vicecomite Fezensaguelli, Brulhesii,
« Creysselli ac Carladesii, dominoque terrarum Ripparie, Aure et
« montanearum Ruthenensium, ibidemque in quadam cathedra sedente ;
« venerabili viro domino Johanne de Berrio, in legibus licenciato,
« Maurino de Montealto, Petro de Finibus, Fortio de Ossio, Petro de
« Calciata, Petro de Falgariis et Guillelmo de Medioloco, consulibus
« dicte civitatis, magistro Philippo de Maseriis, baccallario in decretis,
« magistro Ramundo de Bellostario, jurisperito, Bertrando de Suezio,
« Bertrando de Merbillio, Bertrando de Giestario, magistro Petro de
« Podio, notario, Maurino de Birano, Petro de Podio, Bernardo de
« Tiaxio et Johanne de Tiaxio et pluribus aliis civibus et incolis
« ejusdem civitatis Auxis, majorem et saniorem partem ipsius facien-
« tibus, congregatis et convocatis more solito ad subscripta peragenda ;
« videlicet dicti consules, nominibus eorum propriis et toscius univer-
« sitatis civitatis predicte Auxis, flexis genibus et capuciis a se amotis...
« reverenter et cum ea qua potuerunt reverencia et honore domino
« nostro comiti supplicaverunt ut juramentum per dominum modernum
« in suo novo et jocundo adventu prestare consuetum eisdem consu-
« libus et civibus dicte civitatis Auxis presentibus et absentibus...
« facere et prestare et eorum usus, foros, libertates, privilegia et con-
« suetudines approbatas confirmare dignaretur, offerentes se paratos
« eidem domino nostro comiti tanquam eorum domino juramentum
« fidelitatis prestare et omnia alia et singula agere et facere que
« boni, veri et fideles subditi eorum domino facere tenentur.

« Et dictus dominus noster comes, hujusmodi supplicacione benigne
« audita..., predictis consulibus et aliis civibus et habitatoribus dicte
« civitatis dictos usus et foros licitos et debitos, consuetudinesque et
« libertates eorumdem licitas et debitas approbavit, ratifficavit et
« confirmavit, et ambabus suis manibus positis supra quendam librum
« missalem et supra crucem quos supra genua sua tenebat, juravit et
« juramentum prestitit quod ipse erit bonus dominus et fidelis dictis
« consulibus et successoribus ipsorum in dicto consulatu et omnibus
« et singulis civibus, habitatoribus et incolis dicte civitatis sue Auxis,
« ipsosque et eorum quemlibet manutenebit et custodiet et deffendet
« ab omni violencia, oppressione et rigore de se ipso et de quibus-

« cumque aliis suo posse; necnon custodiet et servabit dictos eorum
« foros et usus... et faciet ab omnibus officiariis suis observari; jusque
« et justiciam faciet tanquam pauperi quam diviti, et precipiet dictis
« suis officiariis fieri et ministrari eisdem omni tempore et omni die,
« bona fide.

« Quibus hiis omnibus ita peractis, dicti consules, adhuc flexis
« genibus et capuciis amotis, coram dicto domino nostro comiti
« existentes, unus post alium, eorum manibus positis supra dictum
« librum missalem et crucem, et eciam alii cives ibidem presentes,
« brachiis elevatis et eorum manibus extensis versus dictos librum mis-
« salem et crucem, juraverunt preffato domino nostro comiti et vice-
« comiti suisque heredibus et successoribus esse boni et fideles subditi,
« personamque, vitam, membra, jura, deberia, honores et juridictiones
« ipsius custodient, manutenebunt et deffendent fideliter et diligenter,
« et quod non erunt in facto, dicto vel concilio quod dictus dominus
« noster personam, vitam, membra, jura, dominia, honores et juridic-
« tiones perdat vel amictat; et si scirent aut ad eorum noticiam
« deveniret quod aliquis vellet aliquid de predictis comictere, machi-
« nare vel actemptare, illud per se ipsos vel alium impedient, et eidem
« domino nostro comiti vel tali per quem possit ad ejus noticiam
« devenire quam ciscius poterunt revelabunt; conciliumque bonum
« eidem domino nostro dabunt, etc.

« Et hujusmodi juramento fidelitatis prestito, preffatus dominus nos-
« ter comes, et vicecomes, ut comes Fezenciaci, supradictos consules et
« omnes alios cives et habitatores ejusdem civitatis ad sue protectionis
« et defencionis clipeum et per homines et subditos suos gratianter
« et liberaliter suscepit et recepit.

« Acta fuerunt hec anno, die et regnante quibus supra, presentibus
« pro testibus nobilibus et honorabilibus viris domino Bernardo de
« Gorsollis, domino Sancti Martini de Lavierbila, cancellario Arma-
« niaci; domino Johanne de Bonnay, senescallo Tholose; domino
« Oddone, domino de Montealto; domino Oddone Ealli, preceptore
« domus Cavalerie, ordinis Sancti Johannis Jerolosimiterii; domino
« Petro Bernardi de Monasteriis, domino de Lunassio; domino Johanne
« Barasconis, domino de Basculis, militibus; nobilibus Anthonio de
« Caylario; Johanne de Montelugduno, domino Sancti Ylarii; domino
« Guilhelmo de Aubano, licenciato in decretis, judice Auxis; nobili
« Oddone de Massanis, domino de Malartico.

« Ego vero Bertrandus Barrerie, notarius regius et dicti domini
« mei comitis secretarius, premissa sic fieri vidi et de eisdem ambo

« ego et magister Raymundus-Bernardus de Guarossio, publicus aucto-
« ritate dominorum de Capitulo Tholose notarius, notam requisiti pro
« parte dictorum consulum recepimus, etc.

« Johannes, Dei gracia comes Armaniaci, etc., notum per presentes
« fieri volumus universis quod nos, viso instrumento ratificacionis et
« confirmacionis usuum licitorum et debitorum consulibus et incolis
« civitatis nostre Auxis per nos facte, necnon prestacionis juramenti
« fidelitatis per dictos consules et quosdam singulares cives et habita-
« tores dicte nostre civitatis nobis noviter et in nostro jocundo adventu
« prestiti, ad humilem supplicacionem eorumdem consulum, nos comes,
« ut comes Fesenciaci, ad majorem premissorum omnium firmitatem
« habendam, sigillum nostrum proprium hic apponi jussimus in pen-
« denti, in hiis omnibus jure nostro et quolibet alieno semper salvo.

« Datum in dicta civitate nostra Auxis, die XXIII mensis octobris,
« anno Domini millesimo quatercentesimo decimo octavo. » (Archives
d'Auch, AA. 4, orig. sur parchemin.)

JEAN V,

COMTE D'ARMAGNAC.

156

S. IOHANIS DARMANHACO VICEC[OM]ITIS DE LEOMANIA.

Jean V, fils de Jean IV et d'Isabelle de Navarre, portait du vivant de
son père le titre de vicomte de Lomagne; c'est sous ce nom qu'il débuta
dans la carrière des armes.

Nous donnons son sceau, attaché à une quittance délivrée par lui pour
les gages des gendarmes dont il a charge, datée du 24 octobre 1439.
(Pièces originales, vol. 93, f° 111.)

En 1442, il est avec l'armée royale devant Saint-Sever et Dax. Lorsque son père fut emprisonné par ordre du Roi, en 1444, il s'enfuit auprès du roi de Navarre, son cousin germain, et à force d'instances obtint la protection du comte de Foix. En 1450, il succéda à son père, et servit fidèlement le Roi jusqu'en 1451, époque à laquelle nous le trouvons à Vic-Fezensac recevant l'hommage de ses vassaux. Dès 1454, le comte Jean V reconnaît que le pouvoir royal tend non seulement à obtenir sa soumission absolue, mais encore à la destruction de sa maison. De là cette opposition, tantôt sourde, tantôt ouverte, à la politique de Louis XI, opposition qui causa sa ruine. En 1470, menacé par l'armée du comte de Dammartin, qui avait occupé ses principales places fortes, il est obligé de s'enfuir avec la comtesse sa femme en Espagne. En 1471, Jean V obtint son pardon grâce à la protection du duc de Guyenne, frère de Louis XI. Il est appelé à Paris, mais sachant que les promesses du Roi sont fausses, il est obligé de se soustraire aux sourdes menées de son adversaire. Il s'enferme dans la ville de Lectoure; cette forteresse est investie en 1472 par une armée puissante qui lui enlève tout espoir de salut. Il consent donc à accepter la capitulation qui lui est proposée; mais les Français envahissent la ville, où ils mettent tout à feu et à sang. Jean V est massacré en présence de la comtesse, le 5 mars 1473.

Jean V avait épousé Jeanne de Foix.

157

S. IOHAN[NES] COME[S ARMANIACI VICECO]MES LEOM[ANIE]...

Sceau attaché à une quittance d'une somme qui lui est donnée sur l'aide votée par les états de Languedoc, datée du 12 mai 1451. (Pièces orig., vol. 93, f° 134.)

CHARLES II DUC D'ALENÇON,
COMTE D'ARMAGNAC.

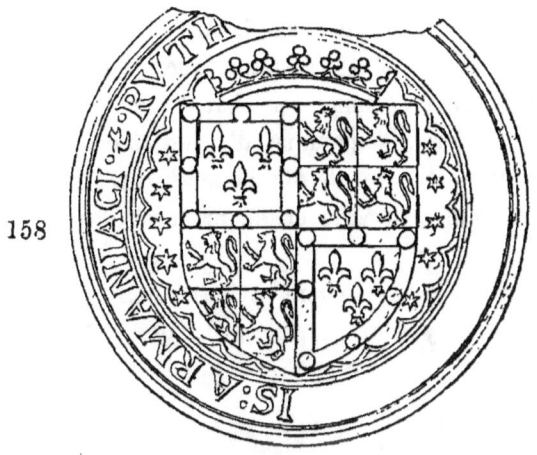

... [COMIT]IS ARMANIACI ET RVTH[ENE].

Né le 2 septembre 1489. En 1492, Charles hérita des comtés d'Armagnac et de Rouergue, et mourut à Lyon en 1525.

BERNARD D'ARMAGNAC,
SÉNÉCHAL D'AGENAIS.

CONTRA S[IGILLVM] B[ERNARDI] D[E] ARMANHACO.

Fils de Jean Ier, comte d'Armagnac, et de Béatrix de Clermont, Bernard fut nommé sénéchal d'Agenais par le duc d'Anjou, qui l'avait en grande estime et qu'il suivit en France. De 1369 à 1377, il prit part à un grand nombre d'expéditions militaires. L'*Hist. de Languedoc* et le P. Anselme (tome III, page 417) fournissent tous les renseignements que nous possédons sur la vie militaire fort active de ce sénéchal.

En 1354, le 31 mars, n'étant encore que chevalier, il servait avec sa compagnie sous le gouvernement de son père et donna quittance de ses gages au Port-Sainte-Marie. (T. sc., reg. 6, pièce 257.)

Le contre-sceau ci-dessus (n° 159) est appliqué sur une quittance qu'il a donnée, le 16 avril 1370, comme sénéchal d'Agenais. Le 4 novembre 1371, il fut retenu avec 25 hommes d'armes; trois jours après, la garnison d'Agen fut augmentée de dix hommes d'armes et le sénéchal eut ordre d'approvisionner la ville et de procurer des armes. (Pièces orig., 93, folio 20.)

La matrice de ce sceau appartient à notre collaborateur M. Paul Durrieu. Les armoiries y sont écartelées du lion d'Armagnac et du bélier de Lomagne.

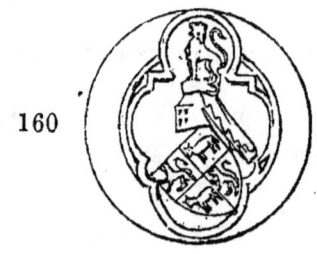

160

Le recueil des Pièces originales (vol. 93, folios 60 et 77) nous présente deux autres sceaux, l'un est ci-dessus, les armoiries sont écrasées et n'existent plus. Il est pendu à une quittance de gages du 5 janvier 1371.

Le second est tout différent (quittance de 180 francs d'or donnés par le duc d'Anjou le 22 mai 1377), mais tellement fruste que nous n'avons pu le dessiner.

BERNARD D'ARMAGNAC,
COMTE DE PARDIAC.

161

Bernard d'Armagnac, comte de Pardiac et de la Marche, né le 29 mars 1400, de Bernard VII, comte d'Armagnac, et de Bonne de Berry.

Dès l'année 1420, il se trouve en Auvergne faisant la guerre aux partis anglais, et en 1422 combat et défait le sieur de Rochebaron. En 1424, il épousa Éléonore de Bourbon, qui lui apporta le comté de la Marche. En 1427, il fit la guerre dans le Berry. En juin 1429, le comte de la Marche se trouve au siège de Beaugency avec le connétable de Richmond et Jeanne d'Arc. Son histoire est écrite dans Anselme, t. III, p. 427.

Sceau (n° 161) attaché à une quittance de gages de gens d'armes, datée de mars 1419.

162

Sceau (n° 162) d'une quittance de fonds payés par les états de Limousin, 12 mars 1441.

Monstre de messire Bernard d'Armignac, chevalier banneret, huit chevaliers bacheliers, 25 escuyers de son hostel et compagnie, receuc à Carcassonne, le 10° jour de may 1419.

    Ledit messire Bernard d'Armignac, chev. ban.
    Mre Alaman de Severac, chev. ban.
    Mre Amar seigneur de Rochenoyée, chev. ban.
    Mre Draguinet de Lestit, chevalier bachelier.
    Jehan s^r de Raynens,   idem.
    Ramon Bernard de Montpezat, idem.
    Johan de Soulatges,   idem.
    Antoine de Tournemire,   idem.
    Ramond Gautier,   idem.
    Mondot de La Tor,   idem.
    Mre Pierre seign^r de Severac. idem.

                  ESCUIERS.

Bertrand d'Esparron,
Guicon Jernel, etc. (aucun Gascon).

JEAN D'ARMAGNAC,
VICOMTE DE FEZENSAGUET (1).

163

Le 5 décembre 1362, le vicomte de Fezensaguet est fait prisonnier par le comte de Foix à la bataille de Launac. Il paie pour sa rançon 13,333 florins d'or (2), et le 14 avril 1363, il est parmi les seigneurs qui signent la paix entre les comtes d'Armagnac et de Foix.

Sceau apposé au bas d'un parchemin portant reconnaissance d'une somme de 200 florins d'or, donnée aux consuls d'Agen par Jean d'Arma-

---

(1) Voir son histoire écrite (Anselme, t. III, p. 432).
(2) Doat, tome 195.

gnac, vicomte de Fezensaguet et de Brulhois, baron de Roquefeuil, pour prêt d'une semblable somme à lui fournie en 26 francs, 45 guiennois, 8 royaux, 4 moutons d'or, 21 florins d'or et 11 pièces d'argent à la croix; datée de Buzet, le 16 juillet 1363.

164

... [ARMA]GNAC VICONTE DE FESENSAGVET.

Sceau attaché à une quittance des gages de Jean d'Armagnac, vicomte de Fezensaguet, datée du 28 juillet 1369.

La monstre de Mons. Jehan d'Armignac, vicomte de Fezensaguet et de Bruillois, receue à Lavardenx, le XIII° jour d'octobre l'an M. CCC. L et cinq et es jours qui s'ensuyvent.

Ledit vicomte, cheval bai cler.	150 l.
Geraut de Cobirac, cheval leare mouch. lab.	100 l.
Mons. Pierre de Sarampuy, cheval bai estel. III piés blans.	100 l.
Mesre Azemar de Marenac, chev. gris pom.	LX l.
Guill. Gaichie de Cominges, chev. bai estel c. q. j. noir.	XL l.
Gaillard de Morens, chev. morel estel pié dest. dev. blanc.	XXX l.
Arnaut de Sirac, chev. morel estel.	XXV l.
Bernard de Giere, cheval bai estel.	XL l.
Pierre d'Orrensan, cheval leare mouch.	XXX l.
Hue de Cressel, cheval bai.	XXV l.
Besian de Latour, cheval gris pommelé.	XXX l.
Joh. du Mas, cheval fauve estel c. q. j. noir.	XXV l.
R. de La Fite, cheval bai cler.	XX l.
Jourdain de Seailles, cheval noir gris II piés blans.	XXX l.
Gibert de Blaignac, chev. bai estel 2 piés bl. dev.	XXV l.
Guill. Bernard de Boillac, chev. bai c. q. j. noir.	XXX l.
Giraut de Tornessac, cheval bai cler.	XX l.
Guillaume de Frontoin, chev. bai escur lab.	c l.
Odot de Bramont, chev. morel pié senestre deux blancs.	XX l.
Mons. Raymond Bernard de Saint-Jame, cheval brun bai estel.	c l.
Arnaud de Giere, cheval bai cler.	XL l.

Guill. Despues, cheval liart.	LX l.
Michel de Bretusan, cheval liart.	XXX l.
Mons. Hue de Roquefort, cheval bai cler.	LX l.
Mons. Meri Amaneou, cheval roan estel 2 piés dextres blancs.	XL l.
Bernard de Saint-Aignan, cheval morel p. dest. 2 blancs.	XXX l.
Arnaud de Bonnet, chev. tout morel.	XXV l.
Doat d'Estillac, cheval liart.	XXV l.
Guill. Bernard de Torneffoc, cheval roux gris.	XXV l.
Mons. Assion de Frans, cheval bai estel c. q. j. noir.	100 l.
Bidau de Montgaillard, cheval bai estel pié senestre deux blancs.	60 f.
Bedau de Frans, cheval bai, c. q. j. noir.	25 f.
Amanieu de Frans, cheval bai estel 2 p. blancs.	60 f.
Guill. de La Roque, cheval fauve.	25 f.
Pierre Raymond de Pussi, cheval bai estel pié dest. 2 bl.	30 l.
Pierre de Punas, cheval morel.	25 f.
Bertrand d'Esperon, cheval tout morel.	25 f.
Odet de Frans, cheval tout morel.	40 l.
Galin de Montaut, cheval bai estel. pié dest. 2 bl.	100 l.
Dominge de Montaut, cheval bai morel.	40 l.
Odet de Montaut, cheval liart lab.	100 l.
Bernard de Pujol, cheval tout morel.	25 l.
Guill. de Florian, cheval bai estel.	40 l.
Mons. Maurin de La Tour, cheval bord. bai.	80 l.
Bernard de La Tour, cheval bord. bai	25 l.
Bernard de Seailles, cheval bai.	XX l.
Pierre de Bespes, cheval bord. bai.	XX l.
Pierre de La Garde, cheval bord. bai	XL l.
Guill. Arnaud d'Auteges, cheval bai escur.	80 l.
Guillaume de Torneffoc, cheval tout gris.	40 l.
Arnaud Salemon, cheval bai estel.	20 l.
Bernard de Casaus, cheval tout blanc.	30 l.
Bernard de Berechan, cheval bai estel.	30 l.
R. Garssert, cheval morel deux piés, 2 blancs.	40 l.
Jehan de Cavas, cheval bai. c. q. j. noirs.	40 l.
Guillaume de Barlac, cheval morel	30 l.

GENS DE PIED.

Fris d'Augarregat.
Bernard Poisset.
Giraud Andrail.
P. de Pardillan.
Bernard de Pore suau.
Bern. de Seran.
Bern. Porsset.
Pons de Bastier.
J. Teurasson.

J. de Colom.
Arn. Gast.
M. du Barte.
R. Corder.
Guill. de Montreau.
Johan de Fameris.
Johan de Picat.
Bidaut de Figuerede.
Arn. Guill. Bouc.

Guill. du Freiche.
Garsert de Marsan.
Johan de Biero.
Raym. de Fameris.
Bernard de Cascin.
Bern. d'Estaignes.
J. Troque.
Johan de Tornos.
Guil. de Carboé.
Arn. de Levissac.
Gaillard de Sollier.
Raym. de Nogues.
Girart de Monin.
Pierre d'Arces.
Martin Faure.
Pierre de Bourt.
Bernard d'Estignaux.
Garsias Estrope.
Joh. Terre.
Arnaud de Mun.
Bidon de Sabolée.
Pierre d'Euse.
Joh. de Castet.
Gaillart du Bost.

Arnaud de Casalun.
P. de Nauves.
Pierre Beraut.
Pierre Aubin.
Bidaut de La Tour.
Arn. du Freche.
Raymond de Prego.
Guill. de La Barrère.
Joh. Clari.
Raym. Baqué.
Arnaud de La Roque.
Janet de Gaie.
Guill. de Mont.
Bernard de Nestes.
Vidau Fite.
Fort de Tapie.
Guill. Soulto.
Johan Larquier.
Pierre Mosseron.
Arnaud de Casaus.
Arnaud Porus.
Bertrand de Berteaut.
Guill. Gautier.
P. Guiraut.

Autre montre du vicomte de Fezensaguet, reçue à Vic-Fezensac le 15 octobre de la même année 1355.

H. de Butry.
P. de Galart.
Armant du Ponz.
Guill. de Tremolet.
Joh. de Gauran.
Joh. d'Aubignon.
P. de La Tour.
P. du Bost.
Joh. Mesin.
Joh. de Sos.
Benoist de Sales.
P. d'Armignac.
Guill. Luce.

Raym. du Mont.
Guill. du Pin.
Joh. de Montagut.
Guill. de Bignet.
Joh. de Garinaution.
Bern. de Castelans.
Pierre Ragot.
Arnaut Ruffat.
Joh. de Caugnac.
Raym. Besian.
Ray. de Castelnau.
Guill. Donat.
Bern. de La Mothe.

(Bibl. nationale, Titres scellés, reg. 6, p. 256 v°.)

PIERRE D'ARMAGNAC,

BATARD DE FEZENSAGUET.

165

... [BA]STA[RT DE FESEN]SAGU[ET].

Inconnu des généalogistes.

Ce fragment de sceau était attaché à une pièce datée du 28 avril 1370, laquelle manque. (Pièces originales, 93, f° 52.)

JEAN D'ARMAGNAC,

SEIGNEUR DE TERMES.

166

[S. JOH]ANNIS [ARM]ANIACI.

Ce sceau est attaché à la quittance qui suit. (Titres scellés, reg. 261, n° 2.)

« Saichent tous que nous Jehan d'Armagnac, chevalier banneret,
« confessons avoir eu et receu de Nicolas de Mauregart, tresorier.....
« la somme de deux mille cent quatre vint deux livres dix sols
« tournois en 2182 francs et demi d'or, en prest sur les gaiges de nous
« banneret, dix autres chevaliers bacheliers, six vint deux escuiers
« et une trompette de notre compagnie desservis et à desservir ès

« presentes guerres du Roi nostre seigneur soubs notre gouvernement.
« Desquiex 2182 liv. dix sous tour. en ladite monnoie pour la paye
« d'un mois nous nous tenons pour content, etc. Donné soubs nostre
« seel, le 25ᵉ jour de may l'an 1378. »

Le même Jean d'Armagnac, chevalier banneret, fit montre à Toulouse, le 8 décembre de la même année; l'abbé Monlezun (t. VI, p. 139) en a publié un extrait, d'après une copie qui est au Séminaire d'Auch. Anselme (t. III) en fait mention, supposant que ce chevalier banneret pourrait être le comte Jean II, avant qu'il eût succédé à son père. Mais le lambel que l'on remarque sur l'écu n'était pas porté par le fils aîné des comtes; il brisait les armoiries des puînés ou branches cadettes.

Le Trésor généalogique de dom Villevieille nous fait mieux connaitre ce Jean d'Armagnac, ayant sous ses ordres dix chevaliers et cent vingt écuyers, et servant sous son propre gouvernement, en 1368. C'est lui, sans doute, qui rendit hommage au comte Jean III, le 10 novembre 1378, pour les seigneuries de Termes, Monterran, Arparens, Maurissère, Violes, Artigole, Saint-Gô, Sabazan, Lartigue, moitié de Rivière et autres fiefs (1). Cette branche des Armagnacs n'est pas connue des généalogistes. L'abbé Monlezun suppose qu'ils étaient bâtards; cette opinion purement gratuite ne résiste pas à l'examen. Ils furent apanagés non comme des bâtards, qui ne recevaient dans la succession d'un père qu'une aumône, mais largement, richement, autant au moins que les autres puînés de la maison d'Armagnac avant sa grande puissance du XIVᵉ siècle. Cette baronnie de Termes n'avait pas moins de douze paroisses dans sa mouvance. Elle possédait ce beau château dont la ruine majestueuse domine au loin les plaines de l'Adour, de l'Arros et du Bouès (2).

Malgré les documents que l'on trouve en assez grand nombre dans le Trésor généalogique de dom Villevieille, aux Archives du Séminaire d'Auch et dans Doat, nous n'avons pu rattacher au tronc cette branche de la maison d'Armagnac. Il y a des raisons de penser que le premier

---

(1) Cet hommage fut rendu en présence de Jean de La Barthe, chevalier; J. Dufaur, et Fortaner Dufaur, damoiseau, de Riscle; Arnaud de Malartic, maître d'hôtel du comte; Pierre de Borguet, valet de chambre du comte.

A l'exception de Borguet, toutes ces familles subsistent. Les La Barthe et les Malartic ont de hautes situations. M. Dufaur de Montfort habite le château de Montfort, près Riscle; M. Dufaur de Gavardie est sénateur.

(2) Voir *Revue de Gascogne*, t. XIV, page 400, une étude fort intéressante de M. Paul La Plagne Barris, sur l'*Origine des seigneurs de Termes d'Armagnac*.

fut un frère du comte Géraud V, et qu'il posséda Termes avant 1273. Quoiqu'il en soit, ces Armagnacs Termes ne vécurent pas dans l'obscurité; ce Jean, dont nous avons le sceau, commandait dix chevaliers et cent vingt écuyers, il recevait 2,182 francs d'or par mois ; ce n'était pas un subalterne. On rencontre d'autres Jean, des Géraud, des Bernard, toujours la lance au poing. Mais celui qui mérite d'être vanté entre tous, c'est ce bon et brave Thibaut de Termes, cet ami de Dunois, cet admirateur et compagnon de Jeanne d'Arc. Il combattit si bien aux attaques des bastilles de Saint-Loup, des Augustins, de Saint-Jean-le-Blanc et du Pont, aux journées de Beaugency et de Patay, que le Roi lui donna cent francs !! (comptes du roi Charles VII.) Il n'y eut qu'un gentilhomme de sa compagnie tué à Patay ; Jeanne l'avait prédit. On aura plaisir à lire sa naïve et modeste déposition dans le procès de réhabilitation de la Pucelle.

En voici la traduction fidèle :

« *Noble et prudent homme Monseigneur Théobald d'Armagnac dit de*
« *Termes, bailli de Chartres, chevalier, âgé de 50 ans.*

« Je n'ai connu Jehanne que quand elle arriva à Orléans pour faire
« lever le siège qui avait été mis par les Anglais. J'y étais avec le
« seigneur comte de Dunois pour la défense de la ville. Quand nous
« sûmes que Jehanne approchait, le comte de Dunois, plusieurs autres
« et moi traversâmes la Loire, allâmes à sa rencontre du côté de Saint-
« Jehan-le-Blanc et l'introduisîmes dans la ville. Depuis je l'ai vue aux
« attaques des bastilles de Saint-Loup, des Augustins, de Saint-Jehan-
« le-Blanc, et du Pont. Elle y fut si vaillante et s'y comporta de telle
« sorte qu'aucun homme de guerre n'eut pu faire mieux. Sa vaillance,
« son ardeur, son courage à supporter les peines et les travaux la
« rendaient l'objet de l'admiration de tous les capitaines. C'était une
« bonne et honnête créature ; ses actions étaient plutôt divines qu'hu-
« maines. Elle savait reprocher leurs défauts aux soldats. J'ai entendu
« déclarer par M° Robert Regnard, professeur de théologie de l'ordre
« des Prêcheurs, qui l'avait bien souvent confessée, que c'était une
« femme de Dieu, que ce qu'elle faisait était de Dieu, qu'elle était de
« bonne âme et de bonne conscience. »

« Après la levée du siège, moi et plusieurs autres capitaines l'accom-
« pagnâmes à Beaugency. A la journée de Patay, ayant su que les
« Anglais étaient prêts de combattre, nous en donnâmes, La Hire et
« moi, avis à Jehanne : *Frappez hardiment*, nous dit-elle, *ils ne tien-*
« *dront pas longtemps.* — A cette parole, nous fîmes l'attaque, et tout
« d'un coup les Anglais se mirent à fuir. Jehanne avait prédit qu'aucun

« des siens, ou bien peu seraient tués ce jour-là ou auraient dommage.
« Cette prédiction se réalisa, car de tous nos hommes un seul, un
« gentilhomme de ma compagnie, fut tué. Je l'ai ensuite accompagnée à
« Troyes et à Reims. Tous ses faits étaient plutôt divins que humains,
« mais en dehors de la guerre c'était une fille simple et innocente, mais
« pour conduire les troupes, diriger un combat et entraîner les hommes
« elle valait le capitaine le plus habile et le plus expérimenté. »
(O'Reilly, t. I, p. 242.)

A cinquante ans il portait encore la lance et la salade. (Registre des montres de Normandie, année 1455.) Et c'est ainsi qu'il vit le dernier Anglais quitter le royaume de France. Il mourut bailli de Chartres.

Cette famille a donné un évêque de Tarbes (1422) et trois abbés de Tasque.

Il ne restait qu'une fille en l'an 1501. Elle épousa, le 14 février, noble Jean de Bilhères, seigneur de Camicas, chevalier, conseiller et chambellan du Roi, maître des eaux et forêts de France, Brie et Champagne. Leurs descendants prirent le nom d'Armagnac. (*Revue de Gasc.*, t. XXI, p. 195.)

Par héritage, la seigneurie de Termes passa aux Lasseran et ensuite, par acquisition, aux La Barthe-Mondeau, qui en étaient seigneurs au moment de la Révolution. Les trois frères émigrèrent ; François-Louis périt au massacre de Quiberon, laissant un fils qui, en 1816, était porte-drapeau de la compagnie des cent-gardes suisses. Il épousa Joséphine Fouché, fille de Joseph Fouché, oratorien, puis conventionnel régicide, puis ministre de Napoléon Ier et duc d'Otrante, puis ministre de Louis XVIII.

Un autre frère, Emmanuel-Félicité de La Barthe-Termes, réfugié en Angleterre, y épousa la fille de ce captain Farmer qui, en 1779, par le travers d'Ouessant, sauta avec sa frégate *Le Québec*, plutôt que d'amener son pavillon après le combat héroïque soutenu contre la frégate *La Surveillante*, commandée par Du Couëdic. Emmanuel de La Barthe-Termes, colonel de cavalerie en 1815, fut secrétaire intime du roi Louis XVIII, et mourut à un âge très avancé, ne laissant que des filles.

Le château de Termes sert de grenier à une petite maison bourgeoise adossée contre ses grosses murailles.

GIRAUT D'ARMAGNAC,

CHEVALIER.

S. G... DARMIGNAC.

Sceau et contre-sceau attachés à une quittance délivrée par Giraut d'Armagnac, chevalier, d'une somme de 220 livres tournois pour ses gages et ceux de ses gens d'armes et de pied, aux guerres de Gascogne, depuis le 18 juin 1352 jusqu'au 15 août 1353. Datée du 15 août 1353. (T. sc., reg. 6.)

Nous ignorons à quelle branche de la famille d'Armagnac il appartenait. Toutefois nous trouvons, le 6 mai 1373, Géraud d'Armagnac, seigneur de Termes, sénéchal d'Armagnac, témoin au mariage contracté entre Mathe d'Armagnac et Jean d'Aragon (Doat cité *Généal. Faudoas*, 137); et le 13 novembre 1380, transaction entre Guiraut d'Armagnac, seigneur de Termes, et le sire de Toujouse. (Arch. du Séminaire d'Auch.)

MANAUD D'ARMAGNAC,

SEIGNEUR DE BILHÈRES.

Manaud d'Armagnac servait, en 1355, sous les ordres du comte d'Armagnac, lieutenant du Roi en Languedoc. Dans plusieurs quittances de l'année 1355, 15 février, 15 mars et 12 avril avant Pâques, il est qualifié chevalier, capitaine de la vicomté de Corneillan. Il avait sous ses ordres 29 écuyers et 60 sergents à pied. Le sceau est pendu à ces quittances. (T. sc., reg. 6, p. 557 et suiv.)

Cette vicomté de Corneillan était un pays frontière qu'il fallait garder. Sise à l'ouest de Riscle et enjambant de l'une à l'autre rive de l'Adour, avec la nouvelle bastide de Barcelonne comme place avancée, elle avait dans sa mouvance treize paroisses. Il paraît que le vicomte, qui portait alors le nom de Cagnard, n'était pas en état de défendre sa terre, puisque le comte d'Armagnac en avait confié le commandement militaire à la famille des seigneurs de Termes. Le 28 octobre 1367, le vicomte Cagnard et son fils Arnaud-Bernard se décidèrent à vendre au comte d'Armagnac leur domaine féodal, c'est-à-dire la haute justice et les hommages de la vicomté, qui fut ainsi supprimée en tant que fief féodal et réunie à l'Armagnac. (Monlezun.)

Manaud d'Armagnac fut un des seigneurs qui traitèrent la paix entre les comtes d'Armagnac et de Foix; et il fut un des témoins du traité.

Il avait épousé Agnès de Coarraze, dame de Bilhères et de Lanux (Gers.) En 1378, il était veuf et tuteur de sa fille mineure Jeanne, demoiselle de Bilhères et de Lanux. Le 1ᵉʳ octobre 1378, il rendit hommage pour ses terres, au comte d'Armagnac, au nom de sa fille. (Villevieille, *Trésor généalogique*.) Manaud était probablement fils de Jean II d'Armagnac, seigneur de Termes (voir ci-après l'extrait généalogique).

AMANIEU D'ARMAGNAC,

ÉCUYER, CAPITAINE DE BARCELONNE.

169

S. AMANIOV DARMAGNAC.

Sceau attaché à une quittance d'une somme de 36 livres tournois pour les gages dudit Amanieu, cinq écuyers et douze sergents à pied de sa compagnie, pour la garde de la ville de Barcelonne, 28 avril 1356. (T. sc., reg. 6.)

En même temps que Manaud d'Armagnac, il était préposé à la garde de la vallée de l'Adour. Ses armoiries sont pleines; nous ne savons s'il faut le rattacher à la famille de Termes.

AMANIEU D'ARMAGNAC,
CAPITAINE DE SAINT-JUSTIN.

S. AMANIOV DARMANHAC.

Amanieu était fils de Gaston, vicomte de Fezensaguet et de Valpurge de Rhodez. (Anselme, III, 432. B.)

Sceau attaché à une quittance d'une somme de 1,000 florins qui lui ont été accordés par le Roi, délivrée par Amanieu d'Armagnac, capitaine de Saint-Justin, 30 mai 1350. (Pièces orig., 93.)

Le 28 mai 1359, Jean, comte de Poitiers, fils du roi de France, fait payer par les trésoriers de Toulouse à Amanieu d'Armagnac, capitaine de Saint-Justin ès frontières de Béarn, 1,000 florins d'or ou leur valeur pour avitailler ledit lieu de Saint-Justin. Donné en conseil où étaient messire de Lectoure, Thibaut de Barbasan, Gaubert de Fumel et Besian de Jumat. (Pièces orig., 93 ; — Monlezun, t. III, p. 174.)

GUIRAUD D'ARMAGNAC,
CHEVALIER-BACHELIER.

S. G... ARMIGNAC.

Sceau attaché à une quittance délivrée par Guiraud d'Armagnac, chevalier, d'une somme de 440 livres tournois pour ses gages et ceux de neuf écuyers de sa compagnie, datée du 16 février 1420. (T. sc., reg. 6, p. 267.)

Il servait en Languedoc sous les ordres de Jean III, comte d'Armagnac.

Le 27 décembre 1418, Géraud d'Armagnac avait rendu hommage au comte pour la seigneurie de Termes et ses dépendances. (Trésor généalogique de Villevieille.) Il était l'un des fils de Jean d'Armagnac, seigneur de Termes, qui avait lui-même rendu son hommage le 10 novembre 1378. (Idem.)

Cette branche de la maison d'Armagnac, seigneur de Termes, a joué un rôle considérable dans notre histoire militaire et féodale. On ne comprend pas qu'elle ait été négligée par les généalogistes; le père Anselme ne la mentionne même pas. On nous saura gré d'en donner un court aperçu généalogique.

I. Le premier venu à notre connaissance est Jean d'Armagnac, seigneur de Termes, qui fut chargé par le comte d'Armagnac de planter le poteau pour la fondation de Plaisance, le 19 juillet 1306. (*Hist. de Gasc.*, t. III, p. 78.) Il eut deux fils :

1° Jean, qui suit ;
2° Arnaud-Guillem rendit hommage avec son frère en 1319, pour Termes. Il s'était emparé de la ville d'Estang et faisait de là une guerre acharnée au sire de Toujouse. Après des meurtres, des rapines et des violences de toute sorte, Arnaud-Guillem et Bernard de Toujouse conclurent un traité de paix au mois de février 1322. Les articles en furent arrêtés à Estang en présence de Roger d'Armagnac, évêque de Lavaur, de Géraud, vicomte de Fezensaguet, de Bernard, seigneur de Pardaillan, et de Jean d'Armagnac, seigneur de Termes. (Arch. de l'auteur, J. de C.)

II. Jean d'Armagnac, seigneur de Termes, damoiseau, rendit hommage avec son frère pour le château de Termes, le mardi après la Saint-Gérald, 1319. Il possédait à titre encore précaire les biens nobles tombés en commise en 1273 par suite du crime d'Auger de Miramont, savoir : Violes, Sabazan, Maulicherres, Lanne-Soubiran, Lartigue. (*Hist. de Gasc.*, t. III, p. 175.) Il donna des coutumes aux habitants de Termes, en 1336. (*Ibid.*, t. IV, page 434). Il fut père de :

1° Géraud, qui suit ;
2° Probablement Manaud, seigneur de Bilhères, dont il a été question plus haut, page 129.

III. Géraud d'Armagnac, seigneur de Termes, fut nommé sénéchal des comtés d'Armagnac et de Fezensac en 1366. Il prêta serment aux consuls d'Auch en cette qualité le 8 juillet de la même année. (Arch. municipales d'Auch, livre vert, AA 1, fol. 33.) Il mourut en 1377, laissant de Claudine d'Antin, fille de Comte-Bon, baron d'Antin, qu'il avait épousée en 1353 :

1º Jean, qui suit;
2º Bonhomme, évêque de Tarbes, mourut à l'abbaye de Saint-Pé-de-Générès, le 27 mars 1427 ;
3º Bertrand, auteur des seigneurs de Sainte-Christie par la donation que lui fit de cette terre Bernard VII, comte d'Armagnac, en 1393 ;
4º Un bâtard, nommé Raymond, qui fut témoin avec Jean d'Armagnac, seigneur de Termes, le 4 avril 1475, de l'acte de cession de ses droits légitimaires faite par Sybille de Terride, alias de Villars, à son frère, Jean de Terride, alias de Villario (Viéla), seigneur de Panjas en Armagnac. (Arch. de l'auteur J. de C.)

IV. Jean d'Armagnac rendit hommage au comte d'Armagnac, le 10 novembre 1378, et déclara posséder en toute justice Termes, Monterran, Arribaute, Vardes, Arparens, Izotges, Lartigues, Maulicherre, Viole, Saint-Go, Sabazan, Artigole, le bois de Raulin et la moitié de Rivière près Riscle. (Trésor généal. de dom Villevieille.) Il épousa cette même année Jeanne de Corneillan-Vernède, fille de Bernard, vicomte de Corneillan, et en eut :

1º Jean, qui suit;
2º Anne, mariée à Arnaud-Guillem de Lescun, seigneur de Sarraziet, en Chalosse, fut mère de : 1º Jean de Lescun, né avant le mariage et pour cela appelé le bâtard d'Armagnac. Il devint, par la faveur de Louis XI, comte de Comminges et maréchal de France, voir plus bas au VIIIᵉ degré ; 2º Garcias-Arnaud, en faveur duquel Louis XI érigea la terre de Sarraziet en baronnie, en 1462 (Arch. de Pau, E. 1011); 3º Jean, archevêque d'Auch.

V. Jean d'Armagnac, seigneur de Termes, assiste en 1413 au mariage de Béraud de Faudoas avec Jacquette de Pardaillan. (Séguenville, *généal. Faudoas*, page 86). Il rendit hommage à Nogaro, le 2 septembre 1419. (*Hist. de Gasc.*, t. IV, p. 440). Il fut père de :

1º Géraud, qui suit ;
2º Thibaut, grand bailli de Chartres, né en 1405. Voir plus haut sa déposition dans le procès de réhabilitation de la Pucelle.

VI. Géraud d'Armagnac, seigneur de Termes, fit la guerre aux Anglais avec son frère; acheta, le 30 mars 1428, à Jean de Basculis, les terres de Saint-Aunis et Vieil-Capet; reçut en don de Jean IV, comte d'Armagnac, l'entière justice dans les lieux de Termes, Vieil-

Capet, Maulicherre et Izotges, le 27 juin 1439. (*Hist. de Gasc.*, t. IV, p. 437.) Il épousa, le 2 juin 1428, N. (Inventaire des titres du château Termes, Arch. du Gers.) Il mourut avant 1450, laissant :

- 1º Bernard ;
- 2º Jean ;
- 3º Pierre, abbé de Tasque, se démet en faveur de son neveu, Bernard ;
- 4º Jeanne, mariée à Bernard de Rivière, vicomte de Labatut, en 1455.

VII. Bernard d'Armagnac, seigneur de Termes, rendit hommage, le 7 février 1450, pour Termes, Izotges, Arparens, Vieil-Capet, et pour fiefs à Lupiac, Meymes, Saint-Gô, Séailles, Aignan et Margouet. (*Hist. de Gasc.*, t. IV, p. 442.) Il épousa, en 1455, Blanche de Rivière, fille de Bernard, vicomte de Rivière, seigneur de Labatut, sénéchal d'Armagnac, et de Galiane de Lavedan ; son oncle le bailli de Chartres lui fit, à l'occasion de son mariage, donation de tous ses biens.

Bernard mourut en 1498 (il est fait mention de sa mort dans les comptes de Riscle), laissant :

- 1º Jean ;
- 2º Bernard, prieur d'Eauze, abbé de Tasque en 1499 ;
- 3º Clarmontine, mariée, le 4 septembre 1483, à Jean de Podenas, seigneur de Marambat ;
- 4º Marie, épouse Pierre, seigneur de Toujouse ;
- 5º Jeanne, mariée, en 1485, à Carbonel de Lupé, seigneur de Sion ;
- 6º Agnette, mariée en premières noces, le 27 août 1485, à Auger, seigneur du Lau ; étant veuve sans enfants, elle épousa en secondes noces, le 13 février 1491, Auger de Benquet, seigneur d'Arblade-Brassal ;
- 7º Alix, mariée en premières noces à Archambaud de Rivière, seigneur de Rivière ; en secondes noces à Thibaut de Bassabat, seigneur de Balambits, près Riscle, et en troisièmes noces à Bertrand du Lau, seigneur du Lau.

VIII. Jean d'Armagnac, seigneur baron de Termes et autres lieux, épousa, en 1485, Catherine de Lescun dite d'Armagnac, fille de Jean de Lescun dit le bâtard d'Armagnac, comte de Comminges, maréchal de France, et de Marguerite de Saluces. Il n'eut de ce mariage qu'une fille.

IX. Anne d'Armagnac, dame de Termes, mariée, en 1501, à Jean de Bilhères-Camicas, voir plus haut page 128.

JEAN BATARD D'ARMAGNAC,

DIT DE LA GUERRE.

172

Jean, fils naturel de Bernard VI, comte d'Armagnac, porta les armes dès sa jeunesse et devint un capitaine redoutable à tous les partis. Ayant commis quelques méfaits en Agenais, il fut poursuivi et pris par les troupes du roi de France ; il obtint peu après des lettres de rémission.

Sceau attaché à une quittance délivrée par Jean d'Armagnac dit de la Guerre, écuyer, d'une somme de 4,208 livres 4 sols tournois, pour ses gages comme capitaine de Sainte-Foy et de Pineul, et ceux de 89 écuyers, 202 sergents lances et 8 arbalétriers de pied de sa compagnie. Ladite somme de 4,208 livres 4 sols ainsi décomposée : pour droiturer, 78 livres 4 sols tournois ; pour brevez, 6 livres tournois. Datée du 6 juillet 1347.

Le P. Anselme dit que Jean se donna à l'église et devint patriarche d'Alexandrie, en 1376. (Tome III, p. 415.)

COMTES D'ASTARAC.

Les comtes d'Astarac, descendants de don Sanche Le Courbé, duc de Gascogne, apparaissent en 937 dans une donation que Arnaud-Garcias, le premier d'entre eux, fait à l'abbaye de Simorre. Chacune de leurs générations est signalée par une inépuisable générosité envers l'Église et envers leurs sujets. Ils ont enrichi l'abbaye de Simorre, fondé celle de Berdoues, l'hôpital de Moncassin (Gers), les villes de Castelnau-Barbarens et de Mirande.

Ils participèrent aux croisades de leur temps, à la guerre des Albigeois, où Centulle, premier du nom, suivit le parti du comte de Toulouse, qui était alors son suzerain.

Ils furent continuellement sous les armes pendant la longue lutte de la France contre l'Angleterre. Ils portaient écartelé d'or et de gueules.

CENTULLE IV,
COMTE D'ASTARAC

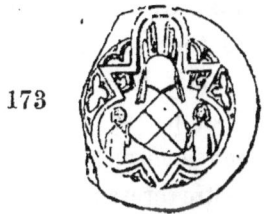
173

Dès l'année 1339, Centulle, IVe du nom, servait contre les Anglais. En 1340, il avait à sa suite 64 écuyers et 128 sergents. En 1342, il était à la défense d'Agen avec 28 écuyers et 60 sergents. Le 19 juin 1346, étant encore dans cette ville, il donna quittance de ses gages militaires et y fit apposer le sceau qui est ici. (T. sc., reg. 7 ; — Anselme, II, 618.)

JEAN II D'ASTARAC.

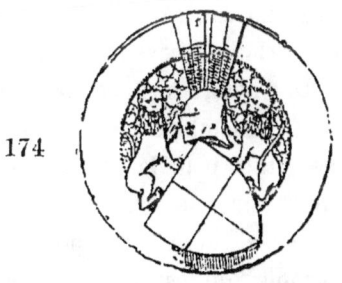
174

Jean Ier, comte d'Astarac, mourut le 16 avril 1410, d'après le nécrologe de l'abbaye de Berdoues. Son fils Jean II lui succéda, et dès sa première jeunesse porta les armes contre les Anglais. Le 8 octobre 1421, étant chevalier banneret, il donna quittance de 800 livres tournois reçues en « *prest et payement tant de l'estat de nostre personne comme des gaiges de nous chevalier banneret et de deux escuyers de nostre chambre et compagnie* ».

Les 8 novembre et 8 février suivants il délivra d'autres quittances, toutes revêtues du sceau. Il servait en Languedoc, sous Charles de Bourbon et sous le comte de Foix.

Par lettres données à Issoudun, le 17 février 1425; Charles VII, roi de France... « nous confiant à plain de la loyauté, vaillance et bonne
« diligence de notre amé, feal et très cher chevalier, conseiller et cham-
« bellan et conte d'Astarac, iceluy avons retenu... pour nous servir...
« en la compagnie et sous le gouvernement de notre très cher et amé
« cousin le comte de Foix... au nombre et charge de soixante hommes
« d'armes, sa personne en ce comprinse. Aux gaiges, c'est assavoir che-
« valier banneret de soixante livres tournois, chevalier bachelier de
« trente livres tournois et escuyers quinze livres tournois par mois. Et
« pour aider audit conte d'Astarac à supporter la grant despense que, à
« cause de ladite charge, faire lui conviendra, nous lui avons ordonné
« et taxé, ordonnons et taxons par notre presente lettre et par dessus
« ses gaiges de chevalier banneret pour l'estat de sa personne la somme
« de trois cent livres tournois par mois. » — Suit le mandement de payer, adressé à Jehan Seaume, trésorier général des finances et trésorier des guerres ès pays de Languedoc et duché de Guyenne.

Le 15 mars 1425, le comte donne quittance à Jean Seaume de deux mille livres qui lui ont été précédemment allouées par le Roi, en deux fois, pour les dépenses de la guerre. Signature de G. Dufaur, son secrétaire, et sceau (n° 174). (T. sc., reg. 7, p. 329.)

Le 14 octobre 1426, à Bourges, le Roi lui fait un nouveau don de mille livres pour le récompenser de ses services.

Autre quittance en 1431 : — « Nous, conte d'Estarac, confessons avoir
« eu et receu de maistre Nicolas Erlaut, receveur general de l'ayde de
« CL^m moutons d'or octroyé au Roy nostre sire par les gens des trois
« estats du pays de Languedoc, à l'assemblée par eulx faite à Beziers
« au mois de juillet dernier passé, tant pour le fait et conduite de la
« guerre que pour les autres dudit sire, la somme de quatre mil six
« cens soixante et six moutons d'or et deux tiers pour la somme de
« trois mil cinq cens livres tournois qui est au seur de quinze solz
« tournois pour mouton; laquelle somme le Roi nostre sire par ses
« lettres patentes sur ce faites et données le XXIIe jour d'aoust dernier
« passé nous avait et a ordonné estre baillées des deniers dudit ayde
« pour aller pardevers lui mener pour son service le nombre de deux

« cens hommes d'armes et trois cens hommes de trait, si comme
« par lesdites lettres plus à plain apparoit. De laquelle somme de
« IIII^m VI^c LXVI moutons II tiers pour lesdites III^m V^c livres
« tournois nous nous tenons pour content et bien payé et en avons
« quitté et quittons ledit receveur general et tous autres. En tesmoings
« de ce nous avons fait mettre nostre scel à ces presentes le XXIIe jour
« septembre, l'an mil CCCC trente et ung. — Par Moss. le conte
« d'Estarac, G. Denfant, secretaire. »

Par lettres patentes, données à Pezenas, le 5 mai 1437, par le Roi en son conseil, messire Jean, comte d'Astarac, gouverneur et sénéchal d'Agenais, fut retenu avec trente hommes d'armes et trente hommes de trait; aux gages: chevalier banneret, 48 l.; — chevalier bachelier, 24 l.; — hommes d'armes, 12 l.; — homme de trait, cent sous tournois par mois.

Le 16 avril 1437, après Pâques, le comte donna quittance scellée pour 400 livres; il était alors à Montpellier.

Le 1er août de la même année, il avait sous ses ordres quatre chevaliers et 25 écuyers, dont il passa montre à Castelsarrasin. (Bibl. nat., m^{ss}, Montres, t. X, pièce 1201.)

L'*Histoire de Languedoc* (tome VIII, *passim*), Monlezun (*Histoire de Gascogne*, t. IV, p. 175, 253, 254) racontent quelques-uns des faits de guerre du comte Jean II.

En 1439, il reçut 1050 l. sur les finances votées à l'assemblée tenue à Castres au mois d'octobre.

En 1442, il prit part à l'expédition de Charles VII dans les Landes, sièges de Saint-Sever et de Dax. (*Histoire de Languedoc*, t. VIII, p. 69.) Il mourut en 1458.

La liste des nobles tués à Azincourt, le 15 octobre 1415, porte *the countee de Lestrake*. (Delort, *Essai critique sur Charles VII*, p. 177.) Nous ne savons quel peut être ce comte d'Astarac, puisque Jean Ier était mort en 1410 et que son fils lui survécut jusqu'à 1458.

La monstre de Messire Jehan conte d'Astarac, chevalier banneret, de quatre autres chevaliers et vingt-cinq escuyers de sa compagnie (1) *et retenue, receue à Castelsarrazin, le premier jour d'aoust mil CCCC trente-sept.*

Et premièrement :

Ledit messire Jehan conte d'Asterac.	Messire Bertram de Beo, chevalier.
Messire Jehan d'Astarac, chevalier.	Messire Bertram de Monbardon, cheval.
Mre Pierre-Raymond d'Asterac, cheval.	Bertrand d'Orbesse.

(1) Il n'y a que 24 écuyers, dont deux noms répétés; tous appartiennent à la noblesse du comté d'Astarac.

Le seigneur de Saint-Arrome.
Jehan d'Artyguedieu.
François de Polastro.
Pierre de Bazillac.
Arnaut Guillem de Beo.
Arnaut de Baliros, seigneur de Faishan.
Jehan de Masaz.
Raymond Gassier d'Aste.
Marot de Bonrepos.
Johan de Montbeton.
Raymond Guillem de Bocanhera.
Arnaud de Belgarde.

Bertram de Monlezu.
Bertram de Marrast.
Arnaud Guillem de Beo.
Johan de Massas.
Bezien de Massas.
Arnaulton de Marrast.
Jehan del Grissol.
Berot de Moncla.
Amalric de Montbeton.
Arnaud Guillem del Modion.
Jehan de Beo.

BOÉMOND D'ASTARAC.

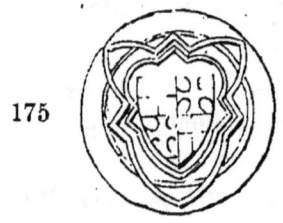

175

Boémont ou Beaumont d'Astarac, capitaine du Mas-d'Agenais, servait comme écuyer banneret avec trois autres bannerets, 96 écuyers et 238 sergents (20 juillet 1339). Il fut encore retenu au service du Roi en 1340, 1341 et 1342 qu'il fut mis en l'establie de Monflanquin en considération des grands services qu'il avait rendus ès guerres, en gardant l'honneur du Roi et de la Reine, et aussi en récompense des dommages qu'il avait soufferts. Le Roi lui fit don (Arch. nat., JJ. 73, nº 341) de 100 livres de rente à héritage sur la recette de Toulouse. Il servait, en 1347, sous Girart de Montfaucon, sénéchal de Toulouse et capitaine pour le Roi outre la rivière de Garonne. Il donna quittance scellée à Condom, 26 septembre 1347.

Ses armes sont écartelées de Comminges; ce qui porte à croire qu'il était frère de Centulle IV et fils, comme lui, d'Amanieu, comte d'Astarac, et de Cécile de Comminges, mariés en 1317.

On peut le confondre avec autre Boémond d'Astarac, seigneur de Sauveterre en Gaujaguez et de Ranson en Bigorre, qui fonda la bastide de Tournay en l'année 1307. (Anselme, v, p. 621). (T. sc., reg. 7, p. 430.) Nous croyons que ces deux personnages n'en font qu'un.

COMTES DE BIGORRE.

ESQUIVAT,
COMTE DE BIGORRE.

176

S. ESCHIVATI COM[ITIS] BIGORRE ET D[OMI]NI CHABENESII.

Esquivat était petit-fils de la comtesse Petronille et de Gaston IV de Béarn.

En 1251, l'héritage du comté de Bigorre lui fut disputé par sa tante Mathe, femme de Gaston VII de Béarn. Il fit la guerre et se plaça sous la protection du roi d'Angleterre, auquel il rendit hommage pour la Bigorre en 1254. En 1256, le comte de Foix Roger IV fut pris pour arbitre et rétablit la paix. En 1257, Esquivat hérita du Couserans. En 1283, il passa en Navarre et mourut à Olite, sans laisser de postérité.

Le sceau ci-dessus est pendu à une promesse de servir la reine de Navarre. Datée de Pampelune, 22 novembre 1276. (Arch. nat., J. 614.)

177

Le fragment d'un sceau différent (n° 177) est aux Archives de Pau, E. 397, attaché à une quittance datée du mardi après la Saint-Vincent de janvier 1256.

M. de Laborde (*Layettes du trésor des Chartes*, tome III) a publié nombre de documents concernant ce comte de Bigorre, pages 123, 143, 313, 316 à 319, 439 et 456.

Aux Archives nationales, le registre du Trésor des Chartes JJ. 66, page 363, contient une ordonnance en langue gasconne, rendue à Tarbes, le 16 mai 1281, sur le fait des forêts, par N'Esquivat, comte de Bigorre.

AGNÈS,

COMTESSE DE BIGORRE.

... S COMITISSE BIGO[RRE] ET DOMINE CABAN[ESII].

Quittance donnée par le comte de Foix à Agnès, sa sœur, datée de Foix, 24 décembre 1284. (Archives de Pau, E. 398.)

Agnès, fille de Roger, comte de Foix, épousa Esquivat, comte de Bigorre, lequel mourut, sans postérité, à Olite (Navarre), en l'année 1283. Agnès sa veuve prenait le titre de comtesse de Bigorre, quoique la Bigorre se trouvât sous l'autorité de Lore, sœur du comte Esquivat.

COMTES DE COMMINGES.

BERNARD V,
COMTE DE COMMINGES.

179

[SIGIL[LVM]... [CONV]ENARVM. — DEVS IN ARDIV[TORIUM... FESTI]NA.

Sceau double (n° 179), pendu à une promesse faite par B. de Marestan, excommunié, de se soumettre au Roi et au cardinal-légat, 14 septembre 1226. Le comte Bernard V est caution de cette promesse. (Arch. nat., J. 399, n° 25.)

Bernard V, fils de Bernard IV et de Contour de Labarthe, succéda à son père, en février 1226. Au mois d'août, il se trouvait au camp d'Avignon pour faire la paix avec le roi Louis VIII et le légat du pape; il s'engagea à leur être fidèle et à faire la guerre au comte de Toulouse.

Il mourut subitement à Lantar, le 29 novembre 1241. Il avait épousé Cécile, fille de Raymond-Roger, comte de Foix.

Autre sceau double (n° 180, p. 144) du même comte Bernard V, attaché à une charte du 6 des calendes d'octobre 1226, dans laquelle Bernard-Jourdain, sire de l'Isle, étant en l'église Saint-Martin de l'Isle, se remet lui, ses barons, sa ville et toute sa terre, entre les mains du roi de France et du cardinal. Il donne son fils Jourdain à garder comme otage à Bernard, comte de Comminges. Sur sa demande, l'abbé de Feuillans et le comte y apposent leurs sceaux. (Arch. nat., J. 624, n° 6.)

Cette charte est dans les mêmes termes que celle de Marestan, imprimée ci-devant, article Feuillans, page 58.

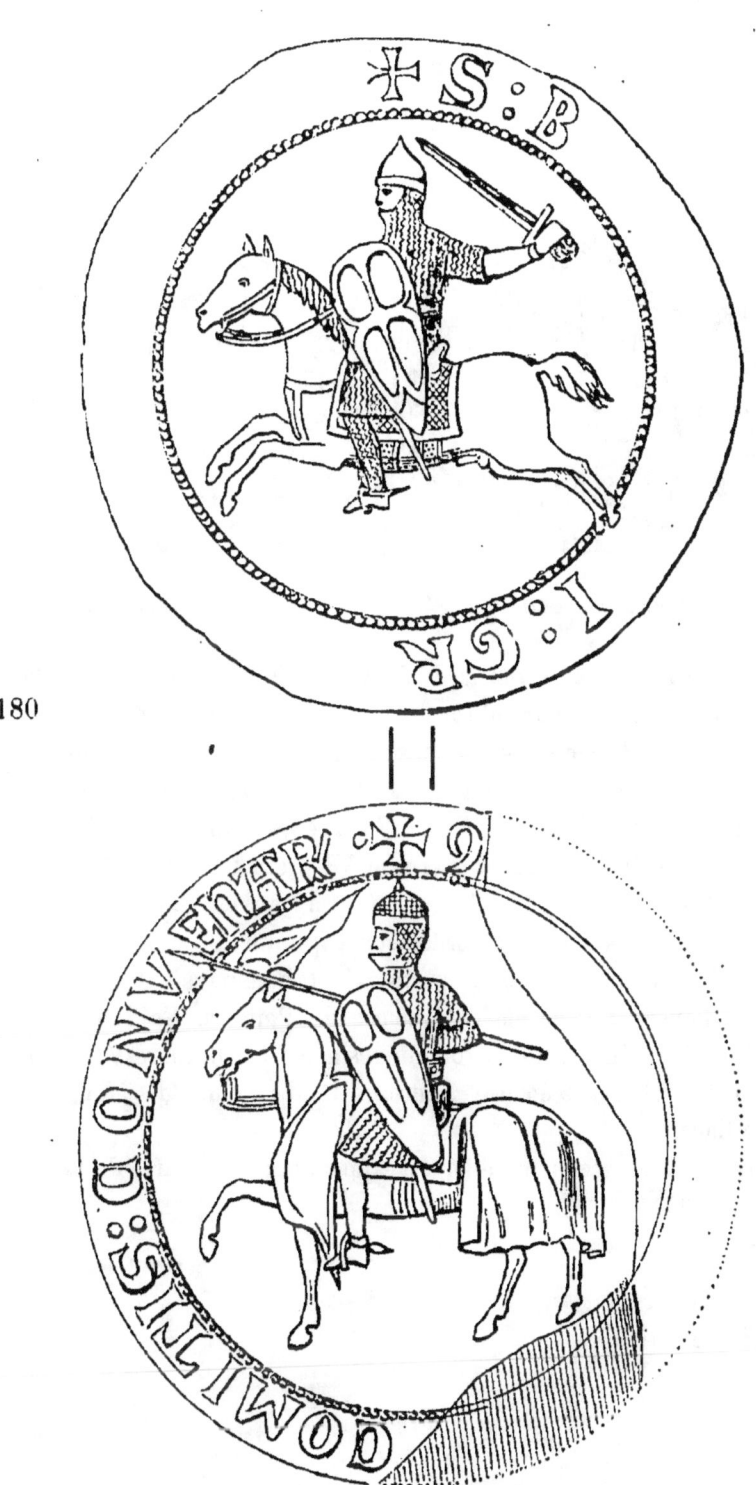

S. B[ERNARDI DE]I GR[ACIA]... — ... COMITIS CONVENAR[VM].

BERNARD VI,
COMTE DE COMMINGES.

181

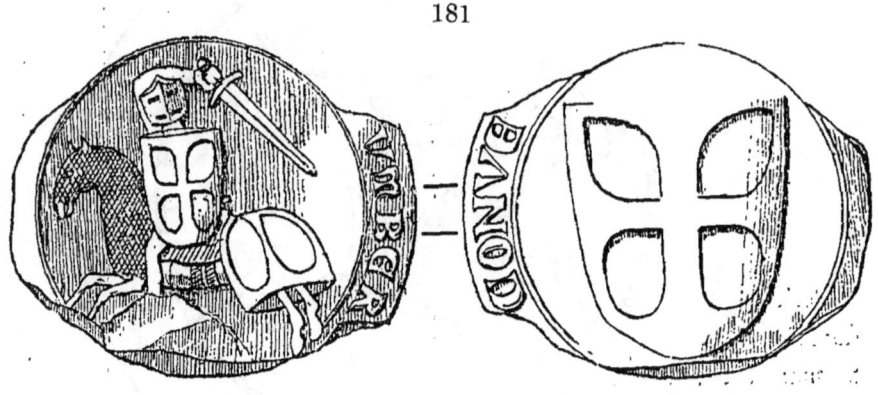

[SIGILL]VM BER[NARDI]...   ... CONVE[NARVM].

Bernard VI, fils de Bernard V et de Cécile de Foix, succéda à son père, au mois de novembre 1241, et fit hommage le 4 décembre à Raymond VII, comte de Toulouse. En 1242, il fut excommunié comme fauteur d'hérésie, mais pour dire la vérité, comme fidèle à son suzerain et ennemi des tyrans du Nord. En 1243, la paix de Lorris calma nos provinces méridionales, et Bernard VI prêta serment entre les mains des commissaires du roi Louis IX. En janvier 1247, il fut témoin à Toulouse des privilèges accordés aux capitouls.

Le 29 septembre 1249, il prêta foi et hommage à Jeanne, comtesse de Toulouse, et à son mari, le comte de Poitiers. En 1294, accablé de vieillesse, il abandonna le Comminges à son fils Bernard VII, et mourut en 1312. Il avait épousé Laure, fille du comte de Montfort et de Squillace.

Le premier sceau, double, est appendu à une charte de 1249 (Arch. nat., J. 311, n° 63).

... [CONVEN]ARV[M].

Petit sceau attaché à la charte où il prie le Roi d'approuver la donation qu'il a faite de son comté de Comminges à son fils Bernard, 21 mars 1294. (Arch. nat., J. 293, n° 3).

BERNARD VII,

COMTE DE COMMINGES.

... [CO]MITIS CON[VENARVM].

Bernard VII, fils de Bernard VI et de Laure de Montfort, succéda à son père en mars 1295, en vertu du don qui lui avait été fait du comté de Comminges. En 1309, étant à Paris, il obtint du Roi la permission de donner en partage à ses fils une partie des fiefs qu'il tenait du Roi. En 1313, le Roi le créa chevalier, ainsi que son frère Pierre-Raymond. Ce prince s'était entièrement soumis au pouvoir du roi de France.

Il mourut en 1335. Il avait épousé : 1° Capsuelle d'Armagnac ;

2° Marguerite de Turenne, et enfin Mathe de L'Isle-Jourdain, dont il eut sept enfants.

Le sceau que nous donnons est appendu à la charte qui suit :

« Je Bernart contes de Cominges, chevalier, ay eu et receu de mestre
« Guillem Chantre pour le service que j'ei fait à monseigneur lou Roy en
« en son dernier ost de Flandre, quinze cens quatre vins XIX livres
« et quatorze souls trois deniers tournois. Donné à Paris, le vendredi
« XIX jours en ottembre 1302. (T. sc., reg. 33, p. 2495.) »

PIERRE RAYMOND Ier,
COMTE DE COMMINGES.

S. PETRI RAMONDI DE CONVENIS.

Pierre Raymond Ier, fils de Bernard VI et de Laure de Montfort, s'empara du comté de Comminges après la mort de son neveu Jean, en 1339. Une guerre désastreuse ravagea le pays; ses adversaires étaient ses oncles, ses nièces et le seigneur de l'Isle-Jourdain. Le roi de France intervint et força le comte à la paix avec sa nièce Jeanne, qui, par l'influence du cardinal Jean de Comminges, épousa son cousin Pierre-Raymond, fils du comte.

Pierre-Raymond Ier mourut en 1342. — Il avait épousé Françoise de Fezensac.

Nous donnons son sceau appendu à la charte qui suit : « Nos
« Petrus Ramundi de Convenis, miles, recognoscimus habuisse et
« recepisse a nobili domino Savarico, domino de Thois, militi, senescallo
« Tholos. et Albiensi, domini nostri Francie regis, per manus magistri
« Petri de Pinibus, super vadiis per nos. . . . .
« in servicio regis versus partes gallicanas acquirendis. . . . .
« 300 lib. tor. . . . . » 23 mai 1338. (T. sc., reg. 33, p. 2497.).

PIERRE-RAYMOND II,

COMTE DE COMMINGES.

185

S. PEIRE RAMON CO[M]TE DE COMME[N]GE.

Pierre-Raymond II, fils de Pierre-Raymond Ier et de Françoise de Fezensac, succéda à son père en 1342, malgré l'opposition de sa tante Mathe : la guerre ne cessa que par suite du mariage du comte avec sa cousine Jeanne.

Pierre-Raymond fit la guerre aux Anglais en 1344 ; il servit sous le duc de Normandie et échappa heureusement au désastre d'Auberoche. En 1353, il était présent comme chevalier banneret dans l'armée devant Aiguillon. En 1362, il combattit du côté du comte d'Armagnac et fut fait prisonnier à la bataille de Launac. En 1365, il suivit le prince de Galles en Espagne et combattit à Navarette. Il mourut en 1376, laissant trois filles.

Nous trouvons de lui, à la date du 2 septembre 1349, à Toulouse, une quittance de ses gages de chevalier banneret, un écuyer banneret, 209 écuyers et 406 sergens de pied (guerre de Gascogne) ; — autre quittance, datée du 7 juillet 1360, de 1,000 écus d'or, que le Roi a donnés à Pierre, comte de Comminges, datée de Carcassonne. Le 20 juillet 1369, Pierre-Raymond fit montre au Fousseret de un chevalier, 50 écuyers, 25 sergens à cheval. Nous trouvons parmi eux : Lahilière, Labusquière, Saint-Pastou, Saman, Orbessan, Mons, Montagu, Marque-fave, Montpezat, etc...

Sceau appendu à la charte qui suit :

« Sapian tots que nos Peyre Remon, per la gracia de Diu comte de
« Cumenge, coffessam aver recebut del honor. et sain home Estienne
« de Monmejan, thes. gen. de guerras en tota Lengua d'Oc per lo Rey
« mess. et por moss. le duc d'Anion, la soma de quaranta francs d'aur

« en deduccion et satisfaccion en partida de mes gages a servir por lo
« mes de july prochenament benent am las gens de ma companhia,
« lesquals bolem que sian baylats et satisfaycats a M. Arn. de Guavaret
« en satisfaccion de so en que lo bastard de Comenge l'era tengut ;
« delsquals XL francs d'aur nos tenem per conten et ben pagat ; et
« en testimonio d'ayso auem faita sagelar aquesta presenta lettra lo
« 26 jour de may l'an mil CCC LXIX. » (T. sc., reg. 154.)

MATHIEU,
COMTE DE COMMINGES

186

MATHIV CO[M[TE...

Mathieu, fils d'Archambaut de Graïlly, comte de Foix, et d'Isabelle de Foix, épousa, le 16 juillet 1419, Marguerite, comtesse de Comminges. Ce prince, partisan des Bourguignons, se fatigua vite d'une épouse déjà sur le retour, et, pour avoir toute liberté dans le gouvernement des États qu'il avait acquis par son mariage, il fit enfermer la comtesse Marguerite. En 1439, le roi Charles VII le fit citer, mais Mathieu refusa d'obéir. Cependant, craignant la puissance des partisans de sa femme, il consentit, en 1443, à signer un traité qui le rendit maître d'une partie du comté de Comminges. La comtesse Marguerite fut mise en liberté et mourut peu de temps après. Mathieu épousa alors Catherine de Coarraze, qui lui donna deux filles. Après la mort de ce prince, le comté de Comminges fut réuni à la couronne de France (1453).

Sceau attaché à une quittance de pension délivrée par Mathieu, comte de Comminges. 21 mai 1426. (T. sc., reg. 154, p. 3991.)

ROGER DE COMMINGES,

VICOMTE DE BRUNIQUEL.

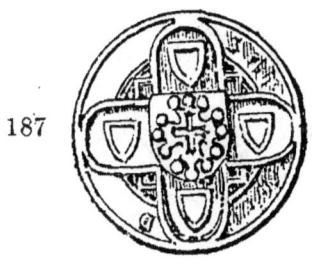

S. ROGIER D[E COMENGE].

Roger, fils du vicomte de Couserans, servit activement à la tête de sa compagnie sous les ordres du duc d'Anjou en Gascogne et autres parties.

Le sceau que nous donnons est attaché à une quittance de ses gages et de ceux de 15 écuyers pour l'année 1368.

Le 3 février 1368, la monstre de Rogier de Cominges, vicomte de Bruniquel, de 15 escuyers de sa compaignie et sequelle, receue à Buzet.

Ledit visconte.
Bernard de Cominges.
Bernard d'Usto.
Le Bastard de Bernin.
Maraton de Solac.
Pierre de Cominges.
Guionnet de Cazalz.
Bernardon de Lacourt.

Arnauton de Comblarede.
Jehan Sagier.
Raoul d'Espainguelz.
Regnault de Paillas.
Bernelle Raingasse.
Berthellomieu de Sangues.
Raymon de Rouergue.
Jehan Bagarel.

(T. sc., reg. 154, pièce 3997.)

En 1389, il se trouva à Toulouse avec le roi Charles VI. En 1391, il assista à Orthez, aux obsèques de Gaston Phœbus, comte de Foix.

BERNARD ET R.-ROGER DE COMMINGES.

188

S. BERNARD DE COMINGE.

Dès l'année 1414, Bernard de Comminges, écuyer des écuries du Roi, était sous les ordres de Rambure, avec 19 écuyers. Il servait en France dans l'armée du Roi. Nous trouvons une quittance de 1,000 livres que le Roi lui a données, datée du 31 août 1428, avec le sceau ci-dessus. (T. sc., reg. 154.)

189

S. R . ROGIER D[E C]OMINGES.

Sceau attaché à une quittance délivrée par Raymond-Roger de Comminges, chevalier, pour ses gages et ceux de 24 écuyers de sa compagnie, 8 juin 1426. (T. sc., reg. 154.)

La monstre de mess. Pierre Remon de Cominges, de ung autre chevalier et 18 escuyers de sa compaignie, receue à Toulouse, le 17 novembre 1431.

Ledit messire Pierre Remon, chevalier.   Messire Bernart de Cominges, chevalier.

ESCUYERS.

Arnault de Cardelhac.   Jehan de Cardelhac.
Bernard de Cardelhac.   Gaillart d'Ysola

Bernart de Bize,
Domenge d'Arriux.
Pèriquot de Saint-Lorens.
Pierre Gros de Marras.
Berdot de Belloc.
Gaillart d'Avent.
Jehan de Saman.

Jehan de Saint-Jean.
Jehan de Sabalham.
Bernart de Benque.
Gaillard de Cantagrola.
Bernard d'Aulin.
Jehan de Pemau.
Guillaume de Cardelhac.

(T. sc., reg. 154, pièce 4005.)

ÉMERIGOT ET BERNARD DE COMMINGES.

[S. AIMERI]GOT [DE] COMENGE]. — S. B[ER]NAT BASTART DE COME[N]GE.

Émerigot était fils légitime de Raymond Ier, comte de Comminges, et Bernard, son fils naturel.

Nous trouvons ces deux chevaliers faisant avec activité et bonheur la guerre aux Anglais en Gascogne et Languedoc, sous le duc d'Anjou.

Nous donnons le sceau d'Émerigot, attaché à une quittance de l'année 1368 pour ses gages et ceux de son frère Bernard, bâtard de Comminges, dont le sceau est appendu à côté de celui d'Émerigot. (Titres scellés, reg. 154, pièce 3999.)

S. B[ER]NAT BASTART DE COME[N]GE.

Sceau attaché à une charte de 300 livres de don fait par le duc d'Anjou à Bernard, *bastart de Comenges*, datée du 18 mai 1369.

193

S. B[ERNA]D BAST[ART] D[E] COMINGES.

Le 14 novembre 1368, à Toulouse, le duc d'Anjou donne 1000 livres à Émerigot et à Bernard, bâtard de Cominges; cette somme leur avait été promise pour qu'ils fassent sortir du pays certaines gens des compagnies qui y faisaient grand dommage.

COMTES DE FOIX.

RAYMOND-ROGER,
COMTE DE FOIX.

194

SIGILLVM RAMONDI ROGERII...   ...[ROGERI]I COMITIS FVXISENS[IS].

Fils de Roger-Bernard et de Cécile de Carcassonne, Raymond-Roger succéda à son père, en 1188.

En 1190, il fit le voyage de Palestine et revint dans ses États après un court séjour devant Ptolémaïs.

En 1197, il fit la guerre aux comtes de Comminges et d'Urgel.

En 1209, il fut accusé d'hérésie; Simon de Montfort envahit ses États, et Raymond-Roger fut obligé de se soumettre.

En 1211, il prit parti pour le comte de Toulouse et défit l'armée française près de Toulouse. Mais le sort des armes ne lui ayant pas été favorable, il fut obligé en 1214 de faire sa soumission entre les mains du légat du Pape.

En 1217, il reprit les armes, concourut heureusement à la défense de Toulouse, battit les croisés à Baziège, et vint mourir, en 1223, devant les murs de Mirepoix.

Sceau et contre-sceau attachés à la pièce contenant le serment de ne pas favoriser les hérétiques, 18 avril 1215. (Arch. nat., J. 332, n° 3.)

ROGER-BERNARD II,

COMTE DE FOIX.

Roger-Bernard II, fils de Raymond-Roger, succéda à son père en 1223. Fidèle au comte de Toulouse, il avait combattu dans les rangs de son armée. Allié de Raymond Trencavel, vicomte de Carcassonne, il fut obligé de lever le siège de Carcassonne; après de vaines soumissions au roi Louis VIII, il se déclara en 1226 en faveur du comte de Toulouse. Le concile de Narbonne l'excommunia en 1227. En 1229, il fut réduit à faire sa soumission, ayant été lâchement abandonné par le comte de Toulouse.

Il mourut à l'abbaye de Bolbonne, revêtu de l'habit religieux, en 1241.

Il avait épousé Ermessinde de Castelbon, qui lui apporta cette vicomté.

Sceau et contre-sceau (n° 195) attachés à une charte par laquelle le Roi donne à Roger-Bernard 1,000 livres de terres sises dans l'évêché de Carcassonne, septembre 1229. (Arch. nat., J. 332, n° 4.)

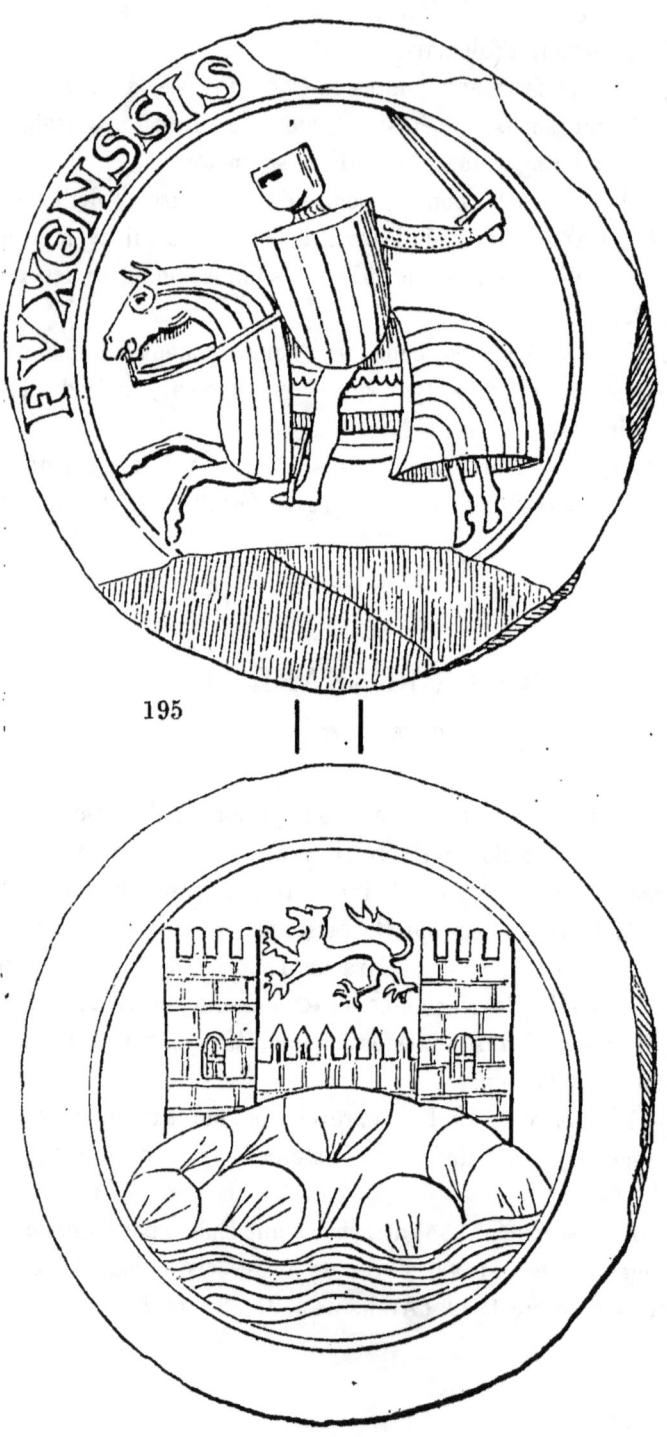

195

...FVXENSSIS.

ROGER IV,

COMTE DE FOIX.

Roger IV, fils de Roger-Bernard et de Ermessinde de Castelbon, succéda à son père en 1241, il fit hommage au comte Raymond VII et au roi de France.

En 1243, il se déclara contre le Roi, mais il fut obligé de se soumettre et d'agir contre le comte de Toulouse.

En 1251, il fit la guerre au roi d'Aragon, et nous le voyons en 1256 obligé de payer une grosse somme d'argent au comte d'Urgel.

Il mourut en 1265 et fut inhumé à Bolbonne.

Le grand-sceau équestre et le contre-sceau que nous donnons (n° 196), sont attachés à un hommage rendu par Roger au roi de France, à Orléans, en juillet 1241. (Arch. nat., J. 532, n° 5).

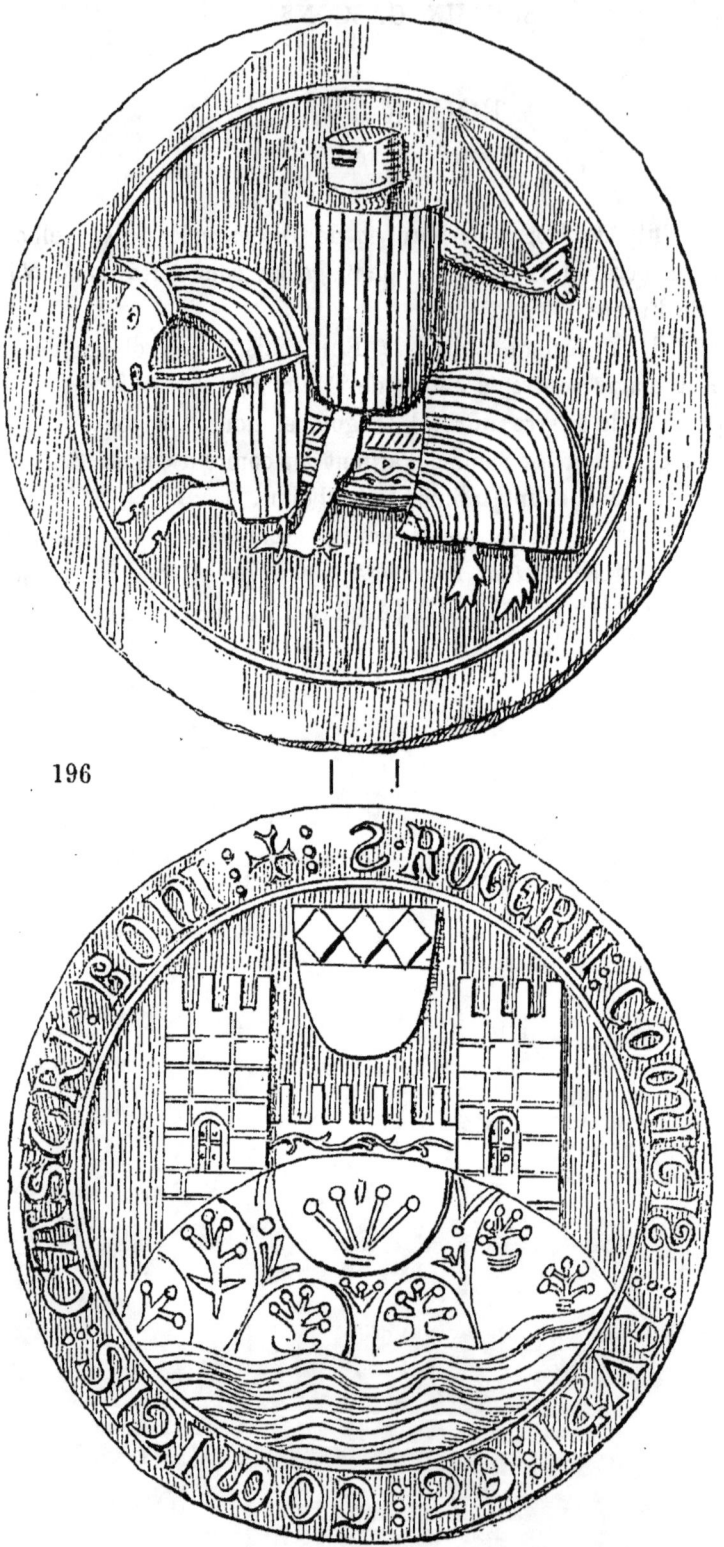

S. ROGERII COMITIS FVXI ET COMITIS CASTRI BONI.

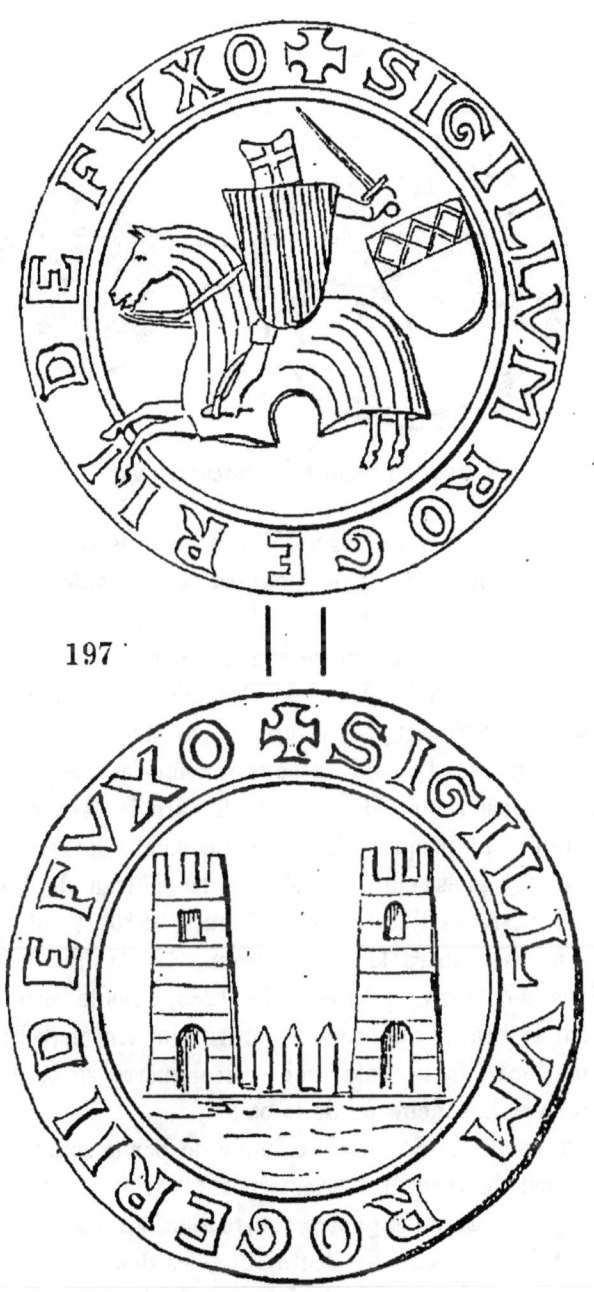

SIGILLVM ROGERII DE FVXO.

Autres sceau et contre-sceau de Roger IV, appendus également à un hommage au roi de France.

ROGER-BERNARD III,

COMTE DE FOIX.

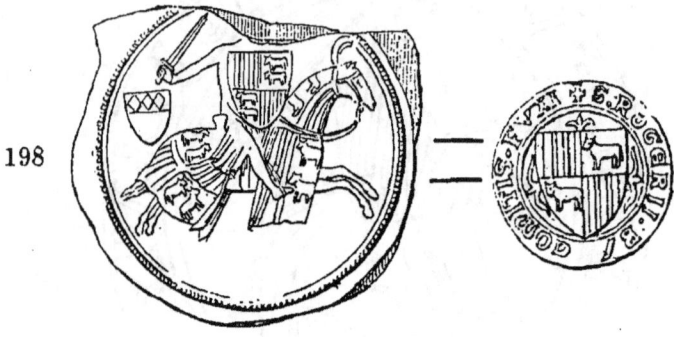

198

S. ROGERII B[ERNARDI] COMITIS FVXI.

Roger-Bernard III, fils de Roger IV et de Brunissende de Cardonne, succéda à son père en 1265, ayant pour tuteur Amanieu d'Armagnac, archevêque d'Auch.

En 1272, il marche au secours de son beau-frère, Géraud V d'Armagnac, dans la guerre contre Géraud de Cazaubon, et assiste au siège et au sac du château de Sompuy. Il refuse de paraître devant les gens du Roi, et, revenu dans ses États, il attaque et défait les troupes royales. Le sénéchal de Toulouse rassemble une nouvelle armée et envahit le pays de Foix ; le Roi vient jusqu'à Toulouse. Le comte Roger-Bernard est obligé de se rendre et est emprisonné dans le château de Carcassonne. En 1273, il recouvre sa liberté, et en l'année 1280 il entreprend une guerre malheureuse contre le roi d'Aragon, qui le fait prisonnier et l'enferme dans le château de Siruana. En 1285, nous le retrouvons dans l'armée du roi de France qui, sous les ordres du sénéchal Eustache de Beaumarchais, envahit la Catalogne ; cette guerre se termine par la prise de Girone et la conclusion de la paix.

En 1290, le comte de Foix est excommunié par le concile de Nogaro pour s'être saisi de biens ecclésiastiques.

Il commença peu après la guerre contre Bernard VI, comte d'Armagnac, au sujet de la vicomté de Béarn, que les deux comtes se disputaient. Roger-Bernard s'empara du Béarn malgré le Roi, qui avait cité les parties devant son parlement. Le comte finit par se soumettre et accepter le duel judiciaire qui eut lieu à Nizors, mais les combattants furent séparés aux premières passes (1293). En 1296, il guerroie contre les Anglais, et en 1297 il a repassé en Espagne.

Ce prince actif et intrépide mourut, en 1302, à Tarascon de Foix.

Sceau et contre-sceau attachés à la promesse jurée par le comte de Foix de partir pour la Terre-Sainte, Paris, 18 juillet 1281. (Arch. nat., J. 332, n° 14.)

MARGUERITE,
COMTESSE DE FOIX.

199

Marguerite était fille de Gaston VI de Moncade, vicomte de Béarn, et de Mathe, comtesse de Bigorre et vicomtesse de Marsan. Elle fut mariée, en 1252, à Roger-Bernard III, comte de Foix.

Sceau attaché à un parchemin contenant la promesse faite par Marguerite, comtesse de Foix, de bien garder les terres de son mari. Paris, le vendredi avant la Saint-André 1281 (28 novembre). (Arch. nat., J. 332, n° 10.)

GASTON Ier,
COMTE DE FOIX.

200

S. GASTO[N]IS DEI GR[ACI]A VICECOMITIS BEARN[II] D[OMI]NI MO[N]TIS CATANI ET CASTVETIS.

Gaston Ier était fils de Roger-Bernard III et de Marguerite de Béarn. Il succède à son père en 1302, et soutient pendant deux années la guerre contre les comtes d'Armagnac et de Comminges. Le roi Philippe Le Bel les oblige à la paix lors de son voyage à Toulouse, en 1304.

En 1308, la guerre recommence ; le pape Clément V leur enjoint de déposer les armes, et, sur le refus de Gaston de Foix, lance contre lui l'excommunication ; il se soumet.

En 1309, Gaston ayant refusé de se soumettre à la décision du parlement de Paris, le Roi le fait arrêter et enfermer au Châtelet. Il se soumet et est mis en liberté. En 1315, nous le trouvons en Flandre, dans l'armée royale ; il meurt au retour et est inhumé à Bolbonne. Il avait épousé Jeanne d'Artois.

Sceau appendu : 1° à une charte de l'année 1272, où Gaston, vicomté de Béarn, est pleige avec plusieurs autres de la promesse faite par Guy Aymar, chevalier, de ne plus forfaire au roi de France ; 2° à une charte du 7 des ides de novembre 1276, contenant traité entre les rois de France et de Castille. (Arch. nat., J. 620, n° 16.)

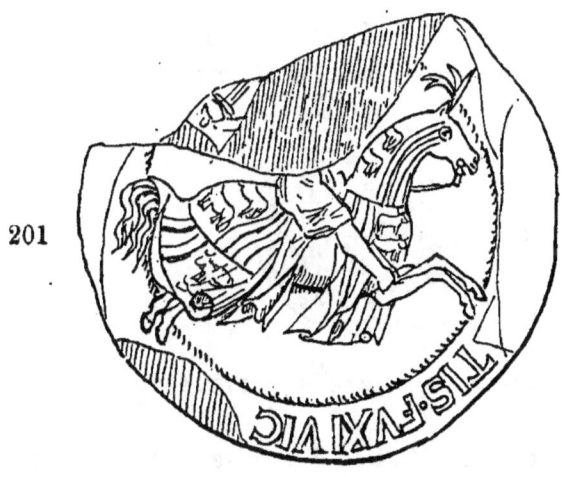

... [COMI]TIS FVXI VIC...

Sceau équestre du même Gaston, comte de Foix depuis 1302, attaché à une transaction avec le roi de France, 3 avril 1312 (Arch. nat., J. 332, n° 16.)

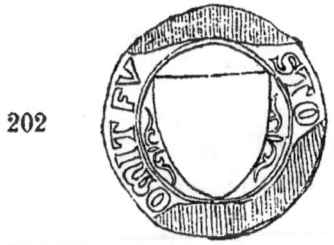

[S. GA]STO[NIS C]OMIT[IS] FV[XI].

Petit sceau attaché à une vente du même jour. (Arch. nat., J. 332, n° 15.)

ROGER-BERNARD DE FOIX,
Ier DU NOM, VICOMTE DE CASTELBON.

203

S. ROGER B. VIC[OMTE DE] CASTE[LBON].

Roger-Bernard était fils de Gaston Ier, comte de Foix, et de Jeanne d'Artois. Il se signala dans les guerres contre les Anglais, de 1336 à 1349, et servit sous le duc de Normandie.

Il testa en 1349. Il avait épousé Constance de Lune, dont il eut Roger-Bernard II, qui fut le père de Mathieu, vicomte de Castelbon, lequel succéda à Gaston-Phœbus dans le comté de Foix.

Sceau attaché à une charte de Jacques Ier, roi de Majorque, datée du 9 des calendes d'août (24 juillet) 1337. (Arch. nat., J. 880.)

GASTON II,
COMTE DE FOIX.

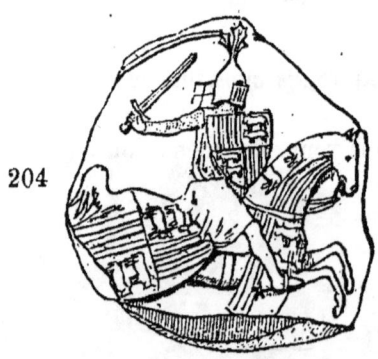

204

Fils de Gaston Ier et de Jeanne d'Artois, Gaston II succède à son père, sous la tutelle de Jeanne d'Artois, en 1315. En 1331, Gaston fait enfermer sa mère pour éviter les désordres de cette princesse. En 1335, il vole au secours des Navarrais et remporte sur les Castillans la victoire de Tudèle. L'année 1337 le trouve faisant la guerre en Guyenne, puis en Picardie. Le Roi lui donne le titre de gouverneur de Gascogne et d'Agenais.

En 1343, il passe en Espagne et marche avec le roi de Castille contre la ville d'Algésiras occupée par les Maures. Il meurt à Séville, au mois de septembre. Il avait épousé Éléonore de Comminges.

Sceau (n° 204) attaché à la ligue conclue entre le roi de Majorque et le comte Gaston. Majorque, 24 juillet 1337. (Arch. nat., J. 880.)

S. GASTONIS CO[M]ITIS FVXI VICECO[M]ITIS BEA[RNI]I

Sceau attaché à une charte concernant le consulat de Pamiers. Paris, 7 mai 1342. (J. 332, n° 24.)

GASTON III PHŒBUS,
COMTE DE FOIX.

S. GASTONIS COMITIS FVXCI.

Fils de Gaston II et d'Éléonore de Comminges, Gaston-Phœbus succède à son père en 1343, sous la tutelle de sa mère.

En 1345, il fait ses premières armes en Guyenne contre les Anglais. Le Roi le nomme son lieutenant en Languedoc et Gascogne (1347). En 1349, il épouse Agnès, fille du roi de Navarre.

Soupçonné de conspiration contre l'État et déclaré complice de son beau-frères Charles le Mauvais, il est arrêté à Paris et enfermé au Châtelet (1356). Il recouvre sa liberté et va guerroyer en Allemagne contre les infidèles. En 1358, il recommence la guerre contre le comte d'Armagnac, et le 5 décembre 1362 remporte sur ce prince la victoire de Launac. Les nombreux prisonniers qu'il fait lui procurent de très grosses sommes d'argent.

En 1381, ayant été révoqué de sa charge de lieutenant du Roi en Languedoc, il s'y maintient par les armes; mais le duc de Berry lui fait éprouver une sanglante défaite à Revel. — 1382, mort tragique, dans la tour d'Orthez, du fils du comte de Foix.

En 1390, il reçut avec une pompe extraordinaire, dans son château de Mazères, le roi Charles VI. Il mourut en 1391, à Orthez.

Sceau attaché à la promesse de maintenir la paix promise entre lui et le comte d'Armagnac. Mazières, 10 janvier 1389. (Arch. nat., J. 332, n° 28.)

ARCHAMBAUD DE GRAILLY,
COMTE DE FOIX.

207

S. ARCHAMBAVDI COMITIS FVXI.

Archambaud de Grailly avait épousé Isabelle de Foix, sœur de Mathieu de Foix et son héritière.

A la mort de Gaston-Phœbus, en 1398, il revendique, les armes à la main, les domaines et États de sa femme, mais ne pouvant résister au

Roi, il est obligé de se soumettre; ses États sont mis sous le séquestre. En 1401, le séquestre est levé et Archambaud entre en possession des comtés de Foix et de Béarn ; il quitta franchement le parti anglais et fut fidèle au Roi jusqu'à sa mort, arrivée en 1412.

Sceau attaché à une charte par laquelle le comte donne pouvoir à sa femme de prêter hommage au Roi. 8 octobre 1399. (Arch. nat., J. 332, n° 29.)

ISABELLE,
COMTESSE DE FOIX.

208

SIGILLVM ISAB[ELLIS] COMITISSE FVXI.

Isabelle de Foix, fille de Roger-Bernard, vicomte de Castelbon, et de Girarde de Navailles, était sœur de Mathieu, comte de Foix, vicomte de Béarn et de Castelbon. — Elle fut mariée, en 1381, par dispense, avec Archambaut de Grailly, qui devint comte de Foix.

Sceau attaché à une procuration qu'elle délivre pour faire hommage au roi de France. Voici ces qualités énumérées dans ledit document :
« In castro d'Orthes, IV^a die augusti an. Dom. 1400, Ysabellis de Fuxo,
« Dei gracia comitissa Fuxi, vicecomitissa Bearnii, Castriboni, Marsani,
« Gavardani, capitalissa de Bugio, vicecomitissa Benaugiarum et Cas-
« tellionis, ac domina de Navalhiis... » (Arch. nat., J. 333, n° 34.)

JEANNE D'ALBRET,
COMTESSE DE FOIX.

SEEL JEHANNE CONTESSE DE FOIX.

Jeanne d'Albret épousa Jean de Grailly, fils d'Archambaut et d'Isabelle de Foix. Jean de Grailly succéda à son père en 1412.

Sceau qui est aux Pièces originales, v° Foix (communiqué par M. Communay). M. du Mège, éditeur de l'*Histoire de Languedoc*, l'a reproduit lithographié au trait.

GASTON III DE FOIX LE BOITEUX,
COMTE D'ASTARAC, DE CANDALE, DE BENAUGE ET DE LAVAUR, CAPTAL DE BUCH, VICOMTE DE CHASTILLON DE LOUMAIGNE, CAPITAINE ET GOUVERNEUR DE LA VILLE ET GOUVERNEMENT DE LA ROCHELLE.

Gaston III était fils de Gaston II de Foix, comte de Candale, et de Catherine, infante de Navarre.

Il succéda à son père en 1500 et mourut en 1536. Il avait épousé Mathe d'Astarac.

Empreinte sur papier, apposée à une quittance de 400 livres de ses gages, comme gouverneur de la Rochelle. 8 avril 1502. (Titres sc., reg. 127, pièce 925.

GASTON XII,
VICOMTE DE BÉARN.

211.

... F.UCXI...

Gaston XII, fils de Jean de Grailly, comte de Foix, vicomte de Béarn, et de Jeanne d'Albret, succède à son père en 1436. Il avait épousé, en 1434, Éléonore, fille du roi d'Aragon et de Navarre. Il servit fidèlement et avec succès le roi Charles VII et Louis XI, et fut heureux dans ses guerres contre les Anglais, auxquels il enleva la ville de Bayonne en 1451. Il mourut en 1479. (Voir *Art de vérifier les dates*, t. III.)

Empreinte sur papier, appendue sur simple queue de parchemin à une charte d'abolition, datée de Tarbes, 5 juillet 1463. (Arch. de Pau, E. 379.)

ODET DE FOIX,
VICOMTE DE LAUTREC.

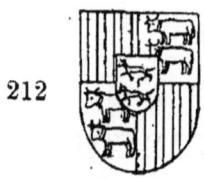

212

Odet de Foix était fils de Jean et de Jeanne d'Aydie, comtesse de Comminges.

Il fut chevalier de l'ordre, gouverneur et amiral de Guyenne, maréchal de France. Sa biographie est dans le Père Anselme.

Il servit en Italie et accompagna le roi Louis XII à son entrée à Gênes, le 28 avril 1507. Il fut dangereusement blessé, en 1512, à la bataille de Ravenne. Nommé gouverneur du Milanais en 1520, il fut battu au combat de la Bicoque (1522). En 1528, il repasse en Italie, s'empare de Pavie, met le siège devant Naples, et meurt le 15 août. Son corps fut enseveli dans l'église de Sainte-Marie-Nouvelle, à Naples.

Empreinte sur papier, apposée à une quittance de gages, datée du 12 avril 1515 : Odet de Foix, vicomte de Lautrec, de Villemur et de Fronsac, maréchal de France, grand sénéchal et gouverneur de Guyenne, capitaine de cent lances.

Autre quittance du 4 mai 1528 : Odet de Foix, comte de Foix, de Comminges et de Rethelois. (Tit. sc., reg. 127, pièce 931.)

COMTES DE L'ISLE-JOURDAIN.

L'*Histoire de Languedoc*, l'*Histoire généalogique* du P. Anselme (tome II, page 703 et suiv.), racontent l'histoire des sires de l'Isle-Jourdain, descendants probablement des plus anciens comtes de Toulouse. C'est dans ces livres que le lecteur trouvera la biographie de chacun de ces seigneurs, dont nous donnons les sceaux.

Le cartulaire des sires de l'Isle-Jourdain est en copie, sous le nom barbare de *Saume de l'Isle*, dans les Archives de Tarn-et-Garonne ; le manuscrit est en mauvais état, l'écriture difficile, cependant dom Villevieille l'a entièrement analysé et ses fiches sont à leur ordre alphabétique dans son *Trésor généalogique* (Bibliothèque nationale, mss. fr.). Dom de Vic et dom Vaissette en ont fait largement usage pour leur *Histoire de Languedoc*, mais ils se sont servis de l'original qui était alors à Montpellier, Archives du domaine, et ils le citent « Cartulaire de l'Isle-Jourdain 5 de la « continuation des titres de la Province en general » (t. VI, 511, note). Ce recueil est une des sources les plus précieuses et les plus abondantes de notre histoire provinciale; M. Ed. Cabié en a tiré les coutumes de l'Isle-Jourdain, publiées dans la *Nouvelle Revue historique du Droit français* (année 1881, p. 643), et dans le fascicule V[e] de nos *Archives historiques*.

L'Isle-Jourdain, chef-lieu de canton de l'arrondissement de Lombez (Gers), est présentement une jolie petite ville, élégamment bâtie dans un pays fertile, mais elle a perdu pour toujours les beaux monuments qui la faisaient autrefois admirer au-dessus de toutes les villes de la contrée, ses murailles fortifiées et ses tours, sa belle église et surtout ce superbe château que les comtes d'Armagnac, devenus possesseurs de l'Isle-Jourdain, se plaisaient à habiter. Ils y avaient accumulé des richesses mobilières admirables. En 1444, Louis XI, alors dauphin, après avoir forcé Jean V à capituler, prit dans ce château tout ce qui lui parut de plus beau. Il en envoya les magnifiques tapisseries à son père le roi Charles VII, qui en orna les appartements d'Agnès Sorel.

La comté de l'Isle-Jourdain, vendue par les sires de l'Isle au duc de Bourbon, moyennant 38,000 écus, puis au comte d'Armagnac, fut réunie au domaine de la couronne à l'avènement de Henri IV, en même temps que tout l'ancien domaine d'Armagnac. Louis XV donna, sous une forme déguisée, cette comté de l'Isle à Jean-Baptiste comte du Barry-Cérès. Monsieur frère du Roi racheta la comté deux ans après (1775). Voir *Revue de Gascogne*, XVI, pp. 82 et 150.

JOURDAIN IV,
SIRE DE L'ISLE-JOURDAIN.

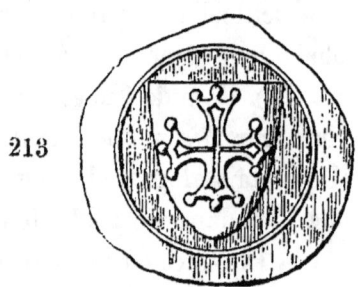

213

Sceau de Jourdain, sire de l'Isle-Jourdain, pendu à la lettre par laquelle Raymond VII, comte de Toulouse, mourant, promet d'aller en Terre-Sainte, ou, s'il ne le peut, d'y envoyer 50 chevaliers, année 1249. (Arch. nat., J. 311, n° 63.)

Pour connaître Jourdain IV, ce chevalier pieux, vaillant et sage, il faut lire la notice excellente que lui a donnée notre collaborateur M. Paul Durrieu, aux premières pages de son volume *Les Gascons en Italie* (Auch, Foix, 1885), ouvrage justement honoré d'une récompense académique.

Jourdain IV était le second fils de Bernard II, sire de l'Isle-Jourdain, et de Indie de Lautrec. Son frère aîné, Bernard III, hérita de la seigneurie de l'Isle en 1227; n'ayant qu'une fille, Nalpaïse, il lui légua 100 marcs d'argent, et institua héritier universel son cadet Jourdain IV. Le testament est de 1240, d'après l'*Histoire de Languedoc*, nouvelle édition, tome VII, p. 122; de 1236, d'après Anselme, III, 704,

B; du 14ᵉ à l'issue de mars 1260, suivant le *Trésor généalogique* de dom Villevieille.

Quoiqu'il en soit, Jourdain IV prend le titre de sire de l'Isle dans les chartes, à partir de l'année 1241 (1). C'est avec ce titre que l'*Histoire de Languedoc* nous le montre prenant part aux principaux événements de la province, jurant au roi saint Louis de garder la paix faite avec le comte de Toulouse, assistant ce comte, puis rendant hommage à Alphonse de Poitiers. Sa vie fut des plus actives ; Anselme, *loc. cit.*, le témoigne. Le cartulaire de l'Isle renferme plus de quarante chartes qui le concernent ; mais sa principale gloire est assurément celle que nous a révélée M. Paul Durrieu, c'est sa participation à cette croisade de la Pouille, prêchée par les papes et par les évêques, entreprise enfin par Charles d'Anjou, frère de saint Louis, et qui aboutit à la conquête du royaume de Naples.

Charles d'Anjou, ayant reçu du pape Urbain IV et de son successeur Clément IV la dignité de sénateur de Rome et l'investiture du royaume de Naples, envoya dès l'année 1264, en Italie, un corps de troupes provençales, sous le commandement de Jacques Gaucelin, chevalier provençal. (Daniel, *Histoire de France*, IV, 529.) Nous présumons que Jourdain IV suivit Gaucelin, car en cette même année 1264, le 14 à l'issue de mars, son frère Bertrand de l'Isle, évêque de Toulouse, demanda la protection du sénéchal de Toulouse, Pierre de Landreville, contre divers seigneurs « qui faisoient la guerre, des déprédations et
« des meurtres en grand nombre sur les terres de noble homme
« messire Jourdain, sire de l'Isle, pendant qu'il estoit au service de
« l'Église et du Roy de Sicile. » (Somme de l'Isle, page 581.) C'est apparemment à ce corps de troupes provençales que doit se rapporter une lettre du pape Clément IV, publiée dans la *Bibliothèque de l'École des Chartes*, 1842, page 104. Elle contient divers reproches adressés à Charles d'Anjou sur la conduite et la dureté de son cœur : « On dirait que
« vous avez acheté vos Provençaux de votre argent comme des esclaves
« que vous accablez de travaux et de fardeaux au dessus de leurs
« forces. Aussi plusieurs sont-ils morts de faim. Beaucoup d'autres,
« à votre grand déshonneur et en dépit de leur haute noblesse, ont été
« réduits à chercher un gîte dans les hôpitaux des pauvres... le fils de
« l'illustre Jourdain de l'Isle languit en prison à Milan. »

---

(1) Il y a plusieurs contradictions entre les dates adoptées par les historiens et celles qui sont aux notes extraites par dom Villevieille de la Somme de l'Isle. Nous ne sommes pas en état de rétablir l'accord.

Jourdain IV revint en France, car il était à Paris lorsque, avant son départ pour la Pouille, il nomma messire Bertrand son frère, évêque de Toulouse, son lieutenant dans toutes ses terres, à Paris, le 4ᵉ des nones de février 1266 (2 février). C'est ce que nous apprend une note relevée par dom Villevieille (*Trésor généalogique, vᵒ Guillermota*), sur la Somme de l'Isle, folio 271 (et répétée au mot *Isle*, 1266). La date du 2 février 1266 est sans nul doute une erreur de copie, puisque Jourdain IV était à Pérouse le 29 janvier 1266, et à la bataille de Bénévent le 26 février de la même année.

Le roi de Sicile lui donna le commandement de ses troupes et plusieurs terres en Calabre; mais Jourdain IV ne pouvait se fixer en Italie. Il revint en France tout au moins le 4ᵉ des ides d'octobre 1270. Le cartulaire de l'Isle renferme nombre d'actes qu'il a passés à l'Isle-Jourdain et à Toulouse en 1270, 1271 et années suivantes. Il fit un nouveau voyage au royaume de Naples, en 1282; ce ne fut qu'une expédition : le sire de l'Isle était dans ses domaines de Gascogne en 1283 et 1284. L'année suivante, il alla faire la guerre en Aragon avec le roi Philippe le Hardi. Il mourut à l'Isle-Jourdain, en février 1288. Son fils Jourdain V jura les coutumes de la ville de l'Isle, le 3 mars 1288, et reçut ensuite le serment de fidélité des consuls et des habitants (Somme de l'Isle, p. 36).

BERTRAND-JOURDAIN DE L'ISLE.

214

« A tous ceus qui ces lettres verront, nous Bertrant Jourdan de
« l'Isle, chevalier nostre seigneur le Roy et son senechal en Bigorre,
« salut. Nous faisons à savoir que nous avons eu et receu en deniers
« nombrez au Louvre, des tresoriers nostre seigneur le Roy, par la teneur
« de ses lettres pendenz, pour cause de restitution que li dit nostre sires
« li Roy nous a fait pour le chastel de Sauveterre jadis nostre, mil

« livres de tournois petiz ; desquex mil livres nous nous tenons pour
« paié et en quittons nostre seigneur le Roy et ses tresoriers à tous-
« jours. En temoing de ce nous avons scellé ces lettres de nostre scel en
« l'an de grace mil deux cens quatre vingz dis et huict. (1299, n. st.)
« le lundi apres Tyephanie ». (T. sc., reg. 61, p. 4741.)

Bertrand-Jourdain, second fils de Jourdain IV, partagea avec son frère aîné, Jourdain V, en 1291 et 1292; il eut 800 livres à prendre sur la terre de l'Isle et les seigneuries de Montagnet, Carbonne, Pibrac, Aujun, Lombières (H^{te}-Gar.) Il est qualifié vicomte de Mauvezin dans une charte du 6e à l'issue de janvier 1300. Il servit le Roi comme avait fait son père ; fut sénéchal de Bigorre, puis de Gascogne, puis de Beaucaire et de Nîmes. Le P. Anselme (III, p. 705, B. C.) lui a consacré une notice. Le 16 de septembre 1303, il épousa Assalide de Bordeaux, fille de feu Pierre de Bordeaux, chevalier. Elle était veuve sans enfants le 13 mai 1309, et elle épousa en secondes noces Pierre II de Grailly, vicomte de Benauge.

BERTRAND DE L'ISLE.

S. B[ER]TRANDI DE I[N]SVLA DOMICELLI.

Bertrand de l'Isle, damoiseau, dont le sceau est attaché à la lettre d'adhésion au procès de Boniface VIII (Archives nationales, J. 479, n° 27, juillet 1303), paraît être le même personnage que le précédent ; nous ne trouvons aucun autre Bertrand de l'Isle contemporain.

BERTRAND,
COMTE DE L'ISLE-JOURDAIN.

216

S. BERTRA.....

Bertrand, comte de l'Isle-Jourdain, fils de Bernard-Jourdain IV, se signala dès sa première jeunesse parmi les meilleurs capitaines de cette époque. Au commencement de l'année 1340, « donna ordre le roi
« de France le comte de Lisle, Gascon, qui se tenoit adonc à Paris
« de lez lui, et que moult aimoit, que il mît une grosse chevauchée de
« gens d'armes sus et s'en allât en Gascoigne et y chevauchât comme
« lieutenant du roi de France, et guerroyât durement et roidement
« Bordeaux et Bordelois et toutes les forteresses qui là se tenoient
« pour le roy d'Angleterre. Le comte dessus dit se partit de Paris et
« fit son mandement à Toulouse à estre à Paques closes » de l'année 1340 (Froissart, ch. CVI). Il fut donc lieutenant du Roi en Gascogne et y conquit quantité de forteresses et de petites villes anglaises, Montréal, Sainte-Foy, jusqu'aux environs de Bordeaux. Nommé capitaine du Condomois, il s'établit dans Condom assiégé, avec un chevalier, 78 écuyers et 125 sergents, le 21 octobre 1341 ; il résista jusqu'au 25 juin 1342, mais en vain il attendit le secours que lui promettait Pierre de La Palu, sénéchal de Toulouse. La ville fut réduite à la nécessité de capituler. Le comte de l'Isle se remit aussitôt en campagne. L'abbé Monlezun (t. III, pp. 247, 273, 274, 281), l'*Histoire de Languedoc* (tome VII) et Anselme (III, 708, B. C.) racontent en détail ses exploits. En 1346, il assiégeait Auberoche ; « auquel temps les habitans
« de Limoges envoyèrent au comte Dailhe, ayant le gouvernement de
« Guyenne pour le roy Philippe, quatre gros engins, lesquels par six
« jours battoient contre la forteresse d'Auberoche, tellement que tout
« le haut du château fust rompu et se tenoient ceux de la garnison
« ez chambres voutées soubs terre ».

Il mourut prématurément, en 1349. Isabelle de Lévis, sa veuve, vécut jusqu'en 1370, et se signala par sa générosité envers les pauvres et envers l'Église.

Le sceau est aux archives du château de Saint-Blancard (1), attaché à un mandement daté de la *Bastie d'Aguillon*, 26 juin 1348, qui accorde 200 livres à Ramon de Petit, pour le dédommager « des dommages et « perils qu'il a soufferts et sostenus es guerres du Roi en la compa- « gnie du senechal de Pierregort et de Coercy et du Goaloys de la « Balme ».

ARNAUD,
BATARD DE L'ISLE.

217

S. ARNAV.....E BOVRC.

On ne sait de qui il était fils. Le 12 août 1349, à Toulouse, Arnaud, *bourc* de l'Isle, écuyer servant sous les ordres de Gérard de Montfaucon, sénéchal de Toulouse, avec neufs écuyers et vingt sergents, a donné quittance scellée de ses gages. (T. sc., reg. 61, p. 4745.)

Arnaud, borc de l'Isle, figure dans deux montres passées à Moissac, 26 octobre et 1er décembre 1352, sous le commandement de Jean-Jourdain, comte de l'Isle.

---

(1) Depuis la rédaction de cette notice, le château de Saint-Blancard est devenu la proie des flammes. On a pu il est vrai sauver les Archives, mais les titres scellés qui, à cause de leurs sceaux, avaient été placés dans un cabinet d'objets d'art, ont totalement péri.

BERTRAND-JOURDAIN DE L'ISLE,
SIRE DE LAUNAC.

218

...DE LILLE...

Bertrand-Jourdain de l'Isle, chevalier, sire de Launac, servait sous Girard de Montfaucon, sénéchal de Toulouse, avec 16 écuyers et 36 sergents à pied. Il a donné quittance scellée de ses gages le 20 février 1349. (Titres scellés, reg. 62, p. 4747.)

En 1356, le comte d'Armagnac lui a fait un don de 500 livres pour récompenser ses services.

Cette branche de la famille de l'Isle, apanagée de Launac, Thil et autres seigneuries de ce voisinage (Haute-Garonne, canton de Grenade), descendait de Jourdain III, dont le second fils, Bertrand-Jourdain, fut seigneur de Launac; il était mort en 1249, laissant deux fils : 1° Isarn-Jourdain; 2° Bertrand, qui reconnurent, 11 avril 1249, tenir leurs fiefs de Launac, Thil, etc., du comte de Toulouse. (Laborde, *Trésor des Chartes*, III, p. 64, 2.)

Isarn-Jourdain, sire de Launac, eut pour fils Bertrand-Jourdain 2e du nom, chevalier, qui fut témoin et arbitre d'un accord passé, le 7 septembre 1310, entre le comte de Foix et le vicomte de Fezensaguet. (*Histoire de Languedoc*, VII, 28.)

Le testament de Bertrand-Jourdain de l'Isle, sire de Launac, est dans Doat, 42, page 136.

JEAN-JOURDAIN,
COMTE DE L'ISLE-JOURDAIN.

219

Jean-Jourdain, d'abord seigneur de Clermont-Soubiran, écuyer banneret en 1350, puis successivement chevalier, comte de l'Isle après la mort de son neveu Bertrand II, capitaine de Lauzerte, de Moissac, de Penne-d'Agenais, fut invariablement fidèle au roi de France. Il adhéra à l'appel du comte d'Armagnac contre le prince de Galles ; il obtint en 1371 des lettres de rémission parce qu'il avait fait mettre en prison, dans son château, Guillaume du Bois et Antoine de La Grange, conseillers au Parlement, qui étaient commissaires enquêteurs dans un de ses procès.

Nous avons de lui deux sceaux, l'un de 1352, 27 novembre (n° 219).

220

Le second du 1er juin 1353, quittances militaires, lorsqu'il était sire de Clermont-Soubiran. (Titres scellés, reg. 62.)

221

Un troisième, équestre, ayant perdu sa légende, est collé dans le vol. 215, n° 9597 des Titres scellés; il était attaché à uue pièce, aujourd'hui perdue, qui est analysée par Anselme, t. III, p. 710, D. Cet ouvrage, l'*Histoire de Languedoc* et celle de Gascogne donnent des détails sur le service de ce comte de l'Isle.

JEAN,
COMTE DE L'ISLE-JOURDAIN.

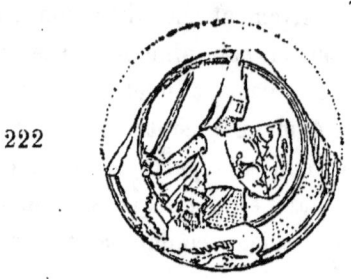

222

Jean, ou plutôt Jean-Jourdain, fils unique de Bertrand et d'Isabelle de Lévis, servit, comme ses ancêtres, dès qu'il fut en état de porter les armes. Il était à Paris en 1340, avec sa compagnie, composée de 19 écuyers et 41 sergents. Il se qualifie écuyer, n'ayant pas encore assez combattu pour gagner ses éperons de chevalier. Le 24 novembre, il donne quittance scellée de 125 livres à François de Lopital, clerc des arbalestriers du Roi. (Titres scellés, reg. 62.)

En 1348, il était chevalier banneret.

223   224

En 1355, il était capitaine de Moissac, Lauzerte, Tournon, Moncucq, Montauban, Castelnau-Montratier, villes qu'il avait ou conservées ou reprises sur les Anglais ; il se dit Jehan, par la grâce de Dieu, comte de l'Isle, capitaine général ès parties de Languedoc. Il servait toutefois sous le comte d'Armagnac et scelle les quittances de ses gages, de 1354 à 1356, de deux sceaux très différents (n⁰ˢ 223 et 224).

225

En 1357, il était en l'ost devant Saint-Jean-d'Angély, servant avec sa compagnie sous le comte d'Angoulême; il a donné, 10 et 17 août, 26 septembre, trois quittances scellées. (Titres scellés, reg. 62.)

Sur les services militaires de ce comte de l'Isle, voir Anselme, III, 709, B. C. D.; — Monlezun, III; — *Histoire de Languedoc*, t. VII.

BERTRAND II,

COMTE DE L'ISLE-JOURDAIN.

226

SIG. BERTRAN CO[M]TE DE.....

Bertrand II, comte de l'Isle, fils de Jean et de Jeanne d'Albret. Il était mineur en 1365, à la mort de son père. Il servait en 1368, et a donné deux quittances scellées commençant par ces mots: *Bertran conte de la Ylla*. Mais il était maladif et mourut jeune après avoir fait son testament le 29 juin 1369, instituant son oncle Jean-Jourdain, seigneur de Clermont, car il n'avait pas d'enfants de son épouse Éléonor de Comminges. (T. sc., reg. 215, p. 9579.)

VICOMTES DE LOMAGNE.

La vicomté de Lomagne, démembrée du domaine des anciens comtes de Fezensac, est actuellement partagée entre le nord de l'arrondissement de Lectoure et les cantons de Beaumont et d'Auvillars. Lectoure était la ville principale. Les historiens se sont appliqués à démêler la suite des vicomtes de ce pays ; ils ne nous ont encore fait connaître suffisamment que les branches cadettes apanagées de deux fiefs importants, le Jumadais ou Gimadais et le Fimarcon. Les sceaux que nous avons recueillis n'ajoutent rien aux notions générales fournies par la *Notitia utriusque Vasconiæ*, de Oihenart, par le *Dictionnaire de la noblesse* et l'*Art de vérifier les dates*.

VIVIAN,
VICOMTE DE LOMAGNE.

227

S. VIVIANI VICECOMITIS LEOMANIE.

Le sceau de Vivian, vicomte de Lomagne, est attaché à une charte datée de Sainte-Livrade 1273, par laquelle il se porte caution d'une amende de 15,000 l. à laquelle le comte d'Armagnac a été condamné. (Archives nationales, J. 392, p. 15.) Vivian ou Vezian était fils de Arnauld-Odon et de Marie Bermond. Il mourut sans postérité. Son frère Philippe devint vicomte de Lomagne après lui.

YSPAN DE LOMAGNE,
SIRE DE GIMAT.

S. ESPA.....

Gimat, canton de Beaumont-de-Lomagne, était le chef-lieu de la baronnie de Gimadois, qui comprenait les terres de Sparsac, Gensac, Cumont-Lamothe et le Sahuguet.

Les barons de Gimat descendaient des anciens vicomtes de Lomagne, ils portaient dans leurs armoiries deux béliers qui sont grossièrement représentés sur le sceau de Yspan ou Espan de Gimat, chevalier, capitaine de Sainte-Colombe, qui donna quittance de ses gages, le 17 novembre 1342, pour lui et pour sa compagnie qui occupait la garnison de Sainte-Colombe.

Yspan était fils de Gaston de Lomagne, seigneur de Gimat.

Cette race s'éteignit au XVe siècle.

ARNAUD DE LOMAGNE,
SIRE DE GIMAT.

S. ARNAT DE LOMANHIA.

Arnaud de Lomagne, sire de Jumat, chevalier, servait ès guerres de Gascogne, sous le comte d'Armagnac.

Une quittance de deux cents francs d'or, donnée à Agen, le 26 juillet 1354, est scellée du sceau de ses armes. (T. sc., reg. 66, p. 5109.)

230

S. ARNAVT DE LOMANIA.

Un autre sceau est attaché à une quittance de 100 livres tournois, donnée le 1er octobre 1355 pour le *restors* (indemnité) de quatre chevaux qu'il a eu *mors* et *perdus* ès guerres de Gascogne.

Arnaud rendit hommage au comte d'Armagnac pour sa seigneurie de Jumadais, le 25 juillet 1354.

Il était fils de Yspan de Lomagne, sire de Jumadais. Il fut un des commissaires chargés par le comte d'Armagnac de traiter de la paix avec le comte de Foix, 1377. (*Histoire de Languedoc;* VII, 528, 564, 567, 568.)

La montre de Arnaud de Lomagne, sire de Jumat, capitaine de Marmande, est imprimée (Monlezun, *Histoire de Gascogne*, VI, 137.)

VESIAN DE LOMAGNE-GIMAT.

231

S. VISIAN DE LOMANHIA.

Vesian de Lomagne, second fils d'Yspan de Lomagne, sire de Jumat (Gimat), servit glorieusement toute sa vie sous les ordres du comte d'Armagnac Jean Ier, qui plusieurs fois lui fit payer, par les trésoriers des guerres, des indemnités ou les gages de ses hommes d'armes pendant les années 1353 à 1356. Les quittances sont scellées de ses armoiries. Nous donnons celle conservée aux archives du château de Saint-Blancard :

« Sachent tuit que nous Vesian de Lomaigne Jumat, chevalier,
« avons eu et receu de Jacques Lempereur, tresorier du Roy nostre
« sire, par la main de Evein Dol, son lieutenant, pour don à moy fait
« par Mons. Jehan, comte d'Armagnac, lieutenant dudit seigneur es
« parties de Languedoc, pour les bons et loyaux services que nous
« avons fait audit seigneur en ses guerres tant devant le lieu de
« S\ Anthonin comme es parties de Gascoigne, quarante et quatre
« livres tournoises ; desquelles XLIIII liv. t. nous nous tenons pour
« bien payés. Donné à Thoulouse, le VI jour de decembre l'an mil
« CCC LIII. »

En 1368, Vesian de Lomagne fut envoyé par Charles V en Angleterre, pour les négociations qui concernaient l'exécution du traité de Brétigny.

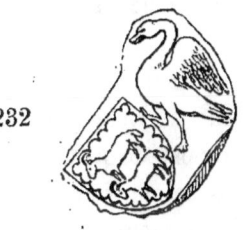

232

« Nous Besien de Lomaigne, chevalier et chambellan de M. le duc de
« Berry et d'Auvergne, ai reçu des generaux tresoriers à Paris sur le
« faict de la delivrance du roy Jehan (que Dieux absoille), par la main
« de Jehan Luissier, receveur general desdites aides, la somme de huit
« vins francs d'or sur mes gaiges de IIII frans, que je prens pour
« jour, pour aller en Angleterre avecques maistre Philippe de Molins,
« chevallier de mondit seigneur, pour sa delivrance et certaines autres
« choses touchant le traitté et acomplissement de la paix à nous
« enchargé par le roy nostre sire ; de laquelle somme je me tiens pour
« bien payé. Donné à Paris, soubs mon scel, le 14ᵉ jour de novembre
« 1368. » (Titres scellés, reg. 66, p. 5113.)

Vesian de Lomagne mourut peu après sans laisser de postérité.

JEAN DE LOMAGNE,
SIRE DE FIMARCON.

S. IEHAN DE LOMAINHE.

Le *Dictionnaire de la noblesse*, XII, p. 233, a consacré une notice à Jean de Lomagne, sire de Fimarcon.

Jean de Lomagne, chevalier banneret, sire du « Fieu Marcon », a délivré en 1354, 1355 et 1356 diverses quittances scellées, tant pour ses gages et gens de guerre de sa compagnie, que pour les dons qui lui étaient faits pour l'aider à garder sa terre contre les Anglais. (Titres scellés, reg. 66.)

Le registre du Trésor des chartes JJ. 68, p. 422, contient une donation, faite par le Roi à Jean de Lomagne, de 100 livres de rente assises sur des fiefs que le Roi possède à La Romieu et à Ligardes. Plus, le Roi donne les hommages de plusieurs nobles des territoires de La Romieu et de Ligardes ; Raymond de Pugens doit une paire d'éperons dorés ; Bernard de Bardin et autres doivent un autour ou épervier, *unum asturum avem venaticum*. (Amiens, mai 1347.)

VESIAN DE LOMAGNE,
SIRE D'ASTAFFORT.

S. VISIAN DE LOMANIA.

Vesian de Lomagne, sire d'Astaffort, n'est pas mentionné pas les généalogistes.

Il fut un des seigneurs auxquels Édouard, roi d'Angleterre, adressa, le 1ᵉʳ juin 1340, une protestation contre l'avènement de Philippe de Valois au trône de France. (Noulens, *Galard*, I, p. 460.)

Le 12 septembre 1352, il était au camp devant Saint-Anthonin, lorsqu'il délivra quittance scellée de ses gages.

Il délivra deux autres quittances, l'une 14 juillet 1353 devant Saint-Antonin, l'autre en avril 1353 à Caussade. (Voir Baradat de Lacaze, *Astafort en Agenais, Notice historique et coutumes*, Agen, 1876, in-8°, 226 pages.)

SIRES DE TERRIDE.

A l'extrémité septentrionale de la commune de Saint-Georges (Gers, canton de Cologne), on rencontre une grosse construction carrée, aux murs épais en pierres d'appareil brunis par les siècles: c'est l'antique château de Terride, qui a donné son nom à une famille illustre, issue des sires de l'Isle-Jourdain, et qui a partagé avec eux la vicomté de Gimois. Le nom de cette vieille ruine est effacé de la mémoire des hommes (1); la carte de Cassini l'appelle château Saint-Pierre, à cause de l'église de Saint-Pierre-de-Vinsac qui est voisine; la carte de l'état-major l'appelle simplement château. Là cependant habitait au XIIIᵉ siècle Odon de Terride, le fondateur de la ville de Cologne. Quoique ses ancêtres eussent déjà fort ébréché leur moitié de la vicomté de Gimois pour doter leurs enfants, il lui restait encore un domaine seigneurial fort

---

(1) On ne sait pas non plus aujourd'hui qu'à 3 ou 4 kilomètres au sud, dans une petite vallée fraîche et fertile, les bâtiments du treizième siècle que l'on appelle le château des Granges sont un souvenir de la pieuse générosité des sires de Terride. En 1231, ils donnèrent ce terrritoire aux religieux de Grand-selve qui y fondèrent un de ces grands établissements agricoles qu'ils nommaient des granges. Ce fut la grange de Terride qui resta jusqu'à la fin du XVIIᵉ siècle sous l'administration d'un religieux de Grandselve, le granger de Terride. Cette construction devrait être étudiée archéologiquement.

La donation comprenait le partage des droits seigneuriaux sur le territoire de Terride. (*Mémoires de la Société archéologique du Midi*, t. VII, p. 203.)

étendu au nord et à l'est. A l'exemple des abbés et des seigneurs ses contemporains, il voulut avoir aussi sa ville et ses bourgeois. Il appela les officiers du roi de France en paréage, il donna les terres et retint la moitié des droits féodaux. Dès lors lui et ses descendants furent seigneurs de Terride et coseigneurs de Cologne, ces deux titres ne se divisèrent plus.

Cinquante ou soixante ans après cette fondation, Raymond-Jourdain, dont nous parlerons, fils puîné, ayant eu en partage la seigneurie de Penneville, sise au nord, sur la basse Gimone (aujourd'hui Labourgade, canton de Saint-Nicolas-de-la-Grave, arrondissement de Castelsarrasin), y transporta sa résidence et y fit construire un château qu'il nomma Terride. Les générations qui s'y succédèrent en firent une vaste et superbe habitation. Ce « château était un des plus magnifiques de la province avant sa « ruine, » nous dit l'abbé de Seguenville (*Généalogie Faudoas*). Il avait fait oublier le berceau de la famille qui n'était plus que *Terrida bielha*. Cependant, jusqu'au siècle dernier, ce superbe château de Terride était encore appelé par le peuple château de *Peniville*, et le grand donjon était la tour de *Peniville*. (*Histoire de Languedoc*, VI, 340, 343.)

Les héritiers aînés de Odon de Terride gardent la possession de Cologne et Terride-Vieille. L'un, Bertrand, rend hommage au Roi, comte de Toulouse, en 1389, pour une dizaine de seigneuries et entre autres Cologne et Terride-Vieille. Sa petite-fille et unique héritière, Marie, épouse Roger de Comminges, qui rend hommage en 1456 pour cette même seigneurie. Ces Comminges restent possesseurs jusque vers 1522. (*Dict. de la noblesse*, t. XVIII, p, 857. — Anselme, t. II, 663.)

C'est sans doute par une vente que ces seigneuries passèrent dans des mains étrangères. On lit sur un registre de Demaria, notaire à Cologne, folio 134, un bail du 9 juillet 1531, par lequel « honorabilis vir dominus Johannes de Insula, rector de bastita « de Maubiela, ac condominus dicte ville de Colonie et territorio- « rum de Terrida-Vielha et de Cassas », afferme ses droits seigneuriaux sur ces territoires moyennant six cartons et demi de bled froment. Honorable Jean de l'Isle mourut peu après, fondant en l'église paroissiale, chapelle de N.-D.-de-Pitié, un obit appelé chapelle du Barthas. (Coigné, notaire à Cologne, acte 30 janvier 1603.)

En 1540, Bernard de Narbonne était coseigneur de Cologne et de Terride-Vieille. Il en fournit dénombrement, rappelé dans un acte du 9 août 1667. (Fournier, notaire à Mauvezin.) Aymeric de Narbonne vendit ses droits, en 1581, à la famille de Salluste-du Barthas. (*Revue de Gascogne*, tome x, page 225.) Barthélemy du Frère dénombra en 1609 et 1639. Le 9 août 1667, Henriette de Carré, veuve de noble Coriolan de Frère de Salluste, sieur du Barthas, coseigneur de Cologne, tutrice de ses enfants, déclara à François d'Algaires, procureur du Roi en la sénéchaussée de l'Isle, subdélégué de M. de Lucas, juge de Lectoure, que ses droits seigneuriaux sur Cologne sont mal définis, qu'ils doivent être fixés sur les territoires de *Terride-Vieille*, Cassas et autres. (Fournier, notaire à Mauvezin) (1).

Ainsi nous sommes bien assurés du lieu où les premiers Térride ont résidé.

L'histoire de la vicomté de Gimois et des sires de Terride a été faite par l'*Histoire de Languedoc*, tome VI, p. 340, 343, et par le *Dictionnaire de la noblesse*, tome XVIII, *verbo* Terride.

RAYMOND-JOURDAIN DE TERRIDE,
SIRE DE PENNEVILLE.

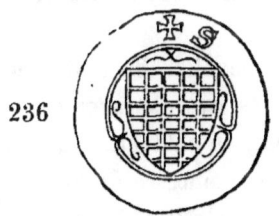

236

Raymond-Jourdain était le second fils d'Odon, vicomte de Terride et de Gimois.

Il eut en partage la seigneurie de Penneville, et y bâtit le nouveau château de Terride. Il fut sénéchal pour le comte de Foix. En 1324,

(1) Le péage du *Pont de Terride* est compris dans ces droits seigneuriaux.

lettres de rémission accordées à Jeanne d'Artois, comtesse de Foix, et à ses officiers Raymond-Jourdain de Terride, sénéchal de Foix, Erard de Terride, son frère, Pierre de Bociac, juge de Foix, qui avaient commis des meurtres au Mas-Saint-Antonin, sur les gens de l'évêque de Pamiers. (*Histoire de Languedoc*, VII, 83, et Archives de Pau, E. 403.)

Bientôt après, Raymond-Jourdain, entré au service du roi de France, devint *sénéchal* et *régent* de la sénéchaussée d'Agenais et capitaine de Marmande. Il prend ces noms et qualités dans une quittance scellée, datée d'Agen, 16 janvier 1341 (v. st.), pour une somme de 200 livres, que lui a fait donner Agot des Baux, sénéchal de Toulouse. (T. sc., reg. 105, p. 8183.)

BERTRAND DE TERRIDE,

VICOMTE DE GIMOIS.

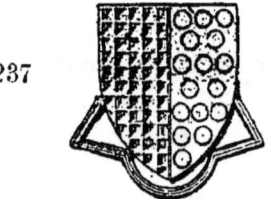

237

Bertrand, sire de Terride, vicomte de Gimois, a donné trois quittances scellées pour ses gages, 19 février 1352, 2 octobre 1353 et 10 mai 1356. (Titres scellés, reg. 105.)

Il servait en 1345 comme chevalier bachelier et fut fait prisonnier à la bataille d'Auberoche, après avoir bravement combattu jusqu'à la fin. En mai 1348, il fut témoin, au château de Lourdes, des conventions consenties par Jeanne d'Artois, comtesse de Foix. En 1353, il prit part au siège de Saint-Antonin, et, après la prise de la ville, il en fut nommé capitaine et la défendit victorieusement contre les Anglais. (Monlezun, III, 314, 315.) Étant sénéchal de Rouergue, il éprouva deux défaites, le 18 juin et le 12 juillet 1354. Il fut envoyé avec 300 hommes d'armes à la défense de Trie, en 1356. Le 10 août 1358, il servait avec 6 chevaliers bacheliers, 41 écuyers et 6 sergents à pied, dont il fit montre à Villeneuve de Rouergue, le 10 août 1358.

En 1362, il servait le comte d'Armagnac ; il fut fait prisonnier à la bataille de Launac, mais parvint à s'échapper, nous dit Monlezun, III, p. 367. Cependant il paya rançon, pour la garantie de laquelle il engagea ses seigneuries de Montpezat et de Moncaup. En 1368, il était capitaine de la comté de Gaure ; en 1369, il servait avec Guy d'Asai, sénéchal de Toulouse, et obtint la soumission de plusieurs villes du Rouergue et du Quercy ; il mourut avant 1371. (*Histoire de Languedoc*, VII, 261).

BERTRAND II DE TERRIDE,
SIRE DE PENNEVILLE.

238

S. BERTRAND....

Bertrand II de Terride, sire de Penneville, n'est pas mentionné par les généalogistes, il était cousin du précédent et fils de Raymond-Jourdain. Il servit le roi de France et fut nommé sénéchal de Bigorre. Les extraits des mémoriaux de la chambre des comptes (Bibl. nat., mss. franc. 20684, page 211) nous apprennent qu'il fut armé chevalier par le Dauphin de France, en 1350. « Des draps achetez à
« Jacques le Flamenc à la chevalerie M. le Dauphin, pour cinq aulnes
« d'écarlate vermeille de Brucelle, à faire cotte et mantel pour la veille
« de la chevalerie M. Bertrand de Terride, sénéchal de Bigorre, lequel
« a été en ce terme chevalier nouvel du Roy ; par mandement donné à
« Soissons, le 6e d'octobre 1350. »

En mars et septembre 1355, il servait sous le comte d'Armagnac et a donné quittance scellée, le 2 septembre, à Nogaro d'Armagnac, pour 1600 livres tournois des gages de sa compagnie. (Titres scellés, reg. 105, p. 8169.)

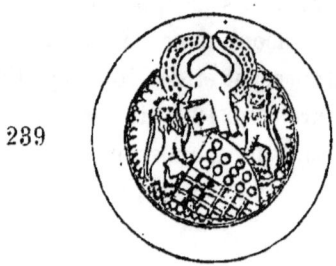

239

En 1356, autres quittances, l'une de 400 livres, pour la garde de la Bigorre; d'autres de la même année, sous un sceau différent des deux autres.

Nous ne savons comment il était seigneur de Gramat en Quercy (Lot). Le 22 février 1363, comme seigneur de Gramat, il reçut l'hommage de Barthélemy de Vassignac, pour la seigneurie de Mier, relevant de Gramat.

En 1368, avec le comte de Périgord et autres, il battit près Montauban les compagnies anglaises de Thomas de Walkafara, sénéchal pour le roi d'Angleterre. (Froissart, liv. I, part. 2, chapitres 259, 266, 270, etc.)

En 1369, il est au siège et à la prise de Rayauville, en Quercy.

En 1370, sous le duc d'Anjou, au siège et à la prise de Moissac.

En 1374, il accompagne le duc d'Anjou et Duguesclin dans leur expédition en Bigorre, aux sièges de Mauvezin et de Marciac.

Il avait été créé sénéchal de Rouergue, en 1360, succédant à son cousin Bertrand, vicomte de Gimois. Car le comte de Poitiers étant à Carcassonne, le 1ᵉʳ mai 1360, retint Guillaume de Falgar et sa compagnie pour servir sous Bertrand de Terride, seigneur de Penneville, *sénéchal de Rouergue*. (*Histoire de Languedoc*, VII, page 218, col. 2.)

9 février 1362, pactes de mariage entre Bertrand, sire de Penneville et de Bouret, au diocèse de Toulouse, et Maralde, fille de feu Amalvin de Landorre, seigneur de Cadars et de Solmiech; sœur d'Arnaud et de Brenguier de Landorre. (Archives de l'Aveyron, E. 973.)

Il mourut laissant trois enfants mineurs. M. P. du Faur leur a consacré une très intéressante notice dans le *Bulletin archéologique de Tarn-et-Garonne*, année 1887, pages 42 et suivantes. On y voit (note de la page 42) que cette branche des Terride, seigneurs de Penneville, se qualifiait en 1366, sur leurs domaines, vicomtes de Gimois, *bescomte de Gimoes*. Cela trompe; ces seigneurs de Penneville ne possédaient que la sixième part, à peu près, de l'ancienne vicomté de Gimois, divisée depuis 150 ans. Si une des branches pouvait encore prendre ce titre d'apparat, c'était celle qui possédait l'antique chef-lieu, c'est-à-dire Terride-Vieille.

TABLE DES MATIÈRES.

SCEAUX ECCLÉSIASTIQUES.

PAPE.
Clément V, p. 1.

CARDINAL.
Raymond de Goth, p. 2.

ARCHEVÊQUES D'AUCH.
Géraud de Labarthe, p. 3.
Garsie de Lort, p. 4.
Amanieu de Grisinhac, p. 5.
Guillaume de Flavacourt, p. 6.
Arnaud d'Aubert, p. 7.
Jean IV d'Armagnac, p. 8.

ÉVÊQUES D'AGEN.
Bertrand de Beceira, p. 12.
Raoul de Pins, p. 12.
Guillaume III de Pontoise, p. 13.
Pierre II, p. 14.
Pierre III Jorlandi, p. 14.
Bertrand de Goth, p. 15.

ÉVÊQUE D'AIRE.
Louis d'Albret, p. 15.

ÉVÊQUES DE BAYONNE.
Pierre de Maslacq, p. 16.
Pierre de Saint-Jean, p. 17.
Garsias de Heuguy, p. 17.
Jean IV du Bellay, p. 18.

ÉVÊQUE DE BAZAS.
Guillaume II de Pins, p. 19.

ÉVÊQUE DE COMMINGES.
Garsie de Lort, p. 19.

ÉVÊQUES DE CONDOM.
Aymeric Noël, p. 20.
N..., p. 21.

ÉVÊQUES DE COUSERANS.
Cérebrun de Gobdès, p. 21.
Nicolas, p. 22.
Arnaud Fredeti, p. 23.

ÉVÊQUES DE DAX.
Bertrand Ier, p. 24.
Jean II Bauffès, p. 25.
Jean III Guitard, p. 25.

ÉVÊQUE DE LANGRES.
Guillaume de Durfort, p. 26.

ÉVÊQUES DE LECTOURE.
Arnaud II, p. 27.
Bernard-André, p. 28.
Pierre V d'Abzac, p. 28.

ÉVÊQUE DE LESCAR.
Arnaud de Saliers, p. 29.

ÉVÊQUE DE LOMBEZ.
Jean de Bilhères, p. 32.

ÉVÊQUES DE TARBES.
Arnaud-Guilhem de Biran, p. 33.
Amanieu de Gresinhac, p. 34.
Roger de Foix, p. 35.

ARCHEVÊQUE DE TOULOUSE.
Jean de Cardaillac, p. 35.

ÉVÊQUE DE VALENCE.

Jean de Monluc, p. 36.

CHAPITRES ET CHANOINES.

Chapitre d'Auch, p. 37.
Chapitre d'Agen, p. 38.
Chapitre de Bayonne, p. 40.
Chapitre de Bazas, p. 41.
Chapitre de Condom, p. 42.
Chapitre de Couserans, p. 42.
Chapitre de Saint-Gaudens, p. 43.
Sous-chantre de Béziers, p. 43.
Archidiacre de la vallée d'Ossau, p. 44.
Prévôt de Toulouse, p. 44.
Collégiale d'Uzeste, p. 46.

ÉGLISES, CURÉS, PRÊTRES.

Église de Saint-Lizier de Mengué, p. 46.
Recteur de Saint-Léon de Bayonne, p. 47.
Curé de Corinhac, p. 47.
Curé de Saint-Sulpice, p. 48.
Prêtres divers, p. 48-50.

ABBAYES ET ABBÉS.

Abbaye de Belleperche, p. 51.
Abbaye de Boulbonne, p. 52.
Abbaye de Bonnefont, p. 53.
Abbaye de Saint-Jean de la Castelle, p. 54.
Abbaye de Saint-Pierre de Clairac, p. 55.
Abbaye de Saint-Pierre de Condom, p. 56
Abbaye d'Eysses, p. 57.
Abbaye de Feuillans, p. 57.
Abbaye de Flaran, p. 58.
Abbaye de Grandselve, p. 59.
Abbaye de Saint-Sever, p. 59.
Abbaye de Sordes, p. 60.
Abbaye de Sorèze, p. 61.

PRIEURÉS ET PRIEURS.

Prieuré de Saint-Caprais d'Agen, p. 62.
Prieuré de Saint-Orens d'Auch, p. 63.
Prieuré de Saint-Esprit de Bayonne, p. 64.
Prieuré de Saint-Nicolas de Bayonne, p. 64.
Prieuré de Bazas, p. 65.
Prieuré d'Éauze, p. 65.

COUVENTS.

Provincial des Carmes d'Aquitaine, p. 66.
Clarisses de....?, p. 67.
Frères Mineurs de Condom, p. 67.
Frères Prêcheurs d'Orthez, p. 68.
Chartreux du Port-Sainte-Marie, p. 69.
Provincial des Frères Prêcheurs de Toulouse, p. 70.
Inquisiteur de Gascogne, p. 71.

SCEAUX LAÏQUES.

ROIS DE NAVARRE.

Thibaut Ier, p. 73.
Marguerite de Bourbon, p. 74.
Thibaut II, p. 74.
Isabelle, p. 76.
Henri Ier, p. 77.
Blanche d'Artois, p. 78.
Jeanne Ire, p. 79.
Louis le Hutin, p. 81.
Marguerite de Bourgogne, p. 81.
Philippe le Long, p. 82.
Philippe d'Évreux, p. 82.
Jeanne de France, p. 85.
Charles II le Mauvais, p. 85.
Pierre de Navarre, p. 88.
Charles III d'Évreux, p. 89.
Jean d'Aragon, p. 91.
Jean III d'Albret, p. 92.
Catherine de Foix, p. 93.
Henri II d'Albret, p. 94.
Antoine de Bourbon, p. 95.
Henri III de Bourbon, p. 96.
Catherine de Bourbon, p. 96.

SIRES D'ALBRET.

Bernard II Ezi, p. 97.
Marguerite de Bourbon, p. 98.
Arnaud-Amanieu, p. 98.

TABLE DES MATIÈRES.

Charles Ier d'Albret, p. 99.
Gabriel d'Albret, p. 100.

COMTES D'ARMAGNAC.

Géraud V, p. 101.
Bernard VI, p. 103.
Jean Ier, p. 104.
Jeanne d'Armagnac, p. 108.
Jean II, p. 109.
Jean III, p. 110.
Bernard VII, p. 111.
Jean IV, p. 112.
Jean V, p. 116.
Charles II d'Alençon, p. 118.
Bernard d'Armagnac, sénéchal d'Agenais, p. 118.
Bernard d'Armagnac, comte de Pardiac, p. 120.
Jean d'Armagnac, vicomte de Fezensaguet, p. 121.
Pierre d'Armagnac, bâtard de Fezensaguet, p. 125.
Jean d'Armagnac, seigneur de Termes, p. 125.
Giraut d'Armagnac, chevalier, p. 129.
Manaud d'Armagnac, seigneur de Bilhères, p. 129.
Amanieu d'Armagnac, capitaine de Barcelonne, p. 130.
Amanieu d'Armagnac, capitaine de Saint-Justin, p. 131.
Guiraud d'Armagnac, chevalier-bachelier, p. 131.
Jean, bâtard d'Armagnac, dit de la Guerre, p. 135.

COMTES D'ASTARAC.

Centulle IV, p. 136.
Jean II, p. 136.
Boémont d'Astarac, p. 139.

COMTES DE BIGORRE.

Esquivat, p. 140.
Agnès, p. 141.

COMTES DE COMMINGES.

Bernard V, p. 142.
Bernard VI, p. 145.
Bernard VII, p. 146.
Pierre-Raymond Ier, p. 147.
Pierre-Raymond II, p. 148.
Mathieu, p. 149.
Roger de Comminges, vicomte de Bruniquel, p. 150.
Bernard de Comminges, écuyer des écuries du Roi, p. 151.
Raymond-Roger de Comminges, p. 151.
Emerigot et Bernard de Comminges, p. 152.

COMTES DE FOIX.

Raymond-Roger, p. 153.
Roger-Bernard II, p. 154.
Roger IV, p. 156.
Roger-Bernard III, p. 159.
Marguerite, p. 160.
Gaston Ier, p. 161.
Roger-Bernard de Foix, vicomte de Castelbon, p. 163.
Gaston II, p. 163.
Gaston III Phœbus, p. 164.
Archambaut de Grailly, p. 165.
Isabelle, p. 166.
Jeanne d'Albret, p. 167.
Gaston III de Foix le Boiteux, p. 167.
Gaston XII, vicomte de Béarn, p. 168.
Odet de Foix, vicomte de Lautrec, p. 169.

COMTES DE L'ISLE-JOURDAIN.

Jourdain IV, sire de l'Isle-Jourdain, p. 171.
Bertrand-Jourdain de l'Isle, p. 173.
Bertrand de l'Isle, p. 174.
Bertrand, comte de l'Isle-Jourdain, p. 175.
Arnaud, bâtard de l'Isle, p. 176.
Bertrand-Jourdain de l'Isle, sire de Launac, p. 177.
Jean-Jourdain, comte de l'Isle-Jourdain, p. 178.
Jean, comte de l'Isle-Jourdain, p. 179.
Bertrand II, comte de l'Isle-Jourdain, p. 180.

VICOMTES DE LOMAGNE.

Vivian, vicomte de Lomagne, p. 181.
Yspan de Lomagne, sire de Gimat, p. 182.

Arnaud de Lomagne, sire de Gimat, p. 182.
Vesian de Lomagne-Gimat, p. 183.
Jean de Lomagne, sire de Fimarcon, p. 185.
Vesian de Lomagne, sire d'Astaffort, p. 185.

SIRES DE TERRIDE.

Raymond-Jourdain de Terride, sire de Penneville, p. 188.
Bertrand de Terride, vicomte de Gimois, p. 189.
Bertrand II de Terride, sire de Penneville, p. 190.

(La deuxième partie contiendra les sceaux des seigneurs, des justices, des villes, des bourgeois, et un supplément.)

SCEAUX GASCONS

DU MOYEN AGE

(GRAVURES ET NOTICES)

PUBLIÉS POUR LA SOCIÉTÉ HISTORIQUE DE GASCOGNE

PAR

PAUL LA PLAGNE BARRIS

CONSEILLER A LA COUR D'APPEL DE PARIS

Ire PARTIE

SCEAUX DES SEIGNEURS

PARIS	AUCH
HONORÉ CHAMPION	COCHARAUX FRÈRES
ÉDITEUR	IMPRIMEURS
9, quai Voltaire, 9	11, rue de Lorraine, 11

M DCCC LXXXIX

ARCHIVES HISTORIQUES
DE LA GASCOGNE

FASCICULE DIX-SEPTIÈME
SCEAUX GASCONS DU MOYEN AGE

PAR

PAUL LA PLAGNE BARRIS

La SOCIÉTÉ DES ARCHIVES HISTORIQUES DE LA GASCOGNE *inscrit le nom de M. Paul LA PLAGNE BARRIS sur le titre de ce volume, pour rendre à sa mémoire vénérée un hommage que sa modestie avait refusé de son vivant.*

Le premier volume des SCEAUX GASCONS DU MOYEN AGE *aussi bien que celui-ci et que le prochain et dernier que nous publierons sont l'œuvre de notre très regretté et savant confrère.*

J. DE C. DU P.

SCEAUX DES SEIGNEURS.

GÉRAUD D'ARBEYSSAN.

240

S. GIR...

Le sceau que nous reproduisons est attaché à la quittance suivante :
« Saichent tous que nous Giraut, sire de l'Ille d'Arbessan, chevalier,
« avons eu et receu de Jacques Lempereur, tresorier des guerres. . . .
« des gaiges de nous et des gens d'armes de nostre compagnie sous
« M. le comte d'Armagnac, neuf vint dix-sept livres tournoises. . . »
1er novembre 1356. (T. sc., reg. 62.)

Arbeyssan était l'une des quatre premières baronnies du Fezensac.

Le comte d'Armagnac et chacun de ses quatre barons (Montaut, l'Isle-d'Arbeyssan, Montesquiou et Pardaillan) avaient droit de stalle dans le chœur de la cathédrale, après les dignitaires du chapitre. C'était un souvenir honorifique de leur participation dans la seigneurie d'Auch.

Les capitulaires nous apprennent qu'il y avait un comte dans chaque ville épiscopale, exerçant l'autorité au nom du Roi, concurremment avec l'évêque. Maximin Deloche (*Mémoires de l'Académie des Inscriptions et Belles-Lettres*) en a donné une foule de preuves. Quand la féodalité s'établit, l'autorité fut irrévocablement partagée entre l'évêque et le comte. C'est ce qui fait que toutes les villes épiscopales étaient en paréage, Auch, Lectoure, et même les territoires où les évêques ne sont seigneurs *en seul* que pour ce qu'ils ont acquis après le IX° siècle.

Les descendants puînés des comtes ont gardé, à titre de souvenir de leur origine, cette stalle dans le chœur et quelques autres droits honorifiques qui ne pouvaient leur venir que par hérédité du comte. Ces barons étaient les descendants des comtes ; le cartulaire d'Auch en fournit des présomptions si nombreuses et si fortes que l'on n'en peut guère douter.

La première race de ces barons d'Arbeyssan, que l'on rencontre constamment mêlés à notre histoire provinciale, s'est éteinte dans la famille de Noé, qui habite encore aujourd'hui le château de l'Isle-d'Arbeyssan, devenu l'Isle-de-Noé. (Voir plus loin Noé.)

Les cartulaires de Sainte-Marie d'Auch (Archives du Gers) et de l'abbaye de Berdoues (Archives du Séminaire d'Auch) nous font connaître plusieurs générations de ces barons :

I. — Géraud vivait en 1073 et 1096 ; il eut :

II. — Odon, vivant 1096 à 1140, dont vinrent : 1° Géraud, qui suit ; 2° Odon ; 3° Guillaume ; 4° Ugo.

III. — Géraud, IIme du nom, 1140 à 1180, fonda la ville de l'Isle-d'Arbeyssan (aujourd'hui l'Isle-de-Noé, canton de Montesquiou, Gers) au confluent des deux Baïses, sur l'emplacement d'une ancienne villa romaine dont il existait naguères des souvenirs : fragments de mosaïques dans une maison ; chapiteau de pilastre employé dans la bâtisse de la porte fortifiée de l'ouest, porte démolie il y a trente ans (1).

Géraud épousa Adalaïs, dont il eut : 1° Odon, qui suit ; 2° Géraud, qui a laissé postérité ; 3° Nazère, mariée à Guillem-Bernard de Castelbajac, dont postérité mentionnée dans une donation de l'an 1214 à l'abbaye de Berdoues, charte 325.

IV. — Odon, IIme du nom, 1180 à 1205 ; nommé dans les chartes de Berdoues avec son père et sa mère et avec sa femme Fazère ou Azère en 1163. Il eut :

1° Vital, qui suit ;

2° Géraud, qui laissa postérité ;

3° Bernard-Aton, qui mourut de maladie à Auch, en 1187, faisant à l'abbaye de Berdoues une donation ratifiée ultérieurement par son père et ses frères.

---

(1) Une des piles romaines de la vallée de la Baïse est au hameau de Pontic, à 8 ou 900 mètres au nord de l'Isle-de-Noé.

V. — Vital, chevalier, sire de l'Isle d'Arbeyssan de 1205 à 1240 ; nommé dans les chartes de Berdoues, 1194, 1199, 1203. — Ses enfants furent : 1° Odon, qui suit ; 2° Bernadat ; 3° Géraud.

VI. — Odon, IIIme du nom, 1240 à 1268. Il fait accord, de concert avec son frère Géraud, au sujet d'une donation faite par leur père à l'abbaye de Berdoues, 1238. — En 1251, il est pris pour arbitre pour la délimitation des droits décimaux entre l'abbaye de Berdoues et l'hôpital de Serregrand. Il eut entre autres enfants, Hugues, qui suit.

VII. — Hugues d'Arbeyssan, damoiseau, témoin de l'arbitrage de 1301 entre le comte d'Armagnac et les consuls d'Auch. Le jour de Saint-Mathieu 1321, il avoua tenir en fief et hommage du comte d'Armagnac son château de l'Isle-d'Arbeyssan.

Le samedi avant la Nativité de la Sainte Vierge 1321, il avoua tenir en fief noble, sous l'hommage du comte d'Armagnac, toute la portion de la baronnie et château de Lagraulet, que sa femme Talesie de Lagraulet possédait comme héritière de son frère Hugues de Lagraulet.

Il fut père de Géraud sire de l'Isle-d'Arbeyssan, chevalier, dont nous donnons le sceau.

NICOLAS D'ARMENONVILLE,

TRÉSORIER DES GUERRES A TOULOUSE.

[S. NIC]OLAS DARMENOVIL[LE].

Le sceau que nous reproduisons est attaché à la quittance suivante :
« Noverint universi quod nos Nicolaus de Ermenonvilla, thesaurarius
« Tholose, de septuaginta quinque libris domino Sycardo de Remdano,
« militi, debitis pro stipendiis suis in stabilita Lectore in ultimo Vas-
« conie exercitu deservitis per computum domini Blayni Luppi, militis,
« quondam seneschalli Tholose, de tempore quo fuit capitaneus
« Vasconie, et per ejus litteras quas penes nos retinuimus, solvimus
« eidem militi triginta septem libras decem solidos tur. pro medietate.
« Et sic restant que debentur eidem militi triginta septem libre decem

« solidi tur. In cujus rei testimonium sigillum meum presentibus lit-
« teris duximus apponendum. Datum Tholose, die xx februarii anno
« Domini millesimo trecentesimo tercio ». (Extrait des Archives du
château de Saint-Blancard.)

PERROTON D'ARTIGUELOUBE.

242

S. PERE DARTIGUALO[BE].

Le sceau est au pied de la capitulation de Guise par Lahire. (Voir Vignoles-Lahire.)

Perroton fut un des compagnons de ce célèbre capitaine. Il était l'un des fils de Loup-Bergon, seigneur d'Artigueloube en Béarn (Basses-Pyrénées, canton de Lescar), qui figure dans l'armée de Gaston-Phœbus avec deux de ses fils : « Lo senhor d'Artiguelobe, armat et a cavag, —
« Arnaud Guillaume, borc d'Artigueloube, — Bergonhat d'Artigue-
« lobe ».

Loup-Bergon rendit hommage pour Artigueloube, en 1391, à Mathieu comte de Béarn.

Bergonhat, son fils, renouvela le même hommage en 1428 (Archives de Pau, E 314, 321).

De cette famille sont sortis deux évêques de Pamiers. L'un, Barthelemy, siégea de 1460 à 1469. Mathieu, son neveu, fut élu par le chapitre, confirmé par l'archevêque de Toulouse, son métropolitain ; mais le pape nomma Paschal Dufour, notaire et habitant de Pamiers. Mathieu d'Artigueloube soutint ses droits par les armes. Il réunit des hommes de guerre, saisit les revenus de l'évêché, combattit les compétiteurs que le pape nommait les uns après les autres, et enfin après quarante ans de lutte et de ravages il fut maintenu par arrêt du Parlement de Paris en 1506 et eut paisible possession jusqu'à sa mort. (*Histoire de Languedoc*, t. VIII, p. 189; — *Annales de Pamiers*, par M. de Lahondès, t. I.)

BERNARD D'AUDIRAC.

S. BERNART DAVDIRAC.

Ce sceau est attaché à la quittance suivante :
« Sachent tuit que Je Bernart Daudirac dit Pynon, de Riscle, escuyer,
« ay eu et receu de Jac. Lempereur, tresorier des guerres du Roy
« nostre sire, par les mains de Even Dol, son lieutenant, en prest sur
« les gaiges de moy, des gens d'armes et de pié de ma compagnie
« desservis et à desservir en la garde du chastel de Serrafront, sous le
« gouvernement de monsr Jehan conte d'Armagnac, lieutenant dudit
« sr Roy ès partyes de Languedoc, vingt cinq livres ; desquelles etc. A
« Toulouse, sous mon seel, 15 mars 1353 » (T. sc., reg. 39).

D'Audirac a donné des quittances semblables, pour les années 1354 et 1355, à Toulouse ou Agen, toujours comme châtelain de la petite forteresse ou bastide Serrefront, qui fut très souvent attaquée et finalement presque ruinée par les Anglais.

On trouvera la famille Daudirac souvent nommée dans notre volume des *Comptes de la ville de Riscle*.

RAYMOND-BERNARD D'AULIN.

244

S. R. BERNARDI AVLINI.

Raymond-Bernard d'Aulin (1), chevalier, paraît avoir porté les armes toute sa vie. Voici la quittance à laquelle est attaché le sceau que nous donnons.

« Saichent tout que nous Raymond-Bernart d'Aulin, chevalier, avons
« eu et receu de Jehan Lemire, tresorier des guerres messire le Roy,
« et François de l'Ospital, clerc des arbalestriers dudit seigneur, sur le
« service que nous et les gens de nostre compaignie avons fait audit
« seigneur ès frontieres de Gascoigne en l'an CCCXXVII et CCCXXVIII,
« sous le gouvernement de noble homme Jehan seigneur de Blanville,
« cinc cens et trois livres quinze soulz tournois. Donné à la Reole,
« souz nostre scel, le XXᵉ jour de juin, l'an mil trois cens vint et neuf. »
(T. sc., reg. 8, p. 413.)

On le retrouve aux guerres de Gascogne, de 1338 à 1341, sur les comptes de Barthélemy du Drach, trésorier des guerres.

On y voit également Othon d'Aulin. — Mancip d'Aulin vivait en 1376. Bernard d'Aulin rendit hommage en 1381 au comte d'Astarac pour le fief d'Aulin. Jean-François d'Aulin épousa Marguerite de Grossoles; il n'en eut qu'une fille, Anne, mariée à François d'Esparbez de Lussan; son fils aîné, Philippe d'Esparbez, de concert avec sa mère devenue veuve, vendit, par contrat du 2 septembre 1634, la terre et seigneurie d'Aulin à Pélerin Dufourc, avocat au parlement, habitant Mirande, moyennant diverses terres données en échange et une soulte de 6,650 livres. Le 23 du même mois, Pélerin Dufourc se fit reconnaître comme nouveau seigneur par les habitants et jura leurs coutumes données en 1312 (Étude de Mᵒ Magné, notaire à Mirande, reg. de Mᵉ Capdau).

Une branche cadette de la famille d'Aulin a possédé la seigneurie de Poucharramet (Haute-Garonne), de 1340 à 1527. Odet d'Aulin, sei-

---

(1) Commune de Traversères, canton de Saramon, Gers.

gneur de Poucharramet, dernier de sa branche, maria sa fille unique, Françoise, à Antoine de Mascaron, seigneur de Mosquères, par contrat du 4 avril 1527.

SAVARY D'AURE,

SEIGNEUR DE LARBOUST.

245

Sceau en papier, attaché à une quittance du 23 octobre 1569. (T. sc., reg. 138, p. 2519.)

Savary d'Aure, seigneur de Peyre et de Larboust, fils de Jean et de Marie de Savignac (en Rouergue), fut lieutenant de la compagnie de M. de Gramont, chevalier de l'ordre.

La généalogie de la famille d'Aure est imprimée dans Anselme (t. IV, p. 611), et mieux encore dans l'*Histoire de la Maison de Gramont*.

ODET D'AYDIE,

SIRE DE LESCUN.

246

Plusieurs quittances des années 1486 et autres sont revêtues du sceau de Odet d'Aydie, sire de Lescun, comte de Comminges, amiral de Guyenne, mort avant le 24 août 1498, et enterré dans la chapelle du château de Fronsac.

On trouvera sa vie racontée en abrégé dans l'*Histoire de Charles VIII*, par Guillaume de Jaligny; dans les *Mémoires* de Ph. de Commines (chapitre 43); dans les dictionnaires biographiques; dans l'*Histoire généalogique* du P. Anselme (tome VII, p. 858 et suivantes), qui décrit un autre sceau que nous n'avons pu retrouver et où l'on voit pour armoiries quatre lapins. L'écu du sceau que nous reproduisons est fruste. Il faut le rétablir ainsi : *écartelé de Lescun* (voir LESCUN) *et sur le tout d'Aydie, de gueules à quatre lapins d'argent.*

Odet d'Aydie est un de ces hommes trop oubliés qui mériteraient une étude spéciale et des recherches attentives. On peut suivre une grande partie de sa vie militaire sur les registres des montres qui sont à la Bibliothèque nationale. En 1488, il trahit ses devoirs et prit parti contre le Roi; il fut gouverneur de Chateaubriant pour les mécontents. La Tremoille alla l'y assiéger et l'obligea à capituler le 23 avril 1488. Dans un très rare volume publié par M. le duc de la Tremoille

(*Correspondance de Charles VIII avec L. de La Tremoille pendant la guerre*... Paris, 1875), nous trouvons une lettre de Charles VIII qui mérite de trouver place ici, quoique le *bon sieur Odet* ait obtenu sa grâce.

Lettre du Roi, 28 avril 1488. — « Nous avons eu le double des lec-
« tres que ce bon sieur Odet et les autres prisonniers que vous avez
« envoyez à Angiers ont escriptes au duc de Bretagne et à notre frère
« d'Orleans, là où ils montrent qu'ils ne sont guères sages, car ils
« signent lectres de leurs mains d'eulx trouver à la bataille contre
« nous. Nous avons esperance de leur bailler quelque jour la bataille
« qu'il leur appartient, car c'est contre le maistre des euvres qu'elle
« leur est deue. Si le Parlement les tenoit avec ceste lectre, nous ne
« faisons point de doubte qu'ils ne mectrayent gueres de les envoyer à
« ladite bataille. . . . . ».

Voir aussi sur Odet d'Aydie les notes de notre volume des *Comptes de Riscle*.

ROBERT DE BALZAC.

247

S. ROBERT DE BALSAC.

Robert de Balzac, troisième fils de Jean de Balzac et d'Agnès de Chabannes, seigneur d'Entragues en Auvergne, châtelain de Tournon, Port-de-Penne, Castelculier et Rieumartin, servit Louis XI contre le comte d'Armagnac; il fut créé sénéchal de Gascogne et d'Agenais et le Roi lui donna les seigneuries de Malause, Clermont-Soubiran et le quart d'Astafort confisqués sur le comte d'Armagnac. Il épousa, le 3 octobre 1474, Antoinette de Castelnau-Bretenous.

En 1484, il fonda à Saint-Amans une église collégiale de six chanoines, six prébendiers et plusieurs chapelains, et fut inhumé dans cette église.

Voir, sur Robert de Balzac, Moréri et le *Dict. de la Noblesse*, généalogies Balzac; la biographie publiée par Tamizey de Larroque (1) dans la *Revue des Langues Romanes*, 1887, et nos *Comptes de Riscle*, année 1473.

Quittances scellées pour ses gages de sénéchal d'Agenais à 300 livres par année, 1470-1474 (Titres scellés, reg. 139). Le sceau que nous reproduisons est attaché à ces quittances.

La même collection (vol. 120) renferme une montre de la compagnie de Robert de Balzac, sénéchal d'Agenais, passée à Ravenel, le 31 mars 1470, où nous relevons les noms gascons qui suivent : messire Roger de Montault ; Bernard de Mauléon, Bernard de Montagudet, Arnauton d'Artiguedieu, Odet de Rouillac.

Pierre de Balzac, chevalier, seigneur d'Entraigues, « fils de monseigneur le sénéchal d'Agenais, » a donné quittances scellées et signées, 24 mai 1508, de la pension de 300 livres que lui fait le Roi pour son entretien ; 28 mai 1522, de la pension de mille livres que le Roi lui a accordée sur la collecte du Forez et Beaujolais. Il est qualifié seigneur de Balzac, d'Entragues et de Saint-Amand, de Paulhac, de Dunes et Clermont-Soubiran en Agenais (Titres scellés, 139, 2553).

BARBAZAN.

L'Histoire généalogique de la Maison de Faudoas, dressée sur les titres originaux, etc., *recueillis par M. du Fourny* (2) (Montauban, Descoussat, 1724, in-4°), a donné, pp. 45 et suiv., une savante et précieuse notice historique sur les seigneurs de Barbazan, avec la plupart des quittances et pièces scellées. Duchesne, *Histoire de la Maison de Richelieu*, a donné aussi une généalogie Barbazan.

La *Revue d'Aquitaine*, la *Revue de Gascogne*, M. Paul Durrieu dans nos *Archives historiques*, ont publié des documents importants

---

(1) *Le chemin de l'ospital*, par Robert de Balsac, avec une notice sur l'auteur, par Tamizey de Larroque, Montpellier, Hamelin frères, 1887.

(2) « *Et mis en lumière par un de ses amis* » (M. l'abbé de Faudoas de Séguenville).

que du Fourny n'avait pas connus. Nous sommes obligés d'y renvoyer le lecteur qui voudrait faire une étude plus approfondie sur ces célèbres hommes de guerre, et de nous borner aux indications que la recherche des sceaux nous a fortuitement procurés.

Barbazan-Debat, arrondissement de Tarbes, est le lieu qui a donné son nom à cette famille. Mais elle possédait très anciennement des seigneuries dans l'Astarac, le Pardiac et le Fezensac.

En 1207, Aymeric de Barbazan est témoin, avec d'autres nobles de la Bigorre, et l'évêque de Bigorre, d'une donation faite à l'abbaye de Berdoues par Bernard de Bazillac (Cartulaire de Berdoues aux Archives du Séminaire d'Auch, chartes 11 et 12).

En 1210, Arnauld-Guillem de Barbazan, bailli d'Astarac, rend une sentence arbitrale entre les religieux de Berdoues et la famille de Mesplède (*Idem*, charte 30).

Il fait donation aux religieux du droit de pâturage sur ses terres (charte 281).

En 1238 et 1243, Arnauld-Guillem de Barbazan est témoin des donations faites à l'abbaye par Arnaud-Guillem de La Barte (*Idem*, chartes 372, 373).

En 1217, Raymond de Barbazan est témoin d'une donation faite à l'abbaye par Comtebon « Comdebo » d'Antin (charte 300).

En 1255, Arnauld de Barbazan, frère convers de l'Escale-Dieu, est granger de Masseube (charte 366).

En 1244, Arnauld-Guillem de Barbazan est présent à l'hommage rendu au comte de Toulouse par le comte de Comminges (Teulet, *Trésor des Chartes*, t. II, 540, 541).

En 1256, il est pleige d'un accord entre le comte de Bigorre et le vicomte de Béarn (*Idem*, t. III, p. 316 à 320).

Biblioth. nat., collect. de Camps, vol. 83, fol. 107 : « Deniers « bailliez par Thomas du Petit Celier à plusieurs gens d'armes « depuis le 1er jour d'avril 1318... ès frontieres de Flandres avec « Mons. le connetable jusques à la Trinité ensuyvant 1319.....

« M. Menaut de Barbasen.

« M. Thibaut de Barbasen ».

Idem, page 117 : Thibaut de Barbazan est parmi les valets et autres de la maison du Roy à qui l'on a donné des robes à Pâques, 1321.

Boutaric, *Actes du Parlement de Paris* (Paris, Plon, 1867, tome II, n° 4605) : Mandement en faveur de Manaud et Auger de Barbazan, frères, et de Thibaut, fils de Manaud, 1317 ; n° 4904 : Révocation d'une donation de 100 livres de rente à prendre sur la seigneurie de Beaumarchais, faite par Philippe le Bel à Manaud de Barbazan ; n° 8014 : Lettres ordonnant l'élargissement de Thibaut de Barbazan en 1328.

THIBAUT DE BARBAZAN.

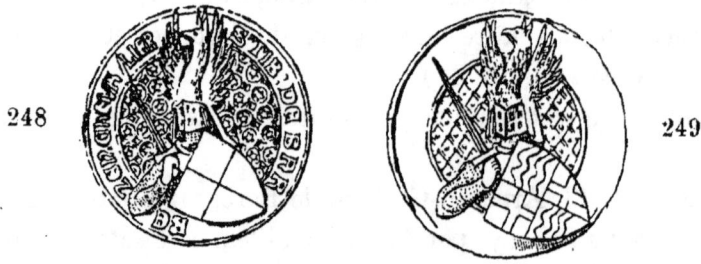

248   249

S. TIB. DE BARBEZEN CHEVALIER.

Thibaut de Barbazan, chevalier, sénéchal de Carcassonne, capitaine de Bazas en 1345. Les *Archives historiques de la Gironde* ont publié la sommation de rendre la place, adressée par le comte de Derby, et la réponse de Barbazan (tome III, pp. 167, 168 ; t. X, p. 43).

Les sceaux n°ˢ 248 et 249 sont attachés à un bon nombre de quittances de ses gages. Celle donnée à Toulouse, le 24ᵉ jour de l'an 1349, est un compte des sommes s'élevant à 3384 livres qu'il a reçues, depuis le 12 novembre 1347, comme chevalier banneret, capitaine de Condom, de Montréal, de Villenovette près Mézin, et de Podenas ; ayant dans sa compagnie trois chevaliers bacheliers, 117 écuyers et 290 sergents à pied (T. sc.).

MANAUD DE BARBAZAN.

S. MANALDI DE BARBAZANO DO.   ...D BARBASANO.

Manaud de Barbazan, fils du précédent, a scellé, en 1355 et 1356, neuf quittances des sceaux n°s 250 et 251. Il était chevalier, capitaine de toute la terre de Rivière, ayant sous ses ordres 60 écuyers et 120 sergents à pied. (T. sc.)

Il servit le comte d'Armagnac contre le comte de Foix et fut fait prisonnier à la bataille de Launac.

Il fut maréchal de l'armée royale en Languedoc, sénéchal de Quercy, capitaine du Poitou et Saintonge et combattit toute sa vie.

Hommage de Manaud de Barbazan au comte d'Armagnac pour les seigneuries de Marseillan, Castelnavet, Sos, *Senibrabo* (?), Lascazeres, Bidoza et autres; Camarade en partie, *Tausianum* au comté de Gaure, 1er avril 1362. (Doat, t. 195, fol. I.)

ARNAUD-GUILLEM DE BARBAZAN.

M. ARNAULT GUILLEN S. DE BARBEZEN CHEVALIER.

Arnauld-Guillaume, seigneur de Barbazan, chevalier banneret, premier chambellan du Roi, fut le dernier mais le plus célèbre de sa race. Les historiens l'ont qualifié *chevalier sans peur et sans reproche, restaurateur de la monarchie française.* Tous les dictionnaires biographiques racontent sa vie glorieuse; Séguenville, *Généal. Faudoas*, a publié divers documents qui le concernent.

Le 9 décembre 1415, il donna quittance scellée pour ses gages et de 300 hommes d'armes et 400 hommes de trait; plusieurs autres quittances portent le même sceau (n° 252).

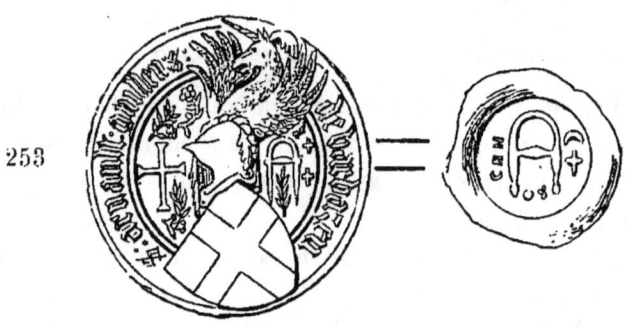

S. ARNAULT GVILLEN S. DE BARBEZEN.

A Bourges, 28 juin 1418, autre quittance de six-vingts livres pour ses gages et ceux de ses hommes d'armes, avec sceau, contre-sceau (n° 253) et signature.

Le sceau et le contre-sceau, ainsi que le sceau précédent, portent une barrière de champ-clos, en mémoire du célèbre tournoi de Montendre, où sept chevaliers français, dont Barbazan était le chef, défirent sept chevaliers anglais (19 mai 1402). Ce fameux combat en champ-clos a été célébré en prose et en vers par les auteurs du temps.

Le 4 février 1418, autre quittance pour ses gages de gouverneur du château de Lesignan en Poitou (n° 254).

255

Autre quittance scellée, 22 octobre 1418 (n° 255).

Arnaud-Guillem de Barbazan fut tué à la bataille de Bulgnéville, près Nancy, le 2 juillet 1431.

AMANIEU DE BARBOTAN.

256

S. AMANIVN DE BARBODEIN.

« Saichent tuit que je Amaniun de Barbotein, pour moy, cinq hommes « d'armes et six sergens en la establie de Sors, ay eu et receu de Jehan « Mousquere, clerc du Roy, lieutenant du tresorier des guerres et du « clerc des arbalestriers du Roy nostre dit seigneur, en prest sur les « gaiges de moi et des dites gens desservis et à desservir en ladite « guerre de Gascoigne, vingt sept francs. Donné à Agen, sous le sel « de maistre Vinsent de Ligua (voir LINGUA), le 12 decembre 1340 ».

Deux autres quittances délivrées par le même à Agen, le 16 avril et le 6 juin 1341, avec le sceau ci-dessus (1). (T. sc., reg. 10, p. 569.)

(1) Notons cependant que les armes de ce chevalier ne sont pas celles de Barbotan, qui porte *écartelé, 1 et 4 de sinople plein; 2 et 3 d'argent à trois pals de gueules.*

Le fief de Barbotan qui a donné son nom à cette famille est dans la commune de Cazaubon (Gers). Les seigneurs de Barbotan, déjà connus au XIIIe siècle, ont possédé les seigneuries de Mormès, Laballe, Carritz et autres de cette contrée, ils se sont perpétués jusqu'à nos jours.

Diverses notices ont été publiées sur eux dans la *Revue d'Aquitaine*, I, 299, 472; VII, 267; — dans la *Revue de Gascogne*, XX, 356 et suivantes, et dans l'*Armorial des Landes*, par Cauna, III, p. 48.

Les eaux thermales de Barbotan sont en réputation depuis plusieurs siècles. Nicolas Chesneau, médecin de Marseille, les a célébrées avec autant de piété que de science dans une notice imprimée à la suite de ses œuvres *(Epitome de natura et viribus aquarum et thermarum Barbotanensium in comitatu Auscitanensi, seu d'Armagnac*, in-4°. Editio nova. Lugduni Batavorum. Jen. Van der Kluis, 1743).

RAYMOND-AYMERIC, BARON DE BAZILLAC.

257

S. REMON DE BAZILLAC CHE.

La famille de Bazillac était de féodalité primitive et parmi les plus importantes de la Bigorre. Elle fit des donations à l'abbaye de Berdoues aux XIIe et XIIIe siècles, et le cartulaire de cette abbaye (Archives du Séminaire d'Auch) nous apprend qu'elle possédait le Basillaguez, pays qui avait sous sa mouvance des vassaux et des sujets. Le lieu de Bazillac est aujourd'hui dans le canton de Rabasteins de Bigorre, département des Hautes-Pyrénées.

Raymond-Aymeric, sire de Bazillac, s'attacha au parti du Dauphin et des Armagnac. En 1420, il servait avec ses gens d'armes en la compagnie du seigneur de Castelbajac; il donna le 14 août quittance scellée de ses gages. (T. sc., reg. 10, p. 617.) Le 10 septembre 1420, le régent Charles lui fit payer 400 livres tournois pour lui et ses gens qui étaient envoyés à Montargis pour défendre cette ville. Il suivit

Charles VII en son voyage de Languedoc en 1435. Nous le trouvons parmi les membres du conseil du Roi qui décident diverses ordonnances relatives aux finances, le 28 janvier 1425 (*Histoire de Languedoc*, t. VIII, page 30). Il était sénéchal de Carcassonne en 1430 et fut envoyé dans l'Agenais par le comte de Foix pour défendre cette province, avec 60 hommes d'armes et 20 hommes de trait. Le 10 octobre 1440, il était encore du conseil du Roi. Monlezun (*Histoire de Gascogne*) a publié la montre de sa compagnie, à Clermont-Soubiran, le 12 novembre 1430.

Raymond-Aymeric était fils de Vital, seigneur baron de Bazillac, Tostat, Sadournin, Bazet, Camalès, la Reule, etc. Il épousa en premières noces, par contrat du 20 décembre 1398, Gillette de Monlezun, fille de Bernard de Monlezun, seigneur de Saint-Lary, et de Sybille de Manas-Montbardon; et en secondes noces, le 11 avril 1404, Borguine de La Roche-Fontenilles, fille de Gaillard de La Roche, baron de Fontenilles. Raymond-Aymeric mourut après 1451. Les archives de la maison de Bazillac (chartrier du château de Saint-Léonard, Gers) renferment une permission, datée du 17 août 1451, donnée par Charles VIII à messire Raymond-Aymeric de Bazillac, « nostre conseiller et « chambellan et capitaine de nostre place et chastel de Carcassonne, » de se défaire de sa charge de capitaine dudit chastel parce qu'il est « désormais vieil et ancien » et afin qu'il puisse vaquer à ses affaires. Laquelle charge il pourra vendre à messire Robert d'Estampes et non à autre.

Voici l'analyse du testament qu'il fit en 1440 : Noble et puissant seigneur messire Raymond-Aymeric, chevalier, seigneur baron de Bazillac, Tostat, Sadournin, Bazet, Chist, Ourleix, Poey-d'Estirac, etc., chambellan du roi et son sénéchal à Béziers et Carcassonne, etc. S'il meurt au pays de Bigorre ou à une journée dudit pays, il veut que son corps soit inhumé dans l'église des Pères Carmes de Tarbes, devant l'autel de Notre-Dame ; lesdits Pères Carmes et ses amis devront aller chercher son corps au lieu de son trépas. — S'il meurt au royaume de France et à dix journées de distance de la Bigorre ou de Tarbes, il veut être inhumé au lieu de sa mort, mais ses héritiers seront tenus, dans les trois années qui suivront son décès, de faire transporter son corps à Tarbes et de l'inhumer au couvent des Pères Carmes, fondé par ses ancêtres. — Il prescrit que trente torches de deux livres chacunes soient allumées pour sa sépulture, à laquelle seront conviés les gens de ses terres et les gentilshommes ses amis ; et, comme il est noble baron portant bannière, il veut que le jour de sa sépulture, à la grand'-

messe, son pennon et étendard, ses cottes d'armes, son épée et bassines soient portés où son corps sera enseveli. Il en sera de même à son enterrement à Tarbes et durant les cinq années qui suivront sa mort. — Institue son fils aîné, Raymond-Aymeric, héritier de la baronnie de Bazillac et des lieux de Sadournin, Camalès et la Reule. Veut que les terres d'Ourleix et Poey-d'Estirac, près Tarbes, acquises par lui de Gaillard de La Roche, baron de Fontenilles (1), demeurent annexées à la baronnie de Bazillac. — Substitue Geoffroy, son second fils, (2) à l'aîné; et à celui-ci Jeannette, sa fille (3) ; et à celle-ci Arnaud de Montaut, baron de Bénac, son neveu ; et à celui-ci Raymond-Arnaud de Manas, baron de Montbardon, son neveu ; et à celui-ci Arnaud-Bernard de Benque, seigneur de Viozan, son neveu ; et à celui-ci Raymond-Arnaud de Rivière, fils de sa sœur Annette de Bazillac et de Odet de Rivière, seigneur de Puntous (4), à condition que celui en faveur duquel la substitution s'ouvrira porte les noms et armes de la maison de Bazillac. — Lègue cinquante florins d'or à son frère bâtard Bernard dit le *bord* de Bazillac et veut qu'il ait vie raisonnable au château de Bazillac, ainsi que Johan de Bazillac et M⁰ Guilhem. — Fait les jour et an que dessus, Charles étant roi de France, Gaston comte de Foix et de Bigorre, R. P. en Dieu messire Roger, évêque de Bigorre : en présence des témoins soussignés : Raymond-Aymeric de Bazillac, élu abbé de Saint-Pé de Génerest, Raymond-Aymeric de Bazillac, Bernard, *bord* de Bazillac, Jehan Labordène, Arnaud Dufour, receveur des tailles, Vidalot de Lapore, recteur de Saint-Pé de Génerest, Raymond-Aymeric de Garons et le testateur.

(1) Par acte du 26 juillet 1432 (Arch. Bazillac).
(2) Évêque de Rieux le 30 avril 1462 (*ibid.*).
(3) Mariée le 18 février 1434 à Odoard Le Barg, seigneur de Capendu (*ibid.*).
(4) Mariés par contrat du 28 avril 1410 passé au lieu de Sadournin en Astarac (*ibid.*).

AGOUT DES BAUX,

SÉNÉCHAL DE TOULOUSE.

258

La famille des Baux, provençale, qui fut anciennement très puissante et fonda dans le royaume de Naples des branches également importantes, a donné lieu à nombre de dissertations qui ne peuvent trouver place ici. Moréri indique les sources de renseignements.

Agout des Baux, seigneur de Brantes (Vaucluse) et de Plaisian (Drôme), était sénéchal de Toulouse et capitaine général en Languedoc en 1341, ainsi qu'il résulte de son ordonnance ci-dessous, scellée du sceau qui précède :

« Aguotus de Baucio, miles, dominus Branteti et Plasiani, gubernator
« et senescallus Tolosanus et Albiensis ac capitaneus generalis in Lingua
« occitana, (regia) auctoritate deputatus, thesaurario regio guerrarum
« vel ejus locum tenenti, salutem. Cum nos actentis serviciis per nobi-
« lem virum dominum Ramundum Jordain de Tarrida, militem regen-
« tem senescalliam Agen. Vasconie ac capitaneum de Marmanda, dicto
« domino nostro regi in presenti guerra Vasconie fideliter et utiliter
« impensis et que impendere de die in diem non cessat. Eidem militi
« pro supportandis expensis quas ex hoc patitur et statu suo tenendo
« ducentas libras torn. semel solvendas donavimus et tenore presentium
« donamus ; vobis mandamus quatenus dictas II^c libras predicto militi
« de pecunia regia tradatis ac eidem liberetis indilate, litteras ab ipso
« recognitorias penes vos cum presentibus retinentes pro qua gentes
« compotorum parem summam predictam in vestris compotis alloca-
« bunt. Datum Agenni XIII die januarii, anno 1341, » (scellé).
(T. sc., reg. 105.)

Il était à Agen, au mois de janvier 1342, lorsqu'il accorda une indemnité de 33 livres à Aymeric Aspais, pour les dégâts commis par l'ennemi à sa maison de Cassencuil (scellé).

259

Ce second sceau est attaché à une ordonnance datée de Villeneuve-d'Agen, le 22 janvier 1342, par laquelle il retient au service du Roi et pour la défense du Royaume noble Géraud des Tours, chevalier, capitaine de gens d'armes, avec dix hommes d'armes et vingt-sept sergents à pied (Titres scellés, reg. 107). Voir plus loin TOURS.

Le 6 mai 1343, le Roi lui enjoignit de cesser de lever les fouages, subsides, prêts ou autres impôts, à cause de la trêve avec les Anglais; dans cette ordonnance il est qualifié de capitaine de Gascogne.

Son fils Aymé des Baux était sénéchal de Beaucaire et de Nîmes en 1377 (Mand. de Charles V, 812).

EUSTACHE DE BEAUMARCHEZ,
SÉNÉCHAL DE TOULOUSE.

260

S. EVSTACHII DE BELLOMARCHESIO MIL.

Eustache de Beaumarchez, sénéchal d'Auvergne et ensuite de Toulouse, homme renommé pour sa prudence, sa bravoure et son grand caractère.

L'histoire de la guerre de Navarre en 1276 et 1277, par Guillaume Anelier de Toulouse (*Documents inédits*, Paris, imprimerie impériale, 1856), contient l'histoire de ce personnage célèbre ; M. Francisque Michel, éditeur de ce poëme, y a ajouté grand nombre de pièces qui le concernent, extraites des Archives gén. de France.

La *Revue de Gascogne*, tome II, p. 36 et suivantes, a publié une nouvelle et plus complète biographie d'Eustache de Beaumarchez. Voir aussi Boutaric, *Saint-Louis et Alphonse de Poitiers*, Paris, Plon, 1870, pp. 147, 464, 165, 323 ; — Monlezun, *Histoire de Gascogne*, t. III, 28 et suiv. ; — *Histoire de Languedoc*.

Il a souscrit au nom du roi de France les paréages de plusieurs bastides nouvelles : Grenade, Barcelonne et Beaumarchez qui a fait vivre son souvenir jusqu'à nos jours.

Le premier sceau est apposé à une charte de 1267 (Arch. nat., J. 312).

261

S. HVITASE D. BIAVMARCHAIS CHEVAL.

Les Archives nationales (J. 474, 295, 397), possèdent cinq types des sceaux de ce sénéchal ; ils ne diffèrent entre eux que par la dimension. Nous nous bornons à reproduire le plus grand et le plus petit.

BERNARD DU BÉDAT,
CONNÉTABLE D'ARBALÉTRIERS.

262

S. BERNARD DU BEDAT.

Ayssieu du Bédat (1) rendit hommage au comte d'Armagnac pour le lieu du Bédat, le 16 des calendes de novembre 1319. (Monlezun, *Histoire de Gascogne*, IV, 443.)

Gaillard du Bedat est employé aux guerres de Gascogne du XIVe siècle et porté aux comptes des trésoriers des guerres. (Bibl. nat., ms. 20684, p. 263.)

En 1421, Bernard du Bedat servait sous le comte d'Armagnac ; son sceau est attaché aux quittances suivantes :

« Sachent tous que je Bernard deu Bedat, connestable d'arbales-
« triers, confesse avoir eu et receu de Franc. de Nerly, receveur
« general de toutes les finances et tresorier des guerres ès pays de
« Languedoc et de Guyenne, par la main de Me Estienne de Bonney,
« son lieutenant, la somme de 142 liv. 10 sols tourn., en prest et
« payement des gaiges de moy connestable d'arbalestriers et de
« 31 autres arbalestriers de ma chambre, desservis et à desservir
« au service du Roy nostre sire et de M^r le Regent du royaulme,
« daulphin de Viennois, à l'encontre des Anglois, en la compaignie et
« sous le gouvernement de M^r le comte d'Armignac, et ce pour trois
« mois entiers commençant le dernier jour de juin dernier passé. De
« laquelle somme je me tiens pour content, 10 septembre 1421. » (Titres scellés, reg. 12, p. 765.)

Cette famille ne possédait plus la seigneurie du Bedat, mais on trouve sa descendance établie dans le voisinage d'Aignan et de Nogaro. En 1484, 1485 et 1486, nobles Bernard, Géraud et Gaillard du Bedat

---

(1) Loubedat, canton de Nogaro (Gers).

passent divers actes qui sont sur les registres de Ponsan et Chastanet, notaires de Vic et de Nogaro (Arch. du Séminaire d'Auch). Ils se sont perpétués jusqu'à la fin du XVIIIe siècle.

BERNARD DE BÉDEISSAN.

263

Bernard de Bédeissan, chevalier, aux dates des 9 et 30 juin et 7 décembre 1341, à Agen, donne quittance à Jean Mousque, trésorier des guerres, et au clerc des arbalétriers, des gages qu'il a reçus pour lui et les gens d'armes et de pied de sa compagnie servant aux guerres de Gascogne. Scellée du sceau ci-dessus (Titres scellés, reg. 12, p. 767).

Il prenait sans doute son nom du village de Bédeissan, sis à peu de distance de Nérac.

Gaillard de Bédeyssan fit don à l'évêque d'Agen de la sixième partie de la dîme de la paroisse de Bédeyssan (Bulle cotée E. O. — D. Villevieille).

En 1252, Pierre de Bédeyssan, chevalier, et ses fils Arnaud, Pierre et Fort donnent à l'évêque d'Agen le tiers de la dîme de la paroisse de Bédeyssan près Nérac, et la moitié de la dîme de la paroisse de Saint-Germain de Beaulieu, située près du château de Bédeyssan, près Nérac (Bulle cotée E. G. — Dom Villevieille).

En 1257, Pierre de Bédeyssan, damoiseau, et sa femme Agnès, fille du seigneur de Filartigue, chevalier, cèdent à Guillaume, évêque d'Agen, la dîme de Saint-Jean, près Espiens, et toutes les autres dîmes qu'ils peuvent posséder dans le diocèse d'Agen (charte originale, Arch. du Séminaire d'Auch). A la même époque ils possédaient la co-seigneurie de la bastide d'Arouil (Landes, canton de Roquefort) : « Arnaldus Lupi de Lassera, miles, de Bussan, (dicit) se tenere cum « Petro d'Aubinhaco de Lesse, et cum sororio suo Senhoreto de « Bedeyssan, affarium et vetus castellare d'Arulh in parochia S^{ti} Severi « d'Arulha... » (Bibl. nat., ms. français 20685, p. 43).

Le 11 février 1306, sentence du sénéchal d'Aquitaine qui ordonne que Arnaud de Bédeissan, damoiseau, fils de Arnaud-Loup de Lasserre, chevalier, et ses portionnaires, prêteront foi et hommage à Arnaud-Guillaume, vicomte de Mauvezin, paréagiste d'Arouilh, diocèse d'Aire (Villevieille, 12, p. 38).

Le 28 mars 1327, Jourdain de Bédeyssan était chanoine et célerier de l'église d'Agen (*Chartes d'Agen*, p. 319).

Nous trouvons encore sur le registre de Librario, notaire à Vic-Fezensac, folio 277 (Arch. du Séminaire d'Auch), Manaud de Bédeissan, seigneur de Bédeissan, témoin d'un acte passé à Vic, le 9 juin 1457.

Toutefois le lieu de Bédeissan ou Brechan appartenait en 1286 au roi d'Angleterre (*Arch. hist. de la Gir.*, I, 361). Mais c'était seulement le château. *Item Arnaldus Lup, miles, nomine filiorum suorum et Senihoretus de Bedeissano, domicellus,* ont reconnu qu'ils tenaient du seigneur de l'Agenais (le roi d'Angleterre) tout ce qu'ils ont dans les paroisses de Saint-Germain de Beaulieu, de Saint-Caprais de Lavardac et de Bédeyssan comme fiefs militaires, *excepto corpore castri,* pour raison desquelles terres ils doivent fournir la moitié d'un chevalier ou écuyer lorsque l'armée sort de l'Agenais (*Archives hist. de la Gironde*, t. I, 373, 374).

Ce château de Bédeissan était le témoin d'une de ces obligations bizarres qui montrent le naïf esprit gaulois et la familiarité qui caractérisaient souvent les rapports de seigneur à vassal : Arnaud Seguin d'Estang, seigneur de plusieurs territoires et paroisses, reconnaît qu'il les tient du roi d'Angleterre, et que si le Roi passant par les terres d'Arnaud Seguin ordonne qu'on lui apporte un repas qui lui est dû, Arnaud Seguin est tenu de présenter sous le château de Bédeissan une vache farcie à la vieille mode, du pain et du vin pour manger cette vache comme il faut.

« Cum Rex vult facere transitum per partes suas, et mandat ei ante
« quod portet sibi prandium debitum, debet ei dare subtus castrum
« de Bedeissan unam vaccam farsitam secundum modum antiquum
« et panem et vinum ad comedendum illam vaccam competenter. »
(Bibl. nat., ms. fr. 20685, p. 17 à 45).

Les descendants des Bédeissan se sont définitivement appelés Bereissan ; ils se sont perpétués tout au moins jusqu'à la fin du XVIIe siècle à Monguillem et environs, puis à Montfort où une alliance les fixa. Ils ne cessèrent pas de servir avec honneur, car nous avons sur les registres de Sabatier, notaire à Montfort, un acte du 8 décembre 1658, où deux frères, nobles Jean-Bertrand et Jean-Jacques de

Bereissan, empruntent 230 livres pour rembourser la même somme que leur capitaine « leur avoit avancée en Piémont, pour se faire médica- « menter des blessures par eux reçues aux occasions militaires ».

BÉON.

La très noble et très ancienne famille de Béon (vallée d'Ossau, près Laruns, Basses-Pyrénées) paraît issue des anciens vicomtes de Béarn. Dans le tome III du *Nobiliaire de Gascogne* (Paris, Dumoulin, 1860), on trouvera la généalogie de cette famille, préparée en 1780 par Chérin et complétée avec beaucoup de soin par M. de Bourrousse de Lafore.

PIERRE DE BÉON,
SIRE D'ARMENTIEU.

264

En 1355 et 1356, Pierre de Béon, seigneur d'Armentieu en Rivière-Basse (Gers, canton de Marciac), était capitaine de Castelnau-Rivière-Basse sous les ordres du comte d'Armagnac ; il a donné, le 3 juillet 1355, une quittance qui est scellée du sceau n° 264 ; et une autre, scellée du sceau du vicomte de Rivière (Voir RIVIÈRE en ce volume).

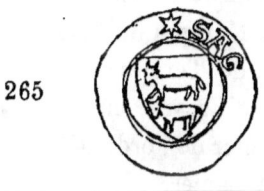

265

SAG[ET].....

Le 10 juin 1355 et 22 juillet 1356, nouvelles quittances de ses gages et des gens d'armes de sa compagnie, où il apposa son sceau n° 265.

ANTOINE DE BÉON,
SEIGNEUR DE NOILLAN.

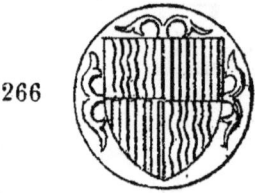

266

Antoine de Béon d'Armentieu, seigneur de Noillan, enseigne de la compagnie de M. de Bajourdan, donna quittance de ses gages le 17 août 1570 et la *faict seller du sceau de ses armes*. Mais les armoiries du sceau sont celles de sa femme Catherine de La Barthe.

AYMERIC DE BÉON,
SEIGNEUR DU MASSEZ.

267

Aymeric de Béon, fils aîné de Bernard de Béon, seigneur du Massez (château, commune de Cabas-le-Massez, canton de Masseube, Gers), et de Antonie de Devèze, fut seigneur du Massez après son père.

On le nommait habituellement Merigon du Massez. En 1558, il était enseigne de la compagnie de M. de Termes; en 1563, enseigne de la compagnie de 30 lances de M. d'Escars; en 1566, lieutenant de la même compagnie; il devint chevalier de l'ordre.

Ses quittances sont scellées en papier.

Pierre, Bernard et Regnault du Massez servaient en même temps que lui; leurs quittances ne sont pas scellées.

Remarquons que l'écu de ces sceaux porte deux béliers. Dans des temps plus modernes, ils les ont remplacés par des vaches, ainsi qu'on le voit aux armoiries sculptées au XVᵉ siècle sur la tour du château de La Palu, commune de Montcassin, Gers.

ARNAUD DE BÉRAIL,

CAPITAINE DE SAISSAC.

268

S. ARNALDI BERALDI.

Arnaud de Bérail, sire et capitaine de Saissac, était fils de Raimond de Bérail, seigneur de Saissac et coseigneur de Thémines, et de Anne de Sauve.

Sa sœur Marguerite était femme de Séguin de Gontaut, seigneur de Badefol.

Il servit constamment aux guerres de Gascogne sous le gouvernement du comte d'Armagnac. On a trois quittances de ses gages, scellées à Agen en 1355 et 1366. En 1369, il fut capitaine de Najac en Rouergue, avec 29 écuyers sous ses ordres (*Histoire de Languedoc*, VII, 261, 1).

Arnaud de Bérail avait épousé Hélène, fille de Jean Ratier IVᵉ de Gourdon, baron de Castelnau-de-Montratier (*Histoire de Castelnau-Montratier*, par L. Lymairac, p. 179).

Les seigneurs de Cessac, ou Saissac, jouissaient du privilège de conduire la mule de l'évêque de Cahors, de le servir à table, etc., lors de sa première entrée dans sa ville épiscopale : cérémonie qui se pratiquait à Auch, pour les barons de Montaut; à Lectoure, pour les seigneurs de Castelnau-d'Arbieu ; à Condom, pour ceux de Goalard ; à Lombez, pour ceux de Boissède, et dans presque tous les diocèses de France.

La famille de Bérail s'est établie à Toulouse (voir Lafaille, *Traité de la noblesse des capitouls*, p. 95), et en Fezensaguet, au château ou salle de Lonce, près Mauvezin. Les archives des seigneurs de Lonce sont aux Archives départementales d'Auch (pièces non classées).

ARNAUD BÉRART,
CHATELAIN DU SEMPUY.

269

ARNAVLT BERART.

Sceau pendu à une quittance de 7 livres 10 sous par Arnaud Bérart, sergent d'armes, chastellain de Sompuy sous le comte d'Armagnac, en prest sur les gaiges de lui et des gens d'armes et de trait de sa compagnie. 1ᵉʳ avril 1353 (T. sc., reg. 103, p. 7989).

PIERRE DE BERRAC.

270

La famille qui portait le nom de ce fief (1) nous est connue depuis le XIIIᵉ siècle; Bertrand de Berrac est au nombre des nobles relevant de la terre de Fimarcon, dans une enquête ordonnée par le roi d'Angleterre en 1280 (*Histoire de Gascogne*, t. III, p. 46).

En 1301, Bernard de Berrac, chevalier, et son fils Bernard, damoiseau, donnent quittance de 3,300 sols morlas sur la dot de Séguine de Galard, femme dudit Bernard, damoiseau (Noulens, *Documents sur la maison de Galard*, t. I, 153).

Bernard et Arsieu de Berrac sont à des assemblées de noblesse en 1343 et 1357 (*id.*, I, 176, 164).

---

(1) Berrac, canton de Lectoure.

Aysius de Berrac rend hommage au seigneur de Fimarcon pour son fief en 1384.

Le 2 juillet 1420, Pierre de Berrac, écuyer, donna quittance de 375 livres pour les gages de lui et 24 autres écuyers de sa compagnie et la scella de son sceau. Il servait « mons. le Daulphin de Viennois » sous le gouvernement du vicomte de Narbonne (T. sc., reg. 112, p. 731).

Cette famille s'est perpétuée jusqu'à la fin du dernier siècle.

BERGOGNAN.

Vergoignan, autrefois Bergognan (canton de Riscle, Gers), a donné son nom à une très ancienne famille de l'Armagnac.

Le 10e à l'issue d'octobre 1254, Arnaud Garcias de Bergognan est au nombre des cautions du serment prêté au roi d'Angleterre par Géraud V, comte d'Armagnac (Villevieille).

En 1312, Vital-Amanieu est présent à l'assemblée des nobles qui reconnaissent les droits de Marguerite, vicomtesse de Marsan (Monlezun, *Hist. de Gascogne*, III, 269, 270, 485).

Le mercredi avant la Saint-Laurent 1319, Arnaud fait hommage au comte d'Armagnac pour la moitié de Bergognan et autres seigneuries. — Pierre est au service du roi de France en 1352, et en même temps Gaillard de Bergognan.

Guillaume est sergent d'armes du Roi, le 16 juin 1372.

Arnaud-Guillem rendit hommage au comte d'Armagnac en 1373 pour Bergognan et Barcelonne qui lui était engagé; en 1378, pour le lieu et château de Lagardère; il avait épousé Jeanne d'Armagnac-Thermes, qui lui porta les terres de Lanux et Bilhères; il en rendit hommage le 28 mai 1398. Il avait servi sous les ordres des comtes Jean III et Bernard VII, aussi bien que son frère Guirauton qui fut pleige, en 1388, du traité avec le comte de Foix. Arnaud-Guillem fut aussi l'un des seigneurs de l'Armagnac qui jurèrent de maintenir le testament que fit le comte Bernard VII lorsqu'il se disposait à aller porter la guerre en Italie.

Tous ses enfants servirent, non sans gloire et très bon renom, pendant près de quarante années, dans les armées du comte Bernard VII, du Dauphin ou du roi Charles VII.

GÉRAUD DE BERGOGNAN.

271

GUIRAUT DE BERGONGNEN.

Géraud était l'aîné, il rendit hommage, le 5 mars 1407, pour Bergognan, Lagardère et fiefs en Barcelonne et le Houga. Dès le mois de février 1404, il était chevalier bachelier et délivra la quittance qui suit, scellée de ses armes :

« Saichent tuit que nous Giraut de Berguignan, chevalier, confessons
« avoir eu et receu de Hemon Raguier, tresorier des guerres du roi notre
« sire, la somme de 252 livres tournoises en prest et payement sur
« les gaiges de nous chevalier bachelier et de xv escuyers de notre
« compagnie desservis et à desservir es guerres dudit seigneur es
« parties de Guyenne à la garde, sureté et defense d'iceluy pays sous le
« gouvernement de Mgr de Lebret, connetable de France ; de laquelle
« somme II^c LII l. t. je me tiens pour paié.

« Le 4e février de l'an 1404. »

En 1411, combattant toujours en Guyenne, il tenait le château de Langon pour le comte d'Armagnac; il s'empara de Saint-Macaire, qui était au roi Charles VI. On a un commandement de ce Roi qui ordonne à son sénéchal de ressaisir Saint-Macaire par la force des armes et d'en chasser Géraud de Bergognan (*Arch. hist. de la Gironde*, X, 74).

Arnaud-Guillem, IIe du nom, et Poton ou Poncet étaient frères cadets de Bernard seigneur de Bergognan; ces deux cadets étaient capitaines à la suite du connétable d'Armagnac; ils furent ensuite employés par le Roi dans l'armée envoyée sous Jeanne d'Arc au secours d'Orléans. Ils méritèrent d'être désignés pour accompagner Charles VII à Reims. Un peu plus tard, ils furent envoyés en Champagne et en Bourgogne pour guerroyer. Le Bourc de Bergognan les accompagnait avec sa compagnie (1) (*Comptes de Charles VII*).

Lorsque les victoires continuelles des Français eurent amené des trèves, Arnaud-Guillem fut retenu au service avec ses routiers et placé en garnison à Chartres, en 1440; mais ce repos fut court *(Mémoires de Mathieu d'Escouchy*, t. III, 9, édition Beaucourt). En 1444, il eut le malheur de rendre le château de Dax aux Anglais, après trois jours seulement de siège (Monlezun, IV, 272). En 1446, nous le trouvons bailli de Montargis (Arch. du Séminaire d'Auch).

Roger de Bergognan, fils de Carbon et d'Hélène de Bénac, épousa Agnès de Foix, dont une fille Christophette de Bergognan, mariée à Claude de Lévis, baron d'Audou, fameux religionnaire que l'on connaît par nos *Archives historiques de Gascogne (Lettres d'Henry IV à M. de Paillés).*

Au courant du XVIIe siècle, la seigneurie de Bergognan fut acquise par le sieur Jean Destouet, originaire de Nogaro; il n'eut qu'une fille, Marie, mariée à Jean Dumas, sieur de Lapeyre, qui après procès transigèrent avec leur père et beau-père, le 29 novembre 1639 (registres de Sabasan, notaire à Nogaro). Jean Dumas, seigneur de Vergognan, laissa François Dumas, son fils, héritier de la seigneurie, lequel mourut avant 1691.

Louis Dumas, son fils, fut curé de Heugas (canton de Dax, Landes); il partagea la seigneurie avec son neveu François Lafitte, docteur en théologie, curé de Barcelonne, et, par un dernier testament du 2 avril 1739, il institua son petit-neveu Jean-Pierre Lafitte son légataire; ce dernier épousa Gabrielle-Jeanne-Mathive Daignan; il fonda trois messes par semaine à dire par le vicaire de Barcelonne, à condition qu'il viendrait résider à Vergognan. L'un des fils de J.-P. Lafitte possédait Vergognan au moment de la Révolution.

(Notes extraites des registres de Ducastaing, notaire au Houga: elles rectifient la notice publiée dans la *Revue de Gascogne*, XVIII, 81.)

---

(1) La revue de messire Guillaume *bourc* de Bourgoignan, escuyer, et 21 escuyers de sa retenue, à Jargeau, le 23 aout 1426 (registre des Montres, IV, n° 164).

JEAN DE BERGOGNAN.

272

S. IEHAN BOVRGOVGNEN.

Au registre 15 des Titres scellés, pièce 1874, nous avons trouvé ce sceau isolé, avec cette note d'une écriture moderne : « Le seigneur Johan « de Berguonha l'an LXX, 88 livres ; sceau du seigneur de Bergognan, « ce sceau a été arraché de l'acte qui n'existe plus. »

Nous reproduisons ce sceau, quoique les armoiries ne soient pas celles des Bergognan de Gascogne et que la légende porte *Jehan de Bourgougnen.*

ÉLIE BERTRAN.

273

SIGILL. ELYES BERTRAN.

Ce sceau a été trouvé récemment sur l'emplacement de l'ancienne église de Croûte (Gers, commune de Lasserrade, canton de Plaisance), ce qui s'explique aisément puisque les églises étaient des lieux de sépulture et que l'on déposait le sceau dans le cercueil du défunt.

BERNADON DE BEZOLLES, DIT FERRABOUC.

274

La famille de Bezolles (1) est une des familles féodales du pays qui a laissé le plus de traces dans notre histoire ; mêlée aux principaux événements du XIIIe siècle, paraissant dans les assemblées de noblesse, les hommages, les guerres privées (Monlezun, *Histoire de Gascogne*, passim). En 1296, Gaillard de Bezolles, chevalier, faisait la guerre à Géraud de Cazaubon (Boutaric, *Parlements*, etc., p. 463, n° 930). Vers 1320, Aramon de Bezolles faisait la guerre au sire d'Albret (Noulens, *Maison de Galard*, II, p. 281).

Bernardon de Bezolles, dit Ferrabouc, écuyer, servait, avec onze autres écuyers de sa compagnie, le dauphin Charles VII ; le 23 juin 1418, il donna quittance de ses gages à Bourges, sous le sceau que nous reproduisons (Titres scellés, reg. 14, p. 933).

Nous ferons remarquer que les armes gravées dans ce sceau ne sont pas celles de la maison de Bezolles, qui porte *deux vaches d'argent sur champ de gueules*. Le bouc gravé sur l'écu et le surnom de Ferrabouc, porté par Bernadon de Bezolles, sembleraient indiquer des relations de parenté entre lui et les seigneurs de Ferrabouc, non loin de Bezolles.

JEAN DE BILLAN.

 274 b.

Le 20 octobre 1344, à Toulouse, Johan de Billan, damoiseau, donne quittance à Robert Daussun, trésorier des guerres, de cent livres

(1) Bezolles, arrondissement de Condom (Gers).

tournois, qui lui ont été accordées par illustre prince monseigneur Jean, fils aîné du roi de France et son lieutenant général en Languedoc, pour l'indemnité de deux chevaux qu'il a perdus au service du Roi pendant la guerre de Gascogne (Arch. du château de Saint-Blancard).

Nous ne savons rien autre chose de Jean de Billan.

Peut-être Bilan (Basses-Pyrénées).

GRIMOARD DE BIRAC.

275

S. GRIMOART DE VIRAC.

Grimoard de Birac (1), chevalier, servait en 1355 sous le comte d'Armagnac; le 15 mai, il a donné quittance scellée d'une somme qui lui était allouée pour la défense de ses forteresses (Titres scellés, reg. 15).

Le 3 août 1364, il fut un des témoins de l'hommage rendu à Élie, archevêque de Bordeaux, par plusieurs feudataires du Montravel (*Arch. hist. de la Gironde*, XIII, 221).

9 juillet 1373, Guillem-Raymond de Birac est du nombre « des « barons, chevaliers, esquiers, gentilx et autres du Bourdelois et « Bazadois » qui doivent l'hommage à « nostre seignour le prince « d'Aquitaine » (Delpit, *Documents français*, etc..., p. 88 et suivantes).

On verra plus loin, article PINS, que Grimoard de Birac était un des vassaux d'Anissans de Pins, qu'il prit part à une guerre contre les habitants de Condom et de Mézin, et qu'il fut compris dans la lettre de rémission accordée à cette occasion.

(1) Birac, canton de Bazas (Gironde).

BIRON, SEIGNEURS DE MONTFERRAND.

Le Père Anselme, dans les fragments qu'il donne de la généalogie de Biron, indique Aymeri II° de Biron, comme fils d'Aymeri Ier et de Almoïse de Fumel (dont le contrat de mariage existe aux Archives du Séminaire d'Auch).

Le nom de Biron était à cette époque et depuis 1188 porté par tous les membres de la maison de Gontaut. Mais la généalogie de cette maison, dont la filiation remonte à Vital de Gontaut, qui vivait en 1120, ne rattache pas ce rameau, dont était Aymeri, à la branche principale. Cependant les armes d'Aymeri étant les mêmes que celles de Gontaut, il devait certainement être de cette maison.

AYMERI DE BIRON,
SIRE DE MONTFERRAND.

276

... A. DE BIR[ON].

Le sceau que nous donnons est attaché à la quittance qui suit :
« Sachent tuit que nous Aymeri de Biron, chevalier, sire de Montfer-
« rand, avons eu et receu des tresoriers du roy monseigneur, par la
« main de Tolni, aide changeur du tresor en ces presentes guerres,
« cent et cinquante livres tournois que ledit seigneur nous a donnees
« ceste fois de grace especial ; de laquelle somme nous nous tenons a
« bien payé. Donné à Amiens sous nostre seel le VIIe jour de juillet,
« l'an mil ccc quarante et sept. »

Monstre de noble homme messire Aimeri de Biron, sire de Montferrand, chevalier baneret, pour la garde dudit lieu et des gens d'armes et de pié de sa compaignie, receue le XIIIe *jour de decembre l'an mil CCC XL et sept.*

Ledit chevalier, cheval bay brun	C livres.
Arnaut Grezet, cheval liar pomellé	L —

B. de Baynac, cheval morel bauss.	LX livres.
Helie de Manhac, cheval morel estellé.	XXX —
Pierre Cogostries, cheval favel estellé.	XXV —
R. de Lona, cheval roan crin. noire.	XXV —
Hugues de Nolhac, cheval bay cler.	XXV —
Guillaume de Calmont, cheval bay labore.	XXV —
Hugues de Miremon, cheval bay cler estellé.	XXV —
Guillaume de Lone, cheval liar morel.	XXX —

SERGENS.

H. Anglade.	H. Salamance.
B. Pinel.	R. Lacort.
Jehan Pomarede.	Girart Delbuc.
Hugues Delmas.	B. Bolega.
Pierre Faure.	Guillaume Raulin.
B. Fraixe.	H. Melon.
H. de Faye.	A. de Lone.
Guillaume Jehan.	Jehan Davis.
Vidal Soulera.	B. Delgramc.
P. Jehan.	Arnaut Bel.

MONTFERRAN.

Le sceau ci-dessus est attaché à une quittance des gages d'Aimeric de Monferrand, chevalier, et de sa compagnie, datée d'Agen, le 11 juillet 1348. (Bibliothèque nationale, Pièces originales, v° Biron, tome 356.)

BONNEFONT DE BIRON,
CAPITAINE DE BELVÈZE.

278

BONAFONS D[E] BIRON.

Bonnefont de Biron, chevalier, capitaine de Belvèze (1352-1353), appartenait à la maison de Biron, seigneur de Montferrand en Périgord et coseigneur de Belvèze.

Il était fils de Aymeric de Biron, seigneur de Montferrand, marié le 6 novembre 1276 avec Almoïse de Fumel, et qui testa en 1325, et fut inhumé au couvent des Frères Prêcheurs de Belvèze. Son arrière-petite-fille Sibille de Biron, dame de Montferrand, fille unique et héritière de Aymeric IVe de Biron, baron de Montferrand, épousa Jean de Faubournet et lui porta la terre de Montferrand dont les Faubournet ont pris le nom. Elle testa le 22 janvier 1446 et choisit sa sépulture dans le couvent des Frères Prêcheurs de Belvèze, où étaient les tombeaux de ses prédécesseurs (Courcelles, *Généalogie historique de la Maison de Fournet de Monferrand*, in-12, Paris, 1820).

Le sceau (278) est apposé à la quittance suivante :

« Sachent tuit que nous Bonnafons de Biron, chevalier, capitaine de
« Biauvoir, avons eu et receu de Jacques Lempereur, tresorier des guerres
« du roy nostre sire, par la main de Evein Dol, son lieutenant, en prest
« sur les gaiges de nous, des gens d'armes et de pié de nostre compaignie
« desservis et à desservir en la garde dudit lieu sous le gouvernement
« monseigneur Jehan conte d'Armagnac, lieutenant dudit seigneur
« es-parties de la Languedoc, trente-sept livres dix souls tournois,
« compté en ce 2 livres VII sous tournois pour droit ; desquelles XXXVII
« livres 10 souls tournois nous nous tenons pour bien paiés. Données
« sous nostre scel à Thoulouse le IIIe jour de fevrier MCCCLIII. »

279

Six autres quittances scellées; 22 janvier, 31 décembre 1352, — 1 septembre et autres, année 1345. (Pièces orig., volume 356, 9).

La monstre mons. Bonefons de Biron, chevalier, reveue à Beauvoir le XXVIIe jour de septembre l'an MCCCLII.

Ledit chevalier, cheval bayart estellé.............	II^c livres.
Bertrand de Biron, cheval liart..................	IIII^{xx} —
Amalin de Biron, cheval bayclar.................	LX —
Jehan de Biron, cheval baiart...................	XXX —
Fortanier de Bonavilla, cheval gris...............	XXX —
Bertrand de Montcuc, cheval liart................	XXX —
Guillem de Loin, cheval morel...................	XXXV —
Pierre Gaucelin, cheval bayart cler...............	XXX —
Amalin Dalbriga, cheval bayart cler..............	XXX —
Johan de Suilha, cheval bayart estellé............	IIII^{xx} —

SERGENS A CHEVAL.

Cumenges.
Mondet Audoyn.
Guillem de Givon.

Alfonso.
Fanilhet.

SERGENS A PIÉ.

Le Basquin.
Benecho.
Pecuilhot.
Digo.
Bido.

Guillaume de Simorra.
Bertrand Taillefer.
Deramat.
Bertrand de Lagarde.
Guilho de Lort.

JEAN DE BONNAY,
SÉNÉCHAL DE TOULOUSE.

280

S. IEHAN DE BONNAY.

Sceau attaché à une quittance du 6 février 1430, n. st. (T. sc., reg. 17, p. 1145).

Jean de Bonnay, chevalier, conseiller et chambellan du roi Charles VI et du Dauphin, sénéchal de Toulouse, descendait d'une famille de la Franche-Comté, connue depuis 1148 par une donation que Brutin de Bonnay, seigneur d'Authuison et de Thuiré, fit à l'abbaye de Bellevaux, du consentement de Poncette, sa femme (*Dictionnaire de la Noblesse*, III, 478).

Jean de Bonnay était seigneur de Montfaucon (canton de Besançon, Doubs). Malgré son origine bourguignonne, il s'attacha au parti de la monarchie contre les Anglais et les Bourguignons leurs alliés.

Il fut créé sénéchal de Toulouse avant 1416. En avril 1417, il commandait la milice de la province au siège de la Réole (*Histoire de Languedoc*, VII, 2). Les Archives municipales de Toulouse possèdent une lettre qu'il écrivit le 6 mai aux magistrats de cette ville pour ranimer leur zèle.

Après le massacre des Armagnacs à Paris, le Languedoc subit l'empire des Bourguignons. Ils destituèrent les officiers royaux, notamment Jehan de Bonnay qui se retira au château de Buzet où il continua de tenir le parti des Armagnacs.

Il fut rétabli dans ses fonctions le 4 mars 1420, lorsque le Dauphin Charles vint en Languedoc.

L'*Histoire de Languedoc* (VIII, 439) a publié une ordonnance qu'il rendit en 1421 sur le fait des monnaies; par erreur de lecture il y est appelé seigneur de *Monte-Salon,* lieu qui n'existe pas, c'est Montfaucon qu'il faut lire.

Il épousa, par contrat du 25 décembre 1421 (Anselme, VII, 266ᵉ), Jeanne de Montesquiou, fille d'Arsieu, baron de Montesquiou, et de Gaillarde d'Espagne-Montespan.

Le 15 janvier 1425, il se trouve avec 80 hommes d'armes et 40 hommes de trait pour faire la guerre en Languedoc.

Voici les noms gascons que nous trouvons dans la montre de sa compagnie :

La monstre de messire Jehan de Bonnay, senechal de Toulouse, chevalier banneret, de 3 chevaliers bacheliers et 76 escuyers de sa chambre, à Montauban, le 12ᵉ jour d'octobre de l'an 1425.

BACHELIERS.

Mess. Heliot Thouset. — Jehan de Benville. — Jehan de Montagut.

ÉCUYERS.

Colinet d'Estampes.	Paulet et Jeannot de Roset.
Bernard de Laguian.	Perroton de Saint-James.
Sancelot de Jussan.	Giraudon de Mauleon.
Jehan de La Peyre.	Bertranon d'Espagne.
Gaillardet de Castelbajac.	Jehan de La Lanne.
Beraudon de Faudoas.	Jehan de La Roye, etc.

(Bibl. nat., Montres, tome IV, n° 181 et 182.)

En février 1426, il est de nouveau retenu avec cent hommes d'armes. Nous le retrouvons à Toulouse, en 1431, faisant la montre de sa compagnie, dans laquelle servaient plusieurs Gascons.

La monstre messire Jehan de Bonnay, senechal de Toulouse;
à Toulouse, 17 novembre 1431.

Arnauton de Hermentieu.	Monicot d'Arcisas.
Bernart de Montesquieu.	Jehant Barat.
Achillet de Orbessan.	Jehan de Corailles.
Jehan de Chalus.	Remond Isalguier.
Arn. Guill. de Villepinte.	Bernard Dagasse.
Arnaud de Castet.	Jehan de Bertengon.
Bertrand de Marrast.	Montbequin.
Guill. Marre.	Guill. de Saint-Circ, etc.
Jehan de Prian.	

(Bibl. nat., Montres, tome VII, n° 642.)

En novembre 1434, il eut commission de réintégrer les capitouls de Toulouse dans la jouissance de la justice criminelle. En 1435, il tenait garnison, avec 30 hommes d'armes et 40 de trait, à Castelsarrasin, contre les Anglais qui ravageaient cette contrée.

La monstre de messire Jehan de Bonnay, chevalier, senechal de Toulouse, de 29 hommes d'armes lance en poingt et de 40 archers de sa compagnie, reteneue et reveue au lieu de Castelsarrazin, le 16 jour de novembre 1435.

Ledit messire Jehan de Bonnay, chevalier.
Messire Barthelemy de Montesquiou, chevalier.
Lienart, seigneur de Tauriac.
Le bastart de Bonnay.
Jehan Barat.
Guillem Rives.
Andrieu de Posilhac.
Hannequin Hause.
Guill. Mouton.
Maury Daragna.
Carget de Serre.
Le basco de Consite.
Johannet Rodel.
Bernard Leugart.
Bernard de Marrast.

Sansonnet de Puges.
George de Montesquiou.
Manaut de Castets.
Jehan de Castelbajac.
Le seigneur de Mausac.
Manauton de Lau.
Le seigneur de la Barta.
Le sous-viguier de Toulouse.
Pierre Citiliart.
Bernard de Masquerat.
Pierre Chouquet.
Raymond de Roset.
Le seigneur de Saint-Johan.
Bernard de Ladeveze.
Jehan de Montesquiou.
(Suivent les archers.)

(Bibl. nat., Montres, tome IX, n° 1021.)

ROSTAING DE BRAA.

Le 15 mai 1369, à Nîmes, Louis de Bercia donne quittance de ses gages pour lui et quatre hommes d'armes, employés à la défense de la sénéchaussée de Beaucaire. Il a reçu du lieutenant de Etienne de Montmejan, trésorier des guerres, quinze francs d'or par mois pour chaque homme d'armes. Il donne quittance sous le sceau de Rostaing de Braa, que nous reproduisons ci-dessus. (Archives du château de Saint-Blancard.)

Nous n'avons aucun renseignement sur ces deux familles qui, selon toutes probabilités, appartenaient à la sénéchaussée de Beaucaire.

JEAN DE BRESSOLS.

282

S. IOHAN DE BRESOLES.

Olric de Corbarrieu, seigneur de Bressols (1), transigea en 1298 avec les consuls du lieu (Moulenq, *Documents historiques sur le Tarn-et-Garonne*, I). Au XIVe siècle, la famille de Montaut possédait Bressols, et comptait apparemment parmi les siens Jean seigneur de *Bresolles*, écuyer de la garnison de Paris sous le gouvernement du comte d'Armagnac, qui donna quittance scellée de ses gages le 14 janvier 1415, v. st. (T. sc., reg. 21, p. 1511). Cependant les armoiries du sceau ne sont pas celles de la famille de Montaut (2).

Sur les seigneurs de Bressols, voir Cathala-Coture, *Histoire du Quercy*, t. I, p. 287 ; — *Histoire de l'église de Montauban*, par Daux, I, 57 et suiv.

BERTRAND, BATARD DE BRETAILS.

283

[S. B]ERTRAN BRE...

Les seigneurs de Bretails ou Brutails, dans la sénéchaussée des Lannes, étaient descendants des anciens vicomtes de Tartas du nom de Dax.

(1) Bressols, Tarn-et-Garonne, canton de Montech.
(2) Ce sceau, assez mal gravé, laisse à peine deviner que les trois meubles de l'écu sont des coquilles.

Bertrand de Dax, bâtard de Bretails, fut un des capitaines des grandes compagnies; il parcourut la France avec ses soldats; le 23 avril 1365, il apposa le sceau ci-dessus sur une promesse qu'il fit au roi de France de lui remettre diverses forteresses de Champagne; il était alors en compagnie de Bérard d'Albret (Arch. nationales, sceaux, 1145).

En 1366, Guillaume Berthelot d'Estella, clerc de la maison de Navarre, nomme, dans une lettre adressée au roi Charles le Mauvais, les capitaines des grandes compagnies, parmi lesquels Séguin de Badefol, Perducat d'Albret, le bâtard de Brutailles. (Archives de Pau, E 520). En effet, Froissart (chap. 525, t. XIV, p. 327) nous apprend que ce capitaine, qu'il nomme bâtard de Breteuil, errait alors avec plusieurs autres en Espagne. Le prince de Galles appela ces compagnies à son service. Elles traversèrent les Pyrénées, non sans peine et sans périls, sous la protection de Jean Chandos, se divisant par troupes qui marchaient séparément; elles portèrent leur avant-garde jusqu'à Montauban, sous la conduite de Perducas d'Albret. Là, le sénéchal de Toulouse, Guy d'Azay, les attaqua avec une petite armée réunie à la hâte. Le combat fut sanglant; l'armée de Guy d'Azay avait l'avantage, lorsqu'arriva sur le champ de bataille ce bâtard de Bretails, qui avait voyagé jour et nuit pour secourir ses compagnons qu'il savait assiégés dans Montauban. Il amenait 400 hommes et décida la victoire (Froissart, chapitre 529, tome XIV, pages 343 et suivantes). 14 août 1366.

Les compagnies rejoignirent le prince de Galles aux environs de Dax. Bertrand de Bretails et ses compagnons eurent une grande part à la victoire de Navarrette, nous ignorons ce qu'il devint ensuite.

Jean de Dax, seigneur de Brutailles, fit alliance avec le comte de Foix, en 1430 (Archives de Pau, E 435).

Le 8 juillet 1434, Amanieu, seigneur de Brutails, maria son fils aîné, Jean de Dax, avec Marguerite de Montolieu (fonds Poyanne, archives privées).

En 1467, Louis de Bretalles, « escuyer gascon », était au service de « monsieur d'Escalle, » frère de de la reine d'Angleterre et « fit arme « à pied avec messire Jean de Chassa », dans le tournoi donné par le roi d'Angleterre (*Mémoires d'Olivier de La Marche*, chapitre 37) (1).

Arnaud de Dax, seigneur de Brutailles et d'Ysosse, transigea avec les habitants d'Ysosse, le 30 août 1528 (Fonds Poyanne, archives privées).

---

(1) La *Bibliothèque de l'École des Chartes* (1877, p. 16 et suiv.) et les *Variétés Bordelaises* (I, p. 134, et II, p. 223) ont publié les documents anecdotiques sur Louis de Bretail, ou Brutailh.

Le château de Brutails est dans la paroisse d'Yzosse, canton de Dax, Landes.

CAPTAL DE BUCH.

284

...CAPTAL DE BVCH.

Jean de Grailly, captal de Buch, second fils de Jean IIe de Grailly et de Blanche de Foix, chevalier de la Jarretière, comte de Bigorre, en 1369, par donation du roi d'Angleterre Édouard III. Il était avec le prince de Galles à la bataille de Poitiers, en 1356, et fit continuellement la guerre contre la France, dont il fut un des plus redoutables adversaires. Vaincu à Cocherel, en 1364, par Duguesclin, et fait prisonnier avec son oncle Archambauld de Grailly, il paya la rançon de celui-ci et fut interné à Meaux. S'y trouvant au mois de septembre 1364, il s'engagea envers le roi Charles V, par un acte où est attaché le sceau représenté plus haut « à tenir prison es lieux et en la manière
« ordonnée par le Roy, à Meaux et à Paris, dans le rayon d'une demi-
« lieue sauf le congé du Roy ; consentant que s'il faisoit le contraire
« il fut tenu pour faux, mauvais et deloyal chevalier, parjure et foy
« mentie, et en signe de ce que ses armes fussent tournées et mises
« dessus dessous, et comme tel prest, estre poursuivi en la cour du Roy
« ou tout autre (Arch. nat., J. 616).

Le captal de Buch refusa les dons du roi de France, et c'est le roi d'Angleterre qui le combla de faveurs (Anselme, III, 370 ; — *Archives hist. de la Gironde*, t. VI). Il avait payé sa rançon et recouvré sa liberté en 1365, et conclut la paix entre Charles V et le roi de Navarre.

Mais il fut une seconde fois fait prisonnier au combat de Soubise.

Charles V exigea qu'il prît l'engagement de ne plus porter les armes contre la France. Le captal de Buch, ayant refusé d'accepter cette condition, demeura prisonnier dans la tour du Temple jusqu'à sa mort, arrivée en 1375. Le roi de France lui fit faire de magnifiques funérailles à Notre-Dame de Paris.

LE C[APTAL DE] BUCH.

On possède un autre sceau du captal de Buch, attaché à divers mandats de payement délivrés par lui, en 1364, au nom du roi de Navarre, dont il était le lieutenant. (T. sc.) (Voir Froissart sur ce captal de Buch.)

AMANIEU DE CANTIRAN.

Amanieu de Cantiran, capitaine de Calonges, servait aux guerres de Gascogne avec les gens d'armes de sa compagnie ; il a donné diverses quittances de ses gages, à Agen, 11 décembre, 25 janvier et 13 mars 1340 (T. scellés, reg. 25).

Amanieu de Cantiran est aussi porté sur les comptes du trésorier des guerres Bernard du Drach, années 1338 à 1341.

Dès le XIIᵉ siècle, cette famille avait des possessions dans l'Agenais. En 1140, Bertrand de Cantiran tenant le parti de l'évêque d'Agen, fait invasion à Casteljaloux et à Bazas dont il emmène les chanoines prisonniers.

En 1180, Forton de Cantiran est prieur de Calonges. En 1286,

Amanieu de Cantiran avoue tenir en fief du roi d'Angleterre avec Jean de Cantiran et ses autres neveux le quart de la seigneurie de Calonges (Lot-et-Garonne). (*Arch. hist. de la Gironde*, I, 366.)

On trouve des gentilshommes de ce nom jusqu'à la fin du XVIe siècle (*Archives hist. de la Gironde*, t. V, 136, t. XV, 27).

CARDAILLAC.

Famille de féodalité primitive, qui a pris son nom de la seigneurie de Cardaillac (arrondissement de Figeac, Lot). Elle a possédé, pendant plusieurs siècles, les seigneuries de Bioule (Tarn-et-Garonne) et de Lomné (Hautes-Pyrénées). (Voir *Dictionnaire de la Noblesse*; — Moreri; — *Généalogie de la Maison de Cardaillac*, Paris, 1654.)

HUGUES, SIRE DE CARDAILLAC.

288

Hugues, chevalier, sire de Cardaillac et de Bioule, servit dans les guerres de Flandres; il a donné quittance de ses gages, sous le sceau de ses armes, le 7 octobre 1339. Le Galois de La Baume, grand-maître des arbalétriers, lui donna commission de faire faire dix canons pour la défense de Cambrai.

En 1349, le roi Philippe de Valois lui donna cent livres de rente et le château de Vers. Il fut tué l'an 1353, au siège de Saint-Antonin de Rouergue. Il avait épousé, en 1319, Isabeau de Lavie, fille de Pierre de Lavie, vicomte de Villemur, petite-nièce du pape Jean XXII.

Hugues de Cardaillac était fils de Bertrand V, sire de Cardaillac et de Bioule, et d'Ermengarde de Lautrec, et frère de Jean de Cardaillac, archevêque de Toulouse, « lequel, dit Froissart, estoit moult bon clerc « et vaillant », et fit rentrer par sa seule parole plus de soixante villes ou châteaux au service du roi de France (Froissart, ch. 257). Voir dans les sceaux ecclésiastiques, n° 42, le sceau de ce prélat.

RAIMOND DE CARDAILLAC.

...MON [DE CARDA]ILLAC.

Le 10 août 1353, à Montauban, Raimond de Cardaillac, écuyer banneret, a posé le sceau ci-dessus sur une quittance des gages de lui banneret, deux chevaliers bacheliers, 71 écuyers et 75 sergents à pied, pour la garde du lieu de Garraudières (T. sc., reg. 25, p. 1825).

Cet écuyer banneret paraît appartenir à la branche des seigneurs de Varayres et Privazac. Il serait fils de Guillaume II de Cardaillac et de Bredes d'Olargues. On trouve parmi les enfants de ce Guillaume, un Raymond de Cardaillac qui transige avec son frère aîné, le 3 octobre 1350 (*Généal. de la Maison de Cardaillac*, Paris, 1654).

MATHURIN DE CARDAILLAC,
SEIGNEUR DE MONTBRUN.

Mathurin de Cardaillac, seigneur de Montbrun, donna quittance de ses gages le 24 septembre 1421.

Il ratifia, en 1405, les privilèges octroyés par Marquès de Cardaillac, son père, aux habitants de la baronnie de Montbrun. Il avait épousé Claude de Pierrefort.

BERNARD, BARON DE CASTELBAJAC.

S. BERNART DE CASTELBAYAC.

Castelbajac (1), l'un des quatre barons de la Bigorre, et l'une des plus antiques familles féodales de nos contrées. Leurs générations ont vaillamment servi pendant toute la guerre de Cent ans. Les comptes du trésorier des guerres nous montrent en même temps, pendant les années 1338, 1339, 1340 et 1341, Pierre, Arnaud-Raymond, Bernard de Castelbajac. Ensuite Arnaud-Raymond IVe du nom fut sénéchal de Bigorre en 1373. Il fut aussi créé sénéchal de Périgord, à la place de Jehan Harpedenne, par lettres royales du 28 novembre 1399, capitaine de Domme et de Bigaroque. Il avait épousé Jeanne de Barbazan, fille aînée de Manaud et sœur du célèbre *chevalier sans reproches*.

Leur fils Bernard V^e du nom, dont nous reproduisons le sceau, fut aussi sénéchal de Bigorre et passa sa vie sous les armes; il était seigneur de Castelbajac, Séméac, Orieux, Campistrous, Tajan, Aspin, Vernede, Astugue, Casanave, Forgues, Maignaut, etc. Son cousin Arnaud-Raymond seigneur d'Arrouède commandait une autre compagnie à Dun-le-Roi, le 10 août 1421.

Le sceau que nous donnons est attaché à la pièce qui suit : « Sçaichent
« tous que nous Bernart seigneur de Castelbayac, chevalier, confessons
« avoir eu et receu de Guillaume Charrier, commis par monseigneur le
« regent Daulphin à la recette generale de toutes les finances tant de
« Languedoil que de Languedoc, la somme de 300 livres tornois, que

---

(1) Castelbajac (canton de Galan, Hautes-Pyrénées).

« ledit seigneur le Daulphin nous a donné et donne pour nous aider à
« supporter les frais, missions et despens que faire nous a convenu et
« conviendra au service du Roi nostre seigneur et de mon dit seigneur
« le Regent, et mesmement en la ville de Montargis, en laquelle mons.
« le Regent nous envoie presentement en garnison avecque nos gens
« pour la frontiere des ennemis deffendre et desservir, comme par lettres
« d'icelluy seigneur, données le 13 jour d'aoust derrenier passé, peut
« plus à plain apparoir; de laquelle somme de 300 livres nous nous
« tenons paié.

« Donné en tesmoing de ce le 10ᵉ jour de septembre 1420. »

La monstre de messire Bernart seigneur de Castelbayac, chevalier banneret, et de 19 escuyers de sa chambre et compaignie. Receue à Montargis, le XIIᵉ jour de septembre 1420.

Et premierement ledit messire Bernart, chevalier banneret.

ESCUIERS.

Gaillardet de Soriac.
Menaut de Soriac.
Jehan de Peremau.
Jehan de Godon (Gourdon).
Ramonet d'Auradé.
Vidalot de Casteran.
Bertran de Faure.
Le seigneur de Sarnac (Sarriac).
Jehan de Beron.
Gausseran de La Mante.
Guiraut de La Pallière.
Jehan de Sarignac.

Jehan de Jussain.
Le seigneur de La Sarade (La Serrade).
Jehan de La Grasse.
Estienne de Teste.
Bertran de Bazordan.
Jehan d'Incomqs (Incamps?)
Houdet du Quosordet.
Arnault Guillaume d'Armantieu (Béon).
Roger Guillaume de Barbarens.

(Titres scellés, reg. 26, p. 1875.)

CASTELNAU-TURSAN.

M. Legé, curé de Duhort, diocèse d'Aire, a publié l'histoire de cette antique famille du pays des Landes, dont les descendants existent encore après neuf siècles (*Les Castelnau-Tursan*, Aire, 1877). Cet ouvrage forme deux gros volumes de plus de 500 pages chacun; le second volume renferme les documents.

PIERRE, SIRE DE CASTELNAU-TURSAN.

292

Pierre de Castelnau-Tursan fonda la ville de Geaune, chef-lieu de canton, arrondissement de Saint-Sever (Landes).

Le paréage conclu entre lui et le sénéchal de Gascogne pour le roi d'Angleterre est du 7 novembre 1318.

Il fut un des otages donnés par Gaston de Béarn et ses frères pour la garantie de la paix, faite au couvent des Frères Mineurs de Tarbes, le 19 octobre 1329, entre le comte d'Armagnac et Gaston de Béarn.

Le sceau ci-dessus, de Pierre de Castelnau, est attaché à une quittance de ses gages et de ceux de ses gens d'armes, qu'il délivra au trésorier des guerres du roi de France, le 26 août 1342, devant Sainte-Bazeille.

ANTOINE DE CASTELNAU,
BARON DU LAU.

293

SEEL ANTOINE...

Antoine de Castelnau, seigneur du château du Lau, sis en la commune de Duhort, fut un des descendants de Pierre de Castelnau. Tour à tour le favori ou l'ennemi du roi Louis XI, il fut comblé de faveurs ou persécuté avec acharnement ; il fut chevalier, grand chambellan, bouteiller de France, sénéchal de Bazadais, de Guyenne, et ensuite de Nîmes et de Beaucaire.

Son sceau est attaché à une quittance, datée du 13 mars 1463, par laquelle il reconnaît avoir reçu du roi de France une somme de 20,000 livres monnaie courante de Normandie, pour le bien de son mariage.

Tous les historiens du roi Louis XI racontent l'heureuse fortune, mêlée de tant de périls, d'Antoine de Castelnau et de son ami Poncet de Rivière.

Il fit partie du conseil de régence du roi Charles VIII (Voyez les *Procès-verbaux du conseil de régence du roi Charles VIII*, p. 153).

CAUMONT-AGENAIS.

Illustre famille de l'Agenais, qui a produit les ducs de la Force et de Lauzun, et s'est perpétuée jusqu'à nos jours. Le P. Anselme a donné leur généalogie historique (t. IV, 469), reproduite dans le *Dictionnaire de la Noblesse*.

GUILLEM, SIRE DE CAUMONT.

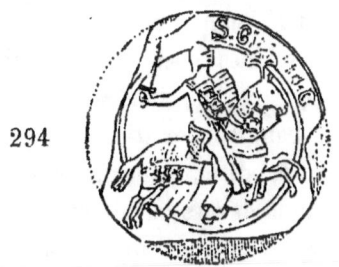

294

« Je Guillems, sire de Caumont, escuyer, fais savoir à tous que j'ay
« eu et receu de nostre sire le Roi, par la main de Harduin de Roy, son
« tresorier, mil livres tournois pour demourer ès frontieres de Flandres.
« En tesmoing de ce j'ai scelé ces lettres de mon scel. Donné à Lenz,
« l'an mil ccc xv, mercredi xxiv° jour de septembre » (T. sc., reg. 26, p. 1899).

Guillem de Caumont, fils de Bertrand et de Indie de l'Isle-Jourdain, fut seigneur de Caumont, de Samasan et de Monpouillan. En 1303, il servait contre les Flamands, avec 20 hommes d'armes et 200 écuyers levés à ses dépens. On voit par la quittance qu'il y revint en 1315.

Il était sénéchal de Toulouse en 1334.

GUILLEM-RAYMOND, SIRE DE CAUMONT.

295   296

S. R. GUILLEM DE CAUMONT.

Guillem Raymond, fils du précédent, fut déshérité par son père parce qu'il suivait le parti des Anglais ; mais il revint servir le roi de France, Philippe de Valois, qui lui rendit tous ses biens.

Le 18 avril et le 22 février 1347 (v. st.), il a donné deux quittances scellées pour ses gages (T. sc., reg. 26). Il avait sous ses ordres, comme chevalier banneret : 3 chevaliers bacheliers, 46 écuyers, 50 sergents à cheval, 100 sergents à pied, dans l'armée de Amaury, sire de Craon.

Il s'agit de Guillem-Raymond de Caumont ou de son père dans la lettre de rémission qui suit :

« Philip. Dei grac, etc... Quod cum propter rebelliones, inobedien-
« cias et alias quam plures offensas per Guillelmum dominum de
« Cavomonte erga magestatem regiam inconsulte commissas, idem
« Guillelmus a regno nostro bannitus extitit. Nos pulcrum vindicte
« genus estimantes ignoscere subditis, considerantesque quod ipse,
« saniori consilio, predicto banno devote paruit et ad graciam et bene-
« placita nostra humiliter se commisit... » (Suit la formule de rémission entière et sans réserve.) — Septembre 1331.

Même date, lettre de rémission identique en faveur de Anne-Sans de Caumont, seigneur de Tombebœuf (Tomba Bovis) (Arch. nat., JJ. 66, page 310).

GUILLOT DE CAUMONT,
CHATELAIN DE PUYCELSI.

297

S. . . [CAV]MONT.

Guillot de Caumont, sergent d'armes, châtelain de Puycelsy (arrondissement de Gaillac, Tarn), donne quittance de ses gages, le 6 juillet 1353, scellée du sceau ci-dessus (T. sc., reg. 26, p. 1905).

Il n'est pas mentionné dans les généalogies, mais ses armes le rattachent à la branche de Lauzun.

L'*Histoire de Languedoc* (t. VII, 242, 2) nous apprend que malgré sa modeste qualité de sergent d'armes il était en 1337 l'un des conseillers du Roi, dont Le Galois de La Baume, capitaine et gouverneur général ès parties de Languedoc, prit l'avis pour traiter avec le comte de Foix.

ANISSANS DE CAUMONT,
BARON DE LAUZUN.

298

S. ANISSANT DE CAVMONT.

Anissans de Caumont, baron de Lauzun, seigneur de Tombebœuf, Saint-Berthomieu et Puydauphin, vicomte de Monbahus; payement « sur sa pension à Carcassonne, à v de abril l'an M CCC IIII^{xx} (1380) » (Bibl. nat., Pièces origin., 622, pièce 26).

GASTON DE CAUMONT.

S. GASTON DE CAUMONT.

Gaston de Caumont, second fils de Anissans-Nompar, baron de Lauzun, et de Jeanne d'Albret.

« Sachent tuit que je, Gaston de Caumont, chevalier, seigneur de
« Lauzun, confesse avoir receu de Jehan Seaulme, recevveur general des
« finances de Languedoc, 60 escus d'or pour 90 livres que le Roy,
« par lettres données à Thoulouse, le darnier may darnier, m'a ordonné
« estre baillées. 6 juing 1428. »

BÉRENGER DE CAUMONT.

Quittance de ses gages militaires, à Agen, 20 décembre 1340. Bérenger n'est pas cité dans les généalogies.

ALEXANDRE DE CAUMONT,
SEIGNEUR DE SAINTE-BAZEILLE.

Alexandre de Caumont, seigneur de Sainte-Bazeille, fils de Anissans de Caumont et de Aremburge de Périgord, a donné quittance de ses gages militaires au Mas-d'Agenais, le 3 septembre 1339, sous le sceau de ses armes (T. sc., reg. 26). Mais il suivit presque toujours le parti des Anglais. Il fit la guerre à Jourdain de l'Isle, qui prit et brûla une de ses maisons; il y eut duel judiciaire ordonné à ce sujet par le sénéchal de Guyenne, mais le parlement, ayant été saisi de la plainte, condamna Jourdain de l'Isle à 3,000 livres d'amende.

Pour s'opposer aux chevauchées d'Alexandre de Caumont, le comte d'Armagnac l'assiégea dans son château de Sainte-Bazeille, le fit prisonnier et l'obligea à reconnaître la suzeraineté du Roi. Ces promesses ne furent pas tenues. La chronique de Bazas (*Archives hist. de la Gironde*, XV, 44) nous dit qu'il commandait les Anglais assiégés dans Auberoche en Périgord, lorsque le comte de Derby vint le délivrer et infligea aux Français la sanglante défaite du 22 octobre 1345. Froissart (chap. 113) raconte que devant le château de Mauléon, Alexandre de Caumont suggéra au comte de Derby une ruse de guerre qui décida la déroute des Français et la prise de la forteresse, que le comte de Derby lui donna en toute seigneurie.

Cependant le seigneur de Sainte-Bazeille fut pris à l'assaut du pont d'Aiguillon par Robert d'Augerraut, écuyer tranchant de Jean de France, duc de Normandie. Ce prince se fit remettre le prisonnier et en compensation donna 500 livres de rente, par lettres du 7 juillet 1346, à l'écuyer qui l'avait pris (Anselme, IV, 492). Nous ignorons sa fin.

Il avait épousé Blanche de Lamothe, dont il n'eut que des filles; l'aînée, Hélène, épousa Berart d'Albret, seigneur de Gensac, à qui elle porta la seigneurie de Sainte-Bazeille.

Les Archives de Pau (E 126, 150) contiennent plusieurs documents sur Alexandre de Caumont et sa famille.

CAUMONT-LOMAGNE.

Le premier connu de cette famille est Guillem-Bernard, qui vivait en 1249 et descendait des seigneurs d'Argombat et de Caumont (1). Il s'est formé plusieurs branches: seigneurs de Lamothe-

---

(1) Canton de Saint-Nicolas-de-la-Grave, Tarn-et-Garonne.

Rouge, d'Agré, de Gaches en Lomagne, de Malartic en Fezensac, de Manleche, de l'Ile-Bouzon, de la Chapelle. (Voir Moulenq, *Docum. hist. sur le Tarn-et-Garonne*, t. III, *passim*. — J. Noulens, *Galard*, t. III.)

LORC DE CAUMONT.
CAPITAINE DE LECTOURE.

302

. S. LORC DE CAVMONT.

Lorc de Caumont, chevalier, capitaine de Lectoure sous le gouvernement du comte d'Armagnac, a donné six quittances scellées pour ses gages et ceux de sa compagnie, pendant les années 1355 et 1356 (T. sc., reg. 146).

Il était seigneur de la Chapelle et de Saint-Pierre-de-Serres (Sempesserre), sénéchal de Lomagne et d'Auvillars, conseiller et fidèle serviteur du comte Jean Ier. Il le suivit avec 185 hommes d'armes dans la guerre contre le comte de Foix (*Hist. de Lang.*, t. VII, 274, 275).

Il est appelé Orchus ou Orchon de Cavomonte dans les chartes des archives municipales de Lectoure. Il paraît d'ailleurs avec ses qualités de chevalier, de sénéchal et de seigneur de la Chapelle, dans tous les actes de cette époque qui intéressent la Lomagne : le 13 novembre 1343, il assiste le comte Jean Ier qui prend possession de la vicomté; en 1352, il est l'un des commissaires chargés de délimiter la juridiction de Lectoure ; il est un des exécuteurs testamentaires d'Agnès de Trencaléon, femme de Barthélemy de Pins (Archives de Pau, E 37).

Sur les chartes de Lectoure on voit, en même temps que lui, « nobilis « Petrus de Cavomonte, domicellus de Sancto Petro de Serra » (1352), qui était peut-être son frère.

Orch de Caumont eut pour fils Bertrand, qui épousa Jeanne de

Monlezun, héritière de Arn.-Guil. de Monlezun, seigneur de Montastruc, à charge de prendre le nom de Monlezun.

Pelagos fut fils de Bertrand et de Jeanne de Monlezun. Ses descendants n'ont plus été connus que sous le nom de Monlezun, dont ils ont maintenu la célébrité par de hauts faits d'armes. On compte parmi eux les capitaines Baratnau, Montcassin, Houeillès et Tajan.

JEAN DE CAUMONT.

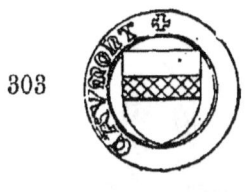

303

..... CAVMONT.

Jean de Caumont est à la défense de Harfleur. Quittance de ses gages, le 23 septembre 1415 (T. sc., reg. 146, p. 3275).

Il paraît appartenir par ses armes aux Caumont de Lomagne.

JEAN DE CAUMONT,
ÉCUYER.

304

S. IOHAÑ DE CAVMONT.

Jean de Caumont, qui donne la quittance rapportée ci-dessous et à laquelle est attaché son sceau, ne se retrouve dans aucune des branches de cette famille donnée par Anselme (t. VII).

« Sachent tuit que je, Jehan de Caumont, escuier, confesse avoir
« eu et receu de Guillaume Denferneh, tresorier des guerres du Roy
« nostre sire, la somme de six vins quinze livres tournois en prest sur
« les gaiges de moy et de huit autres escuiers de ma chambre desser-
« vans et à desservir en ces presentes guerres du Roy nostre dit sei-
« gneur es frontieres du pais de Flandres, en la garde et deffenses de

« la ville de Chastel de Lescluse, soubs le gouvernement de messire
« Jehan de Morchies, chevalier, capitaine dudit chastel, de la quele
« somme de VI^{xx} XV livres tournois dessus dite je me tieng pour bien
« content et paié. Donné à Bruges, sous mon scel, le XIX jour de jan-
« vier l'an mil CCC IIII^{xx} et sept. » (T. sc., reg. 26, p. 1909).

JEAN DE CAUSAC,
ÉCUYER.

305

S. IOHAN CAVSAC.

Jean Causac (1), écuyer, donne quittance de ses gages, avec le sceau ci-dessus, à Paris, le 14 janvier 1415, v. st. (T. sc., reg. 26, p. 1917). Il servait sous les ordres du comte d'Armagnac, Bernard VII.

Le même sceau se retrouve attaché à une quittance délivrée par Pierre Causac, écuyer, servant sous les ordres du régent Dauphin, le 31 mars 1419, sceau dont il ne reste que l'écu semblable au précédent.

Nous n'avons que des renseignements épars sur la famille qui portait ce nom.

En juin 1336, Pierre de Galard, *magister balistorum*, et Pierre-Raymond de Rabasteins, sénéchal d'Agenais, à la supplication de Rainfroid de Durfort, seigneur de Bajamont, accordèrent rémission et révocation de bannissement, prononcé pour avoir tenu le parti anglais, à plusieurs nobles de l'Agenais, du Condomois et de l'Armagnac qui avaient désobéi au roi de France pendant la dernière guerre contre le roi d'Angleterre. Parmi ces nobles nous trouvons Arnaldum Raymondi et Perhucium de Causac, fratres (Arch. nat., JJ. 70, p. 2) (2).

(1) Cauzac, canton de Beauville, Lot-et-Garonne.

(2) Cette pièce est une sorte d'amnistie générale accordée à ces gentilshommes, que Rainfroid de Durfort amenait au service du roi de France. Outre les frères de Causac, nous y voyons : Bernardum de Galcio, filium Guillelmi ; Bernardum de Stomassia ; Raym. Bernard. de Nolenx (Noulens) ; Arnald Guillelmi de Nolenx ; Gerald. de Sen Lana ; Guillelmum de Mau ; Geraldum et Sancium Darblada, etc...

En 1475, parmi les hommages du Bruilhois : nobilis de Causaco, pour les lieux de Maleyssa (Manleche), de Perganho (le Pergain), de Daubezia et de Montestruco (Doat, 222, page 34).

Anselme (t. IV, page 537 B) cite François de Causac, seigneur de Fremin, qui épousa Isabelle de La Tour, fille d'honneur de la reine mère Catherine de Médicis.

Ils prenaient sans doute leur nom de la seigneurie de Cauzac, canton de Beauville, arrondissement d'Agen ; mais le château de Cauzac ne leur appartenait plus ; depuis 1326 il était la propriété de la famille de Thoiras, éteinte sous le règne de Louis XIII. « Le premier des mem-
« bres de cette famille que nous trouvons en possession de la seigneurie
« de Cauzac est Guillaume de Toiras (1326). La filiation suivie com-
« mence à Jean I de Thoiras. Jean II de Thoiras, fils de Jean I et de
« Jeanne de Beynac, se maria (6 avril 1460) avec Hélène de Raymond.
« Son fils, Pierre de Thoiras, fut, après lui, possesseur de la terre et
« château de Cauzac, et il eut de Catherine de Montagu de Mondenard,
« qu'il épousa le 8 mai 1509, un fils, Pierre-François de Thoiras. »
(Ph. Tamizey de Larroque, *Les vieux papiers du Château de Cauzac*, Agen, 1882. Préface.)

GÉRAUD DE CAZAUBON,
COMTE DE GAURE.

306

Géraud de Cazaubon est connu dans notre histoire de Gascogne par la fondation de la ville de Fleurance et par la guerre qu'il soutint contre Géraud, comte d'Armagnac, à qui il refusait l'hommage de la comté de Gaure (1), prétendant qu'elle ne relevait que

---

(1) Le comté de Gaure, détaché très anciennement du Fezensac, en faveur d'un cadet duquel descendait évidemment Géraud de Cazaubon, comprenait à cette époque huit paroisses : Fleurance, Saint-Puy, La Sauvetat, Réjaumont, Pauilhac, Pouypetit, Saint-Lary et Sainte-Radegonde.

de la comté de Toulouse. Dans un premier combat, le seigneur de Cazaubon repoussa les soldats du comte et tua Arnaud-Bernard, frère de ce comte. Pour éviter la vengeance qui ne pouvait tarder, il se mit sous la protection du roi de France et appela à son secours le sénéchal de Toulouse, Eustache de Beaumarchez. Le comte d'Armagnac brava la sauvegarde royale, assiégea et prit le château de Sompuy (1) et ravagea les terres des Cazaubonnais. Les deux adversaires furent obligés de se soumettre à la justice du Roi : *Videlicet quod dominus Rex ordinaret super hoc pro voluntate sua vel per judicium prout sibi melius placeret.* Géraud de Cazaubon se constitua prisonnier et fut enfermé dans une tour, à Carcassonne. Le comte d'Armagnac fut prisonnier sur parole à Paris (*Hist. de Languedoc. — Hist. de Gascogne. — Revue de Gascogne*, t. XXI et XXII).

Le parlement de Paris rendit arrêt, *in parliamento octabarum omnium sanctorum* (1272), par lequel le comte d'Armagnac fut condamné en 15,000 livres tournois envers le Roi, tant pour amende que pour indemnité de la ruine du château de Sompuy (*Olim*, I, p. 407).

Géraud de Cazaubon, en effet, avait cédé cette forteresse au roi de France par voie d'échange. Eustache de Beaumarchez avait négocié cette acquisition et donné en compensation la seigneurie de Milhars (Tarn) et différentes rentes et droits seigneuriaux assis dans l'évêché d'Alby, d'un revenu égal à celuy de Sompuy. (Ce traité, en date du mois de février 1280, est transcrit dans les papiers d'Oihenart, t. CVII, folio 61. — Curie Seimbres, *Villes fondées*, etc., p. 255.)

En 1291, Géraud de Cazaubon était à Paris et donna la quittance que nous transcrivons et à laquelle le sceau est attaché : « A tous ceux qui
« ces lettres verront, Guillaume de Hangest, garde de la prevosté de
« Paris, salut. Vous fesons à savoir que par devant nous vint noble
« home monseigneur Giraut de Cassebon, chevalier, affermant et reque-
« rant en droit par devant nous que noble home monseigneur Eustache
« de Beaumarches, chevalier, senechal de Toulouse, l'avoit asséré et
« assis bien et loialment en nom du Roi et par le Roi du propre heri-
« tage iceluy mons. Eustache sexante et cinc livrées de terre ou rente à
« tournois avesques toute juridiction à Tonnac et en la ville Dalerac et
« es appartenenses en la chastelerie de Tonnac en l'evesché Darible en
« Aubigeais, lesqueles sexante et cinc livres de rente ou terre à tournois
« desus dites nostre sire li Rois estoit tenuz de remanant à asseoir et
« bailler au devant dit monseigneur Giraut pour l'eschange de la terre

(1) Aujourd'hui Saint-Puy-en-Gaure, canton de Valence, Gers.

« de Saint Pui qui estoit audit monseigneur Giraut, laquelle il avoit
« delessiée au Roy à tous jours mes par eschange comme il disoit.
« Duquel asseurement et assise desus diz des sexante et cinc livrées à
« tournois de rente desus dites pour la devant dite terre du Pui lidit
« monseigneur Giraut se tint bien entierement pour paié par devant
« nous et en quitta et quitte du tout en tout bonnement à tous jours
« monseigneur le Roy et ledit monseigneur Eustace et leurs hoirs. Et
« promit ledit monseigneur Giraut et jura sur sainz par devant nous
« que il encontre l'assise et asseurement desus dit ne contre la quit-
« tance desus dite n'ira ne aler ne fera par lui ne par autres à nul jour.
« Et quant à ces choses desus dites tenir, etc. . . . . sera apposé le
« scel de la prevosté de Paris avec le scel dudit monseigneur Giraut
« duquel il usoit si que il disoit.

« Et fut fet l'an de grace 1291, au mois de maiz. »

Géraud de Cazaubon survécut près de vingt ans aux événements que nous avons rapportés. Dans une charte de la Saume de l'Isle (octobre 1295), il est mentionné comme étant vieux et valétudinaire.

Il eut un fils, nommé aussi Géraud, lequel, par acte du 5 des calendes de mars 1295, abandonna à l'évêque d'Alby les dîmes de Milhars et Montvalen (Doat, tome. . . . p. 71). Ce Gérand II.ᵉ du nom étant mort sans enfants, les biens de sa maison échurent à son cousin Jourdain V, sire de l'Isle-Jourdain.

JEAN CHANDOS.

307

Jean Chandos, l'un des plus célèbres capitaines qui servirent le roi d'Angleterre Édouard III et son lieutenant général en France. Il fut l'un des commissaires chargés de régler l'exécution du traité de Bretigny. En 1364, il fit prisonnier Duguesclin à la bataille d'Auray et lui fit payer une rançon de 40,000 francs d'or. Jean Chandos fut tué au combat de Lussac en Poitou, l'an 1369.

Le sceau de ses armes est apposé sur la quittance qui suit :

« Saichent tous que nous, Jehan Chandos, vicomte de Saint-Sauveur, « avons eu et receu de très-noble et excellent prince monseigneur le « roy de Navarre, par la main de Girart de Cirpon, vicomte de Vallon, « la somme de 500 royaux d'or qui deus nous estoient du terme de « de Pasques darnier pour cause de nostre pension que nous prenons « de nostre dit seigneur, de laquelle somme de 500 royaulx dessus-« dits nous nous tenons comme bien payés et en quittons nostre dit « seigneur, ledit vicomte, et tous autres à qui quittance en peut et « doit apartenir. Donné en tesmoing de ce, soubs nostre scel, le 26 jour « de septembre l'an MCCCLVII » (T. sc., reg. 28, p. 2081).

PIERRE DE CONNIN.
CAPITAINE DE SERREFRONT.

308

S. PEIRE DE ... S.

« Sachent tuit que je, Pieires de Connin, escuyer, capitaine de Serre-« front (1), ay eu et receu de Jacques Lempereur, tresorier des guerres « du Roi messire, par la main de Guillaume Larcher, son lieutenant, en « descompte sur les gaiges de moi, 17 autres ecuyers et 36 sergens à « pié de ma compagnie, etc... ès guerres de Gascogne, et la garde « dudit lieu sous le gouvernement de Mons. le comte d'Armagnac, « lieutenant du Roi messire, depuis le 1er jour de juing 1356 jusqu'au « 1er novembre ensuivant, la somme de 65 livres 18 sols 9 deniers « tournois. 7 novembre 1356 » (T. sc., reg. 34, p. 2527).

(1) Aujourd'hui Sarron, canton d'Aire, Landes.

JEAN, VICOMTE DE CORNEILLAN.

309

Le pays de Corneillan (1) formait autrefois une vicomté dont relevaient les seigneuries de Pernillet, Cadillan, Lestremau, Rivière, Viella, Villères, Verlus, Projan, Ségos, Mauriet, Gardères, Lacavalerie, Labbay, Lannux et Saint-Paul.

Le cartulaire du prieuré bénédictin de Saint-Jean-de-Saint-Mont nomme parmi les bienfaiteurs du monastère Fédoc de Corneillan en 1042, et son fils Fédoc en 1084 (*Doc. inédits, Arch. dép.*, t. I, p. 177). Pierre Vital de Corneillan donna des coutumes à ses vassaux en 1222 (Monlezun, t. III, p. 15).

Cette antique famille s'est conservée jusqu'à nos jours.

Sa généalogie donnée par le *Dictionnaire de la Noblesse* est incomplète; on y omet Raymond de Corneillan, à qui Agout des Baux, sénéchal de Toulouse, donna 100 livres pour les services qu'il avait rendus pendant la guerre de Gascogne, le 14 janvier 1342. — Jehan de Corneillan servait sous les ordres du connétable de Sancerre, en 1378, 1379 et 1386, dans les guerres de Saintonge et d'Angoumois, avec treize écuyers. Il délivra des quittances revêtues du sceau représenté ci-dessus (T. sc., reg. 35).

(1) Corneillan, canton de Riscle, Gers.

AUGER DE CRAVENSÈRES,
SEIGNEUR DU COS.

310

En 1252, Auger de Cravensères en Armagnac (1) avait suivi saint Louis en Terre-Sainte ; son nom est cité parmi ceux des croisés qui se trouvaient au mois de décembre au camp devant Joppé (Teulet, *Layettes*, t. III, 171 B. — *Hist. de Languedoc*, t. VI, 491).

Autre Auger de Cravensères, écuyer, sire du Cos, fut engagé par les lieutenants du roi de France pour servir avec sa compagnie d'hommes d'armes et de trait pendant la guerre de Gascogne, en 1355 et 1356. Il était capitaine de Manciet et de Castelnau-d'Eauzan. Il a donné, les 6 mars, 15 avril, 27 décembre 1355, 22 mai, 4 août, 29 septembre 1356, des quittances de ses gages, revêtues du sceau ci-dessus (T. sc., reg. 36, p. 2729).

Sa fille, Catherine de Cravensères, rendit hommage au comte d'Armagnac pour « le lieu de Crabensères et une mayson nommée deu Cos « assize pres de Vic » en 1371 (Inv. des titres de la Maison d'Armagnac, Arch. de Pau, E. 238). Il est probable que c'est elle qui porta ces terres dans la Maison de Ferragut. Ces deux familles se sont fondues l'une dans l'autre.

En 1392, Manault de Cravensères, damoiseau, était au service du comte Bernard VII (Trésor généalogique de dom Villevieille).

Le 18 octobre 1413, noble Audoart de Cravensère était seigneur du Cos, et lausime une vente passée devant Librario, notaire à Vic (Arch. du Séminaire d'Auch).

Au commencement du XVe siècle, nous trouvons Audoart et Jean de Ferragut, seigneurs de Cravensères et du Cos.

Le château du Cos a résisté aux efforts du temps et de la main des hommes. Il domine la rive droite de la Guiroue, à peu de distance de Préneron. C'est une de ces fortes constructions carrées, à trois étages, flanquées au sommet d'un cavalier en encorbellement. Il n'a

---

(1) Cravencères, canton de Nogaro, Gers.

perdu que ses créneaux et son cavalier. Pour en faire une grange, on a crevé la muraille au rez-de-chaussée.

PIERRE DE CROS,
SÉNÉCHAL DE BIGORRE.

PERE DE CROS.

Aymar ou Aymeric de Cros fut sénéchal de Carcassonne, puis de Toulouse, et commissaire du Roi, de 1310 à 1320. Le 8 décembre 1319, il était présent à la dégradation du moine Bernard Délicieux.

En 1320, il mit un terme au brigandage des Pastoureaux (Mahul, *Cartulaire de Carcassonne*, VI, 280, et *Hist. de Languedoc*, VII, pp. 25, 30, 70 et suivantes). En 1322, il était juge enquêteur au Parlement, d'après la liste faite au bois de Vincennes, le 10 octobre de cette année (Boutaric, *Les Parlements*, 6930).

Pierre de Cros, sénéchal de Bigorre, était ou son fils ou du moins de sa famille.

Le sceau de Pierre de Cros est attaché à une vente faite au Roi, le 9 novembre 1339 (Arch. nat., J. 2971, 67). Les armoiries, écrasées, ne sont plus visibles.

Ce sénéchal fut, en 1331, le fondateur de la nouvelle bastide à laquelle il donna son nom de Cros. Curie Seimbres, page 338 de son *Essai sur les villes fondées*, etc., a mentionné les actes relatifs à cette fondation, qui sont imprimés dans la collection des *Ordonnances*, tome XII, p. 514.

Les bastides de la Bigorre n'avaient qu'un médiocre succès, celle de Cros ne réussit point du tout, malgré le zèle du sénéchal et de ses agents, qui prétendaient contraindre les montagnards à venir habiter dans la plaine. Au mois de septembre 1333, le Roi accorda à ces montagnards la *grâce* de ne pas être obligés par la force de peupler les nouvelles bastides :

« Gracia facta habitatoribus villarum et locorum vallium de Lave-

« dano et de Baregio in senescallia Bigorre, quod non possint trahi
« ad novas batidas de Crosis Bigorre et de Floria.

« Philippus, D. g. rex, etc... Notum facimus quod cum ex parte
« hominum et habitancium villarum et locorum vallium nostrarum
« de Lavedano et de Baregio, senescallie Bigorre, nobis fuisset quere-
« lose monstratum, quod nonnulli, calumpniose et causa eos vexandi
« laboribus et expensis et ab ipsis redempciones indebitas extorquendi,
« ad novas bastidas nostras de Crosis Bigorre et de Floria curia,
« senescallie Tolose, et [ad] quamplures alias bastidas trahere ipsos,
« citare et aliter male tractare nituntur; in ipsorum hominum et
« habitancium inter Alpes montium Pureneorum in locis frigidis et
« montuosis in confinibus regni nostri commorancium grande dispen-
« dium et jacturam. (Ex quibus magna pericula nobis, regno et
« subditis nostris possint, profuturis temporibus imminere.) Suppli-
« cantes nobis super his eisdem oportuno remedio providere. Idcirco
« nos, premissis premeditatis et que circa hec nos movere possunt et
« debent diligenter attentis; dictis hominibus et habitantibus villarum
« et locorum hujusmodi, ex certa scientia et de gracia speciali conces-
« simus et concedimus, per presentes, quod nulli habitantium villarum
« hujusmodi ad novas bastidas vel alias quascumque factas vel
« construendas per quemcumque trahi possint aut valeant in futurum,
« nisi duntaxat pro delictis commissis aut debitis contractis.

« Ibidem Tholose et Bigorre senescallis, ceterisque justiciariis nos-
« tris presentibus et futuris, vel eorum loca tenentibus, dantes hiis pre-
« sentibus in mandatum quatenus ad instanciam quorumcumque, ha-
« bitatores vallium predictarum, contra gracie nostre predicte tenorem,
« nullatenus molestent aut inquietari permittant. Quod si secus fecisse
« reperiuntur, illis revocari faciant indilate et absque alterius expec-
« tatione mandati privilegia et immunitates dictis bastidis concessas.

« Datum anno 1333, mense septembris » (Arch. nat., JJ. 69, p. 72).

PIERRE DE CUELHE.

312

Le 25 janvier 1346, Pierre de Cuelhe, damoiseau, donne quittance à
Mathieu Gauthé, trésorier du Roi, de cent sous tournois qui lui ont été

alloués par Amaury de Voisins, seigneur de Couffoulens, lieutenant du sénéchal de Carcassonne, pour le service qu'il va faire aux guerres de Gascogne. Il scelle sa quittance du sceau ci-dessus (Archives du château de Saint-Blancard).

Nous n'avons aucun renseignement précis sur Pierre de Cuelhe. Il était sans doute du pays de Foix. Les Archives de Pau (E 314) mentionnent (1371-1398) l'hommage rendu par Monen de Cueille, châtelain de Saint-Ibars, à Mathieu et Archambaud, comtes de Foix.

Il y a aussi Cueilles en Rouergue, canton de Nauviale (Aveyron).

CUGNAC.

Cette famille, établie en Gascogne depuis 150 ans, a donné le dernier évêque de Condom. M. le marquis de Cugnac habite le château de Fondelin, près de Condom.

Viton de Saint-Allais a publié leur généalogie (t. XVII, p. 224). On y trouvera les détails sur les personnages dont nous représentons les sceaux.

BERNARD DE CUGNAC,
SEIGNEUR DE SAINT-AVIT.

313

S. BER. DE CVNHAC.

Bernard de Cugnac, écuyer, capitaine de Saint-Avit, a reçu de Jacques Lempereur, trésorier des guerres, 25 livres en prêt sur les gages de lui et des gendarmes de sa compagnie, servant en ces présentes guerres de Gascogne, en la garde du lieu de Saint-Avit. Quittance scellée, donnée à Toulouse, 23 janvier 1354. Autres quittances analogues, 1354-1355.

S. BERNARD DE CUNHACO.

Bernard de Cugnac, seigneur de Saint-Avit, capitaine de Saint-Avit-le-Vieil, a donné, en 1364, plusieurs quittances scellées, pour ses gages qui étaient de 30 francs d'or par année.

BERNARD DE CUGNAC.

S. BERNARDI DE CUNHACO.

En 1368, Bernard de Cugnac fut retenu par le duc d'Anjou, à 15 francs d'or par mois, avec huit hommes d'armes de sa compagnie (21 janvier).

S. BERNARD DE CUNHACO.

Le 30 octobre 1378, Bernard de Cugnac, étant à Toulouse, reçoit un don que le Roi lui a fait et en donne quittance.

BERNARD DE CUGNAC.

S. BERNAT DE CVNHAC.

Le même jour, à Toulouse, autre Bernard de Cugnac donne quittance d'un don qui lui a été fait par le Roi.

BERNARD DE CUGNAC.

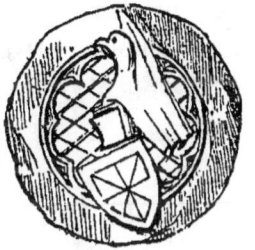

Le 2 novembre 1379, quittance scellée par Bernard de Cugnac, écuyer, pour ses gages et ceux des gens d'armes et de pied de sa compagnie (T. sc., reg. 38, p. 2841 et suivantes).

ANTOINE DE CUGNAC.

... EAUX ET FORETS...

Au siècle suivant, Antoine de Cugnac, capitaine armagnac, rendit de grands services au roi Charles VII et devint son chambellan en 1432.

Il s'établit en l'Ile-de-France, où ses descendants furent seigneurs de Dampierre et de Balincourt. Charles VII lui donna la maîtrise des eaux et forêts de Normandie, Picardie et vicomté de Bayeux. C'est en cette qualité qu'il rendit à Bayeux, le 4 août 1453, une ordonnance scellée de ses armes (T. sc., reg. 156, p. 4213).

FRANÇOIS DE CUGNAC.
SEIGNEUR DE DAMPIERRE.

320

François de Cugnac, seigneur de Dampierre, guidon de la compagnie de monsʳ de Guise, a donné quittance de ses gages, le 12 mars 1578, scellée sur papier (T. sc., reg. 126, p. 813).

CUMONT (1).

Nous n'avons rien trouvé sur les seigneurs de ce nom, dont voici les sceaux.

GÉRAUD DE CUMONT.

321

S. G. DE CVMONT.

Giraut de Cumont, écuyer à l'establye de la ville de Saint-Jean-d'Angely. Quittances des 4 avril 1351, 25 mai et 16 août 1352.

(1) Cumont, canton de Beaumont-de-Lomagne, Tarn-et-Garonne. — Cumond, arrondissement de Riberac, Dordogne.

HUGUES DE CUMONT.

S. ADO CAVOES DE CVMONT (1).

Quittances données à *Biague* (?) par Hugues de Cumont, chevalier, servant avec sa compagnie sous les ordres de Itier de Magnac, le 12 mai 1340; et le 25 mai 1352, à Saint-Jean-d'Angely, sous le maréchal d'Audeneham.

BERNARD DE CUMONT,
CAPITAINE DE SAINT-CLAR.

S. BERN. DE CVMON.

Bernard de Cumont, écuyer, capitaine de Saint-Clar en Lomagne, donne quittance, à Agen, le 3 juillet 1355.

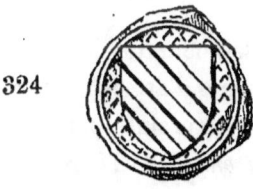

Bernard de Cumont, écuyer, donne quittance de ses gages et de sa compagnie, *sous mon scel*, à Agen, le 1er octobre 1355 (T. sc., reg. 38, p. 2861 et suivantes).

---

(1) Cette légende a été lue différemment par M. Demay : S. MOS. VGES DE CVMON. C. (*Inventaire des sceaux de la collection Clairambault*, t. I, p. 327, n° 3087.)

ALEXANDRE DALBY,
CONNÉTABLE DE BORDEAUX.

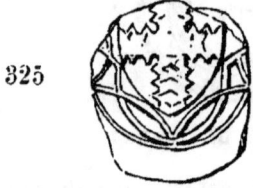

325

Le sceau que nous reproduisons se trouve au bas d'une quittance d'une somme de 400 livres sterlins guiennois donnée aux consuls d'Agen par le connétable de Bordeaux, Alexandre de Dalby, à raison du don fait par la ville au prince de Galles et d'Aquitaine. Datée de Bordeaux, 9 novembre 1366 (Arch. munic. d'Agen, CC. 41).

MELCHIOR DES PREZ,
SEIGNEUR DE MONTPEZAT.

326

Melchior de Lettes des Prez, seigneur de Montpesat, chevalier de l'ordre, capitaine de cinquante hommes d'armes. Quittance de 450 liv. t. donnée à Châtellerault, 2 juin 1567, empreinte papier (T. sc., reg. 227) (Voir les *Grands Officiers de la couronne*, t. VII, p. 190).

JEAN DE DIEUPENTALE.

327

S... DIEV PENTALLE.

Nous trouvons Gérault de Dieupentale (1) parmi les seigneurs qui transigèrent, le 6 avril 1233, avec l'évêque de Lectoure, au sujet des juridictions de leurs seigneuries.

Au mois d'août 1238, Raimond de Dieupentale transige avec les religieux de Grandselve touchant les lieux de Margastaud et Manenguila (Merenville) (Inventaire de Grandselve. — *Hist. de Languedoc*, t. VIII, 1859, nouv. édit.).

Nous retrouvons, dans la Saume de l'Isle, Aribert de Dieupentale en 1240, et Ramon aux années 1279-1288.

Aribert, Jean et Jacques de Dieupentale sont portés sur les comptes du trésorier des guerres, de 1339 à 1341.

Le sceau que nous donnons est attaché à une quittance de Jean de Dieupentale, qui reconnaît avoir reçu de Jehan de Conde, lieutenant du trésorier des guerres, pour cause d'un don à lui fait par le noble et puissant Aguot des Baux, chevalier, sénéchal de Toulouse, pour les bons et agréables services qu'il a faits au Roy, une somme de 200 livres. A Chatelsarrasin, le 25 février 1342, v. st. (T. sc., reg. 40, p. 3019).

La branche aînée de Dieupentale paraît être éteinte dans une branche de la maison de Terride. Odet de Terride était, en 1450, seigneur de Dieupentale. Il avait épousé Catherine d'Audibert, dame du Claux. Sa fille et son héritière, Marie de Terride, dame du Claux et de Dieupentale, épousa Odet de Terride, vicomte de Gimois (Voir *Grands Officiers de la Couronne*).

Un cadet de Dieupentale a fait souche dans la seigneurie de Margastaud ; sa descendance s'est illustrée par des services militaires et a

---

(1) Dieupentale, canton de Grisolles, Tarn-et-Garonne.

eu la gloire de donner à l'Église la fondatrice de la congrégation des Feuillantines à Toulouse.

A la Bibliothèque de la ville d'Auch (manusc. d'Aignan du Sendat, n° 67, p. 247), se trouve une notice sur la famille de Dieupentale, rédigée par le Père de Montgaillard.

DU FOURC.

Il est probable que le lieu du Hourc ou du Fourc, près Gimont (Gers), ancienne paroisse de Saint-Martin-du-Fourc, a donné son nom à cette famille, sur laquelle les Archives de notre pays fournissent de nombreux documents.

En 1324, Jean du Fourc rendit hommage au comte d'Armagnac pour Saint-Antonin en Fezensaguet. En 1345 et 1358, Jean du Fourc rendit hommage pour Saint-Antonin, La Nogarède, Pinemont et Vezin, près Mauvezin, en Fezensaguet (Arch. du Gers, E. 11).

En 1334, Raymond du Fourc, le 12 octobre, reconnut sur ses biens 1,100 livres, qu'il avait reçues pour la dot de sa femme, Condore de Bertrand. Le 20 juillet 1338, il donna quittance définitive de la dot.

RAYMOND-GUILLAUME DU FOURC,
CAPITAINE DE CASTELNAU-D'EAUZAN.

328

S. BERNART DEV FORC.

En 1353 et 1354, Raymond-Guillaume du Fourc, capitaine de Castelnau-d'Eauzan, servait sous le comte d'Armagnac avec un écuyer et quatre sergents à pied. On a quatre quittances de ses gages : 15 janvier 1353, 17 novembre, 20 décembre et 13 janvier 1354, scellées d'un sceau dont la légende porte *S. Bernart deu Forc.*

HUGUET DU FOURC.

329

S. H[VGVE]T DE FOVRC.

En 1369, Huguet du Fourc était un des vingt-quatre écuyers mis en garnison par le duc d'Anjou dans la forteresse de Podenas, sous le commandement de Pierre de Pommiers ; il a donné quittance scellée de ses gages, à Condom, le 25 août 1369 (T. sc., reg. 49, p. 3693 et suivantes).

En 1378, Jean II, comte d'Armagnac, fit donation et vente des droits seigneuriaux qu'il possédait à Montastruc (Gers), à son *cher et feal escuyer Pierre du Fourc, alias Caseras.* Les descendants de Pierre du Fourc ont conservé cette coseigneurie de Montastruc jusqu'au XVII° siècle (Arch. du château de Saint-Blancard (Gers), fonds du Fourc de Montastruc).

DURFORT.

Maison illustre, connue depuis le XI° siècle par ses donations à l'abbaye de Moissac. Devenus ducs de Lorges et de Duras. Ils prenaient leur nom de la petite ville de Durfort (aujourd'hui Tarn-et-Garonne, arrondissement de Moissac), ou peut-être de la seigneurie de Durfort, juridiction de Penne en Agenais. Les Durfort possédaient cette seigneurie au XIV° siècle (Thomas Carte, *Rôles gascons*, I, 76, 112, etc. — *Archives hist. de la Gironde*, t. IV, 112). La généalogie historique de cette famille a été écrite par le P. Anselme (V, p. 720 et suivantes), et rééditée par tous les ouvrages spéciaux. Ils ont pris une grande part aux événements publics dans notre province pendant le moyen âge. Il faut consulter, pour leurs plus célèbres personnages, l'*Histoire du Languedoc*, l'*Histoire de l'Agenais*, par Samazeuilh, et les dictionnaires biographiques.

Le jour de la Circoncision, en 1302, Arnauld de Durfort, baron, seigneur de *Sespodio* (Frespech, Lot-et-Garonne), donne quittance scellée de ses gages que lui paye le sénéchal d'Agen. Il y a dans les Archives de Laroque (Lot-et-Garonne), une mention d'un acte passé par ce seigneur en l'année 1300, et aux Archives de Pau (E. 277) une quittance dotale donnée en 1320 par ce seigneur de Frespech.

Son descendant, Guillaume-Raymond de Durfort, servant le comte d'Armagnac, infligea une sanglante défaite aux troupes du comte de Foix, en 1376 (*Histoire du Nebouzan*, etc., par Castillon d'Aspet, t. II, p. 31).

GUILLAUME DE DURFORT.
ÉVÊQUE DE LANGRES (1).

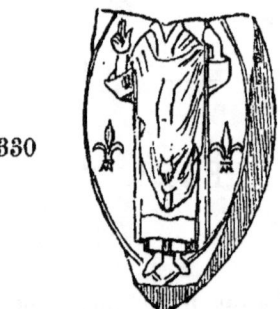

330

Guillaume de Durfort, évêque de Langres; sceau attaché à une charte du lundi après l'Assomption 1316, procuration pour les États généraux (Archives nationales, J. 443, numéro 4).

(1) Voir dans la Ire partie (page 26, n° 33), un autre sceau de Guillaume de Durfort.

BERTRAND DE DURFORT,
SEIGNEUR DE LA CHAPELLE.

331

Bertrand de Durfort, sire de La Chapelle, a scellé, le 28 janvier 1356, quittance d'une somme de 700 livres que le comte d'Armagnac lui avait allouée par ordonnance de la veille, 27 janvier.

Il a fourni plusieurs autres quittances, munies du même sceau, après avoir fait montre des hommes d'armes de sa compagnie; l'une sans date de l'année est ici en langue vulgaire :

Monstra del senhor de La Capela, recebuda a Montalban, lo XVIII jorn de fevret.

M. Bertrand de Durfort, senhor de la Capela, cheval liar, balan 100 liv. — B. de Fontanilhas, chev. liar negro, 100 liv. — P. de Castet, chev. morel. — Johan de Mondanart. — Ar. de La Sala. — Le borc de Lanac. — Robert de La Sala. — Peyrot lo Borny. — Naudonnet de Lustrac. — Guil. Capel. — Bernat de Belpuy. — Moss. Guillem de Galart, cheval morel estelat el front, marcat en la cuissa dreta daret, balan LXX francs. — Jehan de Galart, cheval morel, balan 25 fr. — Ramon Sabia. — Bernon de La Mourere. — Lo senhor de Belpuich, etc. (T. sc., reg. 158, p. 4335.)

En 1337, au mois d'octobre, Guillaume, archevêque d'Auch, lieutenant du Roi en Languedoc, avait donné à Guillaume de Durfort, seigneur de La Chapelle, le lieu de Durfort près Lauzerte, avec toute justice, pour le récompenser de ses services militaires (Invent. de Vic-Fezensac aux Archives de Pau, E 237).

M. J. de Carsalade du Pont a donné dans la *Revue de Gascogne* (t. XXIV, p. 303 et 305), des notes précieuses sur ces seigneurs de La Chapelle, d'après les Archives du château de Saint-Blancard.

A Toulouse, 28 juillet 1359, quittance de 40 livres scellée par Bonnefont de Durfort, prieur de la Daurade. — On a trouvé au Sompuy (Gers) la matrice d'un sceau avec cette légende : S. PRIORIS DE DUROFORTI, qui paraît devoir être attribué à Bonnefont de Durfort, prieur de la Daurade.

Cette découverte et la description du sceau sont publiées dans la

Revue de Gascogne, t. IV, p. 81 (Lettre anonyme du 20 février 1863). Aucun dessin n'accompagnait la description ; nous sommes heureux d'être en mesure de réparer cette omission dans notre supplément.

ARNAUD DE DURFORT,
SEIGNEUR DE BAJAMONT.

332

S. ARNALT DURFORT.

Arnauld de Durfort, sire de Bajamont (Lot-et-Garonne, arrondissement d'Agen), a scellé plusieurs quittances de ses gages, en 1371 et 1372. Le P. Anselme (t. VII, page 755) a dressé la généalogie de ces seigneurs de Bajamont, mais seulement depuis 1447. Les prédécesseurs ne lui ont pas été connus. On trouvera sur eux de précieux documents dans le volume intitulé : *Villes libres et Barons. — Essai sur les limites de la juridiction d'Agen*, par M. Tholin; on y verra qu'en 1346 Arnault, seigneur de Bajamont, peut-être le même qui vivait en 1371-1372, soutint un siège dans son château, battit les assiégeants, qui étaient les habitants d'Agen, et fit même prisonnier le sénéchal Robert de Houdetot (1).

---

(1) Sur les Durfort, seigneurs de Bajamont, on pourra consulter utilement un inventaire des titres de Montpezat, conservé dans les archives du château de Lafox (Lot-et-Garonne). Une partie de cet inventaire a été transcrite par Mme la comtesse de Raymond (Fonds de Raymond, Archives départementales de Lot-et-Garonne).

La liste de ses seigneurs peut être reconstituée à partir de l'année 1280.

BERTRAND DE DURFORT,
SEIGNEUR DE GAVAUDUN.

S... DVRFORT.

Bertrand de Durfort, seigneur de Gavaudun (Lot-et-Garonne, arrondissement de Villeneuve-sur-Lot), a donné quittance scellée de 50 livres qui lui avaient été données par le duc d'Anjou, à Toulouse, le 11 juillet 1377. Il vivait encore en 1401, en effet (Trésor généalogique de dom Villevieille, v° Durfort), Bertrand de Durfort, seigneur de Gavaudun et de la Roque-Thimbault, donna, le 22 novembre 1401, procuration à Amanieu de Montpezat pour exposer à Jean de France, duc de Berry, que la peste, la guerre et autres malheurs ont dévasté *quarante lieues* qui lui appartiennent, lesquelles sont environnées de tous côtés par les Anglais (Généal. Montpezat, dans le *Nobiliaire de Guyenne et Gascogne*, t. IV, p. 294).

JEAN DE DURFORT,
CAPITAINE DE PUYMIROL.

S... [DVRF]ORT.

Jehan de Durfort, capitaine de Puymirol (Lot-et-Garonne, arrondissement d'Agen), a scellé, le 2 juin 1426, quittance de ses gages (T. sc., reg. 158, p. 4367).

Notre série des sceaux des Durfort est malheureusement incomplète, notre dessinateur en ayant omis plusieurs et des plus beaux. Nous espérons réparer cette omission dans notre supplément.

RICHARD D'ENTRAYGUES.

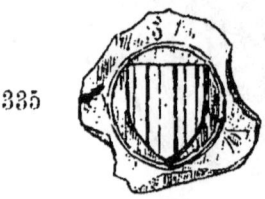

335

Famille du Rouergue. — Les seigneurs d'Entraygues (1) étaient feudataires du comte d'Armagnac. On voit par la quittance qui suit que Richard d'Entraygues faisait partie de l'armée convoquée en 1356 pour s'opposer à l'invasion imminente du prince de Galles ; nous ignorons s'il fut à la bataille de Poitiers, livrée le 19 septembre de la même année.

« Sachent tuit que je Richart d'Entraigues, escuier, ay eu et receu
« de Jaques Lempereur, tresorier des guerres du Roy nostre sire, par
« la main Guillaume Larchier, son lieutenant, en prest sur les gages
« de moy seul, desservis et à desservir en ces presentes guerres de
« Gascoigne, souz le gouvernement de Monsr le comte d'Armagnac,
« lieutenant dudit seigneur es parties de la Langue Doc, dix livres
« tournois; desquelles x l. t. je me tieng pour bien paiés. Donné à
« Thoulouse sous mon scel, le XXIe jour de juing l'an mil CCC LVI »
(Archives du château de Saint-Blancard).

ESPAGNE.

Branche de la Maison de Comminges, qui a eu pour auteur Arnaud, dit d'Espagne, seigneur de Montespan, troisième fils d'Arnaud de Comminges, vicomte de Couserans, et de Philippe de Foix. La branche de Montespan a formé celles de Ramefort en Comminges, de Panassac en Astarac et de Durfort en Foix.

(1) Entraygues, chef-lieu de canton, arrondissement d'Espalion, Aveyron.

La généalogie de la Maison d'Espagne est dans Anselme (tome II, page 648).

ARNAUD D'ESPAGNE,
SEIGNEUR DE MONTESPAN.

S. ARNAVLT DESPANHE.

Arnaud d'Espagne, III° du nom, fils aîné d'Arnaud II° et de Marguerite de La Barthe, sénéchal de Quercy et de Périgord, et ensuite de Carcassonne et de Béziers.

Le sceau ci-dessus est pendu à des quittances de ses gages, pendant les années 1349 à 1358. (T. sc., reg. 43, p. 3239 et suiv.)

Il était seigneur de Montespan (arrondissement de Saint-Gaudens, Haute-Garonne). Il fut fait prisonnier à la bataille de Poitiers, conduit en Angleterre, et paya 6,000 livres tournois de rançon. A son retour, le Roi lui donna la seigneurie d'Esterville et 200 livres de pension.

En 1360, il fut l'un des négociateurs du traité passé entre les États de Languedoc et le comte de Foix. (*Hist. de Languedoc*, t. VII, 528.)

En 1363, il est un des procureurs du comte de Foix pour la paix avec le comte d'Armagnac.

Pendant les années suivantes, il fut employé sous Du Guesclin et le maréchal d'Audeneham à combattre les Anglais et les compagnies de routiers. Le 4 juillet 1364, il donna des lettres pour faire publier dans le pays l'ordonnance du roi Philippe de Valois, du 11 janvier 1361, qui enjoignait aux peuples de la sénéchaussée de courir sus aux brigands et aux malfaiteurs qui la désolaient.

Arnaud était, en 1365, à la sanglante bataille de Villedieu, près Montauban, et resta prisonnier de Perducas d'Albret et du bâtard de Brutails ; renvoyé sur parole, il paya sa rançon quoique le Pape eût défendu d'observer les conventions faites avec ces grandes compagnies. Il fit continuellement la guerre à ces routiers et aux Anglais, sous le duc d'Anjou, qui le fit, en 1369, maréchal de l'ost en même temps que Manaud de Barbazan. (Voir plus loin le sceau des maréchaux de l'ost.)

En 1374, il servit sous le duc d'Anjou avec 25 hommes d'armes.

En 1376, nous le retrouvons comme l'un des procureurs du comte de Foix pour faire la paix avec le comte d'Armagnac et l'un des pleiges du parti de Foix. (*Hist. de Languedoc*, t. VII.)

En 1377, Louis, duc d'Anjou, l'établit chef d'une ambassade importante qu'il envoyait vers Henri, roi de Castille, et Jean, roi de Portugal : la relation de cette ambassade est analysée. (*Notices et extraits des manuscrits*, I, 352.) A peine revenu de cette mission, il s'occupa activement des affaires de sa sénéchaussée et reprit les armes contre les Anglais et les routiers. En 1379, il assiégeait le château de Galié (arrondissement de Saint-Gaudens, Haute-Garonne), occupé par les routiers.

Le 20 janvier 1383, on le voit encore faisant montre de sa compagnie. (Tardif, *Monuments historiques*, n° 1636.)

Il fit son testament, la même année, à Carcassonne. Il avait épousé Gaillarde de Miramont. Son fils aîné, Roger, lui succéda comme sénéchal de Carcassonne.

ROGER D'ESPAGNE,
SEIGNEUR DE MONTESPAN.

387

Roger d'Espagne, fils aîné d'Arnaud d'Espagne, III° du nom, seigneur de Montespan, fut créé sénéchal de Carcassonne par lettres du 20 août 1383, sans doute aussitôt après la mort de son père. En 1369, il servait dans les armées royales et fit montre de sa compagnie le 15 janvier de cette année. (Tardif, *Cart. des Rois*, n° 1472.) Dès 1375, Roger était chevalier, conseiller et chambellan du Roi, et en ces qualités il donne quittance d'une somme de 300 francs que le Roi lui avait accordés ; cette quittance porte le sceau ci-dessus. Il était à la bataille de

Rosebecque, en 1382. Il fut reçu et prêta serment comme sénéchal, le 14 octobre 1383 (mss. franc., 20684, p. 14). Il suivit Gautier de Passac, capitaine général de Languedoc, dans l'expédition malheureuse contre le roi de Portugal. (Froissart, année 1386.)

Gautier de Passac ayant réuni une armée pour combattre les Anglais, Roger d'Espagne lui amena 60 lances et 100 pavois. Parmi ses compagnons d'armes se trouvaient un fils du comte d'Astarac et le sire de Barbazan. Ces troupes emportèrent ou conquirent diverses places fortes occupées par les Anglais, entre autres Saint-Forget et Barsouis, dans le comté de Pardiac et diocèse d'Auch. Ces lieux nous sont inconnus. (*Hist. de Languedoc*, VII, 320, 2.)

En 1386, il conduit les commissaires pour la levée des aides. (Tardif, 1661.)

En 1390, Roger d'Espagne fut un des convives de ce repas donné par le roi de France à Gaston Phœbus, comte de Foix. Avec le maréchal de Sévérac il tenait la troisième table. (Froissart, et *Hist. de Languedoc*, VII, 332, 1.)

338

En 1399, dans la guerre de la succession du comté de Foix, il fut employé par le Roi et fut dépositaire des châteaux de Mazères et de Saverdun. (*Ibid.*, 351, 2.)

En 1405, Roger est sénéchal de Toulouse; il sert dans l'armée du comte de Clermont qui va jusqu'aux portes de Bordeaux. (*Ibid.*, 361, 1.)

Dans un mandement du duc de Berri, daté du 26 avril 1406, Roger est qualifié sénéchal de Toulouse. Roger de Chalus lui avait succédé à Carcassonne.

Roger d'Espagne fit son testament le 6 juin 1406; il mourut en 1410 et fut inhumé, selon sa volonté, dans l'église des Cordeliers (ou Augustins) de Montrejeau, que son arrière-grand-père, Arnaud Ier, avait fondée en 1308.

BERTRAND D'ESPAGNE,
DIT LE BOITEUX.

339

S. BERTRAN DESPAG...

Bertrand d'Espagne, fils d'Arnaud I*er* du nom et de Marquise de Séméac-Benac, fut surnommé le *Boiteux*. Il servit brillamment dès sa jeunesse.

En 1352, il était lieutenant du Roi en Quercy et donna en cette qualité la quittance de ses gages et de sa compagnie pour la défense du Quercy, à laquelle le sceau ci-dessus est attaché (10 février 1353, v. st.). (T. sc., reg. 43, p. 3243.)

En 1349, il était chevalier banneret et servait, avec un chevalier bachelier, vingt-sept écuyers et quarante-six sergents à pied, ès guerres de Gascogne, sous le gouvernement de Bertrand, sire de l'Isle-Jourdain, lieutenant du Roi.

En 1358, il fut maréchal de l'ost de l'armée que le comte de Poitiers avait convoquée le jour de la Madeleine. L'*Histoire de Languedoc* (VII, 208, 2) nous apprend qu'il eut un fils, Charles d'Espagne, marié à Cécile de Lévis, dont provinrent Thibaut et Bertrand d'Espagne.

THIBAUT D'ESPAGNE,
SEIGNEUR DE MONTBRUN.

340

S. TIBAUT [DESP]ANHE.

Thibaut d'Espagne était certainement le petit-fils de Bertrand le Boiteux, qui précède, car ses armes sont écartelées de Lévis, et Charles d'Espagne, son père, avait épousé, sans dispense, Cécile de Lévis, sa parente, ce qui l'obligea à légitimer ses enfants.

Thibaut d'Espagne fit, en 1405, une glorieuse campagne contre les Anglais de la Guyenne et du Languedoc, sous le commandement de Jean de Bourbon, comte de Clermont. (*Histoire de Languedoc*, VII, 361, 1.)

Le 28 novembre 1413, le Roi nomma Thibaut d'Espagne, seigneur de Montbrun, et Raymond-Arnaud de Coarraze, seigneur d'Aspet, au gouvernement du comté de Comminges, et les chargea de rendre la liberté à la comtesse Marguerite, retenue par Gaillard de La Roche Fontenille. (*Histoire de Languedoc*, VII, 376, 1.)

En 1421, il était capitaine de Marmande et délivra la quittance, où est pendu le sceau ci-dessus, de cent livres sur ses gages qui sont de 306 livres par an, pour la garde et défense du lieu de Marmande. (T. sc., reg. 44, p. 3247.)

JEHAN, BATARD D'ESPAGNE.

341

..N BAST...

Il ne nous est connu que par la quittance qu'il donne, le 31 juillet 1421, à François de Merly, receveur général de toutes les finances ès pays de Languedoc et Guyenne, et à son clerc, Michelet de La Chapelle, de la somme de 280 livres tournois pour lui et treize autres écuyers de sa chambre, pour un mois, date du 18 juillet, au service du Roi et de M. le Dauphin, sous le gouvernement de Charles de Bourbon. (T. sc., reg. 44, p. 3247.)

Aucun généalogiste ne nomme ce bâtard d'Espagne.

JEHAN D'ESPARROS,
CAPITAINE DE GENS D'ARMES ET DE PIED.

342

S...RHOS.

Une branche de cette famille (1) a possédé les seigneuries de Juillac et de Saint-Christau (Gers, cantons de Montesquiou et de Marciac), dès le XIII° siècle.

En 1299 et en 1307, Géraud d'Esparros accède au paréage de Marciac et ensuite fait diverses conventions avec les habitants sur les délimitations de leurs juridictions. (Monlezun, *Histoire de Gascogne.*)

---

(1) Esparros, canton de Bagnères, Hautes-Pyrénées.

Le sceau est attaché à une quittance sans date, écriture du xiv° siècle. (T. sc., reg. 215, p. 9639.)

BOUZON DE FAGES.

343

S... DE FAIGES.

Le château de Fages est auprès de Saint-Cyprien en Périgord (arrondissement de Sarlat, Dordogne). Son nom a été porté par une antique famille éteinte dans deux filles. Quoique originaire du Périgord, Bouzon de Fages est toujours qualifié de gascon, non seulement dans la *Chronique de la Pucelle,* mais aussi par les *Comptes des armées de Charles VII*. On voit dans ce manuscrit qu'il fut employé, en 1424, aux guerres des Anglais, pour le recouvrement de *Saint-Jame de Beuvron, Guellande et Pontorson*.

Le sceau que nous donnons est attaché au bas de la capitulation de Guise (voyez VIGNOLLES-LAHIRE).

Nous retrouvons Bouzon de Fages pendant toutes les guerres contre les Anglo-Bourguignons. Il reçoit divers dons sur le modeste trésor de Charles VII, dauphin; il est capitaine de gens d'armes et de trait, il est créé bailli de Montargis et défend cette ville avec une indomptable fermeté contre les attaques de l'armée des comtes de Warwick et de Suffolk. En parlant de ce siège, la *Chronique de la Pucelle* (p. 243, édition Vallet de Viriville) nous dit qu'en l'année 1427 les Anglais et leurs alliés vinrent mettre le siège devant Montargis, avec grande provision d'artillerie : « Il y avoit dedans un gentilhomme gascon « nommé Bouzon de Failles et de vaillants gens en sa compaignie.... » Le siège fut poussé vigoureusement, mais la défense fut énergique, et, malgré le manque de vivres qui commençait à se faire sentir dans la place, les Anglais, après des pertes sensibles, furent obligés d'abandonner l'entreprise à l'approche des secours amenés par le connétable de Richemont et Lahire.

Bouzon de Fages et sa compagnie furent encore à la défense d'Orléans et aux défaites subies par les Anglais. Le Roi le récompensa en le désignant pour assister au sacre. (*Voyage de Reims*.)

Cet infatigable capitaine fut envoyé à Senlis, puis en Champagne, et sur la rivière d'Yonne.

En novembre 1438, il expia misérablement par le gibet quelques pilleries qu'il avait faites dans le plat pays de Champagne.

La chronique d'Artus III, duc de Bretagne, comte de Richemont et connétable de France, raconte ainsi sa fin malheureuse : « Bientost « après, Mgr le connestable tira en Champagne et jusques à Troyes « (novembre 1438). Et luy furent faictes plusieurs plainctes d'un « capitaine nommé Bouson de Failles, qui avoit fait des maux en « grand nombre et leur faisoit de jour en jour; et pour ceste cause « mondict seigneur le voulut faire pendre en la ville de Troyes. Et « le dict Bouson fut adverty et monta à cheval hastivement pour « cuider recouvrer la place de Nogent. Mais mondict seigneur le feit « chasser de si près par le prevost des mareschaux et autres de sa « maison qu'il fut prins et amené à Troyes. Et incontinent fut faict « son procez par les gens de la justice et le prevost des mareschaux, « et incontinent fut executé et jeté dans la rivière. » — Cette mort mit les Gascons dans une telle fureur qu'ils en portèrent plainte au Roi et menacèrent de tuer le connétable.

La descendance de Bouzon s'est éteinte au XVIe siècle. Jean, seigneur de Fages, n'eut que deux filles, toutes deux appelées Anne. L'aînée, dite *la Grande*, dame de Fages, épousa en premières noces, le 18 mai 1553, Joachim de Monluc, seigneur de Lioux, frère du maréchal; en secondes noces, le 8 janvier 1570, Jean de Monlezun, seigneur de Caussens, célèbre capitaine catholique qui fit tuer Coligny lors de l'exécution de la Saint-Barthélemy et qui fut tué lui-même au siège de la Rochelle (Brantôme a raconté ses exploits), et en troisièmes noces Jean de Latour d'Auvergne, seigneur de Fleurac en Périgord, qui mourut assassiné. Anne testa le 21 août 1584, n'ayant pas eu d'enfants; elle laissa tous ses biens aux enfants de sa sœur. Celle-ci, Anne de Fages, la seconde, épousa, le 1er septembre 1554, Pierre de Monlezun, seigneur du Sendat, dit *le capitaine du Sendat*, et testa en 1593. Elle eut un fils, Odet de Monlezun, seigneur de Fages et du Sendat, mort sans enfants, et une fille, Madeleine, mariée à Jean-Jacques de Montesquiou, seigneur de Sainte-Colombe. Leurs enfants héritèrent de la terre de Fages et formèrent la branche des Montesquiou, seigneurs de Fages. (Voir *Généalogie de la Maison de Montesquiou;* — *Grands Officiers de la couronne;* — Samazeuilh, *Biographie de l'arrondissement de Nérac.*)

JEAN DE FERRIÈRES.

344

..... IERE.

Le sceau est au bas de la capitulation de Guise. (Voir VIGNOLLES-LAHIRE.)

Ce capitaine fut un compagnon fidèle de Lahire; il était avec lui à la défense et à la délivrance d'Orléans par Jeanne d'Arc. Il continua de servir dans l'armée royale qui poursuivait les Anglais et les battait à chaque rencontre. Jean de Ferrières fut du nombre de ceux que Charles VII désigna pour l'accompagner lorsqu'il alla se faire sacrer à Reims. (Bibl. nat., manuscrits français, 20684, page 555.)

Plusieurs familles méridionales portent le nom de Ferrières ; nous n'avons trouvé aucun document précis sur celui dont nous reproduisons le sceau.

ÉTIENNE DE FERRIOL,

SIRE DE TONNEINS.

345

S. GVILLEM FERRIOL.

L'auteur des *Recherches sur la ville et les anciennes baronnies de Tonneins* (Agen, 1833) fait descendre la famille Ferriol de *Tonnantius Ferreolus, prefectus prœtorio Galliae*, de 393 à 424, dont un descendant établi sur les bords de la Garonne aurait fondé la ville de Tonneins, au VIIe siècle, et lui aurait imposé son premier nom en ne se réservant que le dernier.

Il n'est pas utile de réfuter cette fable. La famille Ferriol fut pendant plusieurs siècles l'une des plus puissantes de l'Agenais. Alliée aux Albret, aux Gontaut, aux Lamote, elle possédait la moitié de la seigneurie de Tonneins et plusieurs autres terres et châteaux. Elle nous apparaît d'abord combattant dans l'armée croisée d'Amaury de Montfort (*Histoire de Languedoc*, V, 283). Étienne de Ferriol eut alors le gouvernement du château de Montastruc.

Le 14 août 1250, Wilelm Ferriol était témoin de l'hommage rendu par son parent Amanieu d'Albret. (*Archives historiques de la Gironde*, tome II.)

Le 28 octobre 1312, le roi d'Angleterre nommait Étienne Ferriol sénéchal d'Aquitaine. (Samazeuilh, *Hist. Agen.*, I, 159.)

En 1322, Étienne Ferriol eut querelle contre le duc de Guyenne. Un arrêt fut rendu par le Parlement de Paris contre ce duc; il est publié en entier dans Boutaric, *les Parlements*, n° 6892.

Étienne Ferriol avait épousé Dauphine de Gontaut. Leur fils Guillaume suivit le parti français. Nous avons de lui deux sceaux : l'un (n° 345) lui a été emprunté par les consuls de Clairac, pour être apposé sur une quittance qu'ils donnèrent, le 26 mai 1355, d'une somme allouée par le Roi à la ville de Clairac à titre d'indemnité de guerre. (T. sc., reg. 213, p. 9467.)

346

S. GVILEM FERIOL.

L'autre (n° 346) est attaché à la quittance dont la teneur suit :

« Sachent tuit que nous Guillaume Ferriol, sire de Thonins,
« chevalier, avons eu et receu de Jaques Lempereur, tresorier des
« guerres du Roy nostre sire, en prest sur les gages de nous et des
« gens d'armes et de pié de nostre compagnie, desservis et à desservir
« en ces presentes guerres de Gascoigne, en la garde et deffence dudit
« lieu de Thonins, sous le gouvernement de Monseigneur le conte de
« Poitiers, fils et lieutenant du Roy nostre dit seigneur ès dites
« parties, la somme de deux cens soixante quatre livres trois sols
« tournois; de laquelle somme de 264 livres trois sols tournois nous
« nous tenons pour bien payés. Donné sous nostre scel, le XVI jour de
« may l'an mil CCCLX. » (Archives du château de Saint-Blancard.)

Guillaume eut pour fils Jean, qui surprit Bertrand de Lamote dans sa ville de Bruch et le tint sept ans dans une basse fosse, sans lui permettre de changer d'habits ni de linge, ni de couper ses cheveux, bien qu'il fut son parent. Ce malheureux fut enfin délivré par Pons de Castillon, à qui par reconnaissance il donna la seigneurie de Bruch. Ainsi le raconte Courcelles (*Généalogie des Pairs de France*, article Castillon), copiant Anselme (V, 177ᴱ). C'est horrible, mais ce n'est pas vrai. *Les Archives historiques de la Gironde* (VI, 190) ont imprimé le testament de Bertrand de Lamote, d'après l'original, 28 avril 1400. La donation de la seigneurie de Bruch à Pons de Castillon est ainsi motivée par le testateur : «... Locus ejus de Brugio, qui ante modicum
« tempus, violenter et injuste fuerat captus et occupatus, detinebatur
« per Johannem Ferriolii. Dictum dominum Bertrandum donatorem,
« dictus Johannes (Ferriolii) detinebat captum, infra dictum locum
« de Brugio et indecenter dictus Johannes dictum Bertrandum
« detractabat. Et dictus nobilis Poncius, motus pietate..... manu forti
« dictum locum de Brugio cepit et gentes dicti nobilis Johannis
« Ferriolii qui intus erant expulsit; dictumque dominum Bertrandum

« et locum predictum de Brugio a manu et potestate dicti nobilis
« Johannis Ferrioli et suarum gentium liberavit et expedivit ad libitum
« et voluntatem dicti Bertrandi donatoris predicti. »

Pons de Castillon fut, en effet, coseigneur de Bruch; sa fille unique, Bourguine, mariée à Bertrand de Pardaillan, lui porta la terre de Bruch, qui est restée dans cette famille.

Les Archives du Séminaire d'Auch contiennent tous les actes relatifs à cette alliance et fusion de familles. (Registres de Trobat et de Mathei, notaires de Gondrin. — Voir d'ailleurs Anselme, V, 177, généal. Pardaillan.)

PIERRE DE FONTAINS.

347

PE.... OTAINS.

Le fief de Hountas ou Fontaas est dans la commune d'Oraas, Basses-Pyrénées, Orthez. (Paul Raymond, *Dict. topographique*, etc., p. 79.) La maison noble de Fontaas est sur la liste de celles qui relèvent des vicomtes de Béarn.

Peyrolet de Fontaas est au nombre des archers de l'armée de Gaston Phœbus, 1378 (*Archives historiques de la Gironde*, XII, pp. 161, 306.)

Par une promesse datée de Paris, le 12 décembre 1394, Perrot de Fontains, autrement dit *le Béarnez*, s'engage à servir le roi de France contre le roi d'Angleterre. Cette pièce scellée est terminée par deux lignes de l'écriture de Marguerite de Pommiers, femme de Perrot de Fontains, qui garantit l'engagement de son mari. (Arch. nat., J. 623, n° 92.)

AYSSIEU DE FRANCS,
SIRE DE CASTELNAU.

348

S. AYSHIV DE FRANX.

L'antique manoir qui donna son nom à la famille de Francs était dans la Lomagne, paroisse de Saint-Clar. Les premiers et plus anciens de cette race portaient le prénom d'Arbieu, et ils l'imposèrent à la bastide ou château qu'ils fondèrent, en 1263, sur un côteau qui domine la vallée du Gers, entre Lectoure et Fleurance.

En 1281, Blanche de Francs, appelée aussi Aubepar, ayant épousé Galin de Montaut, lui porta la moitié de la seigneurie de Castelnau-d'Arbieu, tandis que l'autre moitié demeura à la famille de Francs, seigneur de Labatut, suivant une transaction du 14º jour de l'issue de janvier 1312, publiée par M. Bladé dans les *Coutumes du Gers* (p. 141).

En 1303, Bernard de Francs rendit hommage au sire de l'Isle-Jourdain pour les fiefs qu'il tenait à Maubec.

En 1319, Pierre de Francs rendit hommage au comte d'Armagnac pour le territoire de Franlin.

En 1338 et 1340, Guillaume-Jean des Francs était au service du roi de France pour la guerre de Gascogne.

En 1355 et 1356, Aissieu de Francs, chevalier, sire de Castelnau, capitaine de Fleurance, donne des quittances semblables à celle qui suit; le sceau (nº 348) que nous reproduisons y est attaché :

« Saichent tuit que nous Aissieu de Franx, chevalier, capitaine de
« Flourence, avons eu et receu de Jaques Lempereur, tresorier des
« guerres du Roy nostre seigneur, par la main de Guillaume Larcher,
« son lieutenant, en prest sur les gaiges de nous et IX escuyers et
« XX sergens à pied de notre compaignie, desservis en la garde du lieu
« de Flourence, sous le gouvernement de Mᶜ le comte d'Armagnac,
« 60 livres tournois. — 15 mars 1355. »

Autres quittances de différentes sommes, aux dates des 21 juin, 4 août et 29 septembre 1356 (T. sc., reg. 50, p. 3759).

Le père d'Aissieu, du nom d'Othon, coseigneur de Castelnau, est présent, le 13 novembre 1343, à la restitution des vicomtés de Lomagne et d'Auvillars, faite par les commissaires du Roi au comte d'Armagnac (Galard, I, 164).

Cette famille s'est éteinte au xve siècle, dans la personne d'Alexie de Francs, dame de Castelnau-d'Arbieu, mariée à Guillaume-Bernard de Galard.

Le seigneur de Castelnau-d'Arbieu avait le droit de mettre l'évêque de Lectoure en possession de son siège. Alexie de Francs donna procuration à son mari, le 28 mai 1450, pour mettre André, évêque de Lectoure, en possession de son siège (voir Noulens, *Galard*).

En 1684, le château de Francs était possédé par Jean Dubas, sieur de Casaban.

GAUBERT DE FUMEL,
CAPITAINE DE LAUZERTE.

349

Quittance militaire scellée par Gaubert de Fumel, capitaine de Lauzerte, juillet 1354 (T. sc., reg. 59, p. 3813), imprimée dans le *Nobiliaire de Guyenne et Gascogne* (t. I, p. 6). Gaubert de Fumel aurait été le second fils de Esquives, mais la date de la quittance ne s'accorde pas. Gaubert était probablement le père de Pons, qui est porté sur les comptes de Barth. du Drach, trésorier des guerres pour l'année 1340.

Cette famille a produit dans la suite des siècles plusieurs hommes de marque. Elle est surtout connue dans notre histoire provinciale par l'horrible assassinat commis, en 1562, par les huguenots de la ville de Fumel, sur François, baron de Fumel, seigneur de Caussade, chevalier de l'ordre, chambellan du Roi, ancien ambassadeur à Constantinople.

Plusieurs de ses descendants subsistent.

GALARD.

Les sceaux de la famille de Galard sont publiés dans les quatre beaux volumes de J. Noulens, intitulés *Documents historiques sur la Maison de Galard*. On y trouvera, au milieu de richesses historiques infinies, non seulement les sceaux, mais aussi toutes les pièces et chartes où ils sont attachés, et aussi des détails précieux sur chacun de ces hommes qui de génération en génération ont accumulé tant d'honneur et tant de gloire sur leur nom.

Donc nous nous bornons à reproduire les sceaux d'après les originaux, avec le nom de ceux à qui ils ont appartenu.

350

S. PIE... ALART.

Pierre de Galard. — Le jour de la Saint-Mathieu, 1314.

351

Pierre de Galard. — A Lille, 1313.

Pierre de Galard, 1320.

Pierre de Galard, sergent d'armes. — A Saint-Quentin, 25 octobre 1339.

Pierre de Galard, maître des arbalétriers. — Le jour de l'Assomption de N.-D., 1326.

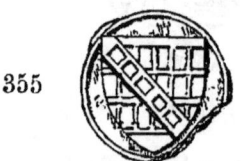

Guillaume de Galard. — A Agen, 8 août 1340. (T. sc., reg. 51, p. 3839.)

S. PET. DE G... DOMI... LIMOLIO MI[LITIS].

Pierre de Galard, seigneur de Limeuil. — 26 octobre 1326.

S. PET. DE..... DRL.

Pierre de Galard. — A Lille, 28 décembre 1314.

Guillaume de Galard, arbalétrier. — 4 octobre 1341.

Guillaume de Galard, écuyer. — 4 octobre 1345.

S. BEG... DE..... RT.

Viguier ou Beguer de Galard. — 15 décembre 1353. (T. sc., reg. 51, p. 3841.)

361

Viguier de Galard, capitaine de Balarin. — 10 mai 1353. (T. sc., reg. 51, p. 3839.)

362

S. BEGVER DE GOVLART.

Viguier de Galard, écuyer, d'après le sceau qui est aux archives du château de Saint-Blancard. — Quittance militaire donnée le 27 janvier 1356.

363

PIERRE..... SPIENX.

Pierre de Galard, seigneur d'Espiens. — 6 juillet 1369. (T. sc., reg. 162.)

BERNARD DE GASSIAS.

364

365

Bernard de Gassias appartenait à une famille de l'Agenais, dont le nom reparaît souvent dans les Archives municipales d'Agen. (*Chartes* 1re série, par MM. Magen et Tholin, Villeneuve-sur-Lot, 1876.)

Gaillard de Gassias est témoin d'un hommage rendu, en 1305, à Bertrand de Goth, vicomte de Lomagne.

Le 30 janvier 1311, Gérard de Gassias et Anessans de Serres font foi et hommage au même vicomte de Lomagne « pour tout ce qu'ils « tenoient de luy à cause de la seigneurie de Montégut » (en Agenais). (Inventaire du château de Vic-Fezensac, Arch. de Pau, E. 237.)

Bernard de Gassias a donné quittance scellée du sceau ci-dessus pour ses gages et ceux de ses gens d'arme et de trait, à Agen, 8 août 1340. (T. sc., reg. 52, p. 3907.)

PIERRE DE GIERÉ,
CAPITAINE DE FLEURANCE.

366
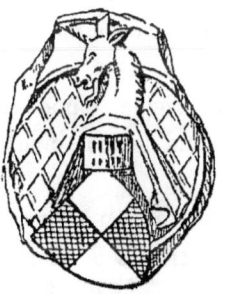

Très ancienne famille du Fezensaguet. Le 4 à l'issue d'avril 1233, Gaillard de Gière (1) s'avoua chevalier, homme et compagnon de Bernard

---
(1) Gière ou Lamothe de Gière (aujourd'hui Lamothe-Pouy, près Mauvezin, Gers).

de Marestang le jeune, pour raison de Montferrand (Saume de l'Isle, fol. 57).

Le 5 mai 1275, Bernard de Gière, coseigneur de Sainte-Geme, passa acte de paréage avec ses coseigneurs. (Monlezun, II, 269.)

Au mois de janvier 1294, Arnaud de Gière, chevalier, seigneur de Mansempuy, jure les coutumes du Fezensaguet avec les autres nobles de cette vicomté.

Bernard de Gière de Sainte-Geme est seigneur de Montgaillard, du Bustet, du Grilhon, de Lauret, de Teulères et de Roquehort. En 1294, le comte d'Armagnac lui donne un quart de Sainte-Geme et un quart d'Esparbez, en récompense de ses services. En 1305, il se fait religieux à l'abbaye de Gimont; il en devient abbé, et, en 1322 et 1327, contracte paréage pour la nouvelle bastide de Gimont.

En 1353, Pierre de Gière appose son sceau sur la quittance suivante : « Saichent tuit que nous Pierre de Giere, chevalier, capitaine de « Florence (1), avons eu et receu de Jaques Lempereur, tresorier des « guerres, par les mains de Even Dol, son lieutenant, en prest sur « les gaiges de nous, des gens d'armes et de pied de notre compaignie, « desservis et à desservir à la défense dudit lieu, sous le gouvernement « de M. Jehan comte d'Armagnac, sept vins livres tournois. » 24 avril 1353. (T. sc., reg. 53, p. 4007.)

Pierre de Gière était sénéchal d'Armagnac, en 1355 (Anselme, VII, 403 F).

Hugues de Gière transigea, le 8 septembre 1365, au sujet de la dot de 400 florins d'or, lit, habits nuptiaux et *harnois de tête* que lui avait apportés sa femme, Jeanne de Roquelaure. (Anselme, VII, 403 F.)

En 1361, Arnaud de Gière, chevalier, était le procureur fondé de Jean d'Armagnac, vicomte de Fezensaguet. (Inventaire du château de Lectoure, 202.)

Pierre de Gière et son fils Pierre, damoiseau, reçoivent chacun un legs de 100 livres tournois dans le testament de Géraud, vicomte de Fezensaguet.

Cette famille s'est perpétuée jusqu'à nos jours, mais elle n'habite plus la Gascogne depuis le XVIIIe siècle; son dernier représentant gascon a légué ses biens à l'Église, pour être employés en œuvres pieuses. Diverses notices ont été publiées dans la *Revue de Gascogne* (t. XIII, 459 et t. XVI, 380), et une généalogie dans le *Nobiliaire de Guyenne et Gascogne* (t. XIII).

---

(1) Fleurance, Gers.

GONTAUT (1).

Les anciens seigneurs de Gontaut sont illustres par leurs services militaires. Ils ont fourni quatre maréchaux de France et beaucoup d'autres hommes qui ont rendu ce nom glorieux pendant plus de huit siècles.

La généalogie historique de la Maison de Gontaut se trouve dans Anselme (VII, pages 297 et suiv.), avec une suite très insuffisante dans le volume supplémentaire publié par la librairie Didot (1873-1881). Courcelles, *Histoire généalogique des Pairs de France*, et le *Dictionnaire de la Noblesse* peuvent être aussi consultés.

SEGUIN DE GONTAUT,
SEIGNEUR DE BADEFOL.

367

... TAULT.

Seguin de Gontaut, seigneur de Badefol, servait, en 1328, avec sa compagnie dans l'establie de Duras (*in stabilita loci dicti de Duracio*); il a donné quittance de ses gages, scellée le 4 à l'entrée de juin; d'autres à des dates différentes. Il était fils de Pierre de Gontaut, qui avait donné des coutumes à la ville de Badefol, en 1277. (T. sc., reg. 54, p. 4071.)

(1) Gontaud, arrondissement de Marmande, Lot-et-Garonne.

SEGUIN II DE GONTAUT,
SEIGNEUR DE BADEFOL.

368

Seguin de Gontaut, IIe du nom, chevalier, seigneur de Badefol, fils de Pierre, seigneur de Badefol, et de Marguerite de Born, neveu du précédent.

On a plusieurs quittances scellées, en 1342, avec un sceau qui paraît être son contre-sceau, car les armoiries ne sont pas celles de sa famille. Il servait alors, octobre et novembre 1342, dans l'Agenais; l'une des quittances est datée de Marmande.

369

. . . GONTAVT.

Autres quittances de 1352 à 1353, scellées avec les armoiries de sa Maison. (T. sc., reg. 54, p. 4073.)

Ce seigneur de Badefol fut un des capitaines des grandes compagnies; le P. Anselme (VII, 318) a raconté brièvement sa vie et sa mort tragique : il fut empoisonné, en 1364, par ordre du roi de Navarre, Charles le Mauvais. *L'Histoire de Languedoc* (t. VII, p. 202 et autres) nous apprend qu'il était seigneur de Castelnau-Berbiguières, au diocèse de Sarlat, et qu'on l'appelait le *roi des compagnies*.

ARMAND DE GONTAUT, BARON DE BIRON,
MARÉCHAL DE FRANCE.

ARMAND DE GONTAVLT DE BIRON MARECHAL DE FRANCE.

Armand de Gontaut, seigneur de Biron, porta les armes toute sa vie avec une gloire extraordinaire; il débuta par la guerre de Piémont, où une blessure le rendit boiteux. Il se distingua par son courage et ses talents militaires pendant les guerres civiles qui ravagèrent la France sous les rois Charles IX, Henri III et Henri IV. Il avait embrassé chaudement le parti de ce prince après la mort de Henri III.

Il fut créé maréchal de France en 1577, et chevalier du Saint-Esprit en 1581. Il avait épousé, en 1559, Jeanne d'Ornezan-Saint-Blancard. Il fut tué, le 26 juillet 1592, d'un boulet de canon, en allant reconnaître les défenses de la ville d'Épernay; il avait 68 ans.

Le sceau que nous donnons est attaché à la pièce suivante :

« Armand de Gontault de Biron, mareschal de France et commandant
« pour le Roy en ce pais et duché de Guienne comme estant son
« departement, à vous Gratien d'Olive, bourgeois et marchant de
« Bordeaux. Salut. — Mandons à tous justiciers et officiers de Sa
« Majesté que en luy, en ce faisant, en ce que contient vostre commis-
« sion, soit obey, presté toute faveur et ayde sy mestier est et requis
« en sont. Donné à Bordeaux, soubs nos seins et scel de nos armes,
« le quatorziesme jour de may mil cinq cens quatre vingts. (Pièces orig., vol. 1356, p. 89.)

« BIRON.

« Par mondit seigneur le mareschal,
« BOUMARD. »

BERNARD DU GOUT,
SEIGNEUR DU BOUZET.

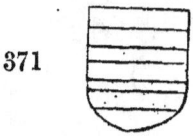

371

Bernard du Gout, seigneur du Bouzet et de Saint-Jean-du-Bouzet (département du Tarn-et-Garonne), chevalier de l'ordre du Roi, deuxième fils de Jean II° du nom et de Florette de Verneuil. (Voir Courcelles, *Histoire généalogique des Pairs de France*, t. VI, généalogie Goth ou Gout, p. 69.)

L'écu ci-dessus *(d'or à trois fasces de gueules)* est dans un signet rond, attaché à une quittance de gages, du 5 août 1550. (T. sc., reg. 164, p. 4879.)

ÉTIENNE DE GRAMONT.

372

SEEL ESTIENNE DE GRAMONT.

Ce sceau nous a été envoyé sans notice; il doit être celui d'Étienne de Gramont, fils de Guyot, seigneur de Gramont (1), chambellan du duc de Bourgogne, Philippe le Bon. (Pièces orig., Gramont; — *Dictionnaire de la Noblesse*, t. IX, p. 656.)

(1) Gramont ou Grantmont, en Franche-Comté.

GUILLAUME DE GUERRES.

373

S. GUI...

Famille du Périgord.

Le sceau ci-dessus appartient à Guillaume de Guerres, qui a scellé une quittance de 25 livres à lui payées pour *restors* d'un cheval qu'il avait perdu par suite de fait de guerres. Datée de Sainte-Bazeille, 23 août 1342. (T. sc., reg. 56, p. 4251.)

RAMONET DE GUERRE.

374

RAMON DE GUERRE.

Dans le phylactère tenu par l'ange : **AVE MARIA.**

Ramonet de Guerre a donné quittance scellée à Paris, 1er janvier 1415, pour 400 livres tournois des gages de quinze écuyers et dix archers à cheval de sa compagnie; autres quittances scellées, 1er et 26 février 1415 (v. st.). (T. sc., reg. 56, p. 4249.)

Ramonet de Guerre fut un des plus fidèles compagnons du comte d'Armagnac, Bernard VII, et le meilleur capitaine de son armée. Il ne cessa de combattre les Bourguignons et les Anglais; il surprit leurs bandes pillardes à Compiègne et fit pendre les chefs. Il était à la défense de la Normandie contre les Anglais lorsque, à la nouvelle de la conspiration des Parisiens, il fut envoyé dans la capitale avec 800 hommes d'armes.

Il acquit la réputation d'homme aussi prudent dans les conseils que vaillant et habile dans les batailles. Le religieux de Saint-Denis ne parle de lui qu'avec admiration : « L'illustre Raymonnet de Guerre « digne d'être cité pour sa vaillance entre tous les hommes d'armes « du Roi. » « L'illustre et vaillant écuyer » (t. VI, pp. 83, 137, 155, 167, 169, 251. — Voir Lefèvre de Saint-Remy, *Hist. de Charles VI*.) Il était, en 1416, écuyer d'écurie du Roi, capitaine de Verdun-sur-Garonne, maître des eaux et forêts de Languedoc.

Il périt assassiné par les Parisiens, au mois de juin 1418, lors du massacre des Armagnacs, dans les prisons du Châtelet.

Ramonet de Guerre était gascon, peut-être du voisinage de Toulouse, puisqu'il avait la capitainerie de Verdun et la maîtrise des eaux et forêts de Languedoc. Peut-être aussi prenait-il le nom du château de Guerre, près l'Isle-Jourdain, aujourd'hui habité par M. le marquis de Pannebœuf, et qui, au XVIe siècle, appartenait à une famille appelée de Guerre. Mais il y a dans notre pays bon nombre d'anciens fiefs nommés *Guerre*.

Le manuscrit français 20684, 131 (Biblioth. nat.) contient quelques renseignements que nous ne voulons pas omettre, parce qu'ils peuvent concourir aux recherches de nos collaborateurs et que nous ignorons s'ils ont été publiés :

1er août 1417. — Vendition par Georges de Trémoille, seigneur de la Trémoille, de Sully, de Craon, etc., et par Jeanne de Boulogne, sa femme, à Raimond de Guerre, écuyer d'écurie du Roy, de la baronnie de Lunel, sénéchaussée de Beaucaire, pour 12,000 écus.

15 août 1418. — Le roi Charles VI donne au comte de Charolais, fils de Jean, duc de Bourgogne, la terre et seigneurie de Lunel, en la sénéchaussée de Beaucaire, confisquée sur feu Ramonet de Guerre, mort dans les prisons du Roy, *convaincu du crime de lèse-majesté* pour avoir été fauteur et complice du feu comte Bernard d'Armagnac.

17 juin 1419. — Mainlevée de la baronnie de Lunel, faite par Jean, comte de Foix, lieutenant général en Languedoc, à Naudonet, frère et héritier de feu Raymond de Guerre. (Restitution de Lunel à la famille de Guerre.)

21 septembre 1419. — Testament de Arnauld Bayle, seigneur de Lunel, par lequel il donne à Yolande, reine de Sicile et de Jérusalem,

duchesse d'Anjou et comtesse de Provence, le lieu et baronnie de Lunel au diocèse de Maguelonne et pays de Languedoc, sous certaines conditions, appartenant au testateur comme héritier universel, *ab intestat*, de Raymond de Guerre, son frère unique, seigneur de Lunel. Au cas où elle refuserait, donne au roy de France, dauphin de Viennois. S'il refuse, donne à Jacques de la Tor, son fils, « disant combien que ledit « Jacques, porte le surnom de Bayle, toutefois en l'honneur de Pierre « de la Tor, son oncle maternel, veut que ledit Jacques soit nommé « de la Tor, et substitue audit Jacques sa femme Catherine de Bayle. »

6 avril 1420. — Ratification du don de la terre de Lunel, fait par Arnaud Bayle à la reyne de Sicile, approuvé par Agnès de la Tour, mère de Jacques de la Tour, héritier universel dudit Arnauld Bayle, et par Hélène de Guerre, mère desdits Remond Guerre et Arnauld Bayle.

GASBERT DE HELLEVILLE,
BAILLI D'AGEN.

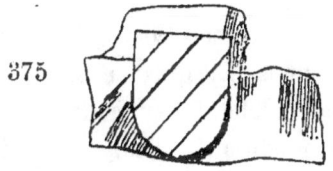

375

Sceau attaché à une charte du vendredi avant les fêtes de la Pentecôte 1298, par laquelle « Gasbertus de Hellevilla, » chevalier du roi de France, bailly d'Agen, reconnaît devoir 60 livres tournois à Bernard de Devesia, *campsore Agenensi*, à titre de prêt, et promet de les rendre avant la Toussaint. (T. sc., reg. 59, p. 4497.)

C'est en présence de « En Gausbert de Herlevila, cavaler, bayle « d'Agen per lo noble senhor Rey de Franssa » que fut passé, le 27 août 1298, le traité entre Bernard Tixier, de Cahors, et les consuls d'Agen, pour la construction du pont sur la Garonne. (*Chartes d'Agen*, p. 177.)

RAYMOND D'ISALGUIER.

376

Famille de Toulouse.

Raymond Isalguier fut capitoul de la ville de Toulouse en 1295, 1315 et 1320. Lorsque la guerre éclata entre la France et l'Angleterre, en 1324, au sujet de la nouvelle bastide fondée par Hugues de Montpezat, Isalguier porta les armes avec honneur dans l'armée du comte de Valois, sous la conduite de Jean II de Lévis, seigneur de Mirepoix, maréchal de la Foi. Cette campagne fut une suite de victoires. La Gascogne tomba tout entière au pouvoir du roi de France, sauf Bordeaux, Bayonne et Saint-Sever-Cap. En récompense de ses services, le bourgeois de Toulouse fut anobli.

Nous transcrivons l'ordonnance d'anoblissement de Raymond Isalguier :

« Philippus Valesii et Andegavensis comes, Francorum et Navarre
« regna regens : notum facimus..... quod nos, ad suplicationem et
« contemplacionem dilecti et fidelis Johannis de Levis, militis, mares-
« calli de Mirapisce, Raymundum de Ysalguerii, eidem Tolose, ea
« volentes prosequi gracia et favore qui sibi sueque posteritati cedere
« debeat ad incrementum honoris; dictum Raymundum innobilem
« nobilitatis titulo insignimus de nostre plenitudine potestatis et
« gracia speciali; volentes ac concedentes eidem quod ipse quocumque
« sibi placuerit a dicto marescallo sive a quocumque alio nobili possit
« accingi ac decorari cingulo militari. Necnon tam ipse quam ejus
« presens et successiva posteritas pro nobilibus censeantur et theneantur
« ubique, ac libertatibus privilegiis et usibus nobilium gaudeant in
« perpetuum et utantur ac si essent de nobilibus procreati. Quod ut
« actum et stabile permaneat in futurum, nostrum presentibus litteris
« fecimus apponi sigillum, nostro in aliis et jure alieno salvo... Actum
« apud Lupam justa Parisiis, anno Domini M CCC vicesimo septimo,
« mense februarii. » (Arch. nat., JJ 65, pièce 4.)

La pièce à laquelle le sceau que nous reproduisons était attaché est perdue; Clérambault a écrit de sa main le nom *Ysalguier*. Ce sceau peut être celui de Raymond ou d'un autre de sa race devenue guerrière;

car, en 1369, nous trouvons Jaime Ysalguier capitaine de Gimont, et, en 1374, messires Jaime et Legaloys Ysalguier sont au nombre des gens d'armes gascons engagés par le duc d'Anjou, le premier avec vingt-cinq hommes d'armes, le second avec sept.

La famille Ysalguier a pris grande part aux événements militaires de la guerre de Cent ans. Il y a aux Titres scellés, reg. 61, la montre de la compagnie de Jacmes Ysalguier, du 3 juillet 1364; — aux Archives nationales, JJ 66, p. 466, et JJ 69, p. 111, des lettres de rémission pour plusieurs Ysalguier; — *idem*, JJ 69, p. 53, donations.

Doat (tome XLV) a recueilli les testaments de Jacques, de Jean, de Bernard, de Pons, de Pierre, de Bernard-Raymond Ysalguier.

Voir plus bas l'article de JACQUES LEMPEREUR.

BENOIT JEAN.

377

Jehan ou Johannis.

Raymond de Jean fut abbé de Berdoues en 1162; on lit dans l'obituaire : « Obiit dom. Raymondus, abbas Berdonarum, e gente « Joannea pagi Narbonensis nobili ortus erat. »

Pierre et Gaucelin de Jean furent évêques de Carcassonne, 1330-1337. (*Histoire de Languedoc*, VII, 364.)

Cette famille a donné plusieurs capitouls à la ville de Toulouse, au XIVe siècle, et possédé les seigneuries de Montastruc, Brugnières et Gargas. (Lafaille, *Annales de Toulouse*.)

Barthélemy Jehan servait, en 1339, sous le comte de Foix.

Benoît Jehan a scellé du sceau que nous reproduisons la quittance suivante :

« Sachent tous que nous Benoit Jehan, chevalier, avons eu et receu
« de Jaques Lempereur, tresorier des guerres, par les mains de
« Guillaume Larcher, son lieutenant, en prest sur les gaiges de nous

« et des gens d'armes et de pied de notre compagnie à desservir en
« la garde de nostre terre, sous le gouvernement de M. le comte
« d'Armaignac, lieutenant du Roy es parties de Languedoc, deux cens
« livres tournois; desquelles II^c liv..... » 1er janvier 1355, v. st. (T.
sc., reg. 61, p. 4697.)

En 1374, Philippe de Jean, seigneur de la Johannie, chevalier, fit prisonnier Perducat d'Albret, et reçut en récompense 10,000 francs d'or du duc d'Anjou. (*Histoire de Languedoc*, nouvelle édition, t. IX, p. 833.)

M. de Limayrac (*Histoire de la baronnie de Castelnau-Montratier*, p. 181, 365) signale Benoît Jean, de Cahors, témoin, le 6 des nones de mai 1297, dans l'église de Flaugnac, de l'acte d'afferme de la seigneurie de Castelnau-Montratier par Aymeric de Gourdon, baron dudit Castelnau. Mais on voit dans les *Olim* (t. III, pp. 107 et 108) qu'il appartenait à une famille de bourgeois de Cahors, dont l'un avait acquis pour 5,000 livres la bastide de Fortaner de Gourdon, que le Roi fit racheter par son sénéchal parce que Jehan Jean n'était pas noble, 1301.

Benoît Jean, chevalier, n'était sans doute pas le descendant de ce *burgensis de Cadurco innobilis*.

BOFFILE DE JUGE.

378

Quittance, en date du 18 décembre 1487, de la somme de 925 livres de la pension que lui fait le Roi, par Boffile de Juge, comte de Castres, vice-roi de Roussillon et de Cerdagne. Empreinte en papier, la légende écrasée est indéchiffrable. (T. sc., 170, 5461.)

Boffile de Juge, capitaine habile, intrigant et servile, était d'une famille de la Lombardie; il se mit au service de Louis XI et devint digne des faveurs de ce roi fourbe et cruel. Il fut employé, en 1472, dans l'armée qui s'empara de Lectoure; ensuite il prit une grande part à la guerre de Perpignan et fut nommé vice-roi de Roussillon et de Cerdagne. En 1477, il fut un des commissaires qui prononcèrent la sentence contre Jacques d'Armagnac, duc de Nemours, et il en fut récompensé par le don du comté de Castres, confisqué sur sa victime.

Boffile de Juge obtint qu'on lui confiât la garde du fils aîné du duc de Nemours; il le conduisit dans la citadelle de Perpignan, où l'enfant mourut de maladie.

Il avait épousé Marie, fille d'Alain d'Albret.

Le comté de Castres lui fut disputé par l'évêque de Castres, Jean d'Armagnac; les habitants prirent les armes, et la guerre ravagea tout le pays. En 1492, Charles VIII lui ôta la vice-royauté de Roussillon.

Sa femme l'abandonna. Sa fille Louise de Juge, à peine âgée de quatorze ans, épousa malgré lui un écuyer, Jean de Montferrand, qui leva les armes contre son beau-père et saisit les châteaux de Lombers et de Roquecourbe, principales forteresses du comté. Par un acte solennel, du 22 septembre 1494, Boffile de Juge déshérita sa fille et donna le comté de Castres à son beau-frère, le sire d'Albret. Il mourut en 1497. (*Histoire de Languedoc;* — Monlezun, *Histoire de Gascogne,* IV, V; — Luchaire, *Alain le Grand,* 207 et seq.)

ARNAUD DE JUSSAN.

379

Les 6 juin 1353 et 26 juin 1354, Arnaud de Jussan, chevalier, a donné quittances scellées à Evein Dol, lieutenant du trésorier des guerres, pour ses gages et ceux des gens d'arme et de pied de sa compagnie servant ès guerres de Gascogne. (T. sc., reg. 62.)

Tandis qu'il servait le roi de France, son parent Bernard de Jussan, chevalier, s'était fait Anglais; il s'empara de la cathédrale de Tarbes et en fit une forteresse. Pour l'en déloger, il fallut traiter avec lui; le duc d'Anjou lui fit donner 6,000 francs et lui accorda rémission de ses violences. Le comte de Pardiac, le sire de Barbazan, Lorc de Caumont, Arnaud de Malartic et autres furent ses cautions. (Voir *Revue d'Aquitaine*, IX, 216; X, 224; — Monlezun, III, 427; IV, 322; — Inventaire du château de Lectoure, p. 207.)

Cette famille est originaire de la vallée d'Aure, où se trouvait le fief dont elle a pris le nom. Elle paraît issue des anciens vicomtes d'Aure et posséda plusieurs seigneuries en Comminges et en Aure. Ses armoiries *à trois besants* rappellent celles d'Aure ancien.

Gaussionde de Jussan, fille d'Arnaud, ayant épousé, vers 1340, Arnaud-Raymond de Castelbajac, baron de Castelbajac, lui porta la terre de Jussan en Aure.

Nous trouvons dans l'Inventaire des titres de Vic-Fezensac (Arch. de Pau) la note suivante, qui concerne cette famille : « Item ung
« instrument d'arbitraige, procez et sentence contenant six peaulx
« de parchemin, entre messire Geraud, seigneur d'Aure, d'une part,
« et messire Guilhem de Montratier (1) et madame Gassie de Jussan,
« sa femme, Arnauld Bernard, et Arnauld-Guilhem de Jussan, leurs
« enfans, seigneurs des lieux de Jussan et Beyrede en Aure. Par
« laquelle sentence ledit messire Geraud, seigneur d'Aure, pour les
« delicts et felonnies par lesdits de Montratier, sa femme et ses
« enfans contre ledit seigneur d'Aure perpetrés et comis, furent prins et
« jurisdiction criminelle et civile desdits lieulx et autre que tenoient
« audit païs d'Aure. Reservé qne si led. de Montratier luy faisoit foy,
« qu'il eust aucune juridiction jusques à soixante cinq sols morlans.
« Et fut faict ledict arbitraige et prononcé ladite sentence l'an mil
« ccc quarante ung, le jeudy premier d'après la Penthecoste, et signé
« par Jehan de Sancto Johanne. »

Les Jussan, seigneurs de Luc en Bigorre, ont fourni des sénéchaux de Bigorre. D'eux est sorti Joseph de Jussan, qui acheta, par contrat du 5 juillet 1669, la seigneurie de Saint-Christau en Pardiac (Gers, cantons de Montesquiou et de Marciac). Ils possédaient depuis le XVe siècle, dans le même pays, les seigneuries de Tieste et Laveraët, et plus tard celle de Pépieux en Astarac.

Les archives de M. de Carsalade contiennent nombre de documents curieux sur la famille de Jussan.

---

(1) Ce nom est assez difficile à lire. Nous donnons cette forme sous toute réserve.

LA BARTHE.

Ancienne et puissante famille qui a possédé les vallées d'Aure, de Magnoac, de Nestes et de Barousse.

Dom Brugèles (*Chroniques du diocèse d'Auch*, p. 558), Marca (*Histoire du Béarn*), dom de Vic (*Histoire du Languedoc*), J. de Bourrousse de Laffore (*Nobiliaire de Guyenne et de Gascogne*, t. I), ont donné l'histoire de la Maison de La Barthe, dont une branche au moins subsiste encore, celle dite de Lasségan.

La collection des titres scellés possédait un bon nombre de quittances dont les sceaux ont disparu. Ceux que nous reproduisons appartiennent à la branche vicomtale, dite de La Barthe-Fumel. On sait que la ligne masculine des premiers seigneurs de La Barthe s'est finie dans la Maison de Fumel, par le mariage de Brunissende de La Barthe, fille de Arnaud-Guillem II, vicomte de La Barthe, Aure et Magnoac, avec Bertrand de Fumel, fils puiné du baron de Fumel en Agenais.

Bertrand de Fumel et sa postérité prirent les noms et armes de La Barthe et écartelèrent leur blason *d'or à quatre pals de gueules*, qui est de La Barthe, et *d'azur à trois fumées d'argent, mouvantes du bas de l'écu*, qui est de Fumel. (Voir le sceau de Gausbert de Fumel.)

GUILLAUME DE LA BARTHE.

380

Guillaume de La Barthe, baron, donna quittance, à Agen, le jour de la Circoncision 1302, et la scella du sceau ci-dessus. Ce Guillaume n'est pas cité par les généalogistes; il doit être un des fils de Bertrand de Fumel et de Brunissende de La Barthe.

GUILLEM LE VIEIL, BOURC DE LA BARTHE,
CAPITAINE DE VILLENEUVE-D'AGEN.

381

S. GVILHEM BORC DE LA BARTA LE VIEL.

Guilhem, bâtard (*bourc*) de La Barthe, appelé le *vieil* par opposition à son jeune frère, Guilhem, dont nous allons parler, est qualifié capitaine de Villeneuve-d'Agenais dans une quittance de 718 livres 13 sols qu'il donna à Toulouse, à Jean Chauvel, trésorier des guerres, le 1er avril 1347, et qu'il scella du sceau ci-dessus.

Il était fils naturel d'Arnaud-Guilhem de Fumel, vicomte de La Barthe, d'Aure et Magnoac, seigneur de Barousse.

GUILLOT, BOURC DE LA BARTHE,
CAPITAINE DE SAINTE-FOY.

382

SIGILLUM GUILLELMI DE LA BARTA.

Guilhem ou Guillot, bâtard de La Barthe, frère du précédent, est qualifié Guillot, bourc de La Barthe le jeune, capitaine de Sainte-Foy, écuyer, dans une quittance de 38 livres qu'il donna à Toulouse, le 1er avril 1347, à Jean Chauvel, trésorier des guerres, et qu'il scella du sceau ci-dessus.

Il était, le 1er mai 1355, capitaine de Moissac, et, le 12 juin de la même année, capitaine de Fumel.

GÉRAUD, VICOMTE DE LA BARTHE,

SEIGNEUR DES QUATRE-VALLÉES.

S. GIRALDUS DE LABARTA MILITIS.

Géraud était fils aîné d'Arnaud-Guilhem de Fumel, vicomte de La Barthe et des Quatre-Vallées, et de Mascarose d'Armagnac.

Le 7 mai 1346, il scella du sceau que nous reproduisons la quittance suivante :

« Nous, Guiraut de La Barthe, chevalier, sire d'Aure, avons eu et
« receu de Jehan Chauvel, tresorier des guerres du Roy nostre sire, sur
« ce qui nous est deu pour cause de la somme de deux cens livres tour-
« nois à nous ordonnée prendre par chacun mois, du VIIe jour de mai
« 1346, jusques au 1er jour de décembre en suivant, pour la garde,
« tuition et deffense de nos lieux et de nostre terre estant ès frontières
« des ennemis dudit seigneur ès parties de Gascoigne, par Mons. Robert,
« sire de Houdetot, chevalier, lors senechal d'Agen et capitaine entre
« les rivières de Garonne et Dordogne, mil quatre vins une livre onze
« sols deux deniers tournois... » A Toulouse, 14 octobre 1350.

Le 10 mars 1358, Jehan de La Barthe, écuyer, a donné quittance sous le sceau de Géraud.

ROBERT DE LABBAY.

384

ROBERT DE LABBAYE.

Robert de Labbay, capitaine armagnac, servait sous les ordres du capitaine de Bonneval et a donné quittance de ses gages, le 12 avril 1412. (T. sc., reg. 3, p. 3.)

Nous le croyons Béarnais; tirant son nom de Labailh, près Salies-de-Béarn. En 1379, Guilhem-Arnaut de Labaig est un des gentilshommes qui doivent le service militaire en Béarn. (*Arch. hist. de la Gironde*, XII, 312.)

En 1664, Jacob de Labbay épousa Catherine de Béarn, héritière de la terre de *Viella*. (Gers, canton de Riscle.) Leurs héritiers l'ont possédée jusqu'en 1868.

ÉTIENNE DE LA BAUME, DIT LE GALOIS,
GRAND MAITRE DES ARBALÉTRIERS.

385

Étienne de La Baume, dit Le Galois, d'une noble et ancienne Maison du pays de Bresse, rendit de grands services militaires aux rois de France pendant trente années; il fut grand-maître des arbalétriers, après la mort de Pierre de Galard, puis lieutenant pour le Roi en Languedoc et gouverneur de Penne-d'Agenais, qu'il avait conquis sur les Anglais. Anselme (t. VIII, p. 5) a donné sa biographie.

Le sceau de ses armes est aux Archives de la ville d'Auch, attaché à une charte du 23 mai 1338, n° CIX (série EE) : « Commission aux

« consuls d'Aux d'aller en armes par la comté de Fezensac; délivrée au
« camp devant Penne d'Agenais par Simon de Arguiriaco, maître des
« requêtes de l'hôtel, et Galesius de Balma, maître des arbalétriers. »

PIERRE DE LAGRAULET.

386

S. P. DE LAGRAVLE.

Pierre de Lagraulet (*Petrus de Agrauleto*) (1), servant aux guerres de Gascogne, a donné quittance de ses gages, le 12 septembre 1349. (T. sc., reg. 3, p. 29.)

En 1089, Oton de Lagraulet est au nombre des nobles de Fezensac qui jurent sur la corde de la cloche « super funem tintinnabuli, burgum « et civitatem Elusæ ». (Brugèles, preuves, p. 51.)

En 1212, Gérand de Lagraulet, neveu d'Arsieu de Montesquiou, est témoin de l'engagement de la terre de Sansospouy.

En 1224, il est témoin d'une donation faite à l'abbaye de Berdoues par son oncle Arsieu de Montesquiou. (*Généal. Montesquiou*, preuves.)

La seigneurie de Lagraulet relevait alors des archevêques d'Auch, et c'est entre les mains de En Amanieu que furent jurés les privilèges et coutumes donnés aux habitants par En Bertrand, En Guarcias et En Guiraut de Lagraulet, seigneurs du lieu. (Archives du Séminaire d'Auch.)

Bertrand de Lagraulet est un des barons du Fezensac qui assistent à l'acte des coutumes de Nogaro (1219). (Monlezun, *Hist. de Gasc.*, t. III, p. 15.)

En 1250, Bertrand est à la croisade en Syrie. (Noulens, *Galard*, t. I, p. 55.)

Bertrand de Lagraulet est tenu au service du ban et arrière-ban. (*Traité du ban et arrière-ban*, par Larroque, p. 21.)

(1) Lagraulet (Gers, canton d'Eauze, arrondissement de Condom).

Hugues de Lagraulet fait foi et hommage au comte d'Armagnac pour sa part de Lagraulet, le lundi après l'Exaltation de la Sainte-Croix, 1319. Oton vivait en 1320.

Pierre est porté sur les comptes *du trésorier des guerres* en 1342.

Il y a sur les registres du Trésor des Chartes (Arch. nat., JJ) deux lettres de rémission accordées aux seigneurs de Lagraulet. (Table, n°s 1145, 617.)

Hugues, chevalier, fait foi et hommage au comte d'Armagnac, le 10 octobre 1384. Il avait épousé Constance de Pardaillan.

Testament de Constance de Pardaillan, veuve de Hugues de Lagraulet.

« ... Eadem die (18 septembre 1394)... elegit sepulturam in cemete-
« rio Beate Magdalene in fovea domini Hugonis de Lagrauleto viri sui;
« recepit pro anima sua 200 francos auri francie quos divisit ut sequi-
« tur. Primo legavit operi ecclesie Auxis unum francum (1), operi
« Beate Magdelene de Lagrauleto XII francos auri Francie; item legavit
« operibus ecclesiarum Beati Orencii de Monteregali, Beate Marie de
« Cabanhano, Beati Bartholomei de Genenx, Beati Johannis de Sancta
« Fausta, Beati Stephani de Pronhano, Beate Marie de Villalonga, Beati
« Johannis de Casanova, Beati Petri de Taxoench, Beati... de Mazeroles,
« Beati Michael de Rigali, Beati Saturnini de Casanova, unum francum
« cuilibet. Quatuor ordinibus paupertatis unum francum (2); quatuor
« hospitalibus generalibus unum francum (3).

« Item legavit operibus Beate Marie de Vico, Beati Antonii de Mon-
« telugduno, Sancti Antonii de Thesan, Sancti Antonii de Gondrino,
« hospitali de Gondrino duos solidos francie cuilibet.

« Filiolabus suis duos solidos cuilibet.

---

(1) Sur les registres des notaires des quatorzième et quinzième siècles, les testaments sont en nombre infini; on voulait remplir envers sa famille ce devoir solennel; on devait, suivant les expressions employées par les notaires, « con-
« dere testamentum antequam caligo mortis obumbraret oculos... antequam
« extremos in Domino clauserit dies... sicut bonus christicola. » Nous n'avons pas vu un seul de ces testaments qui ne commençât par un legs fait à la cathédrale d'Auch. Le mourant obéissait une dernière fois aux instances de nos archevêques, qui entreprenaient le bel édifice qu'ils nous ont laissé.

(2) Les quatre ordres de pauvreté étaient les Dominicains, Franciscains, Augustins et Carmes.

(3) Les quatre hôpitaux généraux étaient Saint-Antoine-de-Viennois, Le Puy, Roncevaux et Rocamadour, autrement dit Saint-Amadour.

« Item legavit Johanni de Agennio totam illam hereditatem voca-
« tam de Sorbes pertinentem sibi in pertinenciis de Gondrino et de
« Lauraeto.

« Item operibus Beati Antonii de Podenassio, Beati Mathei de Maram-
« bato, Beati Eutropi de Monteregali, Beati Blasii de Gondrino unum
« francum cuilibet.

« Item legavit filiolo suo Miqualet, filiolo suo filio Antonii de la
« Faroqua, item Constancie filie Menautonis, Arnaldo de Lando, cuili-
« bet unum francum auri Francie.

« Item legavit conventui Fratrum Predicatorum Condomii viginti
« francos Francie, quod teneantur dicere et celebrare mille missas pro
« anima sua et suorum.

« Item legavit Talesie, sorori Johannis de Lagraulet, viginti francos;
« Seguine de Palaco pro servicio que sibi fecit, quinque francos auri
« Francie. Item legavit filie Guillelmi del Rosche unum francum;
« Arnaldo, claverio hospicii, Menjote, ancille hospicii, unum francum.

« Confratrie clericorum de Lagrauleto decem francos.

« Residuum dividatur per executores suos.

« Item revocavit quandam donationem quam ipsa fecit Alamane de
« Castillon, Petro de Podanassio et domino Poncio de Castillon.

« In omnibus autem bonis suis fecit suum heredem Johannem de
« Lagrauleto pro in perpetuum ad suas volontates faciendam. Item
« fecit excequtores suos dominum vicarium Auxitanum qui nunc est
« aut fuerit, et priorem Predicatorum Condomii qui nunc est vel fuerit
« pro tempore.

« Testes Johannes de Agennio, Bernardus de Campanesio, Bernar-
« dus et Arnaldus de Cassagneto, et alii » (1).

Hugues de Lagraulet et Constance de Pardaillan n'eurent qu'un fils,
Jean, marié à Alamana de Castillon, dont il n'eut pas d'enfant.

La seigneurie de Lagraulet a passé aux familles de Montesquiou,
de Monpezat, de Rochechouart-Faudoas, de Lambès, de Marmiesse,
d'Esparbez, d'Ornano et de La Roche-Lambert, tantôt par héritage,
tantôt par vente.

---

(1) Trobat, notaire de Gondrin. — Archives du Séminaire d'Auch.

JACQUES DU COS, SEIGNEUR DE LA HITTE,
COMMANDANT POUR LE ROI AU MARQUISAT DE SALUCES.

387

Race militaire qui a soutenu son renom dans nos armées jusqu'au temps présent.

Le château de La Hitte, canton d'Auch-nord, lui a donné son nom et elle en a repris possession récemment.

Odet du Cos de La Hitte avait épousé, le 23 juillet 1494, Audine de Maignaut de Montagut (canton d'Auch-nord); il servit aux guerres d'Italie.

Leur fils Jacques, Ier du nom, seigneur de La Hitte et La Boubée, capitaine de gens d'armes, servit aussi en Italie. Monluc lui confia la défense de la ville d'Auch. (Monluc, t. V, p. 96, éd. Ruble.) Il avait épousé, le 25 janvier 1530, Agnès de Monlezun. Ils eurent entre autres enfants :

Jacques, IIe du nom, de La Hitte, marié, le 11 mars 1566, à Françoise de La Lanne. Il servit dès sa jeunesse ; en 1575, il était « capi-« taine guidon de la compagnie d'hommes d'armes » de Bernard de La Valette, frère aîné du duc d'Épernon. Cette compagnie suivit Bernard de La Valette en Dauphiné et en Provence, où elle prit une très grande part, pendant plusieurs années, à la cruelle et sanglante guerre qui s'y faisait. Jacques de La Hitte fut envoyé dans le marquisat de Saluces pour défendre ce pays isolé au milieu des possessions du duc de Savoie et continuellement exposé aux entreprises de l'ennemi. Bernard de La Valette lui avait confié tous ses pouvoirs sur ce marquisat; une correspondance importante des rois Henri III et Henri IV, et de Bernard de La Valette (Archives du château de La Hitte) prouve la confiance qu'inspirait Jacques de La Hitte, sa fermeté et sa sagesse. Mais on le laissait sans secours, sans argent et sans soldats.

En 1588, le duc de Savoie, qui était en paix avec le roi de France, se jeta tout à coup sur le marquisat de Saluces. Ses troupes surprirent les petites garnisons françaises, les villes et châteaux furent forcés les uns après les autres. La Hitte s'était enfermé dans Revel, où il tint jusqu'à l'extrémité. Après six années passées dans le gouvernement de Saluces, il put aller rejoindre Bernard de La Valette.

Le sceau que nous reproduisons est appliqué sur une pièce qui est aux archives du château de La Hitte, et qui est ainsi écrite :

« Jacques de La Fitte, seigneur dudit lieu, gentilhomme ordinaire de
« la chambre du Roy et commandant generalement pour Sa Majesté
« deça les monts en l'absence de monsieur de La Valette,

« Certiffions à tous qu'il apartiendra que le cappitaine Gaspard,
« mareschal des logis de la compagnie d'hommes d'armes de mons^r de
« La Valette s'en va en sa maison avec partie de ladite compagnie,
« ausquels nous avons à tous donné congé et bonne licence. Pourquoy
« prions et requerons tous ceux qui les presentes verront de les laisser
« passer librement avec leurs armes, chevaux et bagages, sans per-
« mettre qu'il leur soit donné aucun empechement, nous offrant en
« pareil cas au semblable.

« Fait à Carmagnole, le 16e jour d'aoust 1583.

« DE LAFITTE.   DE PLAMON, secrétaire. »

« Messire Jacques du Cos, chevalier de l'ordre du Roi, capitaine de
« cinquante hommes d'armes de ses ordonnances, au chateau noble de
« Lafitte, assis sur un lit, un peu mal disposé, » fit son testament le 19 juin 1602.

Toutefois il vivait encore le 27 février 1604, jour où il fit un prêt d'argent. (Registre de Chabanon, notaire à Cologne.)

PONCET DE LAMARTRE.

388

SEEL PONCET DE LAMARTRE.

Le 1er janvier 1415 (v. st.), à Paris, Poncet de Lamartre, écuyer, et douze autres écuyers de sa compagnie, servant sous Ramonet de

Guerre pour accompagner le Roi en la bonne ville de Paris et partout ailleurs, délivra quittance scellée. (T. sc., reg. 71, p. 5527.)

Le registre des insinuations du Présidial d'Auch nous fournit sur ce lieu de Lasmartres (1) une pièce intéressante :

C'est un accord relatif à la fondation d'une église ou d'une chapelle au territoire de Lasmartres, qui, après les guerres continuelles du commencement du siècle, se trouvait complètement ruinée. Les habitants revenant sur leurs biens, le seigneur de Lasmartres, Robert Damblard, reconnaît l'incommodité de l'éloignement de l'église de Saint-Pesserre; en conséquence, il veut faire bâtir une église ou chapelle pour y célébrer la messe et les cérémonies du culte. L'archiprêtre de Saint-Pesserre, Jean de Orte, fait des difficultés; cependant les deux parties finissent par un accord : le seigneur pourra bâtir l'église, la doter et y établir un prêtre, à condition que ledit prêtre ne pourra pas baptiser dans cette église, mais il pourra y exercer toutes les autres fonctions du culte, sans l'autorisation du curé de Saint-Pesserre, à l'exception de l'extrême-onction; de plus, les habitants de Lasmartres seront libres d'aller à l'église de Saint-Pesserre et d'y porter leurs offrandes.

Cet accord est passé à Lectoure, le 28 octobre 1482. (Arch. du Gers, série B.)

GAILLARD DE LA MOTTE.

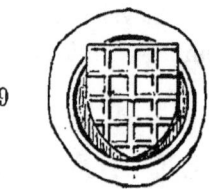

389

Gaillard de La Motte, écuyer, était employé à la garde de Verdun sur Garonne, sous les ordres du comte d'Armagnac; il a donné quittance scellée pour ses gages et ceux de sa compagnie, le 10 mai 1353. (T. sc., reg. 79.)

Il est à remarquer que les armes de cet écuyer sont celles des seigneurs de Terride. (Voir *Sceaux des grands feudataires, verbo* TERRIDE.)

---

(1) Fief situé dans la commune de Sempesserre, Gers.

PIERRE DE LANDIRAS,
CHEVALIER, LIEUTENANT DU CAPTAL DE BUCH.

S. PIE. . . . .

Le sceau que nous donnons est sur un mandement délivré par Pierre de Landiras, de payer 50 francs d'or pour une robe que le captal de Buch, lieutenant du roi de Navarre, donna à Robert Guillet, vicomte d'Évreux, la dernière fois qu'il alla audit Évreux. Du 10 décembre 1364. (T. sc., reg. 64, p. 4963.)

Pierre de Landiras était un cadet de sa famille. La seigneurie de Landiras (canton de Podensac, près Bordeaux) appartenait à Jean de Stratton, écuyer du prince de Galles, qui avait épousé l'héritière de Landiras. (*Arch. hist. de la Gironde*, t. XVI, 146.)

LANDORRE.

Famille du Rouergue, vicomtes de Cadars (Aveyron), qui suivit fidèlement la fortune de ses suzerains les comtes d'Armagnac.

Guill. de Landorre était évêque de Béziers en 1350. (*Hist. du Languedoc*, t. VII, 408, 2.)

ARNAUD Ier DE LANDORRE,
VICOMTE DE CADARS.

391

S. ARNAVLT DE LANDORE.

Arnaud de Landorre, vicomte de Cadars, seigneur de Solmiech, fils d'Amalvin, chevalier, servait sous le comte d'Armagnac, suivant quittance scellée qu'il a délivrée le 11 août 1354. (T. sc.)

ARNAUD II DE LANDORRE,
VICOMTE DE CADARS.

392

Arnaud de Landorre, sans doute fils du précédent, chevalier, a donné quittance à Toulouse, le 1er décembre 1368, de mille francs d'or que le duc d'Anjou lui avait donnés pour ses services dans la guerre de Gascogne. (T. sc., reg. 63, p. 4869.)

Il avait épousé la fille de Guillaume Rolland, qui avait été sénéchal de Rouergue en 1352. Lui-même devint sénéchal en 1369, et une seconde fois en 1374. (*Annales du Rouergue*, t. I, 135.) — Le 23 octobre 1373, il rendit hommage à Édouard, roi d'Angleterre, « à cause de li et de sa « femme, et come attorne de Guillem Bernard, seigneur de Charlus. » (Delpit, *Documents français*, p. 114.)

Le seigneur de Landorre accompagna le connétable d'Armagnac à Paris : « Demande de 100 livres faite par le baron de Landorre aux

« paysans de sa terre, à l'occasion de son voyage en France à la suite
« du comte d'Armagnac, » 1414. (Arch. de l'Aveyron, E 1123.)

Elipse, fille unique d'Arnaud de Landorre, épousa Guy, baron de Sévérac, cousin germain du maréchal; elle n'en eut point d'enfants. Les terres de Cadars et Landorre passèrent à un autre membre de la famille, Ratier de Landorre, dont la fille Jacquette fut mariée à Jean de Monlezun, seigneur de Saint-Lary (arrondissement d'Auch).

Le bâtard de Landorre fut un des plus célèbres chefs de routiers du XVe siècle; ses tristes exploits sont racontés dans l'*Histoire de Languedoc*, tome VII.

PIERRE DE LANDREVILLE,
SÉNÉCHAL DE TOULOUSE.

393

394

S. PETRI DE L'ANDREVILLA MILITIS.   S. PETRI DE LANDREVILLA MILITIS.

Landreville, originaire du baillage d'Étampes. (Boutaric, *Parlem.* 1377.)

Pierre de Landreville fut d'abord sénéchal de Rouergue et d'Albigeois, puis de Toulouse en 1262. (Boutaric, *Alph. de Poitiers*, 168, 500.)

En 1264, il convoqua les barons et vassaux d'Armagnac pour réprimer une rébellion du comte Géraud, qui céda à cette menace et paya les frais de cette chevauchée « xv[a] die exitus septembris 1264. »

Les sceaux sont attachés à deux chartes de l'année 1266. (Arch. nat., J 312.)

Il fonda la ville de Gimont et mourut en 1268. Thibaut de Nangerville lui succéda. (*Histoire de Languedoc*, t. VI.)

AMANIEU DE LANES.

395

S. AMANIOU DE LANE.

Amanieu de Lanes, chevalier servant sous les ordres de Charles d'Albret et gouvernement de Mons**r** de Bourbon pour la garde du pays de Languedoc, a donné quittance militaire scellée, pour 635 livres, le 12 février 1420, sceau ci-dessus.

Il était seigneur de Lanes, de Baslades, Priollé, Tauziede, Ponthonx dans la vicomté de Tartas. Il est au nombre des seigneurs qui firent alliance avec le comte de Foix, en 1422, pour tenir le pays en paix. (Arch. de Pau, E 432.) Il fut caution avec Bernard Ferran, seigneur de Mauvezin, Jean d'Albret, seigneur de Puypardin, Guillaume-Arnaud de Lupiac, seigneur de Moncassin, et autres, de l'emprunt de 27,000 florins fait par le comte de Foix à Charles II d'Albret. (Pau, E 64.)

« Los nobles monsenhor Amaniu de Lane, senhor de Baslade, de Tau-
« ziede et de Pontonx; monsenhor Joan, senhor de Montoliu, cavaler;
« Arnaud Guilhem de Caupene, senhor deu Savainh, Merigon deu Cas-
« tillon, cappitaine de Tartas, Berart de Lart, cappitaine de Cazenave,
« Bertrand de Montagut » furent témoins de l'hommage rendu par Pe Arnaud de Luz, donzel, senhor de Bordes, à Charles d'Albret. 15 décembre 1444. (Arch. de M. de Carsalade).

Il rendit hommage, le 19 décembre 1444, pour Pontonx au vicomte de Tartas, en lui donnant une paire de gants blancs.

Les descendants d'Amanieu de Lanes se sont éteints en 1592. Le 20 février 1480, Guitard fils d'Amanieu avait vendu la seigneurie de Pontonx à Raymond de Boyrie, seigneur de Pouy.

Bertrand de Lanes, seigneur de Lanes et de Montolieu, épousa Françoise de Baylenx de Poyanne; ils n'eurent qu'une fille, Suzanne, mariée en 1592 à Jean de Bedorède, seigneur de Pouy.

GUILLAUME HUNAUT DE LANTA,

SEIGNEUR DE MAUSAC.

396

ANAUT LANTA ARN.
Autre lecture (P. Raymond) : **UNAUT LANTAAR.**

Sceau appliqué sur une charte contenant alliance entre le comte de Foix et Guillaume Hunaut de Lanta, seigneur de Mausac; datée de Mazères en Foix, le 8 septembre 1413. (Arch. de Pau, E. 425.)

Géraud et Guillaume Hunaud sont mentionnés au *saisimentum comitatus Tolose* de 1271.

Guillaume, damoiseau, était du baillage de Caraman.

Jordanus, Geraldus, Willelmus, Assalitus Hunaut sont au nombre des nobles qui prêtent serment, en 1249, au comte de Poitiers.

Cette famille possédait la seigneurie de Lanta (Haute-Garonne), dont elle a pris le nom. On la rencontre souvent dans l'*Histoire de Languedoc* (t. VI et VII).

M. Paul Durrieu (*Archiv. hist. de la Gascogne, Chute de la maison de Fezensaguet*) a publié des documents très importants sur l'assassinat de Jehan de Lanta, de son fils et de son frère.

LA PALU DE VARAMBON.

Famille originaire de la Bresse, où se trouvent les seigneuries de la Palud, Varambon, Villers-Sexel et autres, qu'elle a possédées (Ain, Bourg-en-Bresse). Quoique feudataire des comtes de Savoie, elle servit les rois de France.

PIERRE DE LA PALU DE VARAMBON,

SÉNÉCHAL DE TOULOUSE.

397

S. PIERRE.... AMBON CHR.

Un manuscrit de Gaignières (Bibl. nat., n° 20684), nous apprend que Pierre de La Palu, accompagné de dix-sept chevaliers avec leur suite, formant plus de trois cents combattants, tous gentilshommes du même pays, vinrent s'engager au service du Roi contre les Anglais (1). Pierre de La Palu ne tarda pas à se distinguer par sa bravoure et son habileté, tant à la guerre que dans la direction des affaires. Il fut bailli d'Amiens, puis de Lille et de Douai. En 1337, il fut sénéchal de Carcassonne et de Béziers, puis sénéchal de Toulouse et d'Albigeois. Le 4 août 1340, il fut nommé lieutenant et capitaine en Languedoc; sa commission est publiée dans l'*Histoire de Languedoc* (t. VII, 464, preuves). Il exerça sa fonction avec toute la prudence et l'activité que comportait cette époque de guerre et de troubles.

Obligés de restreindre cette notice, nous renvoyons le lecteur au tome VII de l'*Histoire de Languedoc,* où il trouvera les principales actions militaires de Pierre de La Palu de Varambon.

Il était fils de Aimé, Ier du nom, seigneur de Varambon et de Bouligneux, et de Jeanne de Montbel.

Guichenon, *Histoire de Bresse et de Bugey,* a dressé la généalogie de cette Maison, le *Dictionnaire de la Noblesse,* tome XV, page 371, l'a réimprimée.

Nous avons trouvé le sceau de Pierre de La Palu aux Archives d'Agen, attaché à une ordonnance datée du 26 mai 1340, au Mas-

---

(1) « Gens d'armes de Savoie et Viennois qui ont servi ès parties de Lan- « guedoc pour le siege de Puymirol sous le gouvernement de M. de La Palu, « chevalier, sieur de Varambon, capitaine pour le roi ésdites provinces... » Il y a huit chevaliers bannerets, neuf chevaliers bacheliers, cent douze écuyers, chacun suivi d'un certain nombre d'hommes d'armes. Le sire de Varaize en amène cinquante-quatre. (Bib. nat., ms. fr. 20684, p. 283.)

d'Agenais; et à des lettres du 1ᵉʳ octobre 1340, par lesquelles Guillaume, archevêque d'Auch, et Pierre de La Palu, lieutenants du roi en Languedoc, confirment les coutumes et privilèges de la ville d'Agen.

Le même sceau est aux Titres scellés, registre 83, nᵒˢ 6539 et 6541. — Il était autrefois aussi au registre 46, n° 3396. Des extraits de ces pièces ont pour nous un intérêt particulier.

13 août 1340. Pendant le siège de Mezin, entrepris par les Anglais :
« Petrus de Palude, miles, dominus Varambonis, consiliarius et senes-
« callus Tolose et Albiensis, domini nostri Francorum regis ejusque
« capitaneus et gubernator generalis in partibus Lingue Occitanie des-
« tinatus, universis presentes litteras inspecturis salutem. Cum Guimar-
« dus de Santo Genesio, serviens armorum domini nostri regis, capita-
« neus locorum de Sossio et de Flavacuria, obsidio posito ante locum
« de Medecino per Anglicos et inimicos dicti domini regis, distante ab
« ipsis locis de Sossio et de Flavacuria duntaxat per unam leucam, ipsis
« locis per dictos inimicos... diffidatis, pro honore et comodo regiis
« observandis et deffencione dictorum locorum... », il ordonne que les garnisons de Sos et de Flavacourt seront augmentées de huit hommes d'armes et quarante-deux sergents à pied qui seront aux gages du Roi. (T. sc., reg. 83, 6539.)·

Agen, 8 septembre 1340 : « Guillel. divina miseratione Aux. archiep.,
« et Petrus de Palude, miles, etc. . . . . thesaurario guerrarum. . . . .
« volumus et vobis... mandamus quod de pecunia regia tradatis nobili
« Hugoni domino de Pujoliis (voir Pujols, plus loin), viginti libras
« turon. parvorum in et super vadiis per ipsum et ejus gentes arma-
« rum, etc... retinendo penes vos ab eodem Hugone litteras recogni-
« tionis ». (T. sc., reg. 83, p. 6541.)

Agen, 21 août 1340 : « Petrus de Palude, etc. . . . . salutem. Cum
« in loco Moissaci certi equi quorumdam burgensium civitatis Condomii
« per gentes regias, eo quia dicti burgenses et civitas ad hobedienciam
« Regis Angliæ dicebantur devenisse, capti et ad manum regiam positi
« fuissent; et nos certi de eorum fidelitate et constancia eisdem dictos
« equos reddi mandavimus, etc... » Ordre de rendre les chevaux à Bertrand de Laffargue (de Fabrica), bourgeois de Condom, et mandataire des autres bourgeois de la même ville. (T. sc., reg. 46, p. 3396.)

FRANÇOIS DE LA PALU DE VARAMBON

SEEL FRANÇOIS DE LA PALU.

François de La Palu de Varambon, comte de la Roche en Revermont, seigneur de Villers-Sexel, issu d'un des fils du sénéchal de Toulouse, capitaine de gens d'armes au service du duc de Bourgogne, de 1431 à 1435. (Tuetey, *Les Escorcheurs*, t. I, p. 286, note.) Il passa au service de Antoine, comte de Vaudemont, sans doute en 1437, lorsque ce prince engagea des capitaines de routiers pour soutenir la guerre de la succession de Lorraine. D'abord ces compagnies d'*Escorcheurs*, comme on les appelait alors, pénétrèrent victorieusement en Lorraine et dans le duché de Bar ; mais Lahire et Saintrailles, envoyés par Charles VII, changèrent la face des affaires. Vaudemont fut repoussé ; il parvint à faire traîner la guerre pendant plusieurs années. François de La Palu lui resta fidèle et devint son « lieutenant et capitaine général sur le « fait de la guerre » : ce sont les titres qu'il prend dans une quittance de cent cinquante florins d'or, délivrée le 9 novembre 1440, et scellée du joli sceau ici représenté. (Dom Calmet, *Hist. de Lorraine*, 2820 ; — T. sc., reg. 220, p. 23.)

LOUIS DE LA PALU.

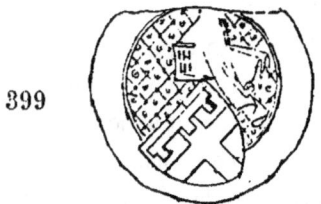

399

Loys de La Palu, chevalier, reconnaît devoir hommage au Roi pour une pension de cent livres qui lui a été accordée pour avoir fait prisonnier Guillaume de Montagut, comte de Salebrin, chevalier. 13 décembre 1340. (Charte scellée, aux Arch. nat., J. 149.)

Loys était de la branche des seigneurs de Chatillon Saint-Maurice, second fils de Girard; il fut seigneur de Vire-Chatel et marié avec Marguerite de Chissé, dont il n'eut qu'une fille.

MANAUD DE LA PALLIÈRE.

400

S. MANAUT DE LA PALLIERE

Le 2 novembre 1415, à Paris, Manaud de La Pallière a donné quittance de ses gages et de ceux des gens d'armes de sa compagnie; le sceau y est attaché. Cette pièce est imprimée dans la *Revue de Gascogne*, tome XVII, page 52.

La salle ou maison noble de La Pallière n'existe plus, elle était sur la plaine de l'Adour, territoire de Sarragachies, canton de Riscle (Gers). Les hommages rendus par ses possesseurs sont aux Archives de Pau (B. 1572), ils décrivent minutieusement sa situation et ses limites. Noble Odet de La Pallière, seigneur de La Pallière, était de race fort ancienne; il vivait au quatorzième siècle et donna le jour à trois enfants : 1° Jean, dont nous allons parler: 2° Manaud, qui suivit le comte Bernard VII à Paris, et dont nous reproduisons le sceau; 3° Anglesine, qui épousa noble Bernard Du Moulin, dont les descendants, seigneurs de La Barthète, existent encore au diocèse d'Aire.

Jean, seigneur de La Pallière, était majeur en 1401. Il servit activement le comte Jean IV, qui lui donna la capitainerie de Gondrin, le 27 mai 1420, et le prit apparemment comme chancelier, car on trouve sa signature au pied des ordonnances de Jean IV, en 1424 et 1426. — En 1435, il acheta, sous pacte de réméré, la seigneurie de Sarragachies à Arnaud-Raymond de Castelbajac, seigneur d'Arrouède. En 1450, les trois États d'Armagnac lui allouèrent quinze écus d'or, en le chargeant de poursuivre un appel contre une contribution indûment imposée sur le pays.

Il paraît encore le 1er septembre 1451 sur un acte de Liebra, notaire à Vic. (Arch. du Séminaire d'Auch.)

Il avait épousé, le 11 octobre 1401, devant Me Lana, notaire à Barcelonne, Balérine de Lau, fille aînée et héritière de noble Géraud de Lau, seigneur de Daunian, qui testa le 9 octobre 1468, devant Jean Dargelos, notaire à Cahuzac, instituant son petit-fils Carbonnel, fils de feu Géraud. Ils avaient eu :

Géraud de La Palhière, qui fut un des plus braves capitaines armagnacs de l'armée de Jeanne d'Arc. La *Revue de Gascogne* (t. XVII, pp. 49 et 446, et t. XX, p. 334) a donné sa biographie. Le sceau est au bas d'une quittance militaire, aux Archives de Pau (1).

Après ses valeureux exploits, Géraud revint finir ses jours en sa maison de La Palhière. Nous le retrouvons témoin ou partie dans divers actes, jusqu'à l'année 1462. Il vivait dans l'intime amitié de son compagnon d'armes Arnaud-Raymond de Castelbajac, seigneur d'Arrouède et de Ferrabouc, qui l'appelait à toutes ses affaires de famille, procès, mariage, ventes, transactions. Ils se rencontraient dans le jardin de l'église Notre-Dame de l'Hôpital (Les Prémontrés), à Vic-Fezensac. C'est aussi dans ce jardin qu'ils convertirent en vente irrévocable le réméré convenu avec Jean de La Palhière, en 1435. Le seigneur de Ferrabouc reçut comptant, des mains de son ami Géraud, six cent cinquante écus d'or au coin du roi de France.

Le fils de ce vaillant Géraud fut Carbonnel de La Palhière, héritier de sa grand'mère, seigneur de La Palhière, Gée, Espas et Daunian, marié à Catherine de Luppé, dont il n'eut pas d'enfant. Il testa vers 1488 en faveur de Géraud de Rivière, seigneur de Sarraute. C'est ce

---

(1) Omis par notre graveur; sera donné dans le supplément.

que nous lisons dans les manuscrits de Larcher (Bibliothèque et Archives de Tarbes); mais, en 1535, la seigneurie de La Palhière, divisée en deux parts, appartenait à Jean de Rivière et à Jean de La Palhière. (Arch. Pau, B 1573.)

Tous les autres détails nous sont fournis par la collection de registres de notaires, qui est aux Archives du Séminaire d'Auch. Il faut surtout consulter les *Mémoires de Jean d'Antras* (p. 99), par MM. de Carsalade et Tamizey de Larroque.

JEAN DE LA PLAIGNE.

401

« Saichent tuit que je Jehan de La Plaigne, escuyer, ay eu et receu
« de J. Lempereur, tresorier des guerres... etc., sur les gages de moi et
« deux sergens à pied de ma compagnie à desservir en ces presentes
« guerres de Gascogne sous le gouvernement de Mons. le comte d'Ar-
« magnac en la garde de Vic-Fezensac, etc... » 15 avril 1355 et 17 mai 1356. (T. sc., reg. 86, p. 6681.)

Pierre de La Plaigne était, en 1369, de la garnison de Podenas, sous les ordres de Pierre de Pommiers. (Monlezun, t. VI, p. 140.)

Jean de La Plaigne prenait son nom de la salle noble ou château de La Plagne, dont les restes bien conservés subsistent encore (commune de Lupiac, Gers).

Les Archives du Séminaire d'Auch possèdent plusieurs actes qui concernent cette famille, qui avait fondé une chapellenie en l'église Saint-Pierre de Vic-Fezensac.

Les registres des notaires de cette ville nous apprennent que ces La Plagne s'étant éteints dans les Patau, seigneurs du Bouté (commune de Castillon) au seizième siècle, leur vieux manoir fut vendu à Arnaud de Batz, riche marchand de Lupiac, dont les descendants furent seigneurs de La Plagne jusqu'à la fin du siècle dernier.

THIERRY DE LA PORTE DIT ROULLANT,
LIEUTENANT DES MARÉCHAUX DE FRANCE.

402

Thierry de La Porte, dit Roullant, était lieutenant des maréchaux de France dans l'armée royale de Languedoc, en 1354 et 1356. On a plusieurs mandements délivrés par lui en cette qualité, notamment une attestation du payement des gages de Manaud de Lasséran, capitaine de Valence, 4 janvier 1355.

En 1355 et 1356, Roullant était capitaine de Moissac; il y tenait garnison avec sa compagnie et celle de Manaud de Podenas. Il a passé, le 3 mai 1354, à Moissac, la monstre de la compagnie de Beraud de Cardaillac, seigneur de Bioule. (T. sc., reg. 146, p. 3211.)

Le 4 juin 1355, il a donné quittance scellée de ses gages.

Le 11 juillet 1359, Pierre Puget, maître de la *Monnoie de loi* de Toulouse, lui a payé 400 écus d'or, en 325 royaulx d'or et cinq gros, pour un don que M. le comte de Poitiers lui avait fait. (T. sc., reg. 88, p. 6939.)

Roullant est au nombre des chevaliers qui furent faits prisonniers par les chefs des grandes compagnies, à la bataille de Villedieu, le 14 août 1365. (*Hist. de Languedoc*, t. VII, p. 252.)

P. LA RÈNE,
TRÉSORIER DU ROI.

403

P. La Rène était trésorier du Roi vers 1300.

Le sceau que nous donnons est attaché à une quittance se rapportant aux comptes de Guichard de Marciac, qui fut accusé de diverses dilapidations.

« Noverint universi quod nos P. La Rene, domini regis... ac thesau-
« rarius, de sexaginta quinque libris duabus solidis sex denariis debitis
« Guillelmo Trencaleon, per compotum domini Stephani de Monteacuto,
« tenentis locum domini Poncii de Monte Lauro, senescalli Agenensis,
« quondam redditum per dominum Guischardum de Marziaco, senes-
« challum Tholose, anno nonagesimo septimo, et per litteras dicti domini
« Poncii, quas per receptorum Tholose fecimus retinui, per dictum
« receptorem viginti unam libras quatuor solidos duos denarios turo-
« nenses fecimus ei solvi. Et restant que debentur ei quadraginta tres
« libri octo solidi quatuor denarii turonenses. In cujus rei testimonium
« sigillum meum presente est appensum.

« Datum Tholose, die sabbati post festum Nativitatis beate Marie
« Virginis, anno Domini M° CCC. » (Archives du château de Saint-Blancard.)

LAROCHE-FONTENILLE.

Cette famille, originaire de La Roque-Magnoac, fut une des premières de la Gascogne. Ses descendants subsistent, mais ils ont quitté le pays. Plusieurs d'entre eux ont marqué avec éclat dans nos annales.

Carbonel de La Roche, étant en Terre-Sainte, est témoin d'un acte passé le second lundi de novembre 1249.

Galhard de La Roche est nommé avec Guillaume de Polastron dans un acte passé devant Saint-Jean-d'Acre. (Galeries de Versailles, IV, 2e partie, 387.)

Guillaume de La Roche fonda la ville de Miélan (Gers) avec le roi de France, en 1289. (Arch nat., JJ, reg. 66.) Paréage publié dans la *Revue de Gascogne*.

Courcelles, au tome Ier de son *Histoire des Pairs de France*, a publié une généalogie de la Maison de La Roche; on trouvera des détails importants dans le *Glanages* de Larcher (Archives de Tarbes), dans Monlezun (tome IV, page 161, 232), et dans nos Archives historiques de Gascogne, *Chute de la Maison d'Armagnac Fezensaguet*, par P. Durrieu (fascicule II⁰, année 1883).

ANTONET DE LA ROQUE.

404

SEEL...

Les Archives du château de Saint-Blancard nous ont fourni la quittance scellée qui suit :

« Sachent que nous Anthonet La Roque, chevalier, avons eu et receu
« de Jacques Lempereur, tresorier des guerres du roy nostre sire, pour
« cause d'un don à nous fait, par M. le comte de Poitiers, fils et lieu-
« tenant dudit seigneur es parties de la Langue doc, pour les bons et
« aggreables services que nous avons fait au Roy nostre dit seigneur
« en ses guerres au temps passé et aussi pour les grans pertes et doma-
« ges que nous avons eus et soutenus par les ennemis dudit seigneur
« pour cause de ses dites guerres, la somme de deux cens florins d'or,
« de laquelle somme de deux cens florins d'or nous nous tenons pour
« bien content. Donné sous notre scel, le 28ᵉ jour de juillet l'an mil
« trois cent soissante. »

AYMERY DE LA ROCHE.

405

Aymeri de La Roche a donné à Macé Heron, trésorier des guerres, quittance scellée pour 240 livres en prêt sur les gages de lui, chevalier, et de quatorze écuyers de sa compagnie, servant sous le connétable d'Albret, à Montignac, le 26 janvier 1407. (T. sc., reg. 96, p. 7445.)

GABRIEL DE LA ROCHE.

406

GABRIE[L]... [R]OCHE.

Gabriel de La Roche, écuyer, servait sous le comte d'Armagnac Bernard VII. Il a donné quittance de ses gages scellée à Paris, le 14 janvier 1415. (T. sc., reg. 96, p. 7449.)

GAILLARD DE LA ROCHE,
SIRE DE FONTENILLES.

407

Gaillard de La Roche, sire de Fontenilles, servait dans les troupes du duc d'Orléans. Il a donné des quittances de 1411 et 1420.

Courcelles décrit de la manière suivante le sceau attaché à cette dernière quittance : *A un parti, d'un côté trois rocs d'échiquier, et de l'autre une demi croix, et pour cimier une tête de sanglier.* Il n'existe plus qu'un fragment de ce sceau aux Archives nationales (K 57, n° 12); nous le reproduisons ci-dessus.

Les *Mémoires de la Société archéologique du Midi de la France* (t. VII, p. 340) ont publié deux belles planches représentant des pierres tombales gravées qui subsistent mutilées au milieu des ruines du prieuré de Goujon (Gers, commune d'Auradé). L'une est celle de Longrua de

Arocha, abbesse de Goujon, 1337; l'autre recouvrait les restes de Guillaume-Bernard *de Rupe*, chevalier, et de son fils Bernard. Les armoiries sont semblables à celles des sceaux des La Roche-Fontenilles. Ces tombes appartiennent donc à cette famille, qui fut sans doute une des bienfaitrices du prieuré de Goujon.

AMANIEU DE LARTIGUE.

408

S. AMANIOU DE LARTIGUE.

Famille qui paraît originaire de l'Agenais, où se trouvent les lieux de Lartigue et de Lisse (Lot-et-Garonne), qu'elle a possédés pendant plusieurs siècles.

Moreri, le *Dictionnaire de la Noblesse* et le *Nobiliaire de Gascogne*, par O'Gilvy (t. II, 173), ont publié la généalogie Lartigue.

Amanieu de Lartigue servit d'abord avec bravoure et fidélité le roi de France et fut récompensé par plusieurs dons et indemnités. (Pièces orig.)

« Loys, fils de roy de France, frère de mons. le Roy et son lieutenant
« es parties de la Langue doc, duc d'Anjou et conte du Maine, à notre
« amé Estienne de Montmejan, tresorier des guerres de mons. et de
« nous es dites parties, salut. Nous vous mandons et comandons tant
« et si come plus povons plus que tantost et sans aucun delay, veues
« ces presentes, vous bailliez et paiez et delivrez à Amenyou de Lartigue,
« escuyer, la some de cent francs d'or, lesquieux nous luy avons donnés
« oultre ses gaiges et donnons par ces presentes à prendre sur vostre
« recepte une fois tant seulement, pour cause de certains et grans
« despens lesquels a faits et soustenuz en nostre compagnie. Si gardez
« bien que en ce n'ait aucun deffaut et par reportant ces presentes et
« lettre de quittance dudit escuyer, nous voulons et mandons à nos
« amez les gens des comptes de Mons. à Paris que ycelle some de
« c francs d'or ilz alloent en vos comptes et rabatent de votre recepte
« sans aucun contredit ou difficulté aucune, nonobstant quelconque

« ordonance, mandement ou inhibition ou deffense fait ou à faire à ce
« contraire. Donné à Tholose, le XVIe jour de feuvrier, l'an de grace
« M CCCLVIII, par mons. le Duc. — Tourneur. »

Toulouse, 15 janvier 1368, autre don fait à Amanieu de Lartigue, de 100 francs d'or, pour plusieurs bons et agréables services, avec le sceau ci-dessus.

Malheureusement Lartigue, ne pouvant vivre au service du Roi qui n'était plus en état de le payer, se joignit aux grandes compagnies avec Pierre de Savoie et Nolin Pavaillon; il parcourut le Languedoc à la tête de deux mille hommes, prit les villes de Montolieu, au diocèse de Carcassonne, et de Pomerols, au diocèse d'Agde.

En 1365, il fut engagé, avec ses compagnons, par B. Du Guesclin, qu'il suivit au siège de Tarascon et d'Arles.

En 1368, le duc d'Anjou ayant traité avec les compagnies pour les éloigner de la province, Amanieu reçut un don de cent francs. Mais Amanieu ayant repris les armes, le duc fit instruire le procès contre les capitaines de routiers qu'il put saisir; il les accusait d'avoir conspiré contre lui dans le dessein de le tuer ou de le livrer aux Anglais. Quatre capitaines furent condamnés à mort : Perrin de Savoie, dit le *Petit mesquin*, et Arnaud de Penne, furent noyés; Amanieu de Lartigue et Nolin de Pavaillon furent décapités et leurs corps mis en quartiers. (*Histoire de Languedoc*, t. VII, p. 262.)

LAS.

409

S. GVIRAVT DE LAS.

Guiraud de Las (1), chevalier, était, le 1er mai 1254, de la garnison de Fleurance (Gers). Le sceau que nous reproduisons était le sien et se trouve attaché à une quittance donnée par Arnaud-Guillaume de Monlezun. (T. sc., reg. 77, p. 6031.)

(1) Las ou Laas en Pardiac (canton de Miélan, arrondissement de Mirande, Gers).

En 1368, Guillaume-Arnaud de Las était huissier d'armes du Roi et fut envoyé en mission particulière auprès du duc d'Anjou et du comte d'Armagnac, ainsi qu'il est expliqué dans la pièce que nous transcrivons (22 août 1368) :

« Charles, par la grace de Dieu, roy de France, à nos amés et feaulx
« conseillers les generaux tresoriers à Paris des aides, ordonez pour la
« delivrance de notre tres cher seigneur et père dont Dieu ayt l'ame,
« salut et dilection. Pour certaines et secrettes besoignes nous envoyons
« hastivement nostre amé huissier d'armes Guillaume-Arnaut de Lahas
« par devers nostre tres cher et tres amé frère le duc d'Anjou et nostre
« très cher cousin le conte d'Armignac.

« Si vous mandons et estroitement enjoignons que tantost et sans
« delay, ces lettres veues, vous par Jean Luissier, receveur general
« desdites aides, faites bailler et delivrer à nostre dit huissier d'armes
« pour faire ses despens au dit voyage la somme de cinquante francs
« d'or ; et par rapportant ces presentes tant seulement, sans autre
« quittance ou descharge quelconque, nous voulons lesd. L francs estre
« alloes ès comptes dudit Jean Luissier par nos amés et feaux les gens
« de nos comptes à Paris nonobstant ordonances ou deffenses contraires.

« Donné en nostre chastel de Saint-Germain en Laye, le 22ᵉ jour
« d'aoust de l'an de grace 1368, et le quint de notre regne. Par le Roi.
« de Saint-Martin, secretaire. » (T. sc., reg. 58, p. 419.)

Le lendemain, Guillaume-Arnaud de Las reçut les 50 francs d'or qui lui étaient alloués et en donna quittance. (T. sc., reg. 58, p. 419.)

Les seigneurs de Las se retrouvent plusieurs fois dans notre histoire. Le cartulaire de Mirande nous apprend qu'en 1295 Othon de Las s'était allié au comte de Pardiac, pour faire la guerre aux habitants de Mirande. Le cartulaire de Berdoues les nomme souvent comme bienfaiteurs de l'abbaye aux XIIᵉ et XIIIᵉ siècles.

En 1307, Arnaud de Las est au nombre des témoins du paréage de Marciac.

En 1322, Othon de Las est parmi les nobles du Pardiac qui passent un accord avec le comte. Othon fut tué dans une rencontre avec un de ses voisins. Ses fils, et parmi eux celui dont nous avons reproduit le sceau, poursuivirent le meurtrier de leur père et le mirent à mort. C'est ce qui ressort de la lettre de rémission que nous donnons ici. (Arch. nat., JJ. 66, f° 9 v°) :

« Philippus, D. g., Franc. rex... notum facimus nos infrascriptas
« vidisse litteras, formam que sequitur continentes.

« Alfonsius de Yspania, dominus de Lunello, domini nostri Regis...

« in partibus Occitanie locum tenens, universis has litteras recepturis
« salutem. Notum facimus quod, cum Bernardus de Alanis (Las) et
« Geraldus, frater ejus, delati sunt seu etiam accusati quod ipsi cum
« quibusdam aliis suis complicibus Bernardum de Fita, culpabilem
« et suspectum ut dicitur de homicidio perpetrato in persona Hotonis
« de Allanis, patris dictorum fratrum, et ob hoc banitum, interfecerint
« infra senescalliam Tholose; nos, ad supplicacionem nobilis viri
« domini Arnaldi Guillelmi de Montelugduno, comitis Pardiacensis,
« in presenti guerra Vasconie nobiscum existentis, attendentes dictos
« fratres domino nostro regi in presenti guerra Vasconie fideliter
« servivisse et indesinenter servire, omnem penam civilem et criminalem,
« si quam, occasione predicta, comiserint, eis et ipsorum cuilibet de
« gracia remittimus auctoritate regia speciali, ipsos a predictis nichi-
« lominus absolventes, salvo jure partis si que de ipsis voluerint super
« hec expedire... Damus tenore presencium in mandatum senescallo
« Tholose et aliis regiis justiciariis ne ipsos fratres et alios eorum com-
« plices occasione homicidii contra tenorem presentis gracie in persona
« aut bonis presumat aliquathenus molestare. Datum in castris Podii
« Guillelmi, die xv^a septembris, anno Domini m° ccc° vicesimo sexto.

« Nos autem omnia et singula in dictis contenta litteris rata et grata
« habentes, ea volumus, laudamus, approbamus... etc... Datum apud
« Sanctum Remigium in Varenna anno 1329, mense augusti. »

En 1424, la seigneurie de Las avait passé à une branche de la Maison de Monlezun, dont on trouvera la généalogie à la page 155 des *Mémoires de Jean d'Antras*. Le serment de fidélité des habitants de Las à leur seigneur Jean de Monlezun, 16 juin 1504, est sur un registre de l'étude de Me Gouzenne, notaire à Mirande.

Bertrand de Monlezun, seigneur de Las, fut tué au siège de Mirande. (Monlezun, t. V, p. 413, et *Mémoires de Jean d'Antras*.)

Après ces Monlezun, dès le commencement du XVIIe siècle, la famille féodale de Lamazère (près Mirande) posséda cette seigneurie, que la succession de Guy-Henri de Lamazère vendit, en 1724, à Jean Duclos, bourgeois de Mirande, et à sa femme Antoinette Pérez. Jean Duclos jouissait d'une grande considération; il s'établit à Toulouse et y fut capitoul en 1748. Sans doute, il avait la noblesse avant son capitoulat; car dès 1725 il se qualifie, dans les actes publics, noble Jean Duclos, baron de Las. Il a construit le château de Las tel qu'il existe, sur l'emplacement de la forteresse depuis longtemps inutile. Sur le mur extérieur de l'église, on voit encore la litre seigneuriale ornée de ses armoiries. Son fils, né en 1725, portait aussi le nom de Jean.

La fortune ne leur fut pas fidèle; les hypothèques devinrent trop lourdes, il fallut vendre, non sans avoir plaidé de 1763 à 1774. Dominique-Jean-Jacques de La Borde, chevalier d'honneur au bureau des finances d'Auch, receveur général en survivance des domaines en Béarn, Navarre et généralité d'Auch, exerçant en la généralité de Moulins, devint baron de Las. Dès qu'il eut définitivement gagné son procès, par arrêt du 18 janvier 1774, il mit la terre de Las en vente, et elle fut acquise, le 16 mars 1774, moyennant 186,000 livres, par maître Joseph Verdier, conseiller du Roi, greffier en chef du bureau des finances d'Auch, demeurant à Bayonne.

Joseph Verdier ne pouvait conserver ce domaine. Il essaya de s'en défaire de suite. Il fit répandre une annonce, qui nous semble avoir la valeur d'une pièce historique, tant nous sommes ignorants déjà de la fin du dernier siècle :

« Cette terre, qui est tout en un tenant, est une des plus jolies, des
« plus agréables et des mieux agencées qu'il y ait dans le pays. Tous
« les agrémens qu'on peut désirer à la campagne s'y trouvent, les
« labirintes qui sont auprès du chateau et le verger à fruits sont
« arrangés dans le grand gout. Le village entoure le chateau, l'église
« est à 20 pas, le seigneur en sortant de son appartement, traverse une
« belle terrasse, descend un escalier et passe par une clairvoir, qui
« ferme le jardin, pour entrer dans l'église; le curé et le vicaire disent
« la messe tous les jours.

« Les rentes de bled sont de 224 sacs à 14 livres le sac, font
« 3,388 livres. — 56 sacs avoine à 5 livres, 280 livres. — Poules et
« poulets, 24. — 30 quintaux de foin de rente portable, 60 livres. — Les
« censives, 80 livres. — Lods et ventes, 200 livres. — Faisande de
« Perinon, 240 livres. — Métairie du Borda, en régie, 400 livres.

« Le vignoble du chateau rapporte 6 tonneaux qui font 24 barriques
« à 40 livres l'une, 960 livres. — Présent de noce, 10 livres. — Bois
« taillis, 300 livres. — Jardin, 120 livres. — 400 quintaux foin,
« 800 livres. — Total 10,696 livres.

« La contenance : 388 journaux 1/4, le journal composé de 16 places,
« la place de 24 pieds.

« Droits seigneuriaux honorifiques : haute justice; nomination des
« consuls de Laas et de Coste-Perisson » (le quartier de Coste-Perisson avait été érigé en communauté par arrêt du conseil du 15 octobre 1771). « Chasse, pêche, pigeonniers, encens à l'église, aspersion, banc
« dans le sanctuaire; recommandation au prône; corvée pour les vignes,
« les habitants viennent volontairement pour la nourriture.

« Droit de coeffage : il consiste en l'obligation à la *noby* de
« venir prévenir la dame du lieu du jour de ses épousailles. La
« dame va ou envoie sa femme de chambre chez la *noby*, le jour de
« son mariage, pour lui mettre sur la tête une coeffure avec laquelle
« elle est obligée d'aller épouser à l'église. Le lendemain, la mariée
« vient raporter au chateau la coeffure et porte au seigneur une paire
« de gants, une paire de chapons, trois morceaux de viande cuite ou
« crue et quatre petits pains.

« En 1791, le revenu a été évalué 10,303 livres, les impositions et
« travaux des vignes, 1,000 livres; le vin à 23 pistoles la pipe de
« 2 barriques; le vin blanc, 18 pistoles; le bled, 20 livres le sac; le foin,
« 10 livres le quintal. Après les décrets de l'Assemblée, les habitants
« continuent à payer les fiefs et les questes; ils exercent les procédés
« les plus honnêtes. »

En 1816, la terre de Las n'avait pas encore trouvé acquéreur.

PIERRE-RAYMOND DE LA SALLE,
SERGENT D'ARMES.

410

Pierre-Raymond de La Salle, sergent d'armes, donne quittance de ses gages à Agen, le 31 janvier 1352. (T. sc., reg. 100.)

Le 26 janvier 1353, il donne, étant à Toulouse, la quittance suivante :
« Saichent tuit que nous Pierre-Remon de La Salle, chevalier,
« capitaine de Moissac, avons eu et receu de Jacques Lempereur, treso-
« rier, etc... per Even Dol, son lieutenant... en prest sur les gens d'ar-
« mes et de pied de ma compagnie pour la garde dudit lieu, » etc...

Il résulte de cinq autres quittances, qu'en 1355 et 1356 il fut capitaine de Moissac et de Castelsarrasin, villes alors continuellement exposées aux courses des Anglais ou de leurs partisans; et qu'il fut employé à la *visitation* de la sénéchaussée de Toulouse, c'est-à-dire aux chevauchées ou courses militaires.

Pierre-Raymond, ayant été employé à Agen, à Moissac, à Castelsarrazin, devait être, selon la coutume de cette époque, un gentilhomme de ces villes. Peut-être de la même famille que Bernardon de La Salle dont M. Paul Durrieu a écrit l'histoire dans la *Revue de Gascogne*. L'Agenais nous présente six châteaux ou villages et de nombreux lieux-dits qui portent le nom de La Salle.

MANAUD DE LASSERAN,
CAPITAINE DE VALENCE.

411

S. MANAULT DE LASSERAN.

Lasséran (1) a donné son nom à une des plus notables familles féodales de notre pays.

La branche aînée s'est éteinte dans la maison de Garrané, éteinte à son tour dans celle de Luppé, dont les descendants possèdent encore la terre et les ruines du vieux château.

Une autre branche a formé les seigneurs de Cazaux et de Castelnau-d'Anglès, éteints au dernier siècle dans la famille de Gémit de Luscan.

Le sceau que nous publions est joint à quatre quittances de gages, délivrées les 15 avril, 21 mai, 21 juin et 2 novembre 1356, par Manaud de Lasseran, capitaine de Valence, où il tient garnison. (T. sc., reg. 64, p. 4929.)

Ce titre de capitaine de Valence (2) nous porte à croire que Manaud de Lasseran appartenait à une branche de cette famille, qui a possédé pendant plusieurs siècles le château de Massencôme, près de Valence.

(1) Canton d'Auch, Gers.
(2) Arrondissement de Condom, Gers.

JEAN DE LA TOUR.

412

... TOUR.

Jean de La Tour, l'un des compagnons de Lahire. Son sceau est apposé au bas de la capitulation de Guise (voir VIGNOLLES-LAHIRE.)
Nous ignorons son origine et sa famille.
L'histoire généalogique de la Tour d'Auvergne ne le mentionne pas.

JEAN DE LA TOURNELLE.

413

La famille de La Tournelle est bourguignonne, et porte les armes du sceau que nous reproduisons et qui est attaché à la pièce suivante :
« Sachent tuit que nous Jehan de La Tournelle, chevalier, avons eu
« et receu de Jacques Lempereur, tresorier des guerres du roi notre
« sire, par la main de Even Dol, son lieutenant, trente livres tournois
« pour don à nous fait par mons. Jehan comte d'Armagnac, lieute-
« nant dudit seigneur es parties de la langue doc, pour les bons ser-
« vices que j'ay fais au roi notre dit seigneur, en la compagnie dudit
« lieutenant en ces presentes guerres de Gascongne. Des XXX livres
« tournois nous nous tenons pour bien paiés. Donné sous notre scel, le
« 13e jour de mars l'an 1352 ». (Arch. du château de Saint-Blancard.)
Jehan de La Tournelle avait épousé en 1370 Jeanne des Loges. (*Dictionnaire de la Noblesse*, Lachenaye-Desbois, art. *La Tournelle*.)
La Gascogne était à cette époque ce que fut le Piémont au XVIe siècle :

la meilleure école de guerre. Les jeunes gentilshommes y accouraient de tous côtés pour combattre sous les ordres des comtes d'Armagnac et de l'Isle-Jourdain.

BERNARD DE LAUGNAC.

414

Aucun renseignement sur ces Laugnac (1).

Cette seigneurie a passé aux Montpezat en 1484, et l'un d'eux fut ce fameux Laugnac, François de Montpezat, capitaine des *quarante-cinq gascons* de la garde de Henri III.

Bernard de « Longnac, » écuyer, de la sénéchaussée d'Agenais, donne quittance de ses gages et des autres écuyers de sa compagnie, à Saint-Quentin, le 20 octobre 1339. (T. sc., reg. 66, p. 5127.) *Sous mon scel*, dit-il dans la quittance; mais ces armoiries ne sont-elles pas celles de Pierre de Galard ? Voir plus haut, p. 292.

PONS DE LA VALETTE,
SEIGNEUR DE FLOYRAC.

415

S. PONSET DE LAVALETA.

L'une des plus anciennes et illustres familles du Rouergue, descendant des anciens comtes de cette province. Généalogie transcrite dans le *Dictionnaire de la Noblesse*.

---

(1) Laugnac (canton de Preyssas, Lot-et-Garonne.)

Pons de La Valette, seigneur de Floyrac, chevalier, fils de Bertrand et de Soubiranne de La Roque Toyras, passa la vie sous les armes en Agenais et pays voisins, servant sous le comte de l'Isle et sous le comte d'Armagnac.

En 1348 et 1349, sa compagnie était à Monflanquin.

En 1353, il avait sous sa garde le Sompuy et la bastide de Gensac.

En 1355, il était capitaine de Montauban.

C'est ce que nous voyons sur les quittances munies du sceau ci-dessus. (T. sc., reg. 109.)

Le 28 décembre 1354, le Roi lui fit don d'une rente de 300 livres à prendre sur la forêt de Jousserote en Languedoc.

416

S. PONS DE LA VALETA.

Le deuxième sceau que nous donnons est attaché à une quittance du 20 octobre 1349, extraite des Archives du château de Saint-Blancard.

Ces La Valette paraissent avoir toujours suivi le parti français et guerroyé en Gascogne. Sur les registres du Trésor des Chartes (JJ 65, page 2), il y a une lettre de rémission que nous résumons.

« Raymondus Bernardi de Duroforti, domicellus, Guill. de Loraia, « Raymondus de Garda, Raymondus Bernardi *de Valeta*, domicelli, » et autres leurs familiers sont aux guerres de Gascogne, sous le commandement d'Alphonse d'Espagne, seigneur de Lunel, qui, en considération de leurs services, leur fait rémission, au nom du roi de France, des peines encourues pour avoir fait invasion à main armée dans une maison appartenant à l'abbé de Moissac, au lieu de Rodon, et y avoir enlevé des vases d'argent et autres biens meubles. « Datum in loco de « Salvitate, » 13 août 1326. Confirmé par le Roi, au Louvre, février 1326.

BERNARD DE LA VALETTE,
SEIGNEUR DE CAUMONT.

417

Bernard de Nogaret, seigneur de La Valette et de Caumont, chevalier des ordres du Roi, gouverneur du marquisat de Saluces, de Dauphiné, de Lyon et de Provence, amiral de France, mestre de camp de la cavalerie légère.

Frère aîné du duc d'Épernon, il se signala, dès sa jeunesse, dans les combats et mérita tous les honneurs que le grand pouvoir de son frère lui procura. Il fut tué au siège de Roquebrune, en Provence, le 11 février 1592, à l'âge de 35 ans. Il était né au château de Caumont (canton de Samatan, Gers). Voir sa notice biographique dans Anselme (t. VII, p. 904) et sa vie publiée par le s^r de Mauroy, seigneur de Verrières, en un volume in-12.

Les Archives du château de La Hitte (Gers, canton d'Auch) possèdent sa correspondance avec un de ses lieutenants, Jacques de La Hitte. Le sceau est tiré de cette collection et appliqué sur une lettre du 19 août 1582.

LAVARDAC.

Cette très ancienne famille a peut-être donné son nom à la bastide de Lavardac (aujourd'hui Lot-et-Garonne), fondée avant 1268.

Pierre de Lavardac, chevalier, rendait hommage au roi d'Angleterre, en 1273, pour son château d'Ayzieu et autres fiefs sous la redevance d'une vache tachetée (*variatam*) ou de 10 sous morlas.

En 1315, Pierre de Lavardac eut de violents démêlés avec les gens du duc d'Aquitaine et le bailli de Saint-Sever-Cap. Ses châteaux d'Ayzieu et de Campagne furent saisis, plusieurs de ses hommes emprisonnés, deux furent tués, mille têtes de bétail enlevées, ses bois d'Ayzieu ravagés. L'arrêt rendu au Parlement sur sa plainte, le samedi après *Quasimodo* 1315, est imprimé. (*Olim*, t. III, p. 1030.)

Ils possédèrent pendant plusieurs siècles les seigneuries d'Ayzieu, de Campagne et d'Aumensan (Gers).

BERNARD DE LAVARDAC, SEIGNEUR D'AYZIEU,
CAPITAINE DE LIAS.

418

S. B. DE LAVARDAC.

Bernard de Lavardac fut un des seigneurs auxquels écrivit le roi d'Angleterre, 8 février 1327. (Monlezun, t. III, p. 495.)

« Saichent tuit que nous Bernard de Laverdac, sire d'Usieu, capitaine
« de Lias, avons eu et receu de Jaques Lempereur, tresorier des guerres
« du Roy, par la main de Guillaume Larcher, son lieutenant, pour
« les gages de nous, 9 escuyers et xx sergens a pié de notre compagnie,
« à desservir en la garde dudit lieu sous le gouvernement du comte
« d'Armignac, » etc. (T. sc., reg. 64, p. 4945.)

PIERRE DE LAVARDAC, SEIGNEUR DE CAMPAGNE,
CAPITAINE DE SERREFRONT.

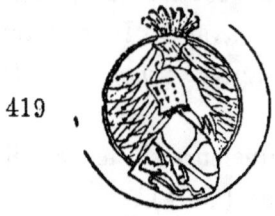

419

Pierre de Lavardac, seigneur de Campagne, de 1355 à 1384; capitaine de Serrafront et de Campaigne (19 août 1355).

Il fut père de :

1° Bernard, qui épousa Condore Destaing et mourut sans enfants;

2° Jeanne, mariée à Dominique de Monlezun; elle eut par donation de son père, par acte du 16 janvier 1384, les terres de Campagne et de Projan. Ce sont les auteurs des Monlezun-Campagne;

3° Sybille;

4° Longue;

5° Condore.

Le sceau ci-dessus est apposé à une quittance du 17 mai 1355. (T. sc., reg. 100, p. 7751.)

LAVEDAN.

Lourdes était la ville principale du pays de Lavedan, vicomté relevant de la Bigorre. Aneman et Ancilius, vicomtes de Lavedan, vivaient vers l'an 950. Leurs descendants se sont perpétués en plusieurs branches.

A la fin du XVe siècle, Jeanne de Lavedan porta cette vicomté à Gaston du Lyon, son mari. Leur fille Louise du Lyon ayant épousé Charles, fils bâtard de Jean II, duc de Bourbon, leurs descendants furent vicomtes de Lavedan jusqu'en 1610. (*Dict. de la Noblesse*, XI, 810; — Colomès, *Histoire de la Bigorre;* — *Sommaire description du comté de Bigorre*, pp. 16 et suiv.)

ARNAUD, VICOMTE DE LAVEDAN,
SIRE D'ANDREST.

420

Arnaud III de Lavedan, sire d'Andrest, chevalier, servait avec gens d'armes et de pied, sous le comte d'Armagnac, au siège de Saint-Antonin, suivant la quittance de 66 livres 7 sols sur ses gages et ceux des gens d'armes et de pied de sa compagnie, qu'il délivre à Evain Dol, lieutenant de Jacques Lempereur, trésorier des guerres, scellée du sceau que nous reproduisons, datée du 10 juillet 1353. (T. sc., reg. 65, p. 4943.)

Arnaud était le second fils d'Arnaud II, vicomte de Lavedan, seigneur de Castetloubon et d'Andrest, et de Béatrix d'Esparros. Il eut d'abord la terre d'Andrest pour ses droits légitimaires. Il fut nommé exécuteur testamentaire de son frère aîné Raymond-Garsie, vicomte de Lavedan, par testament du 2 octobre 1338, fait à Montségur, diocèse de Bazas, et lui succéda dans la vicomté de Lavedan et les autres terres de famille. (*Sommaire description*, etc.)

Le 23 août 1350, il acquit de noble Bernard de Cucuron la seigneurie de Siarrouy. En 1352, il confirma les coutumes et privilèges des habitants d'Andrest. (Histoire manuscrite de la maison de Lavedan, in-folio, appartenant à M. le baron d'Agos, château de Tibiran.)

ARNAUD, VICOMTE DE LAVEDAN,
SÉNÉCHAL DE BIGORRE.

421

S. ARNAVT DE LAVADAN.

Arnaud IV de Lavedan était fils de Raymond-Garcie VI, vicomte de Lavedan, fils du précédent. Il prit part au long blocus du château de Lourdes, en 1406, et après la capitulation de cette place il en fut établi capitaine. Il était, dès l'année 1409, sénéchal de Bigorre.

Arnaud de Lavedan scella, en 1420, du sceau que nous reproduisons, la quittance suivante :

« ... Je Arnaud de Lavedan, ecuyer, senechal de Bigorre et capitaine
« du pays d'Angles, ai receu de François de Nerly, receveur general
« de toutes les finances... des guerres es pays de Languedoc et duché
« de Guyenne, par la main de Estienne de Bonney, la somme de six
« vint quinze livres tournois sur mes gaiges, qui sont de VIII^c x livres
« tournois par moy, desservis en l'année finie le derrenier jour d'aoust
« derrenier passé, à la garde, seureté et deffense dudit chastel
« [d'Angles]; de laquelle somme de VI^{xx} liv. torn... etc... » 10 septembre 1420. (T. sc., reg. 64, p. 4943.)

Pour tout ce qui concerne ce personnage, voir la *Sommaire description du comté de Bigorre*, et surtout les précieuses et abondantes notes du savant éditeur, M. Gaston Balencie.

Nous donnons ici deux montres de la compagnie d'Arnaud de Lavedan, ou de son fils Arnaud V, 1425, 1426.

La reveu de messire Arnaut de Lavedan et de 25 écuyers de sa chambre, receue à Caours, le III de novembre CCCC XXV.

  Messire Arnaut de Lavedan, chevalier banneret.
  Messire Jehan de Lavedan, chevalier bachelier.

ÉCUYERS.

Jean, borc de Lavedan.
Bertrand, seigneur de Lias.
Jehannet, seigneur de Lacassanha.
Peyret, seigneur de Montinhac.
Arn. Guill. de Villepinte.
Arn. de Confite.
Ramonet de Geu.
Moreau de Baya.
Peyroc, borc d'ost.
Jehan de Favas.
Pierre de Las, seigneur de Peyrun.
Ramonet de Lugos.

Bertrand de Pujo.
Ramonet d'Abadia.
Guilhameto Bayla.
Johan de Bonnac.
Ramonet de Mariva.
Jehan Dordeu.
Jehan de Ruichey.
Gailhardet de Tartira.
Arnaud Bergier.
François de Confita.
Gailhard, borc d'ost.

(Hist. manuscrite de la maison de Lavedan, in-folio.

Un extrait de cette montre est imprimé. (Monlezun, *Histoire de Gascogne*, t. VI, p. 143.)

La reveu à Montpellier de Mes de Lavedan, sous le comte de Foix, 4 chevaliers bacheliers et 34 écuyers (11 mars 1426).

CHEVALIERS BANNERETS.

Mess. Arnaud de Lavedan.   Jehan de Caramaign.

CHEVALIERS BACHELIERS.

Jacques de Montault.
Bertrand de Montaut.

Arnaud d'Espaigne.
Bernard de Binsac.

ÉCUYERS.

Arnaud du Leu.
Guill., seign^r d'Espas.
Jehan d'Astor.
Espagnolet du Leu.
Manauton de Belloc.
Pelegrin de Montagut.
Arn. Guill. de Las.

Giron de Puypardin.
Jehan d'Arribaute.
Ramonet de Baliros.
Arnaud-Raimond de Chasteaubayac.
Arnaud Defaur.
Arn. Guill. de Gestas.

(Bibl. nat., Montres, t. IV, n° 209.)

PIERRE DE LAUTREC,

SEIGNEUR DE MONTREDON.

422

« Sapian tots que jeu Pc de Lautrec reconost aber aut et receubut
« d'en Amielh Guiffres, borges de Carcassona, recebedor general en la
« senescalcia de Carcassona del subsidi novelament acordat par los
« commis[aris] de la dita senes[calcia] per pagar las gens d'armas
« estan en la defensa de la dita senesc[allia], per los gatges de detz
« homes d'armas qui son en ma retenuda, etc... » (1er mai 1383).

Autre quittance semblable du 31 janvier. (T. sc., reg. 171, p. 5549.)

Le Père Anselme (II, 361, 367, C) les attribue à Pierre de Lautrec, chevalier, seigneur de Montredon et de la sixième partie de la vicomté de Lautrec.

LAUZIÈRES.

La seigneurie de Lauzières était dans le bas Languedoc, diocèse de Lodève. Pons de Lauzières-Thémines illustra son nom pendant les règnes de Henri III et de Henri IV. Il fut créé maréchal de France en 1616. Plusieurs membres de cette famille servirent dans les guerres de Gascogne et ensuite avec les Armagnacs.

ARNAUD DE LAUZIÈRES,
SEIGNEUR DE MONTESQUIEU.

423

S. ARNAULT DE LEUZIERE.

Le 15 juin 1388, « Englès de Leuziera, senhor de la Costa, cham-
« berlenc de monseign' le duc de Berry, » donna quittance de ses
gages (pièce en langue gasconne). (T. sc., reg. 171.)

Le 10 décembre 1420, son fils Arnault de Lauzières, seigneur de
Montesquieu, donna quittance pour lui et ses gens d'armes, employés
à la reprise d'Aygues-Mortes, sous le sceau représenté ci-dessus.

Guinot de Lauzières, grand-maître de l'artillerie, fut sénéchal
d'Armagnac jusqu'à sa mort, arrivée en 1504.

JEAN DE LAUZIÈRES,
SEIGNEUR DE LA CHAPELLE.

424

Jean de Lauzières, seigneur de La Chapelle, arrière-petit-fils du
précédent, était (13 août 1557) lieutenant de la compagnie de cinquante
hommes d'armes de M. d'Ossun.

Le 4 septembre 1559, il était lieutenant de la compagnie de M. de
Biron; ses quittances sont revêtues de l'empreinte en papier ci-dessus.

M. J. de Carsalade du Pont a fait la biographie de ce seigneur de
La Chapelle, dans la *Revue de Gascogne*, tome XXIV, page 301 et
suivantes.

GALIN DE LÉAUMONT.

425

Léaumont, aujourd'hui Laymont (arrondissement de Lombez, Gers), a donné son nom à une antique famille dont le nom se rencontre souvent dans la *Saume* de l'Isle, parce qu'ils étaient voisins et pour certains fiefs vassaux des sires de l'Isle-Jourdain.

Diverses branches ont formé les seigneurs de Puygaillard, Maurous, Gariès et autres, dont la généalogie incomplète est imprimée. (*Dict. de la Noblesse*, t. XI, p. 818.)

Les aînés se sont éteints au XVIe siècle par le mariage de la dernière fille avec Pierre de Batz, près Vic-Fezensac.

Le sceau que nous donnons est attaché à une quittance délivrée par Galin de Léaumont, reconnaissant avoir reçu de Evain Dol la somme de 33 l. 15 s. sur les gages des gens d'armes de sa compagnie, sous le gouvernement du comte d'Armagnac, aux guerres de Gascogne. A Tonneins, le 25 septembre 1353. (T. sc., reg. 64, p. 4947.)

Nous attribuons ce sceau à un membre de cette branche aînée, non sans soupçonner que nous nous trompons, car les armoiries n'ont aucun rapport avec celles de Léaumont-Puygaillard.

JACQUES LEMPEREUR,
TRÉSORIER DES GUERRES.

426

S. IACQUES LEMPEREUR.

Sceau de Jacques Lempereur, trésorier des guerres, attaché à une quittance donnée, le 11 juillet 1359, à Pierre Puget, maître de la monnaie de loi à Toulouse. (Voir plus haut THIERRY DE LA PORTE, dit ROULANT.)

Jacques Lempereur était d'une famille parisienne, mais son nom et sa fonction reviennent si souvent dans ces quittances militaires dont nous nous servons qu'il ne sera pas hors de propos de lui consacrer une courte notice.

Les finances des rois de France au moyen âge étaient alimentées par deux sources qui ne se confondaient point. Les revenus de leurs propriétés et de leurs impôts féodaux invariables servaient à leur dépense de maison habituelle, courante, et au payement de leurs fonctionnaires. Les subsides et aides votés par les sujets étaient leurs revenus accidentels. Si le Roi voulait faire la guerre, il demandait un subside ou aide aux provinces qui lui appartenaient. Il pouvait aussi en obtenir des pays qui ne lui appartenaient pas, mais avec la permission du comte de ces provinces. C'est ainsi que les fouages votés pour les guerres du roi de France par les États de Gascogne ne l'ont jamais été qu'avec l'assentiment du comte et de la noblesse.

D'abord ces finances, quelle que fût leur origine, étaient administrées par les trésoriers généraux, appelés communément les généraux; mais dans les premières années du XIVe siècle la comptabilité de la guerre fut confiée à des agents spéciaux : le trésorier des guerres pour la gendarmerie, le clerc des arbalétriers pour l'infanterie. « Il y aura, dit « l'ordonnance de Pontoise, du 10 juillet 1319, un trésorier des guerres, « *Renier Coquatrix*; et le clerc des arbalestriers, *Jehan Le Mire.* » (*Ordonnances royales*, t. I, p. 661.)

Ce sont les premiers que nous connaissions officiellement.

Ces trésoriers, ou généraux des guerres, n'étaient pas dépositaires des fonds, ils ne pouvaient que délivrer des mandats de paiement sur le Trésor. S'il y avait des payements à faire, soit aux armées en campagne, soit aux garnisons isolées, le clerc du trésorier recevait un mandat sur le Trésor, allait y chercher l'argent et le portait aux troupes en campagne. Il y a dans les ordonnances de 1316, 1319 et 1356 des ordres formels et minutieux aux receveurs de ne verser leur recette qu'au Trésor. — Anciennement, le Trésor était déposé à Paris, dans la tour du Temple, sous la garde des Templiers qui étaient (1) non seulement dépositaires, mais aussi les banquiers du Roi. C'est ce dont on ne peut douter en lisant un arrêté de compte et liquidation de créances du 6 mars 1317, entre le Roi et les chevaliers de Saint-

---

(1) Boutaric, *Saint-Louis et Alfonse de Poitiers*, p. 346.

Jean-de-Jérusalem, successeurs des Templiers et gardiens du Trésor. Cette pièce est page 42 du *Recueil général... des Présidents et Trésoriers généraux*, par Fournival, un volume in-folio, Paris, 1672.

Il est possible que les Templiers fussent aussi les gardiens du Trésor royal à Toulouse, mais certainement le Roi y avait d'autres banquiers. Ces juifs du Roi, dont nous parle l'*Histoire du Languedoc*, et sur lesquels la *Bibliothèque de l'École des Chartes* a publié des documents très curieux, semblent bien être des banquiers du Roi. Les gouvernements ont toujours besoin d'argent pour satisfaire toutes leurs volontés, il leur faut donc des prêteurs. Le Prince Noir emprunta des sommes immenses aux banquiers de Florence et ne les remboursa jamais, ce qui fut la ruine de ces républicains usuriers. Les frères Raspoudi étaient les banquiers de Charles V. Charles VII se servit de Jacques Cœur.

Saint Jean Chrysostome (1) ne voulait pas que les chrétiens se mêlassent de cette *negociatura*, mais on ne l'a jamais écouté. Après les Templiers, c'est à des changeurs du Trésor que l'argent du Roi fut confié. (Ordonnance du 3 janvier 1316, article 2), *Ordonnances royales*, t. I, p. 629.) Ceux de Toulouse (*campsores*) sont très souvent nommés dans les quittances ou autres titres de l'époque.

Les Ysalguier paraissent avoir brillé parmi les plus riches et les plus utiles aux affaires du Roi. En 1302, Raymond Ysalguier était changeur. (Anselme, II, p. 706 A.)

En 1342, nobles Pons et Bernard Rudi Ysalguier, frères, chevaliers, ont prêté de l'argent au Roi pour ses affaires et reçoivent en rémunération une rente perpétuelle. (Arch. nat., JJ 68, p. 53.)

Ces changeurs du trésor spéculaient sur tout, même sur le poids des monnaies, ce qui les mettait en contradiction avec les gens de justice et les obligeait à solliciter des lettres de rémission.

En 1332, Regnauld Ysalguier et ses associés en obtinrent pour transgression sur le fait des monnaies. (Arch. nat., JJ 66, p. 466.)

En 1337, Raymond Carrière, d'abord changeur, puis maître des monnaies de Toulouse, poursuivi devant Guillaume *de Villaribus*, professeur en droit, clerc, conseiller du Roi et son commissaire pour la réformation des monnaies, obtint rémission en payant une grosse amende. La rémission explique les spéculations de R. Carrière sur les monnaies blanches et noires, sur l'exportation des espèces lorsqu'elles se vendaient hors de France avec avantage, etc. (Arch. nat., JJ 68, p. 2.)

---

(1) Super Matheum et habetur distinctio, 88. Ejiciens.

Les trésoriers des guerres prenaient l'argent chez ces changeurs ou aux ateliers monétaires.

Il n'y eut, en premier lieu, qu'un trésorier des guerres, mais la guerre de Cent ans ayant mis toute la France en feu, il fallut créer des trésoriers qui se distribuèrent les diverses provinces. Le plus célèbre est Barthélemy du Drach, dont les comptes sont en grande partie copiés dans les collections Descamps et Moreau. (Bibl. nat.) Son fils fut président au Parlement de Paris, en 1408, et sa descendance comblée de biens et d'honneurs s'éteignit dans les premières familles de France (1).

Jacques Lempereur fut moins heureux, mais nous devons l'aimer davantage, car sa famille fut ruinée pour la bonne cause. Celui dont nous avons donné le sceau eut pour successeur son fils, qui portait le même prénom de Jacques, et fut échanson et conseiller du Roi, garde des joyaux de la couronne; mais il était armagnac, et après le massacre du mois de juin 1418, il fut révoqué et remplacé par un Bourguignon, Jehan de Puligny, dit Chapelain. « Jaques Lempereur.... a tenu le
« parti du comte d'Armagnac et de ses aliez adherens et complices,
« seditieux et perturbateurs de paix en les aidant, favorisant, conseillant
« et confortant de tout son povoir à l'encontre de nous et de nostre
« très cher et très amé cousin le duc de Bourgogne. Et par ce ait
« commis le crime de leze majesté et forfait et confisqué tous ses biens
« quelconques tant meubles comme immeubles envers nous.

« ... Donation de tous lesdits biens à Jehan de Puligny, dit Chape-
« lain, escuyer, nostre premier valet de chambre. » 6 août 1418. —
(Arch. nat., JJ 170, p. 150. — Imprimé par Douët d'Arcq, *Charles VI*, t. II, p. 126.)

LESCUN.

Lescun fut une des douze baronnies qui formaient la *cour mayour* de Béarn.

Loup-Aner, fils naturel de Centule II de Béarn, la reçut en apanage vers 980, et forma la première Maison des seigneurs de

---

(1) La généalogie de la famille du Drach a été dressée par Blanchard, *Les Présidents du Parlement de Paris*, in-folio.

Lescun, éteinte en 1297 dans une autre branche de la Maison de Béarn, par le mariage d'Arnaud-Guillem de Béarn avec l'héritière de Lescun.

Cinquante ans après, la baronnie de Lescun tomba de nouveau en quenouille, et Jean de Pomiers en releva le nom et les armes en épousant Marguerite de Béarn, héritière de Lescun. Leurs descendants mâles possédèrent Lescun, avec Hagetmau et la vicomté de Louvigny, jusqu'au milieu du XVe siècle, où ce nom, illustré par une suite de vaillants chevaliers, reçut un nouvel éclat dans la personne d'Odet Aydie, amiral de France, qui épousa, en 1457, Marie, dame de Lescun, et fut le célèbre Lescun des règnes de Louis XI et de Charles VIII.

Brantôme a écrit la vie de ses deux petits-fils, les maréchaux de Lautrec et de Lescun, morts tous les deux regrettés de la France entière, dit Montluc. Leur succession échut à la Maison d'Andouins, qui la transmit à celle de Gramont par le mariage de Corisande d'Andouins avec Antoine de Gramont.

M. Paul Raymond a publié une intéressante notice sur la famille de Lescun, dans le *Bulletin de la société des sciences de Pau*, 2e série, t. VI, p. 293 à 308.

FORT-ANER, SIRE DE LESCUN.

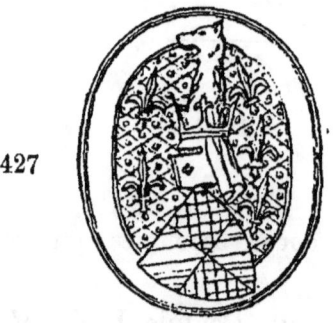

427

Fort-Aner de Béarn, sire de Lescun et de Hagetmau, vicomte de Louvigny, était fils d'Arnaud-Guillem de Béarn et de l'héritière de Lescun. Il épousa, en 1323, Marguerite de Coarraze et en eut une fille, Marguerite, mariée à Jean de Pomiers.

Son sceau, tel que nous le donnons, est attaché à quatre quittances de gages militaires des 8 juin, 1er et 27 août 1353, 1er mars 1353 (v. st.), dans lesquelles il est qualifié de sire de Lescun, servant aux guerres de Gascogne, sous le gouvernement du comte d'Armagnac.

FORT-ANER, BARON DE LESCUN.

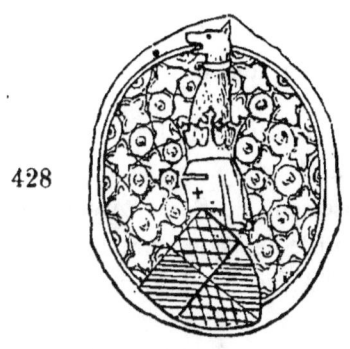

428

Son sceau est attaché à une charte d'alliance de Pierre, seigneur de Poyloaud, avec le comte de Foix, datée de Mazères en Foix, le 14 juin 1431. (Arch. de Pau.)

Fort-Aner de Pomiers, baron de Lescun et de Hagetmau, vicomte de Louvigny, contracta mariage avec Jeanne de Castillon en Médoc, et mourut en 1439, laissant deux fils Mathieu et Archambaud.

Mathieu succéda à son père et eut de Diane de Béarn une fille, Marie, qui fut l'épouse d'Odet d'Aydie et le fit ainsi baron de Lescun.

Les armes de Lescun sont reproduites, telles que les donnent ces sceaux, sur une des clefs de voûte (XIVe siècle) de la crypte de Saint-Girons, à Hagetmau.

JEAN DE LESGO,
ÉCUYER.

429

S. IOHAN...

Jean de Lesgo est qualifié Gascon sur les comptes de l'armée réunie à Bourges par le dauphin Charles VII. La paroisse de Lesgor est dans les Landes, arrondissement de Saint-Sever; mais nous ignorons si Jean appartenait à la famille des seigneurs de ce lieu.

Il suivit le connétable d'Armagnac à Paris. Le 28 juin 1418, il a scellé la quittance suivante :

« Sachent tous que je Jehan de Lesgo, escuyer et chef de chambre « de onze escuyers, confesse avoir receu de maistre Renier de Boulonguy, « tresorier des guerres, pour les gages de moi et de mes compagnons, « du 25 juin present mois, au service du Dauphin, neuf vint livres « tournois. » (28 juin 1418.) (T. sc., reg. 64.)

On voit qu'il échappa heureusement aux massacres de Paris. Il ne cessa de suivre le parti du dauphin Charles VII et lui resta fidèle jusqu'à la fin.

En 1428, il était gouverneur de Sully.

Le 12 février 1429, Jean de Lesgo fut tué au combat de Rouvray-Saint-Denis.

(Voir sur les seigneurs de Lesgo ou Lesgor, Arch. de Pau, E 227; — *Archives historiques de la Gironde*, t. V, p. 326.)

GALABRUN DE LIGARDES,
CHEVALIER.

430

S. GALABRV DE LIGARDA.

Matrice en cuivre qui nous a été communiquée sans renseignements.

Ligardes (arrondissement de Lectoure, Gers) était autrefois une seigneurie mouvante du Fimarcon.

Garcie-Arnaud de Ligardes est témoin dans un acte du 12 janvier 1301.

Galabrun de Ligardes, chevalier, est témoin dans plusieurs actes qui concernent la famille de Pins, en 1316 et 1319. (Noulens, *Galard*, t. I, p. 430, 537.)

Cette famille s'éteignit dans celles de Revignan et de Patras, qui se partagèrent la seigneurie de Ligardes. (Trésor généalogique de dom Villevieille, v° Ligardes, Patras.)

GASTON DU LION,
SÉNÉCHAL DE TOULOUSE.

431

Quittance du 24 avril 1484 après Pâques; sceau sur papier. (T. sc., reg. 66, p. 5073.)

Gaston du Lion, seigneur de Besaudun, chevalier, chambellan du Roi, sénéchal de Toulouse, était second fils de Espain du Lion et de Marguerite de Besaudun.

Sénéchal de Saintonge, en 1463, des Lannes et du Bazadais, en 1466, de Toulouse, en 1469. Il fut lieutenant du Roi en Guyenne et Agenais, avec Ruffec de Balzac, en 1472, pour la guerre contre le comte d'Armagnac, et prit part au siège de Lectoure; après la capitulation et au milieu du massacre, il sauva les femmes de la suite du comte.

L'année suivante, il commanda les troupes de la province en Roussillon.

En 1477, il servait en Flandre.

Il était à la bataille de Saint-Aubin-du-Cormier, en 1488.

(Voir *Histoire de Languedoc*, tome VIII, et Cauna, *Armorial des Landes*, II, 304.)

GUICHART DE LORRAS,
CHATELAIN DE GIMONT.

432

Guichart de Lorras, écuyer, châtelain et capitaine de Gimont, servait avec deux écuyers et dix sergents à pied ès guerres de Gascogne, pour la garde et défense de Gimont, sous le gouvernement du comte d'Armagnac. Il a donné quittance scellée pour ses gages les 27 mai et 21 juin 1356. (T. sc., reg. 66, p. 5137.)

Gimont (Gers), petite ville fortifiée, fondée par l'abbaye du même nom, en paréage avec le roi de France, dépendait de la jugerie de Rivière-Verdun. Le Roi y entretenait un châtelain.

On verra plus loin le sceau de l'un des successeurs de Lorras.

Gilles de Bats (*Egidius de Vallibus*) était châtelain de Gimont, en 1325. (Curie-Seimbres, *Essai sur les villes fondées dans le sud-ouest sous le nom de bastides*, p. 383.)

GAILLARD DE LOUBENX

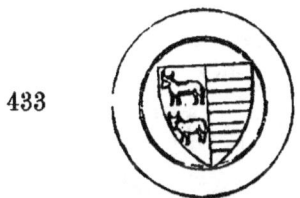

433

Les seigneurs de ce lieu (1) sont connus de nos historiens, on les trouve plusieurs fois nommés. (*Charles d'Agen*, p. 33; — *Archives historiques de la Gironde*, voir la table.)

En 1339, Gaillard de Loubenx servait le roi de France; étant à la Réole, le 20 août 1339, il a donné quittance scellée de ses gages au clerc des arbalétriers. (T. sc., reg. 67, p. 5189.)

PIERRE DE LOUDIÈRES.

434

PIERRE DE LOUDIÈRES.

Pierre de Loudières, écuyer, suivit Bernard VII, comte d'Armagnac à Paris, avec ses hommes d'armes. Il servait dans la compagnie de Daulphin Floridas, et a donné quittance scellée le 30 août 1420. (T. sc., reg. 66, p. 5121.)

Nous présumons que ce capitaine était originaire du Velay.

---

(1) Loubens, arrondissement de la Réole, Gironde.

JEAN DE LA PANOUSE, SEIGNEUR DE LOUPIAC,
CHATELAIN DE CABRIÈRES.

435

Jean II de La Panouse, seigneur de Loupiac et Villaret en Rouergue, était fils de Jean Ier de La Panouse, seigneur des mêmes terres, que le roi Charles VI nomma, le 1er mars 1413, gouverneur du château de Cabrières, place forte en Languedoc, et sénéchal de Carcassonne. Jean II succéda à son père dans le gouvernement de Cabrières et fut sénéchal du Rouergue. Il fit hommage de son *mas* de Loupiac à Amauri, baron de Sévérac, maréchal de France, le 12 avril 1419. Jean II demeura constamment attaché au parti de Charles VII et le servit vaillamment contre les Anglais. Jean IV, comte d'Armagnac et de Rhodez, l'envoya, en 1442, en qualité d'ambassadeur, au roi d'Angleterre pour proposer à ce prince une de ses filles en mariage. Le maréchal de Sévérac, pour reconnaître les services qu'il en avait reçus, lui fit don de la basse justice de Loupiac, et cette donation fut confirmée à Philippe son fils, le 10 décembre 1461, par Jean, comte d'Armagnac, héritier du maréchal.

Jean II de La Panouse avait pour frères : Amalric dit de Loupiac, seigneur de Colombier, qui fut son lieutenant au gouvernement du château de Cabrières, pendant les années 1436, 1437, 1438 et 1439, comme on l'apprend des lettres-royaux expédiées à ce dernier, le 17 mars 1461, au sujet de la demande qu'il avait formée pour être payé de ses gages en retard; et Guy, évêque de Mende en 1443, puis archevêque de Damas, remplacé à l'évêché de Mende, en 1468, par Antoine de La Panouse, son neveu, fils de Jean II.

La Maison de La Panouse paraît avoir pris son nom de la petite ville de La Panouse-de-Sévérac, dans la juridiction de laquelle se trouve la *combe* ou *mas* de Loupiac.

Motet de La Panouse, chevalier, et Stéphanie, sa femme, vendirent à Guy de Sévérac tout ce qu'ils possédaient au lieu de La Panouse, le

14 des calendes de mai 1259. (Voir Saint-Allais, t. XV; — La Chenaye-Desbois, etc.)

Armoiries : *d'argent à six cotices de gueules.*

Le sceau que nous reproduisons est attaché à deux quittances de Jehan de Loupiac (signées J. de Lopiac), capitaine du chastel de Cabrières, datées des 12 août et 4 décembre 1421. (T. sc., reg. 67, p. 5197.)

LUPPÉ.

Famille féodale, connue par les cartulaires de Sainte-Marie d'Auch depuis l'an 956. Son nom se trouve successivement dans un grand nombre de chartes imprimées ou inédites. La généalogie la plus sûre et la plus complète se trouve dans Courcelles, *Histoire des pairs de France.*

Les Luppé ont possédé dans l'Armagnac la terre de Luppé (1) et nombre d'autres terres seigneuriales, et se sont étendus dans l'Agenais, le Bazadais et les Landes.

Pierre dit Pierron de Luppé fut un des meilleurs capitaines armagnacs du dauphin Charles VII. Il fit beaucoup de mal aux Anglais, et devenu maître de plusieurs forteresses aux environs de Paris, il gênait les approvisionnements de la ville. Le roi d'Angleterre mit sur pied une armée pour aller l'assiéger dans la ville de Meaux. Après une défense héroïque, Pierron et les autres capitaines armagnacs furent forcés en l'année 1421. Le roi d'Angleterre fit pendre ou décapiter presque tous les capitaines, Pierron fut presque seul épargné, à la condition de rendre les forteresses qui étaient en son pouvoir. (Voir Monstrelet; Lefebvre de Saint-Remy, in-f°, p. 157 et seq.)

On a une quittance de Pierre de Luppé (T. sc., reg. 67), du 1er janvier 1415, mais le sceau est absolument détruit.

Bernardon et Carbonnieu de Luppé servaient en même temps que Pierre dans le parti Armagnac.

(1) Canton de Nogaro, Gers.

BERNARDON DE LUPPÉ.

436

S. BERNARDON DE LUPPE.

Bernardon de Luppé, écuyer, a donné quittance scellée, le 16 février 1415, de sommes reçues pour ses gages et pour les frais qu'il lui a fallu faire étant allé à l'assemblée d'un grand nombre d'hommes d'armes sous le gouvernement du connétable d'Armagnac. (T. sc., reg. 67, p. 5223.)

CARBONNIEU DE LUPPÉ.

437

S. CARBONNEU DE LUPPE.

Carbonnieu de Luppé servait avec quatorze écuyers; il a donné quittance scellée de 600 livres pour ses gages, le 14 février 1420, servant alors le Dauphin en Languedoc et Guyenne.

CARBON DE LUPPÉ.

438

CARBON DE LUPPE.

Le sceau sur papier de Carbon de Luppé, écuyer, seigneur de Luppé, maître d'hôtel ordinaire du Roi, 20 octobre 1520, est sur une quittance de la pension annuelle de 400 livres que le Roi lui donnait.

Il fut le dernier de la branche aînée; sa fille unique épousa le baron de Montfa (Toulouse-Lautrec), à qui elle porta la seigneurie de Luppé.

LUSTRAC.

Le manoir de Lustrac existe encore, commune de Trentels (Lot-et-Garonne). La famille qui en portait le nom a possédé diverses seigneuries et s'est fait une réputation militaire pendant la guerre de Cent ans.

La généalogie publiée dans le *Dictionnaire de la Noblesse* (t. XII, p. 576) est insuffisante et ne se rapporte depuis 1569 qu'aux branches qui subsistent à Bordeaux et à Lias (Gers). L'histoire des Lustrac est digne de plus d'attention, on en trouve les principaux traits dans Samazeuilh, *Histoire de l'Agenais;* — Tamizey de Larroque, *Marguerite de Lustrac;* — *Revue de Gascogne*, tome XVIII, page 493.

BERTRAND DE LUSTRAC,
SEIGNEUR DE LA BASTIDE.

 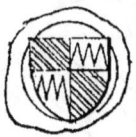

Bertrand de Lustrac de La Bastide, écuyer, donna quittance de ses gages et de quatre sergents à pied, à Agen, le 1er jour d'octobre 1355, et la scella du sceau ci-dessus.

BERNARD DE LUSTRAC.

S. BERNAT DE LUSTRAC.

Bernard de Lustrac a donné quittance scellée du sceau ci-dessus, pour un don qui lui fut fait le 16 septembre 1372.

NAUDONET DE LUSTRAC.

S. NAUDONET DE LUSTRAC.   **S. ARNAUT DE LUSTRAC.**

Naudonet de Lustrac, fils de Bertrand, seigneur de Lustrac, fut un heureux et fidèle capitaine du roi Charles VII. La *Revue de Gascogne*,

t. XVIII, p. 297, a publié sa biographie et les pièces auxquelles sont attachés les sceaux que nous reproduisons, le premier de l'année 1430, le second du 10 septembre 1437. La légende de ce dernier porte le nom d'*Arnaut*, qui a pour diminutif *Naudonet*.

GUILLAUME DE MADAILLAN,
SEIGNEUR DE MONTATAIRE.

Moréri (1759) a donné la généalogie de la famille de Madaillan, l'une des premières de la Guyenne, qui paraît tirer son nom du fief de Madaillan, près Sauveterre (Gironde). Ils possédèrent Cancon et autres seigneuries dans l'Agenais; ils furent sires de Lesparre et d'Estissac. La branche aînée s'est éteinte en 1565 en la personne de Claude de Madaillan, qui épousa François de La Rochefoucauld, ancêtre de M. le duc d'Estissac, présentement existant.

Voir l'intéressant travail de MM. Tholin et Benouville : *Un Château gascon au moyen âge : Étude archéologique sur le château de Madaillan*, Paris, Alphonse Picard.

Guillaume de Madaillan, enseigne de la compagnie de M. de Jametz, a donné quittance scellée, 19 mai 1545. Il était d'une branche cadette, seigneur de Montataire.

MATHIEU DE MADIRAC,
CAPITAINE DE FRANCESCAS.

Mathieu de Madirac, écuyer, capitaine de Francescas, a donné plusieurs quittances scellées de ses gages avec quatre hommes d'armes et dix sergents à pied (2 mars, 13 mai, 1ᵉʳ juillet 1353; 3 juin 1354 et autres). (T. sc., reg. 72, p. 5661.)

En 1286, Géraud de Madirac, chevalier, « recognovit se tenere a « dicto Rege (d'Angleterre) omnes terras et vineas quas tenet in honore « de Francescas, extra decos ejusdem loci, propter quas recognovit se « debere facere dicto domino Regi unum servientem peditem de « exercitu, quando communis exercitus Agennensis exit. » (*Archives historiques de la Gironde*, I, 353.)

Cette famille s'est éteinte dans celle du Bouzet.

Le château de Madirac est dans la commune de La Romieu; c'est une belle construction de la fin du XVIᵉ siècle.

RAYMOND DE MAGNOAC.

445

Ramont de Magnoac, écuyer, servait aux guerres de Gascogne sous le comte d'Armagnac; il a donné quittance scellée pour lui et les gens de sa compagnie, à Toulouse, le 9 novembre 1350 et 2 octobre 1356. (T. sc., reg. 68.)

Cette famille Magnoac ou Mangnoac était du diocèse d'Auch.

L'archevêque Amanieu d'Armagnac fit donation à Hispan de Manhoac, son damoiseau, de la seigneurie de Meilhan, près d'Auch. 16 septembre 1311.

Nous citons d'après Doat (1) l'acte de cette donation :

« Noverint universi presentes pariter et futuri quod Reverendus in
« Christo pater dominus Amaneus, miseratione divina archiepiscopus
« Auxitanensis, cum voluntate et expresso consensu omnium canoni-
« corum ac sui capituli Auxitanensis ad hoc specialiter vocatorum, ut
« asseruit, attendens et considerans plurima grata servitia quæ dilectus
« Hispanus de Manhoaco, domicellus suus, eidem domino archiepiscopo
« impenderat, et quotidie impendebat liberaliter, et libente ipsorum

---

(1) Bib. nat., coll. Doat, tome 179, p. 314.

« servitiorum memor existens volensque ipsum de eisdem remunerare,
« gratanter et de sua libera ac spontanea voluntate dedit, donavit et
« concessit in perpetuum donatione pura et irrevocabili inter vivos
« predicto Yspano de Manhoaco, presenti et hanc presentem donationem
« pro se et suis heredibus recipienti et stipulanti tamquam bene merito,
« videlicet totum castrum vocatum de Melhano, situm in Fezenciaco in
« diœcesi Auxcitanensi, cum omnibus ædificiis et bastimentis ibi exis-
« tentibus et cum omnibus terris suis, ac territoriis omnibusque reddi-
« tibus, juribus, dominationibus ac jurisdictionibus et pertinentiis suis
« temporalibus, ad habendum, tenendum et possidendum, et quidquid
« ipsi Hyspano et ejus heredibus et ordinio deinceps placuerit semper
« et in perpetuum faciendum; quod quidem castrum confrontatur ex
« una parte cum territorio civitatis Auxcitanensis, et ex alia cum
« territorio castri de Orzano et ex aliis partibus cum territoriis de la
« Roqua, et de Pancaran et de Castino; constituens se dictus dominus
« archiepiscopus predictum castrum nomine dicti Hyspani precario
« possidere usquequo idem Hyspanus, per se vel alium, possessionem
« inde acceperit corporalem, quam accipiendi, intrandi et sibi retinendi
« deinceps sua authoritate propria et dedit et concessit plenam et libe-
« ram potestatem. Et nichilominus ipsum Hyspanum de predicto castro
« investivit cum hoc presenti publico instrumento, et omne jus, et
« dominium proprietatis et possessionis quod idem dominus archiepis-
« copus habebat et habere debebat temporaliter in predicto castro, et
« ejus pertinentiis in ipsum Hyspanum, ut supra recipientem, transtulit
« totaliter et transfudit cedensque eidem Hyspano et in ipsum Hyspa-
« num, ut supra recipientem, transtulit totaliter et transfudit cedensque
« eidem Hyspano et in ipsum transferens omnes suas actiones et peti-
« tiones reales et personales ac jura sua temporalia sibi competentes et
« competentia, adversus et contra omnes personas nomine et occasione
« dicti castri et ejus pertinentiarum, faciendo et constituendo inde eum
« verum dominum et certum procuratorem ut in rem suam. Et si forte
« presens donnatio summam vel valorem quingentorum aureorum
« excedebat in presenti vel excederet in futurum, quotienscumque exce-
« deret, totiens fecit et repetiit dictus dominus donator predictam dona-
« tionem et tot donationes voluit esse factas, et fieri in hac parte donec
« dicte donationes et quelibet earum infra dictam summam quingento-
« rum aureorum plenissime includantur; promittens in super prefatus
« dominus archiepiscopus super premissis, superius per ipsum donatis,
« facere et portare bonam et firmam guiranthiam predicto Hyspano et
« ejus heredibus ac ordinio ab homnibus amparatoribus, petitoribus et

« contradictoribus in judicio sive extra. Et hoc sub reffectione omnium
« damnorum ac expensarum et sub obligatione omnium bonorum suorum,
« renuntians super his dictus dominus archiepiscopus exceptioni dicto-
« rum servitiorum non impensorum, et doli mali fraudis, deceptionis et
« donationis factæ ob causam et sine causa vel ex nulla justa causa et
« in factum, actioni et juri dicenti donationem excedentem summam seu
« valorem quingentorum aureorum factam sine insinuatione judicis non
« valere, et juri dicenti donationem factam propter ingratitudinem, vel
« dantis impotentiam aut enormitatem vel pacti turpitudinem, aut causæ
« deffectum posse revocari, et juri dicenti rem ecclesiasticam, juris solem-
« nitate obmissam, alienari non posse, et omni alii juris et facti canonici
« et civilis auxilio et beneficio quo vel quibus posset facere, vel venire
« contra premissa vel aliquod premissorum, aut predictam donationem
« in aliquo revocare; volens istam generalem renunciationem tantum va-
« lere, ac si omnibus juribus, legibus, decretalibus, seu decretis, quibus
« mediantibus presens donatio posset in aliquo revocari, esset specialiter
« et expresse ac nominatim renunciatum. Retinuit tamen prefatus domi-
« nus archiepiscopus in predicta donatione et ante et post super dicto
« castro et ejus pertinentiis ducentos solidos bonorum morlanorum vel
« valorem eorum de annua pentione exolvendos annuatim in festo
« omnium sanctorum eidem domino archiepiscopo et ejus successoribus
« pro anniversario suo vel alias pro ut sibi placuerit dividenda seu etiam
« dispergenda; quam quidem pentionem predictus Yspanus pro se et
« heredibus, se et omnia bona sua et specialiter dictum castrum super
« hoc obligando, promisit et convenit dare et persolvere dicto domino
« archiepiscopo et ejus successoribus vel aliis, pro ut idem dominus ar-
« chiepiscopus duxerit disponendum, in festo omnium sanctorum annua-
« tim ; quod nisi persolverit voluit de expresso pacto ibidem inito quod
« dictus dominus archiepiscopus et ejus successor possit sua authori-
« tate propria predictum castrum cum omnibus suis pertinentiis, juri-
« bus et redditibus ad manum ponere pro dicta pentione annua sibi sol-
« venda et tamdiu tenere donec de predicta pensione eidem fuerit plena-
« rie satisfactum, nullo alio superiore super hoc in aliquo requisito
« et aliqua superioris licentia ab aliquo non obtenta. Factum fuit hoc
« sexta decima die introytus mensis septembris, anno Domini mille-
« simo tricentesimo undecimo, dominis Philippo, Francorum rege, reg-
« nante, et predicto Amaneuo Auxcitanensi archiepiscopo existente, et
« Bernardo comite Armanhaci et Fezensiaci; presentibus venerabilibus et
« discretis viris dominis Rodgerio de Montefalcone, Petro de Berduno,
« Arnaldo Lasceas, auxitanensibus canonicis, et magistro Bertrando de

« Bineto, notario publico de Manceco, diocesis auxitanensis, testibus
« vocatis ad hoc specialiter et rogatis. Et me.... de Sancto Stephano,
« civitatis, diocesis et totius auxitanensis provinciæ notario publico,
« qui requisitus a dictis partibus præsens instrumentum sumpsi, recepi
« et scripsi et in formam publicam redegi signoque meo solito signavi
« rogatus. »

La famille de Magnoac ne conserva pas cette seigneurie. En 1321, Bernard de Magnoac la vendit à Jehan comte d'Armagnac, et celui-ci, le 21 novembre de la même année, la céda à Arnauld-Guillaume de Monlezun en échange du château de Montestruc (Gers, canton de Fleurance). Les Monlezun furent seigneurs de Meilhan jusqu'aux temps modernes.

Les ruines du château hardiment placé sur une croupe abrupte sont dignes d'attention.

Bernard de Magnoac était seigneur de Peyrusse le 31 mai 1331, jour où il transigea avec sa sœur Agirese, mariée à Pierre, seigneur de Roquelaure. Le fils de Bernard fut Hispan 2e du nom, aussi seigneur de Peyrusse. (Inventaire du Château de Vic, Archives de Pau; — généal. Roquelaure au *Dictionnaire de la Noblesse*).

GUICHARD DE MARCIAC,
SÉNÉCHAL DE TOULOUSE.

446

S. G.... MAR.... TIS.

Guichard de Marciac, sénéchal de Toulouse, fut le fondateur de la ville qui porte son nom (1). (*Hist. de Languedoc*, t. VI, p. 274 et suiv.)

L'abbé Monlezun (*Hist. de Gascogne*, t. III, p. 74, 75) nous apprend que ce sénéchal fut accusé de malversations, que ses biens furent con-

(1) Arrondissement de Mirande, Gers.

fisqués, mais qu'il rentra en grâce et fut réhabilité. (Brugèles, p. 434, 436.) Voir *suprà* le sceau du trésorier LA RÈNE, p. 330.

En 1297, il commandait l'armée royale en Agenais. (Samazeuil, t. I, p. 343.)

La pièce à laquelle est attaché le sceau ci-dessus est une obligation au profit de Bernard de Ladevèze, trésorier d'Agen, qui lui avait prêté cent livres petites. 28 avril 1301. (T. sc., reg. 71, p. 5535.)

LES MARÉCHAUX DE L'OST.

447

S. ARN. DESPAIGNE MENAULT DE BARB[AZAN]... DANIOU EN LA LANGUEDOC.

La fonction des maréchaux de l'ost était à peu près celle qui dans les temps modernes est remplie par le chef d'état major. Ils transmettaient les ordres, veillaient à leur exécution; réglaient les marches et les campements, l'approvisionnement des garnisons, et maintenaient la discipline. Ils passaient la revue des gens de guerre, qui ne pouvaient recevoir aucune paye avant d'avoir subi cette revue : « L'en ne paiera « nuls deniers à gens d'armes jusques à tant que le mareschal ou le « mestre des arbalestriers les ayent receus deuement, etc. »

Cette revue ou montre (1) était constatée sur un écrit qui mentionnait le nom des hommes d'armes et le *sainge* (signalement) de leurs chevaux, avec estimation de la valeur vénale. L'écrit était rédigé en

---

(1) L'expression *montre* pour signifier revue de troupes est tout à fait oubliée de nos jours. P. Corneille était encore compris du public quand il employait le vieux proverbe : « Un sot passe à la montre ».

double expédition, dont l'une restait à l'état major tandis que l'autre était remise au trésorier des guerres. (Ordonnance du 18 juillet 1318, art. 34 et 35.)

L'homme d'armes fournissait ses armes et son cheval, mais si le cheval mourait à la guerre, le roi en payait l'indemnité ou *restors*. C'est pourquoi le cheval était évalué. On voit assez souvent des capitaines qui font apporter devant les maréchaux de l'ost la peau du cheval qu'ils ont perdu. C'était la pièce à conviction.

On tuait beaucoup de chevaux dans ces combats à la lance ; dès que les compagnies d'ordonnance furent réglementées, on essaya de diminuer cette dépense en obligeant l'homme d'armes à posséder au moins un cheval bardable, c'est-à-dire capable de porter sur le poitrail des bardes de fer et sur les flancs des bardes de cuir bouilli. Ce règlement fut encore renouvelé par Charles IX en 1574. (*Les ordonnances militaires*, etc. Paris, Feugé, 1625, p. 159.)

Quoique le sénéchal fut officiellement chargé des engagements militaires, les maréchaux de l'ost y intervenaient souvent en campagne.

Ces maréchaux avaient aussi la police de l'armée, comme étant lieutenants des maréchaux de France; sur ce point leurs attributions sont expliquées avec détail dans l'ordonnance de.... 1356, imprimée au tome I des *Ordonnances royales*.

Les maréchaux de l'ost avaient le privilège d'user d'un sceau particulier à leurs armes, et comme il y avait deux maréchaux de l'ost dans chaque armée, le sceau commun de la maréchaussée est toujours un écu parti aux armes de l'un et de l'autre (n°s 448-449). Quand leur fonction fut supprimée, le *sceau commun* porta les armoiries du doyen des maréchaux de France. Ils avaient le privilège de sceller ou faire sceller eux-mêmes leurs actes, sans intervention d'un garde des sceaux comme il y en avait auprès de tous les sénéchaux. Ces *droits* et *prérogatives* de sceaux existant depuis un temps immémorial furent reconnus et confirmés par une déclaration du roi Charles IX, du 6 décembre 1568.

450

A titre d'exemple complet, nous donnons un brevet de retenue suivi de la montre et de l'ordonnance de payement; nous y joignons le sceau du duc d'Anjou (n° 450), et celui des maréchaux de l'ost Arnauld d'Espagne et Manaud de Barbazan (n° 447).

« Loys, fils de roy de France, frere de Mons. le Roy et son lieute-
« nant en toute la Langue doc, duc d'Aniou et de Touraine et comte
« du Maine, à nostre amé Pierre de La Chapelle, sergent d'armes de
« mondit seigneur et son chastelain du Chasteau Sarrazin, salut. Come
« nous aions retenu nostre bien amé messire Arnaut de Jumat, lui
« quinzieme home d'armes et vint arbalestriers de sa compagnie, pour
« la garde, tuicion et deffense de la ville de Moissac et il ne peut
« bonnement aller par devers nos mareschaux pour faire sa monstre
« desdites gens d'armes et arbalestriers, nous vous mandons et com-
« mettons que vous veez et recevez la monstre de ses dites gens d'ar-
« mes et arbalestriers. Et ycelle veue baillez audit sire de Jumat scellée
« soubs vostre scel adfin que il la puisse faire enregistrer pardevers
« nos mareschaux et ledit tresorier desdites guerres et que ledit treso-
« rier lui puisse faire compte et payement des gaiges desdites gens
« d'armes et arbalestriers selon sa dite monstre. Donné à Thoulouse le
« 4ᵉ jour de novembre l'an de grace M CCC soixante dix. »

« Les mareschaux de l'ost en toute la Langue doc pour mons. le duc
« d'Anjou, fils de Roy, frere du Roy N. S. et son lieutenant en ladite
« Langue, à Estiene de Montmijean, tresorier des guerres du Roy
« messire et dudit M. le duc en toute la Langue doc, ou à son lieute-
« nant, salut. Nous vous envoyons enclauses soubs le signet commun
« de nostre dite mareschaucée la monstre de messire Arnaut sire de
« Jumat, chevalier banneret et capitaine de Moissac, d'un chevalier
« bachelier et treize escuyers et de dix-neuf arbalestriers de sa compa-
« gnie et sequelle soubs le gouvernement dudit mons. le duc au pays
« de Gascoigne, receue en la ville de Moissac le 6ᵉ jour de novembre

« 1356, monstrés et montés en la maniere que en ladite monstre est
« convenu. Si vous mandons que audit chevalier..... faciez compte et
« paiement du jour de sa dite monstre..... soubs le scel commun de
« nostre mareschaucée. »

La monstre de messire Arnault [de Lomagne] sire de Jumat, chevalier banneret.

Ledit sieur de Jumat, cheval tout noir sans signal...............	150 l.
Messire Box d'Arrengombat, cheval blanc pomelé...............	100 l.
Gaston de Jumat, cheval bay, estoile au front, 3 piés blancs........	100 l.
Bertrand de Quemont, cheval bay cler, estoile au front...........	50 l.
Bertrand de Lugazon, cheval moreau, estoile au front............	40 l.
Martin Gras, cheval gris noir, crin. q. jambes noires..............	30 l.
Jehan de Caseneuve, ch. gris brun, c. q. j. noires................	35 l.
Pierre-Ramon Grimoart, ch. rouan, laboré des 4 jambes...........	55 l.
Arnault du Brueil, ch. rouan obscur, jambes noires..............	30 l.
Gautier de Glatens, ch. gris bl., merque à la cuisse dextre..........	35 l.
Raton de Suris, ch. noir de pye, laboré des 4 jambes.............	30 l.
Bertrand de Gaillart, ch. bay obscur, 3 piés blancs...............	30 l.
Bernart du Puy, ch. blanc pomelé	40 l.
Jehan de Bourdeaux, cheval bay brun......................	35 l.
Pierre de Guaguet, ch. bay clair estoile.....................	35 l.

ARBALESTRIERS A PIÉ.

Bernard de Cardeillac. — Huguet de Lartigues. — Guionnet de Laborde. — Pons de Poyarmiez. — Jehan de Baudaix. — Pierre de Lavoye. — Remonet d'Averon. — Lelyot Sucie. — Monnet du Puy. — Monnet de Soulhere. — Mounon de Montgallart. — Berdoullet de Sallenove. — Poncet de Moncens. — Prin de Duraz. — Oddet de Montloue. — Robinet le Breton. — Raymond Catalan. — Jehan de Sarraute.

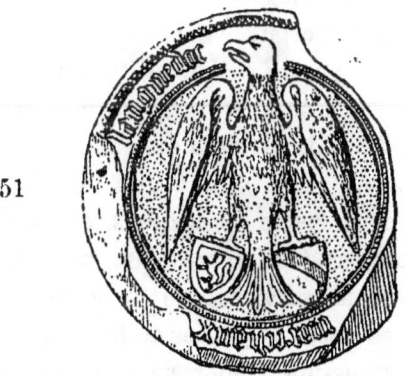

451

... MARÉCHAUX... LANGUEDOC.

La montre suivante est revêtue du sceau des maréchaux de l'ost, en 1415 (n° 451), mais ne donne pas les noms de ces maréchaux.

Le lion placé sous la griffe droite de l'aigle appartient aux d'Espagne ou aux Monlezun (voir ces noms). Nous ne connaissons en Gascogne que ces deux Maisons qui portent un lion et un *orle*.

Quant au sceau de gauche nous ne pouvons dire à quel personnage il appartient.

La monstre de Jehan de Saint-Lanc, escuyer, et de 15 autres escuyers de sa compaignie, receue à Paris, le 24 décembre 1415. C'est assavoir :

Ledit Jehan de Saint-Lanc	Pierre de Lebret.
Jehan de Fossieres.	Guillot de Saferes.
Jehan de Borde.	Givart de Berneis.
Le bourc de Masquerans.	Augier de Domis.
Le badot de Nostin.	Le bourg de Brez.
Guill. de Marle.	Lancelot Domien.
Jehan de Lasbatz.	Mouflet Dufaur.

PIERRE DE MARSAN,
CHEVALIER.

452

S. P..... AN.

Nous n'avons trouvé aucun document concernant Pierre de Marsan, ni sur la seigneurie dont il portait le nom.

La quittance ci-dessous prouve que Jean Ier, comte d'Armagnac, qui passa toute sa vie sous les armes, fit aussi la guerre de Flandres avec le roi de France, en 1339. Nos historiens ne nous l'avaient pas appris. (Monlezun, t. III, p. 230.)

« Sachent tous que nous Pierre de Marsans, chevalier de la compa-
« gnie de mons^r d'Ermignac, tesmoignons que messere li Galois de la
« Balme, maistre des arbalestriers, a payé en nostre presence aux ter-
« raillons qui ont fait les fossés es parties en la garde de mess. d'Ermi-
« gnac, que nous y aurions mis l'enforcement de la cité de Cambray,
« quinze livres et sis souls et trois deniers tournois. — Donné à Cam-
« bray, sous nostre scel, 12 décembre 1330 et noef. » (T. sc., reg. 70, p. 5497.)

BERTRAND DE MASCARON,
CHEVALIER.

453

S. BERTRA.....

Famille qui paraît originaire de Toulouse ou des environs, et peut-être alliée aux comtes de Toulouse, car au XII⁰ siècle plusieurs de ses membres sont choisis par le comte comme pleiges ou témoins d'actes très importants, comme le serment des chevaliers de Nîmes au comte Raymond V, en 1163, et la donation du comté de Melgueil par la comtesse Béatrix, en 1172.

Il y avait une tour de Mascaron à Toulouse, auprès de la cathédrale et du palais des évêques. (Poëme de la croisade, vers 5143.)

En 1205, Mascaron, prévôt de la cathédrale, fut déposé pour avoir pris part dans une intrigue.

Hugues de Mascaron fut abbé de Lombez et ensuite, pendant onze années, évêque de Toulouse.

Cette famille posséda plusieurs seigneuries en Languedoc et en Gascogne, et ses membres furent ainsi feudataires des comtes d'Armagnac et des sires de l'Isle-Jourdain.

Ils possédaient la seigneurie et château d'Antras, près de Jegun ; Audebert de Mascaron fut présent, en 1319, au serment de fidélité des habitants de Nogaro. La même année, il rendit hommage au comte pour Antras. (Trésor généalogique.)

En septembre 1225, Bernard-Jourdain de l'Isle donna en fief à Béranger de Mascaron la terre et seigneurie de Grazac (arrondissement de Muret, Haute-Garonne).

Comme feudataire du sire de l'Isle-Jourdain, Bertrand de Mascaron fut un des témoins de l'émancipation de Bernard-Jourdain de l'Isle, âgé de huit ans, le second à l'entrée de juin 1286. Nous attribuons au même Bertrand la quittance revêtue du sceau ci-dessus, qui est conservée aux Archives du château de Saint-Blancard :

« Noverint universi quod nos Bertrandus Mascaroni, miles, recog-
« noscimus nos habuisse et recepisse in bona pecunia numerata a Nico-
« lao de Ermenonvilla, thesaurario Tholose, centum septuaginta octo
« libras novem solidos et tres denarios turonenses de summa trecen-
« tarum quinquaginta sex librarum decem et octo solidorum et sex
« denariorum tur., in quibus dominus Rex in penelatione pro vadiis
« meis et connoie mee exercitationis penelationis Burdegalensis per
« compotum factum cum gentibus domini Balayni Luppi, quondam
« seneschalli Tholose et. per ejus litteras. De qua summa pecunie
« integre nos tenemus per pacatum. In cujus rei testimonium sigillum
« meum presentibus duximus apponendum. Datum Tholose, die XVII
« februarii, anno Domini M CCC tercio. »

JEAN DE MASSAS,

CAPITAINE DE LAVARDENS.

454

IOHAN DE MASSAS.

Massas, famille fort ancienne qui a fondé la bastide de Castillon-Massas et la possédait en même temps que le lieu de Malartic (Gers, canton d'Auch) dès la première moitié du XIIIe siècle.

Le 26 juin 1356, Jean de Massas, écuyer, capitaine de Lavardens, a donné quittance de 7 livres 10 sous à Guillaume Larcher, lieutenant de Jacques Lempereur, trésorier des guerres, pour ses gages et ceux de deux autres écuyers et six sergents à pied de sa compagnie.

Le 4 août et 29 septembre, autres quittances, avec le sceau. (T. sc., reg. 71.)

Il devint chevalier, et fit son testament le 18 avril 1373. Cette pièce est analysée par dom Villevieille. (Trésor généalogique.)

En même temps, Pierre de Massas servait dans les armées du roi de

MANAUD DE MASSENCOME.

455

Les seigneurs de ce lieu (1) s'éteignirent à la fin du XIIIe siècle dans la famille de Lasseran, éteinte à son tour dans une branche de la maison de Montesquiou qui a produit le maréchal de Monluc.

Guillaume-Arnaud de Massencome est porté, de 1339 à 1342, sur les comptes de Barthélemy du Drach, trésorier des guerres.

Le sceau que nous donnons est attaché à une quittance délivrée par Manaud de Massencome :

« Sachent tuit que je Menaut de Massencome ay eu et receu de Jean
« Chauvel, tresorier des guerres du Roy notre sire, par la main de
« Raoul Lille, son lieutenant, en prest sur les gaiges de moi et de
« quatre autres escuyers de ma compagnie et dix sergens es presentes
« guerres de Gascogne sous le conte d'Armignac, lieutenant du duc de
« Normandie et de Guyenne, 25 livres. — Agen, sous mon scel, 12 sep-
« tembre 1346 ». (T. sc., reg. 71, p. 5545.)

Ce personnage est certainement le même que celui dont nous avons donné le sceau page 340. Nous aurions dû placer ces deux sceaux sous la même rubrique, en réunissant les deux noms en un : Manaud de Lasseran, seigneur de Massencome. La différence des armoiries n'est qu'apparente; les deux tourteaux du sceau 411 ont pu devenir des têtes de loup ou de chien dans le sceau 455, par suite de l'écrasement de la cire. Les Lasseran portent un loup dans leurs armes, c'est du moins le quartier de Lasseran que le maréchal de Monluc portait dans ses armes, qu'il écartelait de Lasseran et de Montesquiou, voir nos 478, 479, 480.

(1) Massencome (arrondissement de Condom, Gers).

Les deux tourteaux nous font penser que ce Manaud de Lasseran est un Montesquiou, fils de Odon de Montesquiou, qui épousa en 1318 Aude de Lasseran Massencome, à charge de relever les noms et armes de Lasseran. Les armes des deux sceaux 411 et 455 doivent être ainsi décrites : *Parti, au 1ᵉʳ de Lasseran à deux loups, au 2ᵉ de Montesquiou à deux tourteaux.* (Voir art. MONTESQUIOU.)

En 1369, Guillaume de Massencome, écuyer, fut employé aux comptes de la comté d'Armagnac, à raison de 12 francs de gages par mois pour chaque homme d'armes de sa compagnie; il n'en amena qu'un seul, dont il fit montre à Vic, le 17 juillet 1369.

MAULÉON.

Mauléon-Barousse (arrondissement de Bagnères, Hautes-Pyrénées) est le lieu d'origine de cette très ancienne famille. La branche aînée, éteinte à la fin du XIIIᵉ siècle, a laissé passer dans d'autres mains la baronnie de Mauléon. Mais d'autres branches ont possédé des seigneuries dans le Magnoac et la Gascogne; leurs descendants se sont perpétués depuis huit siècles jusqu'à nos jours.

Saint-Allais (tome II) a dressé une généalogie insuffisante.

L'histoire de leurs personnages les plus remarquables se rencontre dans l'*Histoire de Languedoc* de D. Vaissette, — l'*Histoire de la Gascogne*, de Monlezun, — Froissart et autres ouvrages concernant notre pays.

BERNARD DE MAULÉON.

456

S. BERNAT DE MAULEON.

Le sceau reproduit ci-dessus est attaché à la quittance suivante :

« Noverint universi quod ego Bernardus de Maloleone, domicellus,
« recognosco habuisse a prudenti viro Francisco de Hospitali, clerico
« arbalestriario domini nostri regis, per manum prudentis viri Guill. de
« Monsterolio, thesaurarii Tholose, septuaginta sex lib. quinque sol.
« turon., mihi debitas ex causa in litteris hiis presentibus annexis
« contenta; de quibus.... quitando dominum regem et dictos Francis-
« cum et thesaurarium. Datum Tholose, 19 octobre 1331. » (T. sc.,
reg. 72, p. 5595.)

Le 27 juillet 1369, Bernard de Mauléon et Bertrand bâtard de Mauléon sont retenus avec quarante hommes d'armes pour la défense de Montréal en Rivière. (T. sc., reg. 177.)

En 1383, Gaillart de Mauléon donne plusieurs quittances rédigées en langue gasconne.

JEAN, SEIGNEUR DE MAULÉON.

457

Jean, seigneur de Mauléon, chevalier, fut l'ami et l'homme de confiance de Jean Ier, comte de Foix, lieutenant général en Languedoc. On a de lui deux montres d'hommes d'armes et d'arbalétriers, du 3 avril 1426, à Villeneuve, et du 3 septembre, même année, à Albaignac-lez-Toulouse. Sa compagnie était alors en garnison à Lautrec, dont le comte de Foix venait de prendre possession, le 6 février 1426, en vertu d'une donation du roi de France. (Flourac, *Jean Ier comte de Foix*, preuves, 37.)

En 1431, le comte de Foix le créa de sa propre autorité son lieutenant général en Languedoc, à Montpellier, le 10 février 1426.

Brevet de retenue de Jean de Mauléon et dix-sept hommes d'armes, avec la montre reçue le 3 septembre 1426, à Albaignac-lez-Toulouse.

Ledit s^r de Mauleon, chevalier banneret.

ECUYERS.

Guill. de Villepinte. — Arnaud de Lassanac. — Benedico de La Rey. — Lanacauba. — Johan de Savinhac. — Denis Crabié. — Thibaut de La Roque. — Philippe Saquet. — Jehan Massa. — Bigossat borc de Podenx. — Jehan de Lanis alias lo Basco. — Jehan de France. — François Cathalan. — Peyrot de Paunès. — Jehan Dubarry. — Oudet de Lordat. — Hugues de Château-Verdun. — Johannot de Lordat. — Bernard d'Alby. — Johannet de Saubania. — Jehan de Barranta. — Le proset deu Poy. — Sobiran de Cardelle. — Bertrand d'Esparros. (T. sc., reg. 177, p. 6109.)

Une autre montre de Jehan de Mauléon, chevalier banneret, et vingt-quatre écuyers de sa chambre, eut lieu à Villemur le 3 mars 1426. (*Montres*, t. IV, n° 209.)

AUGER, SIRE DE MAULÉON.

458

S. AVG. DE MAULEON SENOR DE ME.... AFARINE.

(Auger de Mauléon, seigneur de Marensin et de Laharie.)

Auger, sire de Mauléon, au pays de Soule.
Quittance de 500 liv. tourn., scellée, 21 mars 1275.
Ce sceau a été reproduit par Demay, *Le Costume... d'après les sceaux*, page 160, et dans la *Revue de Béarn*. Dans ce recueil (année 1884, pages 116 et 251), M. de Jaurgain a publié une notice étendue et complète sur Auger sire de Mauléon.

BERTRAND DE MAUMONT,

CAPITAINE DE MONTCUQ.

459

460

S. BET.... ON

S. BERT.... M....

Bertrand de Maumont était sans doute de la Maison des seigneurs de la baronnie de Maumont en Limousin, qui fut une des grandes familles de ce pays.

Le *Dictionnaire de la Noblesse* a publié la généalogie.

Bertrand de Maumont, chevalier, capitaine de Montcuq (Lot, arrondissement de Cahors), a scellé les quittances de ses gages et des gens d'armes et de pied de sa compagnie servant sous le comte d'Armagnac : à Moissac, le 3 mai 1354, et à Toulouse, les 15 janvier, 9 décembre 1353, 2 mars et 1er juin 1354. (T. sc., reg. 72, p. 5603.)

JEAN DE MAUSSEMONT.

461

S. IEHAN....

Les Malsamont ou Maussemont se trouvent nommés dans nombre de chartes, dès les premières années du XIIIe siècle; ils eurent tout ou partie des seigneuries de Cadeillan, Blanquefort et Auradé (arrondissement de Lombez).

Hunaldus de Malsamonte fut pleige de la soumission de Jourdain, sire de l'Isle, au roi Louis VIII, le VI des calendes d'octobre 1226.

Guillaume-Arnaud fut un des seigneurs qui, en 1245, donnèrent des coutumes au lieu d'Auradé.

En 1277, Pierre engagea à l'abbé de Belleperche diverses terres moyennant 1500 marabotins d'or, monnaie d'Espagne, pour aller en Terre-Sainte.

Jean de Malsamont est qualifié coseigneur de Blanquefort dans une enquête de 1342.

Nous avons des quittances de Jean de Maussemont dans lesquelles il est qualifié du titre de chevalier; le sceau que nous reproduisons y est attaché.

Il donne quittance : le 2 août 1355, pour vingt-neuf hommes d'armes et soixante sergents à pied pour la garde des lieux de Montgaillard, Bienne, Puy de Gontaut, Laussignen, Durance et Castelsagrat; le 2 septembre 1355, pour la garde de la terre du comte de l'Isle; le 10 mars 1355, comme capitaine de Montgaillard et pour la garde des terres du comte de l'Isle, et le 15 mai 1356, comme capitaine de la terre du comte de l'Isle. (T. sc., reg. 72, p. 5637.)

JEAN DE MAZENS.

462

IOHAN DE MASANS.

Jean de Mazens (1), commandant douze écuyers de la compagnie de Jean de Broquières, suivit le comte Bernard VII d'Armagnac à Paris.

Le sceau est pendu à une quittance de ses gages, donnée le 14 janvier 1415 (v. st.). Il ne nous est pas autrement connu. (T. sc., reg. 71, p. 5547.)

---

(1) Masens, commune de Salles, arrondissement d'Albi (Tarn).

REGNAULT DE MAZIÈRES,
CAPITAINE CHATELAIN DE GIMONT.

463

... T DE MA...

Regnault de Mazières, damoiseau, châtelain du château royal de Gimont, a donné quittance scellée de ses gages, le 30 août 1365. La *Revue de Gascogne* (t. XVI, p. 563) a publié les lettres royales de sa commission, celles qui lui accordent 100 livres d'indemnité et sa quittance.

C'est pendant son commandement que les habitants de Gimont, irrités des exactions commises par les grandes compagnies et accusant Pierre-Raymond d'Astarac, baron de Gaujac, de Montamat et de Sauveterre, de favoriser ce brigandage, allèrent assiéger et piller son château de Sauveterre et l'emmenèrent prisonnier avec sa femme et ses enfants. La paix fut conclue le 27 mars 1366, mais pour fort peu de temps, et la guerre entre Gimont et les vassaux du baron de Sauveterre, Montamat et Gaujac reprit avec plus ou moins de violence.

En 1370, le duc d'Anjou envoya à Gimont James Isalguier et sa compagnie, comprenant quatre-vingt-dix-huit écuyers.

Quoique Bernard de Poy et Bernard Guy, habitants de Gimont, qui avaient pris la part principale dans les hostilités, eussent transigé avec Pierre-Raymond d'Astarac, la querelle ne fut apaisée qu'en 1390, par des lettres de rémission obtenues par Bertrand d'Astarac, fils de Pierre-Raymond. (Monlezun, *Hist. de Gasc.*, t. III, p. 418; — Anselme, t. II, p. 622, A. C.)

BERNARD DE MERCADIER DIT SAUTON.

464

S. SAUTON MERCADI[ER].

Esclarmonde de Mercadier avait épousé Arnaud-Bernard de Villemur. Ils eurent procès avec le prieur de Sainte-Livrade au sujet de la justice de Sainte-Livrade, et surtout à cause d'une forteresse que le seigneur de Mercadier, père d'Esclarmonde, avait fait construire à Saint-Martin, près Sainte-Livrade; procès qui fut terminé par une sentence des commissaires nommés par le pape au mois de décembre 1229. (Villevieille, au mot Madaillan.)

Pierre de Mercadier était écuyer de Bertrand de l'Isle, évêque de Toulouse, qui, par son testament du mois de juin 1279, lui légua 100 sous morlas. (Saume de l'Isle, fol. 96.)

En 1348, Pierre de Mercadier, chevalier, suivit le Roi *ès guerres de Champaigne*; et, en 1350, il fut du voyage du roi Jean allant se faire sacrer à Reims. (Ms. 20684, p. 363.)

Bernard de Mercadier dit Sauton suivit le connétable d'Armagnac, et peu d'années après, à la suite de Saintrailles et de Lahire, il s'était fait une très bonne réputation militaire.

En 1424 il était à Guise avec Lahire; il était encore avec lui à la victoire de Gerberoy; il « fut blessé d'une lance par la bouche et
« passa oultre de demy pied; il se deferra luy même et la tira et ne
« cessa point pourtant de combattre. » (*Chronique de Cousinot*, p. 247.)

Ses états de service sont résumés dans une lettre de rémission du mois d'avril 1446, publiée dans *Les Ecorcheurs sous Charles VII*, tome II, page 441. « Dès son jeune âge il s'en vint des païs de Gasco-
« gne, dont il est natif, en nostre païs de France, lors occupé par les
« Anglois, ennemis anciens de nostre royaume, auquel pays il nous a
« longtemps servy contre nosdits ennemys, tant en la compagnie de
« notre amé et feal conseiller et premier ecuyer de corps le sire de
« Saintrailles, de feu Estienne de Vignolles dit La Hire et de plusieurs

« autres nos capitaines et chiefs de guerre qui ont principalement tenu
« frontière audit pays contre nos ennemys et s'i est employé de tout son
« pouvoir et souventes fois mist sa personne en grand dangier et peril
« de mort, et esté mutilé par nosdits ennemys de sa personne en expo-
« sant son corps en nostre service à la besongne de Gerberoy et ailleurs
« et a esté prisonnier de nosdits ennemys plusieurs fois et leur a payé
« grant et excessive finance, et s'est trouvé en toutes les bonnes besoi-
« gnes qui ont esté faites sur nos ennemys en ladite frontière puis
« longtemps en tous les sièges que avons tenuz et fait tenir contre
« nosdits ennemys et autres nos adversaires, et si a eu grant charge de
« gens d'armes par longtemps soubz nous. »

Charles VII lui pardonna les *pilleries* et *roberies* qu'il avait commises pour nourrir sa compagnie qui n'était pas *souldoyée*, et pour récompense de ses services il eut l'office de capitaine de la ville et châtellenie d'Agen, aux gages de 300 livres par année. Modeste pension de retraite que le Roi confirma par ordonnance rendue à Chinon, le 2 avril 1460. (Arch. nat., K 69, n° 4; — voir aussi *Ordonnances Royaux*, XIX, 584, A.)

Le sceau ci-dessus est attaché à *l'accord fait à Guise, le* 16 *mars* 1424, transcrit plus loin au mot VIGNOLLES LAHIRE.

OLIVIER VICOMTE DE MONCLAR.

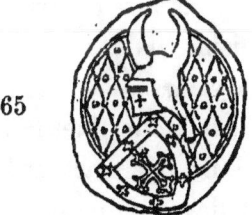

465

Raymond le jeune, comte de Toulouse, donna, en 1224, à son frère naturel Bertrand les vicomtés de Bruniquel et de Monclar (1), en lui faisant épouser Comtoresse de Rabasteins. L'acte de donation est imprimé dans l'*Histoire des comtes de Toulouse* par Catel, page 225. Les

---

(1) Monclar, Tarn-et-Garonne, arrondissement de Montauban.

conventions matrimoniales sont au tome VIII, colonne 811 de l'*Histoire de Languedoc*, édition Du Mège.

Les descendants de Bertrand ont formé la suite des vicomtes de Monclar.

Olivier vicomte de Monclar vivait en 1325 (1). Il eut pour fils aîné Bertrand, qui devenu son héritier servit aux guerres de Gascogne sous le comte d'Armagnac et donna quittance de ses gages, le 14 septembre 1323, à Toulouse, sous le sceau de ses armes. (T. sc., reg. 76., p. 5951.)

Le 7 mai 1369, on le trouve arbitre d'un différend entre le seigneur de Lescure et les consuls d'Albi.

MONLEZUN-PARDIAC.

Le comté de Pardiac fut démembré de l'Astarac au xie siècle pour apanager un cadet.

Les comtes ont pris le nom de Monlezun, qui était celui du château où ils faisaient leur demeure. Les grands débris de leur forteresse se dressent encore hardiment sur une motte abrupte qui domine la vallée du Bouès. Ces comtes ont constamment porté les armes; il n'en est pas un qui ne se présente dans l'histoire, la lance à la main, entouré de ses vassaux guerriers comme lui. Mais aussi, à l'exemple de leurs voisins, ils ont contribué avec persévérance à la civilisation et à la richesse de leurs sujets en fondant des abbayes et des villes. Ils ont été les bienfaiteurs de Berdoues; ils ont fondé La Case-Dieu; ils ont participé généreusement à l'établissement de plusieurs villages ou petites villes.

Ces comtes s'étaient reconnus hommes liges des rois de France dès le xiiie siècle, ils servirent toujours avec fidélité.

---

(1) Courcelles, *Hist. gén.*, t. X, art. Lescure.

ARNAUD-GUILLAUME III DE MONLEZUN,
COMTE DE PARDIAC.

466

S. A. W. DE MONTELEZUNO.

Arnauld-Guillaume III° renouvela son hommage, en 1326, par un acte qui est aux registres des Archives nationales, JJ 66, f° 9, et que l'abbé Monlezun a publié en partie. (T. VI, p. 346.)

Au mois de janvier 1327, le Roi confirma le don, qui lui avait été fait précédemment, de 400 livres de revenu annuel à prendre sur le trésor ou recette de Toulouse. (JJ 65, p. 31.)

Géraud de Sabanac, valet du Roi et son trésorier de Toulouse, racheta cette rente au nom du Roi, en payant le capital, c'est-à-dire 4,000 livres (l'argent étant alors compté à dix pour cent) au comte de Pardiac. Ce comte donna quittance scellée de ces 4,000 livres, le 4 avril 1327, à Toulouse. (Arch. nat., J 299, n° 96.)

Sans doute, Arnaud-Guillaume continua de rendre de grands services, car le 18 septembre 1326, devant Puyguillem, le lieutenant du Roi en Languedoc lui accorda des lettres de rémission ainsi conçues :

« Philippus, Dei gratia Francorum rex, notum facimus tam presen-
« tibus quam futuris has infrascriptas vidisse litteras formamque
« sequitur continentes. Alfonsius de Yspania, dominus de Lunello,
« domini nostri Francie Navarreque regis in partibus Occitaniæ locum
« tenens, universis has litteras recepturis salutem. Notum facimus quod
« cum inter nobiles viros dominum Arnaldum Guillelmum de Monte-
« lugduno, comitem Pardiaci, Geraldum et B., ejus fratres, Arnaldum
« Guillelmum, ejus filium, ipsorumque valitores et subditos ex parte
« una, et Gentilem de Montesquio, domicellum, ex altera, cum suis
« subditis et valitoribus, discordia, controversia et dissencio longo tem-
« pore extiterint, propter quas dictæ partes sepissime ad rixam perve-
« nerint et arma, guerram illicitam ad invicem diutius agitando : ex
« qua quidem guerra sic indicta illicite inter eos, plures strages, vulnera,
« rapine, insultus, incendia secuta et mala alia quamplurima suborta et
« delicta perpetrata fuerunt et commissa, spretis inhibicionibus ex parte

« regia eis factis, sub certis penis super quibus quidem omnibus dictæ
« partes et eorum querelis coram senescallo Tholose delate extiterint,
« de quibus omnibus et singulis mediante dicto senescallo pax amica-
« bilis extitit inter dictas partes rancores et odia hinc inde remisse
« pro ut a fide dignis audivimus. Nos attendentes dictum de Mon-
« telugduno, ejus fratres et filium predictos, in presenti guerra Vas-
« conie cum armis nobiscum existentes, dicto domino regi in guerris
« suis fideliter servivisse et indesinenter servire volentes, omnem penam
« civilem et criminalem, si quam ipsi, eorum valitores et subditi pre-
« dicti vel eorum aliqui ex predictis vel cetera predicta aut ex eis
« dependencia quomodolibet incurrerint, ipsis et eorum cuilibet de
« gratia remittimus speciali; de predictis omnibus eos absolventes auc-
« toritate regia penitus et quitantes salvo jure alieno si forsan racione
« dicte discordie aliqua ablata vel substracta fuerint ab aliis quam
« ipsis inter quos dicta guerra et remissio facta extitit vel dampna data
« illicite, quibus salvum jus expediendi retinemus ubi et coram quo
« expedire videbitur et licebit. Quocumque dicto senescallo Tholose
« ceterisque justiciariis et domini regis subditis damus presentibus
« in mandatum ne ipsos in personis aut bonis contra tenorem presentis
« gracie presumant aliquatenus molestare processibusque eos pro pre-
« dictis pendentibus non obstantibus quibuscumque. Datum ante
« Podium Guillelmi, die XVII^a septembris, anno Domini M° CCC° vice-
« simo sexto, etc. »

Le vidimus royal est daté du mois de juillet 1329. (Arch. nation.,
JJ 66, fol. 9.)

ARNAUD-GUILLAUME IV DE MONLEZUN,
COMTE DE PARDIAC.

467

S. ARNAULT GUILEM.

Arnault-Guillaume IV ou V, car les généalogistes ne sont pas d'accord sur son rang, imita ses ancêtres. Dès l'année 1338, il servait en

Flandre comme écuyer banneret; en 1339, il fut armé chevalier sous les murs de Saint-Omer. Le P. Anselme (t. II), a détaillé ses services. L'*Histoire de Languedoc* (t. VII) et Monlezun (*Histoire de Gascogne*, tome III) y ajoutent toutes les circonstances de ses victoires et de ses revers. Nous renvoyons à ces livres pour nous restreindre à donner les pièces inédites auxquelles les sceaux sont attachés.

Le 31 octobre 1347, à Paris, les trésoriers de France mandent au maître de la monnaie d'Agen de remettre 1,641 livres à noble homme et puissant chevalier Arnaud-Guillaume de Monlezun, comte de Pardiac.

Le 26 février de la même année, le comte donne quittance scellée de ladite somme à Bernard Dupont et Jehan Maredevin, « maistre de la « monnoye d'Agen. » (T. sc., reg. 182, p. 6569.)

468

En 1349, à Toulouse, il donna autre quittance scellée à Roger Jobelin, lieutenant de Raoul de Lisle, trésorier de Toulouse, pour mille onze livres onze sous neuf deniers qui lui sont payés à valoir sur la somme que le Roi en son conseil lui a allouée le 20 janvier 1348 pour ses gages militaires arriérés; somme qui est prise sur les deniers votés « tam per « consules senescalie Tolose quam per ecclesiasticas personas. » (Pièces orig., v° PARDIAC.)

469

S. ARNAL. GUILLH[ELM]I COMITIS PARDIACI.

Le 14 septembre 1355, il reçoit 250 livres pour le *restors* (indemnité) de dix chevaux qu'il a eu *mors* au service du Roi. (T. sc., reg. 187.)

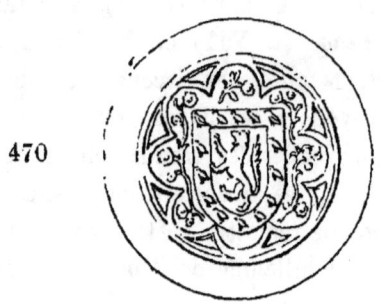

470

Le 26 août 1368, quittance scellée de 200 francs d'or, qu'il reçoit à Paris, « pour faire le voyage avec le sire d'Albret, pour certaines et « secretes besoignes pour le fait de la guerre et l'honneur et proffit du « royaulme. » (T. sc., reg. 187.)

Le 24 septembre 1368, « nous Arnaud-Guillem, comte de Pardiac, « confessons avoir eu et receu des generaulx esleuz à Paris sur le fait « de la deffense du royaulme, par la main de Jehan Lemire, receveur « general desdites aides, la some de 300 francs d'or sur ce qui nous « pourra estre deu à cause de certain voyage que le Roy nostre sire « nous a comis et ordené à faire à Bloys et à certaines autres parties « du royaulme par devers les gens de compaignie gascons estans « audit royaulme; pour traiter avec eux et les faire vuider d'icellui « royaulme; de laquelle somme nous nous tenons content. » (T. sc., reg. 182, p. 6569.)

Le 2 juillet 1371, Louis duc d'Anjou retient le comte de Pardiac avec cinquante-huit écuyers. La montre est reçue à Monlezun, le 26 du même mois :

Ledit conte, cheval tout noir, 150 livres. — Bernart, bastard de Monlezun. — Arnauld Guil. de Monlezun. — Bernadot de Monlezun. — Pierre de La Roche. — Huguet de La Roche. — Berdot de Saucede. — Arn. Guil. de Monlezun. — Pierre de Saint-Simon. — Arn. Guil. de Gandau. — Pierre de Saucede. — Arnaulton Guillet de Monlezun. — Ysoult du Colombier. — Ermant de La Roche. — Bernart du Blousson. — Pierre Danoz. — Arnault Guillem de Troncens. — Raymond Gaissie Destanc. — Moreau de Lanes. — Jehan le Mante. — Bernadat de Becanz. — Bernart le Negre. — Arnault de Leguian. — Guirault de Becanz. — Beton de Roquepine. — Berdot de Rochefort. — Hamequin de Brebant. — Ramon Arnault de Sieurac. — Bousquet sire de Montagut. — Bernart de Montagut. — Jehan de Montagu. — Bertrand de Pausader. — Berdolet de Betouz. — Moreau de Montagu. — Berdolet de Monlezun. — Arn. Guill. de Becanz. — Pierre de Chastelbayac. — Raymond d'Avellanede. — Arnault de Castelbayac. — Le Bascou de Thoiouse. — Guillotet d'Aroncerier. — Raymon de Begolle. — Jehan de Mortilhere. — Raymon de Roustic. — Centoul de Troncent. — Guil. Bernat de Panesac. — Langlois de Saint-Lane. — Bergoignen de

Verdun. — Pierre de Lafite. — Pierre de Beuf. — Le bourt lonc de Beuf. — Guill. de Lalande. — Arnaut Guillem de Courniez. — Beraut de Monlezun. — Bernadat de Monlezun. — Arnaut de Scrignac. — Bertrant du Perier. — Arnauton de la Lobierc. — Bernadat de Betous. — Thiebaut de Lasseran. — (T. sc., reg. 182, p. 6573.)

Hommage du comte de Pardiac au roi de France, le 22 juillet 1367. (Doat, vol. 196, p. 196.)

Testament de Arn.-Guil., comte de Pardiac, du 11 août 1377. (Doat, t. XLV, p. 33 à 79.)

Il fut enterré à La Case-Dieu.

GUYOT DE MONLEZUN.

471

Guyot de Monlezun, écuyer, a reçu du receveur du Poitou et Saintonge ses gages en cette présente guerre, sous le commandement de Jean de Blainville.

Le sceau est attaché à cette quittance, datée de Pons, le 16 juin 1336. (T. sc., reg. 77.)

BERTRAND DE MONLEZUN,
CHEVALIER, MARÉCHAL DE L'OST.

472

Bertrand de Monlezun, chevalier, maréchal de l'ost en Saintonge.

Ce sceau est attaché à une quittance du sire de Fumel, qui s'en est servi en l'absence du sien, à Pont-l'Abbé, le 10 novembre 1339.

Nous pensons que Bertrand de Monlezun était frère du comte de Pardiac Arnault-Guillaume IIIe. (T. sc., reg. 77.)

BERNARD DE MONLEZUN,
CAPITAINE DE FLEURANCE.

473

Bernard de Monlezun, chevalier, capitaine de Fleurance, a scellé deux quittances de ses gages militaires, les 3 juillet 1353 et 2 juin 1354. Il servait sous le comte d'Armagnac.

Nous présumons qu'il appartenait à la branche des Monlezun, qui possédait la coseigneurie de Montestruc et le château de Baratnau, ces lieux étant voisins de la petite ville de Fleurance, chef-lieu de la comté de Gaure (Gers). (T. sc., reg. 77.)

ARNAUD-GUILLAUME DE MONLEZUN,
CAPITAINE DE FLEURANCE.

474

Arnaud-Guillaume de Monlezun, chevalier, était capitaine de Fleurance en même temps que le précédent; il a scellé ses quittances militaires les 2 mai, 2 octobre, 22 novembre 1353, et 13 janvier 1354.

Il était seigneur de Baratnau, coseigneur de Montestruc.

Il fut le dernier de sa branche, et testa en la salle noble de *Vallato novo*, le 11 septembre 1374, en faveur de son petit-fils Pelagos de Caumont, fils de Jeanne de Monlezun, sa fille unique, et de Bertrand de Caumont, seigneur de La Chapelle et de Saint-Pierre de Serres, à charge audit Pelagos de prendre le nom et les armes de Monlezun.

BERNARD DE MONLEZUN.

475

Bernard de Monlezun servait aux guerres de Gascogne; il a donné quittance scellée, le 25 juin 1368, pour ses gages et ceux des écuyers de sa compagnie. (T. sc., reg. 77.)

JEAN DE MONLEZUN,
SEIGNEUR DE SAINT-LARY.

476

... JEHAN [DE] MONLESUN.

Jean de Monlezun, écuyer, servait à Paris sous le connétable d'Armagnac. Il a donné quittance scellée, le 18 janvier 1415, pour ses gages et ceux des écuyers de sa compagnie. (T. sc., reg. 77.)

Il était seigneur de Saint-Lary (près d'Auch), de Haget, Teulé, Betplan, Duran, Séailles et Saint-Paul-de-Baïse. Il rendit hommage de ces terres aux comtes d'Armagnac et de Pardiac, de qui elles relevaient.

Il fonda et dota une chapelle dans l'église des Dominicains de Marciac.

En 1416, il épousa Jaquette de Landorre, dont il a eu plusieurs enfants qui ont formé diverses branches perpétuées jusqu'à nos jours.

MATHIEU DE MONLEZUN.

477

S. MATHIEU DE MONLESUN.

Mathieu de Monlezun, écuyer, confesse avoir reçu de Macé Heron, trésorier des guerres, sept vingt livres tournois pour ses gages et ceux de sa compagnie, sous le comte d'Armagnac. Paris, le 19 janvier 1415. (T. sc., reg. 77.)

Scellé de son sceau ci-dessus.

MONLUC.

Nous avons placé sous ce nom le sceau du maréchal de Monluc et ceux de ses enfants, parce que c'est celui qu'ils ont glorieusement porté dans les armées et sous lequel ils sont le plus connus. On sait que le maréchal de Monluc descendait d'une branche cadette de la Maison de Montesquiou, qui avait relevé le nom et les armes des Lasseran-Massencome (1).

(1) L'inventaire des sceaux des Archives nationales mentionne le sceau d'Archambault de Monluc, sur un titre de 1202. Nous avons vu cette pièce, par laquelle Archib. de Monteluceio réclame le privilège de croisé pour ses domaines sis dans le diocèse de Bourges. Il s'agit donc non d'un Monluc, mais d'Archambault, seigneur de Montluçon.

BLAISE DE MONLUC.

478

Quittance, donnée à Condom, le 25 mai 1564, par Blaise de Monluc, chevalier de l'ordre.

Blaise de Montesquiou Lasseran Massencome, seigneur de Monluc, né au Sompuy (Gers), vers l'année 1502, l'un des plus illustres hommes de guerre de son époque; créé maréchal de France en 1574, mort en 1577, dans son château d'Estillac, près d'Agen.

Les mémoires ou commentaires qu'il a écrits font connaître toute sa vie. L'exactitude historique s'y rencontre sous le style le plus attrayant.

PIERRE-BERTRAND DE MONLUC.

479

Le sceau ci-dessus est celui de Pierre-Bertrand de Monluc, fils du maréchal, dit le capitaine *Perrot*. Il servit sous son père, qui faisait de lui le plus grand cas.

On lit dans les *Commentaires* des lignes touchantes sur la mort prématurée de ce jeune seigneur. Il mourut en 1588 des suites de blessures reçues à l'attaque de Funchal (île de Madère); sa tombe est encore dans l'église des Cordeliers de cette ville.

Quittance de gages militaires, 8 février 1564, et autres de l'année 1566. (T. sc., reg. 77.)

JOACHIM DE MONLUC,
SEIGNEUR DE LIOUX.

480

Ce sceau est sur des quittances des années 1546, 1552, 1553, délivrées par Joachim de Monluc.

Joachim, dit le jeune Monluc, était frère du maréchal; il servit toute sa vie avec courage et persévérance.

Il était prince de Chabanais, seigneur de Lioux, capitaine de cinquante hommes d'armes des ordonnances, lieutenant du roi en Piémont et gouverneur d'Albi.

Il mourut en 1567. (T. sc., reg. 77, p. 6035.)

FABIEN DE MONLUC.

481

Fabien de Monluc, quatrième fils du maréchal, chevalier de l'ordre du Roi, capitaine de cinquante hommes d'armes des ordonnances, gouverneur de Pignerol, fit la guerre pendant toute sa vie qui malheureusement fut trop courte.

En 1570, il avait épousé Anne de Montesquiou, veuve de François de Luppé, et devint par ce mariage baron de Montesquiou.

Blessé au siège de Rabastens de Bigorre, en 1570, il fut de nouveau blessé grièvement à l'attaque d'une barricade, à Nogaro, et mourut des suites de ses blessures en 1573. Il est enterré dans l'église de Montesquiou.

Son fils Adrien fut le célèbre comte de *Cramail*.

Quittances de ses gages de capitaine de cinquante hommes d'armes des ordonnances, année 1572. Cette compagnie était celle de son père, le Roi la lui avait donnée par commission du 18 août 1572. (T. sc., reg. 77, p. 6577.)

ODET, SEIGNEUR DE MONS.

482

OUDET DE MONS.

Odet de Mons (1), écuyer, servait dans l'armée du comte Bernard VII d'Armagnac, en la *bonne ville de Paris*, où il a donné quittance de ses gages, le 14 janvier 1415. (T. sc., reg. 75, p. 5875.)

Le fief dont il portait le nom était en la paroisse de Crastes, dont l'église de Mons était annexe.

Sur le mur occidental de l'église de Crastes on voit un écusson sculpté aux armes de Mons, telles qu'elles sont sur le sceau ci-dessus.

Raoul de Mons était châtelain de Lectoure en 1343 ; le tome 247, page 290, de la collection Doat contient la lettre suivante du roi Philippe VI à ce châtelain, insérée dans un très long document de plus de 220 pages intitulé :

« *Procédure contenant la mise en possession faite par les commissaires « du roy Philippe de Valois, en faveur de Jean comte d'Armagnac, des « viscomtés de Lomagne et d'Auvillar et du lieu de Montsegur, que le « Roy avoit tenu longtemps en sa main, où sont insérées diverses letres « du mesme Roy, par les quelles il luy restitue les dites viccomtés et « leurs dépendences.* — Du 7 novembre 1348 » (ff. 251 à 364) :

« Sequitur tenor dictarum literarum regiarum dicto castellano, vel
« eius locum tenenti dictarum in hunc modum : Philippus Dei gratia
« Francorum rex, dilecto Raddulpho de Montibus, servienti nostro
« armorum castellano castri de Lectora aut eius locum tenenti, salutem.
« Cum nos dictum castrum cum suis pertinentiis carissimo et fideli
« consanguineo nostro comiti Armaniaci reddiderimus, prout in nostris
« literis super hoc confectis plenius continetur, vobis præcipimus et
« mandamus quatenus, omni mora et dilatione postpositis, dictum
« castrum et claves eiusdem, visis præsentibus et absque difficultate,
« oppositione et contradictione quibuscumque, comissario ad exequen-
« dum prædicta per nos deputato tradatis et liberetis. Qua traditione

---

(1) Commune de Crastes, canton d'Auch nord, Gers.

« facta, vos a custodia dicti castri et periculo eiusdem, et juramento
« nobis super hoc præstito volumus liberari et liberamus per præsentes.
« Datum apud Castrum Novum super Ligerim, decima octava die
« augusti, anno Domini millesimo trecentesimo quadragesimo tertio,
« sub nostro sigillo secreti. Per Dominum Regem : De Chasteillon. —
« De part le Roy, Raoul de Mons, nostre chastellain de Lectore. Comme
« nous aions rendu ledit chasteau à nostre très chier cousin le comte
« d'Armagnac, de nostre certaine science, nous te mandons que tu
« bailles ledit chastel à nostre dit cousin ou à son procureur sans
« nul autre mandement ou commandement atendre, et sans nul con-
« tredit. Estant à Chasteauneuf sur Loire, le vingt et huitiesme jour
« d'aoust. »

J. Noulens (*Galard*, tome I, p. 161) a publié un extrait de cette longue procédure, la lettre à Raoul de Mons ne s'y trouve point.

Le même Raoul de Mons figure comme témoin (juin 1336) d'une ordonnance de Pierre de Galard, maître des arbalétriers. (*Ibid.*, t. I, p. 405.)

Le 1er février 1373, Guillaume de Mons et son voisin Raymond de Roquetaillade prêtèrent foi et hommage ensemble au comte d'Armagnac. (Monlezun, t. III, page 487.)

Le 29 novembre 1342, Géralde d'Esparbès, veuve de noble Montasin de Mons, seigneur de Mons en Corrensaguet, tutrice de son fils aussi nommé Montasin, fit règlement de compte avec les enfants de feu noble Arnaud Bertrand, habitant d'Aubiet, quand vivait fermier de la seigneurie de Mons. (Archives de M. de Carsalade.)

17 janvier 1491, Julienne d'Esparbès, Jean de Mons, son mari, Antoine de Mons, leur fils, achètent de Guillaume d'Aux, seigneur de Lescout, pour 91 écus d'or, un héritage en la paroisse Sainte-Marie d'Arpentian, près Jegun. (Arch. du Séminaire d'Auch, Odet Fabri, notaire.)

Nous ignorons comment finit cette famille.

MAURIN DE MONTAGUT,
ÉCUYER.

483

Maurin de Montagut était un des vassaux du comte de Pardiac. Le 15 juin 1326, il est pleige de la constitution de dot de Isabelle de Monlezun, fille du comte. (*Hist. de la Gascogne*, t. VI, p. 346.)

Les membres de cette famille apparaissent dans les assemblées de la noblesse du Pardiac, jusqu'au milieu du XVe siècle.

Le 20 mars 1338, à Agen, quittance de Maurin de Montagut, écuyer, pour lui, les gens d'armes de cheval et de pied servant aux guerres de Gascogne; avec le sceau ci-dessus. (T. sc.)

MONTAUT.

Montaut (1) était le chef-lieu du pays de Corrensaguet et de l'une des quatre baronnies d'Armagnac.

Les seigneurs de Montaut sont nommés dans des cartulaires aux dixième et onzième siècles; au douzième siècle, Guil.-B. de Montaut, archevêque d'Auch, et ses frères, seigneurs de Montaut, fondèrent auprès de leur château un prieuré de l'ordre de Cluny (2), pour douze religieux, nombre qui se réduisit à cinq par la suite des siècles. Ces moines vécurent sous leur règle, sans interruption, jusqu'à 1791. Leur église, construite à une époque voisine de la fondation, subsiste vénérable et antique, sans avoir rien perdu des caractères de son temps. Les seigneurs de Montaut ont soutenu ce monastère par des fondations d'obits et des donations successives.

Le château est plus ancien que l'église; sa tour carrée et ses

---

(1) Montaut, Gers, arrondissement d'Auch.
(2) Voir la charte de fondation dans les *Chroniques ecclésiastiques* de dom Brugèles (preuves de la 3e partie, p. 68) et dans le *Gallia christiana* (tome I, *Instrumenta*, p. 160).

vigoureuses murailles ont résisté aux efforts destructifs de huit ou neuf siècles. Il est devenu depuis cent ans la propriété de la famille de Rouillan.

Les anciens barons de Montaut ont formé les branches des seigneurs de Gramont (1), éteints au XVIIe siècle, et des seigneurs de Castelnau-d'Arbieu qui subsistent encore, mais qui ont quitté notre pays pour se fixer en Normandie.

OTHON, SIRE DE MONTAUT.

S. TON DE MO[N]TE ALT MIL[ES] DOM RASO.

Othon, Odon ou Od VIe du nom, baron de Montaut en Corrensaguet, fils d'Odon V, paraît dans des chartes des années 1275 et 1276 ; il épousa en secondes noces, vers 1290, Régine dame d'Aubiet. Il fut convoqué par le roi Philippe le Bel, en 1303, pour les guerres de Flandre. Ce Roi, par ses lettres patentes de 1305, 1306 et 1312, récompensa ses bons services.

Le sceau que nous donnons est pendu à une charte, dans laquelle il est relaté que le samedi avant la fête de la Pentecôte de l'an 1306, devant Jean de Ville, notaire public de Montaut, noble homme le seigneur Othon de Montaut, chevalier du roi des Français, et seigneur du château de Montaut en Corrensaguet, donne quittance du dernier paiement de 300 l. que le Roi lui avait assignées sur les revenus que ledit Roi possède à Ardizas. Il lui était dû d'abord 1200 l., il y a eu contestation entre lui et les réformateurs du domaine royal sur la valeur réelle des revenus d'Ardizas qui avaient été donnés en payement. Othon de Montaut a pris pour son arbitre discret homme Guillaume Ferranterii, valet du Roi, qui a fait transaction avec les commissaires royaux. Quittance définitive. (Arch. nat., K 36, n° 48, et J 474, n° 52.)

---

(1) Canton de Lavit, Tarn-et-Garonne.

ODIN DE MONTAUT,
SIRE DE MÉRENS.

485

Le sceau que nous reproduisons est attaché aux quittances délivrées par Odin de Montaut.

Le 15 avril 1355, Odin de Montaut, sire et capitaine de Mérens, donne reçu à J. Lempereur, par les mains de Guillem Larcher, pour lui et les gens d'armes et de pied de sa compagnie, employés aux guerres de Gascogne sous le comte d'Armagnac, d'une somme de 20 l.

Le 22 mai 1656, quittance de 20 l. délivrée par le même Odin de Montaut, capitaine de Mérens. (T. sc., reg. 76, p. 5934.)

ODON, BARON DE MONTAUT,
CHATELAIN DE PENNE.

486

S... MONTAUT.

Le sceau ci-dessus est celui de Oth, Othon ou Odon VII, seigneur de Montaut; il est attaché aux quittances qui suivent :

« Sachent tous que nous Oth sire de Montaut, chevalier, chastellain
« de Penne, avons eu et receu de Jean Chauvel, tresorier des guerres
« du Roi nostre sire, par les mains de Raoul de Lille, clerc, son lieu-
« tenant, en prest sur les gaiges des gens d'armes et de pié de notre com-
« pagnie, sous le gouvernement du comte d'Armagnac, etc... 250 l.
« A Agen, sous notre scel, 20 décembre 1346 » :

Autre quittance du même, 11 février 1346 :

« Not, seigneur de Montaut en Corrensaguet, chevalier, chastelain de

« Penne en Agenois, a reçu de Jean Chauvel... pour lui, 34 autres
« ecuyers, 92 sergens de pié, en l'establie dudit lieu ès guerres de
« Gascogne, sous le gouvernement de M. le duc de Normandie, 937 l.
« 16 s. 6 d. tourn. A Paris, 1346. » (T. sc., reg. 76.)

ODON, SEIGNEUR DE MONTAUT,
SÉNÉCHAL D'AGENAIS.

487

Le sceau ci-dessus est attaché à la pièce qui suit :
« Sachent tous que je Od seigneur de Montaut, chevalier, gouverneur
« de la senechaussée d'Agenez, confesse avoir reçu de François de
« Nesly, receveur general de toutes les finances et trésorier des guerres
« ès pays de Languedoc et duché de Guyenne, par la main de Michel
« de La Chapelle, son clerc, 90 l. tournois en prest et payement des
« gaiges de 15 arbalestriers de ma compagnie à desservir pour un mois
« commençant le 1er jour de ce present mois de may au service du
« Roi et mons. le regent à la garde et defense des pays d'Agenez et
« ailleurs, le 15 may 1421. » (T. sc., reg, 76, p. 5935.)

ODON DE MONTAUT,
SEIGNEUR DE GRAMONT.

 488

Sceau d'Odon de Gramont, de la branche de Montaut établie à
Gramont (commune de Lavit, Tarn-et-Garonne). Il est attaché à une
quittance de l'année 1355, par laquelle Oth de Montaut, sire d'Aigre-

mont, chevalier, reconnaît avoir reçu du trésorier des guerres, Jacques Lempereur, pour ses gages aux guerres de Gascogne, la somme de 307 l. (T. sc., reg. 76.)

ARBIEU DE MONTAUT,
SEIGNEUR DE CASTELNAU-D'ARBIEU.

489

S. [AR]BER[II].

Le 4 octobre 1340, à Gramont, Arbieu de Montaut, coseigneur de Castelnau-d'Arbieu, reconnaît avoir reçu du trésorier des guerres par les mains de Me Jehan Bonani (ou Barravi), sur ses gages et ceux de ses gens (guerres de Gascogne), 6 conques 1/2 de froment, mesure de Gramont, à 24 sous petits tournois la conque; — 11 conques et une eymine d'avoine, même mesure, à 8 s. et 8 d. la conque; — 22 conques d'orge, même mesure, à 15 sous petits tournois la conque; — 11 conques de fèves à 10 s. tourn. la conque, le tout provenant de la dîme de *Sancti-Quiriaci* appartenant au prieur de Madiran; ce qui fait en tout : 35 l. 8 s. 6 d. tourn., dont quittance. (T. sc., reg. 181, p. 6441.)

Du 8 avril 1369, quittance délivrée par Agnet de la Roque, gascon, sous le sceau de Bernart du Château, alias Montaut. (T. sc., reg. 181).

ARNAUD DE MONTAUT,
SEIGNEUR DE CASTELNAU-D'ARBIEU.

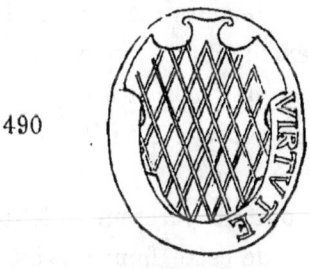

490

VIRTVTE...

Le sceau ci-dessus est attaché aux quittances délivrées par Arnaud de

Montaut, seigneur de Castelnau, guidon de la compagnie de M^r de La Valette. Au camp devant Saint-Jean-d'Angely. 31 novembre 1569.

Autre quittance du même, à Florence, le 28 décembre 1571. — Autre de 1573. (T. sc., reg. 181, p. 6467.)

VESIAN DE MONTAUT,
CHEVALIER, SEIGNEUR DE YOLETS ET DE PODIO MOREVII.

491

S. VI... DE MONTEALTO.

Sceau isolé, la charte perdue. (T. sc., reg. 76.)

Vesian de Montaut, chevalier, coseigneur de Castelnau-d'Arbieu.

Nous savons par le trésor généalogique, v° Montaut, que par contrat du 24 janvier 1357 il épousa Helis *de Petra*, fille de Raymond de Petra, qui lui porta 3000 l. de dot.

Laîné dit qu'il était le second fils de Galin de Montaut, coseigneur de Castelnau-d'Arbieu.

MONTAUT-BÉNAC.

Les seigneurs de Montaut, feudataires des comtes de Toulouse, ont paru dans plusieurs événements de notre histoire.

Roger de Montaut prit une part active à la guerre que le comte soutint contre les croisés, son courage est célébré dans le poème de la Croisade.

Roger et Gilbert de Montaut jurèrent fidélité, en 1249, à Alphonse, comte de Poitiers ; de cette famille vint dans les temps modernes Philippe de Montaut-Bénac, duc de Navailles, pair et maréchal de France, mort en 1684.

Bernard de Montaut fit le voyage d'outre-mer avec deux chevaliers et trois sergents de sa suite, aux gages de son suzerain Alphonse de Poitiers, en 1250. (*Salle des Croisades*, t. II, p. 397, où par erreur on lui a donné les armoiries des Montaut de Corrensaguet.)

Anselme (VII, 602) et le *Dictionnaire de la Noblesse* (XIV, 78) ont donné des généalogies incomplètes.

ROGER, SIRE DE MONTAUT.

492

.... TAU....

Le sceau que nous donnons ci-dessus est attaché à des quittances de Roger de Montaut.

Le 17 mars 1355, Jean, comte d'Armagnac, donne à Roger, sire de Montaut, damoiseau, sur sa demande, 50 moutons d'or à titre de récompense; quittance datée de Montgiscard.

Le 18 mars 1355, quittance d'une somme de 80 livres, délivrée à Jacques Lempereur, trésorier des guerres, par Roger, sire de Montaut, servant sous le comte d'Armagnac, aux guerres de Gascogne, pour récompense de ses services. (T. sc., reg. 181, p. 6443.)

RAYMOND DE MONTAUT.

493

S. RAMONAT DE [MON]TAVT.

Le 29 juin 1369, le duc d'Anjou fait un don de 300 francs d'or à messire Raymond de Montaut, chevalier, pour ses services pendant la guerre, à Toulouse.

Autre quittance du même, à Toulouse, le 1ᵉʳ septembre 1369, avec le sceau ci-dessus (n° 493). (T. sc., reg. 181, p. 6447.)

GUIRAUD DE MONTAUT.

494

Le sceau ci-dessus est attaché aux pièces qui suivent :

1° *La montre de Guiraut de Montaut, escuyer, et de trois autres escuyers de sa compagnie et sequele que M. le duc d'Anjou luy a donnés et ottroyez pour servir le Roy nostre sire, en ces présentes guerres de Gascogne, soubs le gouvernement de M. le duc, receu à Toulouse, le 27 juin* 1369.

Ledit Guiraut, cheval moreau estoile au front.	100 l.
Jehan de Mes, cheval bay cler courte queue, jambes noires.	70 l.
Pierre de Beaumont, cheval fauve, musel blanc.	60 l.
Bernart, escuyer, cheval gris rouan tête noire.	40 l.

2° Le 26 juin 1369, le duc d'Anjou retient Guiraut de Montaut, avec quatre hommes à 15 fr. par mois, pour être lieutenant des maréchaux et recevoir les montres, Toulouse.

3° Le 16 novembre 1369, paiement des gages à Guiraut de Montaut, sergent d'armes, lieutenant des maréchaux de l'ost.

4° Le 6 novembre 1369, commission donnée à Gérard de Montaut, écuyer, lieutenant des maréchaux. (T. sc., reg. 181, p. 6445.)

BERTRAND DE MONTAUT,
SEIGNEUR DE PUYDANIEL.

495

Le sceau ci-dessus est attaché aux pièces qui suivent :
1° Don fait à Bertrand de Montaut, seigneur de Puydaniel, année 1437.
2° Dons faits à Bertrand de Montaut, seigneur de Puydaniel, chambellan du Roi, capitaine de Sainte-Gabelle (Cintegabelle), année 1438.
3° 2 décembre 1443 et 24 décembre 1456. Quittances de gages, délivrées par Bertrand de Montaut, seigneur de Puydaniel, chambellan du Roi. (T. sc., reg. 181, p. 6459.)
Le même recueil contient plusieurs chartes concernant les Montaut-Bénac, de 1418 à 1436, mais les sceaux n'existent plus.

MONTAUT-AGENAIS.

Nous ne pouvons pas donner de détails sur cette famille agenaise, les généalogistes ne l'ayant pas étudiée et les documents nous faisant défaut. Nous reproduisons les sceaux de deux membres de cette famille.

RAYMOND DE MONTAUT (1).

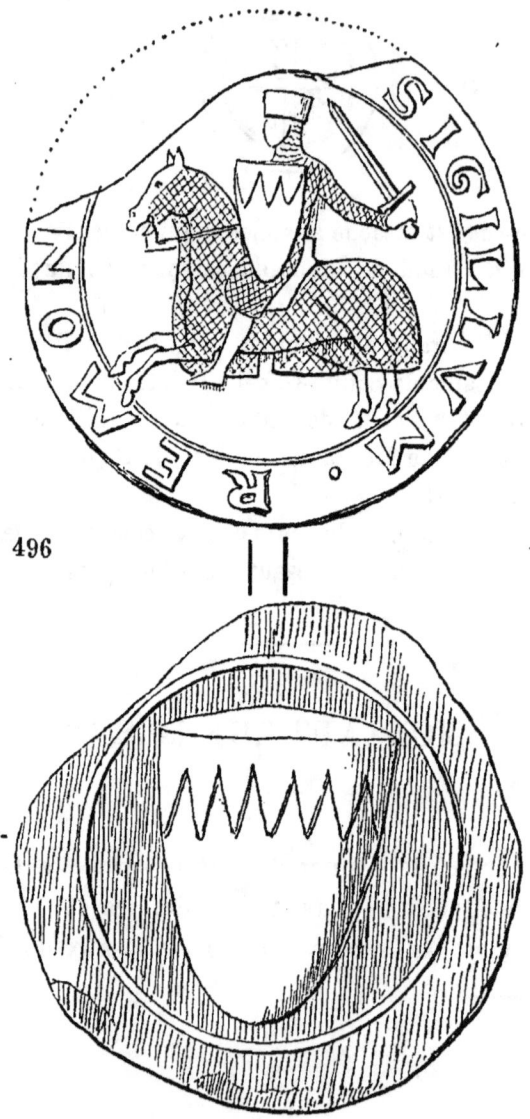

496

SIGILLUM REMON.

« Ego Remundus de Montealto notum faci omnibus tam presentibus
« quam futuris, me illustri viro Simoni comiti de Monteforti de hiis que

(1) Lot-et-Garonne, arrondissement de Villeneuve-sur-Lot.

« habeo in Agenensi diocesi et in partibus Baurensibus (1), homagium
« ligium fecisse et firmiter promisisse quod eidem comiti ero de cetero
« legitimus et fidelis et propter hoc prédicto comiti tale servicium
« teneor facere quale debent alii barones Agenenses et pro hiis omnibus
« firmiter observandis dedi Bec de Caumont fidejussorem : in cujus
« rei testimonium presentes litteras feci sigilli mei munimine roborari.
« Actum apud Pennam in Agenensi, anno Domini MCCXIV mense sep-
« tembris. » (Arch. nat., J 890, n° 12.)

Raymond de Montaut est parmi les seigneurs envoyés par le roi de France pour traiter de la paix avec le roi d'Angleterre : Bordeaux, 7 avril 1243.

Eugène de Montaut, seigneur de Saint-Front, rendit hommage au comte de Périgord. (Arch. de Pau, E 611.)

Toulouse, le 19 mai 1338, « Olricus de Montealto », damoiseau, donna quittance à Pierre de Pins payant pour Savaric de Vivonne, sénéchal de Toulouse et d'Albi, de soixante livres qui lui étaient dues pour le service qu'il avait fait avec ses hommes d'armes *in partibus gallicanis*, au pays de France. (T. sc., reg. 181, p. 6441.)

OGIER DE MONTAUT,
SEIGNEUR DE SAINT-FRONT.

497

Ogier de Montaut, seigneur de Saint-Front (arrondissement de Villeneuve-sur-Lot), servit aux guerres de Gascogne, d'octobre 1341 à février 1342 (*Galard*, I, 160), et donna quittance sous le sceau que nous reproduisons.

En 1345, il retourna au pays de France et donna quittance de ses gages, à Chatillon-sur-*Aindre* (Indre), sous le même sceau.

(1) *Baurensibus* désignerait le pays de Lavaur en Languedoc; toutefois ce pays nous paraît bien éloigné des possessions agenaises du sire de Montaut. Peut être faut-il lire *Petragorensibus* ou plus exactement *Petragoricensibus*? — Simon de Montfort venait de soumettre une partie du Périgord. (Voir *Hist. du Languedoc*, édit. Privat, t. VI, p. 448.) La même histoire (*ibid.*) fait mention de l'hommage de Raymond de Montaut.

Le 17 août 1421, Rostain de Montaut, seigneur de Saint-Front, fit montre de sa compagnie à Vendôme; le sceau des maréchaux (voir sceau 448) y est attaché. (T. sc., reg. 181, p. 6463, 6465.)

SIMON DE MONTBERTON,
CHATELAIN DE TOURNON ET BAILLI DE PUYMIROL.

498

Simon de Montberton, chevalier, donne quittance des gages au trésorier d'Agen et son lieutenant à Bazas, guerres de Gascogne, à Marmande, le 29 mars 1337, avec le sceau que nous donnons. (T. sc., reg. 181, p. 6468.)

En 1273, Simon de Montbreton rendit hommage au roi d'Angleterre pour tout ce qu'il possédait « in honore de Gorson, specialiter in « parochiis Sancti Martini et Sancti Petri de Barsac sub una chiroteca « sporle. » (*Arch. hist. de la Gironde*, t. V, p. 286.)

Bodin de Montbreton fut témoin, en 1309, d'un hommage rendu au sire de l'Isle-Jourdain pour un fief relevant de sa châtellenie de Cazaubon.

En 1323, Simon de Montbreton, chevalier, châtelain de Tournon et bailly de Puymirol, fut commis par Foulques Lestrange, sénéchal d'Aquitaine, et par Jehan de Falcona, chevalier, sénéchal d'Agen, pour pratiquer saisie féodale des terres de Bernard-Jourdain de l'Isle, qui n'avait pas encore fait l'hommage.

Simon de Montbreton fut, en juillet de la même année, témoin de l'offre faite par ledit Bernard-Jourdain de rendre ledit hommage. (Somme de l'Isle, p. 107, 986, 999.)

MONTESQUIOU.

Montesquiou (arrondissement de Mirande, Gers), siège d'une des quatre baronnies du comté d'Armagnac, a donné son nom à une des plus illustres familles féodales de notre province.

L'histoire de cette famille, issue de la Maison de Fezensac, qui, pendant près de huit siècles, a tenu un des premiers rangs dans les armes et dans l'Église, se trouve racontée en partie dans nos cartulaires du chapitre de Sainte-Marie d'Auch, — de l'abbaye de Berdoues, — *Les grands officiers de la couronne*, — le *Dictionnaire de la Noblesse*, — l'*Histoire de la Maison de Montesquiou*, opuscule du duc de Montesquiou-Fezensac, — l'*Histoire de la Gascogne*, par Monlezun, — la *Généalogie de la Maison de Montesquiou*, in-4°, 1784.

ARSIEU, SEIGNEUR DE MONTESQUIOU.

499

S. ARCIONIS DE MONTESQUIVO.

Sceau qui était attaché à une donation faite à l'abbaye de Berdoues, année 1245, d'après la gravure qui est à la page 162 des *Preuves de la Généalogie de la Maison de Montesquiou-Fezensac*.

RAYMOND AYMERI IV, BARON DE MONTESQUIOU.

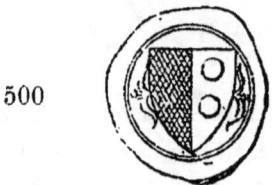

500

Raymond-Aymeri IV, baron de Montesquiou, marié à Bellegarde d'Aspet, en 1320, était fils de Genses baron de Montesquiou et de Comtesse d'Antin.

Il fit, en 1343, hommage des châteaux de Montesquiou, Marsan, Calhavet, et de la baronnie des Angles, à Jean, comte d'Armagnac.

Il servit activement ce comte dans la guerre contre le comte de Foix, et fut fait prisonnier avec lui à la bataille de Launac. Il testa en 1373.

Le sceau ci-dessus est attaché à une quittance militaire donnée à Agen, le 5 juin 1339.

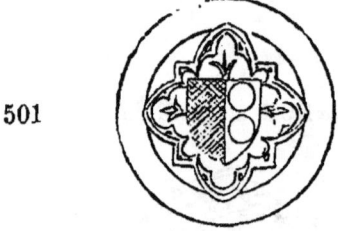

501

Autre quittance de Raymond-Aymeri, sire de Montesquiou, chevalier banneret, capitaine de Montréal; du 3 avril 1347. (T. sc., reg. 76.)

ARSIEU III, BARON DE MONTESQUIOU.

502

Aissieu ou Arsieu III de Montesquiou, fils de Raymond-Aymeri IV. Le 14 juin 1341, « en nos tentes devant Lezignen, » le comte d'Armagnac donne 107 livres, à prendre sur le trésorier des guerres, à

Ayssieu de Montesquiou, chevalier, attendu le bon port qu'il a eu en ces presentes guerres tant devant Aiguillon et Preissan comme ailleurs. (T. sc., reg. 181, p. 6505.)

Le 14 juin 1354, en l'ost devant Lesignen, Ayssieu de Montesquiou, chevalier, donne quittance d'un don qui lui a été fait par le comte d'Armagnac. Le sceau ci-dessus y est attaché.

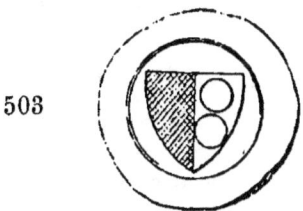
503

Autre sceau, attaché à une quittance de gages, donnée à Montauban, le 10 juin 1353.

JEAN DE MONTESQUIOU-MARSAC,
BARON DE DEVÈZE.

504

Jean de Montesquiou, baron de Marsac, seigneur de Devèze, capitaine de cinquante hommes d'armes, gouverneur de Rouergue, donne quittance avec le sceau ci-dessus, le 28 février 1567, comme lieutenant de la compagnie sous la charge de M. d'Astarac. (T. sc., reg. 181, p. 6503; — Voir *Revue de Gascogne*, année 1883, p. 508.)

BERTRAND DE MONTESQUIOU,
SEIGNEUR DE LASSERRE-LEZ-MARSAN.

505

Nous avons deux de ses quittances avec le sceau ci-dessus :
1° Le 23 mai 1572, au Sampoay, comme maréchal des logis de la

compagnie de trente lances des ordonnances, sous la conduite de M. de Montesquiou (Fabien de Monluc);

2° Le 14 avril 1573, comme lieutenant de la compagnie de Fabien de Monluc, seigneur de Montesquiou, réduite à trente lances. (T. sc., reg. 181, p. 6501.)

Titres scellés, le registre 131, folio 1477, nous donne sur Antoine de Montesquiou, sieur de Lasserre, une pièce dont nous tirons extrait.

La revue de la compagnie de soixante lances du duc de Montmorency, mareschal de France, gouverneur de Languedoc, passée le 21 avril 1581, devant Narbonne :

Antoine de Montesquiou, s^r de Lasserre, mareschal des logis.

Odet du Sendat, sieur dudit lieu en Gascogne, absent pour avoir esté envoyé auprès du Roy pour affaires urgentes.

Vincentio Fersaran, trompette, est chargé de ses armes et de ses chevaux.

Jehan de Grandmont, s^r de Montastruc.

Jehan de Moncassin, sieur dudit lieu en Gascogne.

Emery de Narbonne, sieur de Fimarcon, a pris congé en plaine monstre pour se retirer en sa maison pour l'indisposition de sa personne, à cause d'une arquebusade qu'il a eue combattant contre les ennemis, à l'œil ; à sa place enrôlé Fabio, corse.

Archers..... Jehan de Montesquiou, s^r de Lasserre, du diocèse d'Auch.

Le plus grand nombre des hommes d'armes et archers sont Italiens, Napolitains, Albanais, Hongrois, etc.

HUGUES, SIRE DE MONTFERRAND.

506

Hugues, sire de Montferrant, servait aux guerres de Gascogne, sous le comte d'Armagnac ; il a donné quittance de ses gages le 30 décembre 1346. (T. sc., reg. 77, p. 5993.)

Nous présumons que ce capitaine était seigneur de Montferrant-Cogotois, aujourd'hui canton de l'Isle-Jourdain (Gers). Cette famille comptait parmi les bienfaiteurs de l'abbaye de Bolbonne; déjà sur la fin du XIIIᵉ siècle ils ne possédaient plus qu'une part de la seigneurie.

PIERRE DE MONTMORIN,
SEIGNEUR DE SAINT-HEREM.

507

S. PIERRE DE MONTMORIN.

Montmorin en Auvergne a donné son nom à une famille importante de cette province.

Plusieurs de ses membres ont été pendant un siècle seigneurs de Lupiac en Fezensac. Le premier qui ait possédé cette seigneurie est Pierre de Montmorin, seigneur de Saint-Hérem en Auvergne, dont nous reproduisons le sceau. Le 20 juin 1418, il tenait la ville de Saint-Pourçain, dans la Basse-Auvergne, contre les Anglais, et donna quittance, scellée du sceau ci-dessus (1), de ses gages et de ceux des hommes de sa compagnie.

Pierre de Montmorin, veuf de Marguerite de Vissac, épousa, le 9 janvier 1459, Isabeau de Faudoas, fille de Béraud de Faudoas, baron de Faudoas et de Barbazan, sénéchal d'Armagnac, neveu et héritier du célèbre Arnaud-Guillem de Barbazan, et possesseur de la seigneurie de Lupiac en vertu de l'engagement que lui en avait consenti Jean IV, comte d'Armagnac.

Isabeau de Faudoas ne donna pas d'enfants à son mari; elle lui légua la seigneurie de Lupiac, que lui-même transmit à son neveu Jean de Montmorin.

M. de Mandrot (*Ymbert de Batarnay*, p. 44, 45) nous apprend que

---

(1) Un lion brochant sur un semis de molettes, et une barre pour brisure de branche cadette. Les molettes d'éperon sont répétées dans le champ du sceau.

cette seigneurie étant comprise dans la donation faite par Louis XI à Ymbert de Batarnay en 1472, il y eut procès à ce sujet avec Pierre de Montmorin. Nous ne connaissons pas la décision définitive des juges, mais il est certain que Lupiac resta en la possession de la famille de Montmorin jusqu'en 1558.

Lupiac avait été engagé par Jean IV d'Armagnac à Béraud de Faudoas comme garantie d'un prêt pécuniaire. Les Montmorin, héritiers de cette créance, gardèrent le gage jusqu'au remboursement.

MONTPEZAT

Ancienne et grande famille de l'Agenais, dont M. de Bourrousse de Laffore a écrit la généalogie (*Nobiliaire de Guyenne et Gascogne*, tome IV, Paris, Honoré Champion). On y trouvera sur chacun des personnages dont nous reproduisons les sceaux des renseignements biographiques importants.

L'histoire du château de Madaillan, publiée par MM. Tholin et Benouville (Paris, Alph. Picard), ajoute un nouvel intérêt aux travaux du généalogiste.

ARNAUD, BARON DE MONTPEZAT.

508

Arnaud de Montpezat (généal., p. 279) servait le roi de France aux guerres de Gascogne, et donna des quittances scellées au clerc des arbalétriers, pour ses gages et ceux des gens d'armes et de pied de sa compagnie, à Agen, 11 décembre, 25 janvier 1340, 10 décembre 1341. (T. sc., reg. 78.)

AMANIEU DE MONTPEZAT.

Amanieu de Montpezat, chevalier, seigneur de Lézignan, étant sénéchal d'Agenais pour le roi d'Angleterre, rendit, le 16 avril 1363, une ordonnance qui renouvelait pour une année le droit d'arrière-souquet au profit de la ville d'Agen. La charte est aux Archives municipales d'Agen (CC 41), revêtue d'un beau sceau, mais c'est celui de la sénéchaussée, qui sera représentée à notre article des sceaux d'Agen.

AMANIEU III DE MONTPEZAT.

509

S. AMAION DE MONTPEZAT.

Amanieu IIIe du nom, ne fut pas anglais, mais français (généal., p. 293); il était vassal du comte d'Armagnac à cause de la seigneurie de Lagraulet et il le suivit dans cette armée des armagnacs qui, en 1412, alla au secours de la monarchie française en péril. Pour l'honneur d'Amanieu de Montpezat, nous le constatons en vertu de la quittance qui suit :

« Item anno quo supra (1413) et die secunda januarii quod religiosus
« vir dominus Simon de Curte, monachus, prior prioratus de Agulhono,
« agennensis diocesis, gratis ac pro causa domini Amanevi de Montepe-
« sato, militis domini de Montepesato, recognovit habuisse à Joanne de
« Basculo, receptori Vici, nonaginta scuta auri boni in deductione
« ducentorum scutorum in quibus dictus receptor tenebatur eidem
« domino Amanevo ex assignatione sibi facta per dominum nostrum
« comitem Armaniaci pro biatgio et servicio factis per dictum dominum
« Amanevum in Francia, cum certo numero gentium armorum et in
« comitiva dicti domini comitis. De quibus xc scutis fuit contentus et
« promisit guirentiam portare obligando bona dicti domini Amanevi,
« et R. (recognovit) et J. (juravit). Testes Stephanus de Pussoali et

« Arnaldus Lugerie. » (Liabra, not. à Vic, année 1413, f° VIII verso. Archiv. du Séminaire d'Auch.)

Après la mort du connétable d'Armagnac, Amanieu revint en Gascogne pour défendre ses propres terres contre les Anglais.

Ses services lui avaient valu le titre de *chambellan de Mgr le Dauphin de Viennois* (Charles VII).

Il était en Languedoc, en 1419 et 1421, lorsqu'il donna quittances scellées de ses gages, les 11 février et 10 avril, à Carcassonne. (T. sc.)

RAYMOND-BERNARD DE MONTPEZAT.

510

S. REMON BERN. DE MONPESAT.

Raymond-Bernard de Montpezat, fils d'Amanieu, seigneur de Montpezat et de Madaillan, suivit comme son père le parti français.

Le 22 juillet 1421, à Toulouse, il a donné quittance scellée de ses gages; il était alors chevalier bachelier. (Généal., p. 295, 296.)

En 1435, il était banneret. M. de Laffore a publié la montre des hommes d'armes de sa compagnie. Nous y ajoutons celle de ses arbalétriers, parce qu'il y a plusieurs noms de petite noblesse ou de bourgeoisie de nos villes. (Reg. des montres, t. IX, p. 1009.)

La monstre de quinze arbalestriers de la compagnie et retenue de messire Raymond-Bernard, seigneur de Montpezat et de Madaillan, chevalier banneret, reçue en la ville d'Agen, le 18^e jour du moys d'octobre l'an mil quatre cens trente cinq :

Le Roy Daura. — Monnet de Lanapatz. — Bernard de Gondrin. — Anthoin de Cordal. — Peyrot de Sainte-Livrade. — Besien de Monenx. — Peyrot de Banheras. — Monisso de Lartigue. — Diego l'espaignol. — Centab de Labit. — Peyrot Delmysa. — Giratd de Lucville. — Thomas de l'Eiglisa. — Martinet de Paulhac. — Hugot Galinea....

Cette montre est signée *Barbasan*.

FRANÇOIS DE MONTPEZAT,
SEIGNEUR DE LAUGNAC.

511

François de Montpezat, seigneur de Laugnac, a donné, le 28 mars 1568, quittance de 2000 f. que le Roi lui a donnés sur son épargne.

Empreinte sur papier. (T. sc., reg. 78, p. 6095.)

Il fut père de Honorat de Montpezat, connu sous le nom de Laugnac, capitaine des quarante-cinq de la garde du roi Henri III et l'un des assassins des Guise.

ROSTAIN DE MONTPEZAT.

512

Rostain de Montpezat, écuyer, servait sous le comte d'Armagnac aux guerres de Gascogne; il a donné deux quittances, revêtues du sceau très fruste qui est ci-dessus, pour ses gages et ceux des gens d'armes et de pied de sa compagnie, à Lectoure, le 4 août 1355, et à Toulouse, le 21 juin 1356.

Rostain de Montpezat ne se trouve point dans la généalogie. Ses armoiries sont différentes de celles des Montpezat de l'Agenais. (T. sc., reg. 78.)

BARTHÉLEMY, SEIGNEUR DE MUN.

513

Famille ancienne de la Bigorre (1). Bernard de Mun, chevalier, et Guillaume de Mun, damoiseau, sont au nombre des nobles de la Bigorre en 1300. (Enquête, p. 92, 93.)

M. l'abbé Cazauran, archiviste du grand séminaire d'Auch, a publié (V. Palmé, 1876) une notice historique et généalogique sur la famille de Mun, où l'on trouve la biographie de Barthélemy, seigneur de Mun, dont nous reproduisons le sceau (empreinte papier), sur une quittance de gages (huict vingt deux livres), délivrée à Châlons, le 30 août 1570, par Barthélemy de Mun, seigneur dudit lieu, lieutenant de la compagnie de cinquante lances des ordonnances sous la conduite de M. de Sarlabous. (T. sc., reg. 184, p. 6781.)

Par une alliance, contractée le 10 août 1681, avec Anne de Luppé, dame d'Arblade, la famille de Mun devint possesseur de la comté d'Arblade. Ils acquirent en outre les seigneuries de Camortères, Toujouse et Laleugue (Gers, canton de Riscle). Toutes ces terres furent confisquées et vendues à la Révolution.

(1) Mun, canton de Pouyastruc, Hautes-Pyrénées.

THIBAULT DE NANGEVILLE,

SÉNÉCHAL DE TOULOUSE.

514

(S. TEOB)ALDI DE....

Thibault de Nangeville fut institué sénéchal de Toulouse par lettres patentes du vendredi après la quinzaine de la Pentecôte, 1269. (Boutaric, *Alphonse de Poitiers*, p. 169.)

Le mercredi après la quinzaine de la Trinité, il reconnut devoir à Alphonse de Poitiers 150 livres qui lui avaient été prêtées; le sceau est pendu à ce parchemin. (Arch. nat., J 308.)

Parmi les bastides fondées par les sénéchaux d'Alphonse de Poitiers (Boutaric, *ibid*, p. 512), il en était une qui portait le nom de Nangerville ou Angeville.

L'*Histoire de Languedoc* (t. VI, p. 155, col. 2) nous apprend que ce sénéchal donna des coutumes aux habitants d'Angeville, le 2 décembre 1270. Ces coutumes ont été publiées par M. E. Cabié dans les Archives historiques de Gascogne. (*Chartes de coutumes de la Gascogne Toulousaine*, fasc. v^e.)

GARCIE-ARNAUD DE NAVAILLES.

515

...NAVAILLE...

La famille connue sous ce nom est une des plus illustres du Béarn (1); elle a formé de nombreux rameaux dont plusieurs existent encore.

Garcias-Arnauld de Navailles, seigneur de Sault, en Béarn, était connu par la transaction qu'il passa, en 1262, avec Henri III, roi d'Angleterre, au sujet de la tour qu'il avait fait construire sur son domaine de Sault, tour dont les belles ruines se voient encore. Les *Archives historiques de la Gironde* (t. III, p. 11) ont publié cet acte. (Voir dans ce volume au mot *Tantalon*.)

En 1256, il est mandataire de Gaston de Béarn, dans un compromis. (*Layettes du Trésor des Chartes*, t. I, p. 316, 320.)

Il est probable que c'est à son fils, portant le même nom que lui, qu'il faut attribuer le sceau et la quittance que nous donnons.

« Noverint universi quod nos Garsias Arnaldi dominus de Navaliis,
« miles, recognoscimus nos recepisse a venerabilibus et discretis viris
« thesaur. domini nostri regis Francorum nogentas libras turon......
« pro arreragiis sexentarum librarum turon. a domino nostro rege pre-
« dicto nobis datarum. In cujus rei testimonium et roboris firmitatem
« signum nostrum presentibus duximus apponendum. Actum Parisiis
« die veneris post octabas Epiphanie, anno Domini M° CC° nonagesimo
« octavo. » (T. sc., reg. 81, p. 6367.)

(1) Navailles, Basses-Pyrénées.

LOUIS DE NISSE.

516

S. LOYS NISSE.

Louis de Nisse servait dans l'armée du comte d'Armagnac, compagnie du sire de Barbazan.

Il a donné quittance de ses gages, à Paris, le 10 décembre 1415, scellée du sceau que nous reproduisons. (T. sc., reg. 81, p. 6359.)

BERTRAND DE NOAILLAN,
SEIGNEUR DE SAINTE-LIVRADE.

517

NOAILLAN SE.....

Les seigneurs de ce lieu (1) furent parmi les plus puissants du Bazadais. Ils furent plusieurs fois directement convoqués par les rois d'Angleterre, et pleiges des sires d'Albret dans des occasions solennelles; mais ils servirent surtout les rois de France.

Les *Archives historiques de la Gironde* et l'abbé Monlezun ont publié sur eux des documents nombreux.

A Agen, les 27 août et 23 septembre 1340, Bertrand de Noaillan, seigneur de Sainte-Livrade (Lot-et-Garonne), a reçu de Jehan Mousque,

---

(1) Noaillan, Gironde, arrondissement de Bazas.

clerc du Roi, et du clerc des arbalétriers dudit seigneur Roi, en prêt sur ses gages et ceux des gens d'armes de sa compagnie, 20 livres une première fois, et 100 livres une seconde fois; quittances scellées du sceau ci-dessus (n° 517). (T. sc., reg. 81, p. 6365.)

NOÉ.

Noé (1) a donné son nom à une très ancienne et célèbre famille, dont les descendants sont devenus seigneurs de l'Isle-d'Arbechan, aujourd'hui Isle-de-Noé (Gers), l'une des quatre baronnies d'Armagnac.

L'*Histoire généalogique des grands officiers de la couronne* ne pouvant établir de filiation suivie antérieurement au XIVe siècle s'est bornée à enregistrer les noms qu'elle a pu connaître; nous y ajoutons ceux que les ouvrages plus récents nous ont fournis.

En mai 1167, Arnaud-Pons et Gautier de Noé, frères, sont témoins de l'hommage fait au comte de Toulouse par le comte de Foix pour Saverdun. (Teulet, *Layettes*, t. I, p. 94.)

Le 3e des ides de mars 1186, Arnaud-Pons de Noé, Bernard de Montaut, Odon et Isarn, ses enfants, accordent le droit de pâturage sur toutes leurs terres pour les bestiaux de l'abbaye de Grandselve. (Doat, cart. de Grandselve, p. 143.)

En 1201, Gautier de Noé est un des arbitres qui rendent une sentence au sujet de l'hommage de Saverdun; sentence imprimée. (*Hist de Languedoc*, t. V, p. 557; — Teulet, *Layettes*, t. I, p. 230.)

En 1217, au siège de Toulouse, Roger de Noé et ses gens « tenon « la porta et la barbacana de Portus. » (*Hist. de Languedoc*, t. V, p. 522.)

> En Rogers de Montaut mandans e deffendens
> En Rogers de Noer car es ben avinen
> Tenon la barbacana del Pertus belamens.
>
> (*Poëme de la Croisade*, p. 638, vers 9515.)

(1) Canton de Carbonne, arrondissement de Muret, Haute-Garonne.

En 1223, Pons-Arnaud de Noé est un des consuls de Toulouse qui promet à ceux d'Albi de tenir les engagements du comte de Toulouse. (*Hist. de Languedoc*, t. V, p. 625.)

La jolie petite ville de Fousseret et le village de Senarens (Haute-Garonne) doivent leur fondation à Roger de Noé, Bernard d'Orbessan et Bernard de Seysses qui, le 26 janvier 1235 (v. st.), établirent entre eux un paréage pour créer ces deux bastides. (Teulet, t. II, n° 1739; — *Hist. du Languedoc*, t. VIII, p. 826, édit. Privat.) Ce document est très important pour la filiation des familles de Noé, d'Orbessan et de Seysses.

En 1230, Roger de Noé est témoin du paréage convenu pour la fondation de la bastide de Barelle, près Verdun-sur-Garonne. (Teulet, t. II, n° 2077.)

En 1236, Odon de Noé est témoin d'un acte de féauté fait au comte de Toulouse. (Teulet, t. II, n° 2462.)

Pons-Arnaud de Noé était chanoine de Toulouse en 1235. (Teulet, t. II, n° 2398.)

En 1241, Roger et Gautier de Noé, frères, tous deux fils de Gautier de Noé, étaient en contestation sur la légitime de Gautier. La demande de celui-ci fut rejetée par une sentence qui est aux Archives nationales, analysée dans Teulet, tome II, n° 2944.

En 1245, Roger de Noé émancipa son fils Arnaud-Pons; l'acte est publié dans Teulet (t. II, p. 572, n° 3365).

En 1244, Roger de Noé est témoin de l'acte de féauté de Bernard de Marestang (Teulet, tome II, page 540, n° 3204), et de l'hommage rendu par le comte d'Astarac au comte de Toulouse. (*Hist. de Languedoc*, t. VI, p. 454, a.)

Arnaud de Noé suivit Saint-Louis en Terre-Sainte, en 1248. (*Galeries de Versailles*, t. II, p. 397.)

Arnaud-Pons de Noé est présent, en 1249, au serment de fidélité du comte de Comminges à Alphonse, comte de Poitiers. (Teulet, t. III, p. 87, n° 3829.) Le même est parmi les barons qui jurent fidélité au comte de Poitiers et à Jeanne de Toulouse, sa femme. (*Hist. de Languedoc*, t. VI, p. 475.)

Le 3ᵉ à l'issue d'avril 1265, Arnaud-Pons de Noé rendit une sentence arbitrale entre Jourdain de l'Isle et Ysarn Jourdain, dont le procureur du sire de l'Isle releva appel. (Saume de l'Isle.

p. 220; Arch. de Montauban.) Arnaud-Pons de Noé paraît dans un acte de 1271.

Le 10e à l'issue de février 1309, Bertrand, seigneur de Noé, damoiseau, fait donation de tous ses biens à son neveu Hugues du Palais, damoiseau, sous certaines réserves. (Biblioth. nat., Pièces originales, *verbo* Noé.)

HUGUES DE NOÉ.

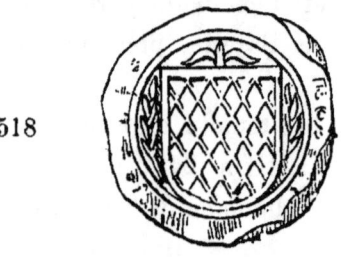

518

Hugues de la Noë et Guilhem de la Noë, chevaliers, servaient à la guerre de Flandres et ont donné quittance de leurs gages en 1302, à Arras, sous le même sceau. (T. sc., reg. 6, p. 6397.)

GUILLEM DE NOÉ.

519

« Saichent tous que nous Guillem de Noé, chevalier du Roy et mais-
« tre de son hostel, avons eu et receu de Guyart de Mont, lieutenant,
« receveur de la baillie de Senlis, par la main de Oudart Gudin, de
« Pierrefons, huit livres dis sols et sis deniers pour les despens que
« nous avons faiz à Pierrefons en tenant les enquestes contre Jehan

« de Machaut et les autres officiaux de la forêt de Guise, avec nobles
« homes Monsʳ Michel de Recourt et Monsʳ Jehan de Leveneur, cheva-
« liers d'iceluy seigneur, là où nous fume comis avec eus deu Roy nostre
« sire. Desquex deniers nous nous tenons pour bien payés et acquit-
« tons. . . . . A Pierrefonds, l'an 1329, le dimanche après la Conver-
« sion de Saint-Pol. »

19 février, autre quittance pour même cause, avec même sceau. (T. sc., reg. 82, p. 6371.)

JEAN, SIRE DE NOÉ.

520

Le 23 juillet 1350, noble et vénérable homme messire Jean de Noé, chevalier, fut présent à l'hommage fait par Bernard de La Tour, damoiseau, à Pierre-Bernard, comte de Cominges. (Villevieille, *verbo* Noé.)

Quittance de Jehan, sire de Noé, de ses gages et de ceux de sa compagnie, à la guerre de l'Angoumois, sous le sire de Nesle, datée d'Angoulême, 29 juin 1354, avec le sceau ci-dessus, n° 520. (T. sc.)

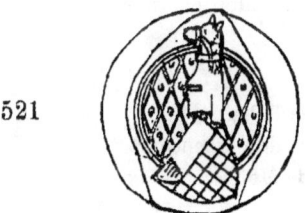

521

Quittance de Jehan de Noé, à la guerre de Poitou et de Saintonge, datée de Poitiers, 4 novembre 1356, et autre quittance datée de Paris, 4 décembre 1356, avec le sceau ci-dessus, n° 521. (T. sc.)

HUGUES DE NOÉ,
CHATELAIN DE ROQUEMAURE.

... DE NO...

Quittance de ses gages et de ceux de sa compagnie, délivrée par « Hugues de Noier (Noé), escuier, chastellain du chastel de Roque-« more, sous Charles de Bourbon, capitaine general de Languedoc, « pour quatre hommes d'armes outre la garnison ordinaire du château « de Roquemaure, au tresorier des guerres de Languedoc, à Roque-« more, le 1er octobre 1422. »

Cette quittance est revêtue du sceau ci-dessus. (T. sc., reg. 82.)

En 1422, Bertrand de Noé, chevalier, était châtelain de Sainte-Gabelle (Cintegabelle).

Il servit contre les Anglais sous les rois Charles VI et Charles VII.

La monstre de messire Jehan seigneur de Noé, chevalier bachelier, de un autre chevalier bachelier, de trois escuiers et de trois archers receuz à monstre au Pont Sainte Maixence, le 12e jour de may mil 412.

Et premièrement :

Ledit monseigneur de Noé, chevalier bachelier.
Messire Pierre de Fomelloy, chevalier.

ESCUIERS.

Noiseux de le Folie.
Guiot bastard de Bethencourt.
Wuillaume de Molin chevreux.

ARCHERS.

Thomas le Mye.
Mayeu Loy Leaue.
Jehan Chardieu.

(Bibl. nat., mss., Montres, t. XIII, n° 703).

ARNAUD D'ORBESSAN.

« Nos Arnaldus de Orbessano (1), domicellus, habui et recepi a nobili
« viro Bertrando domino de Solempniaco, milite, senescallo Tholose,
« super vadiis meis racione presentis servicii regii Vasconie triginta
« septem libras turon., de quibus sum contentus. Datum Marmande die
« XXI sept. anno Domini mil CCC XXX. »

En 1073, Garcie-Arnaud d'Orbessan donna à l'abbaye de Simorre, pour son salut et celui de ses parents, la sixième partie de l'église de Saint-Georges et un casal assis au même lieu. (Cartul. de Simorre, d'après Villevieille.)

En 1141, Garsias d'Orbessan fut présent à une charte du même monastère. (Monlezun, *Hist. de Gascogne*, t. VI, p. 198.)

Sur le cartulaire de l'abbaye de Berdoues (chartrier du Séminaire d'Auch), divers membres de la famille d'Orbessan sont nommés trente fois (chartes 79, 196, 301, 336, 351, 352, 353, 356, 357, 381, 428, 449, 451, 487, 523, 534, 536, 561, 706, 707, 820), entre les années 1134 et 1270, ce sont : Arnaud-Guilhem, — Bernard, chevalier, et son fils Gaston, — Bernard et Pierre, — Bernard et Géraud, neveu de Pierre, — Guil. Garsias et son fils Pierre, — Géraud et Arnauld, frères de Pierre, — Guil. Garsias qui vocatur tortus, — Bernard, fils de Pierre.

Le 26 janvier 1225, Bernard d'Orbessan, Roger de Noë et Bernard de Seysses font paréage pour la construction des châteaux et bastides de Fousseret et Sana (Haute-Garonne). (*Hist. du Languedoc*, et Teulet, *Trésor des Chartes*, t. II, p. 66.)

En 1271, Bernard d'Orbessan, chevalier, est compris dans le *saisimentum comitatus Tolose* pour les seigneuries qu'il possède en la baylie de Penne d'Albigeois.

Au cartulaire de Mirande, Pierre d'Orbessan, chevalier, est témoin en 1295. Il est nommé dans la Saume de l'Isle, f° 1250.

Le testament de Guill. Gassias, seigneur d'Orbessan au diocèse d'Auch, est dans la collection Doat, tome XLIV, page 171.

(1) Gers, canton d'Auch sud.

Nous omettons les autres noms portés aux pages 924 et 925, tome VII, de l'*Histoire généalogique* du Père Anselme.

Bertrand (suivant les Archives du château de Saint-Blancard) ou Bernard (suivant le Père Anselme) acquit les entiers domaines de Saint-Blancard et de Lunax par deux transactions passées, le 8 juin 1276, avec Bernard, comte de Comminges, et, le 7 décembre 1293, avec Raymond-Arnauld de Coarraze.

Ce Bertrand ou Bernard eut pour fils Pierre d'Orbessan, seigneur de Saint-Blancard et de plusieurs autres terres, qui fit bâtir, en 1303, le château de Saint-Blancard, qui de nos jours est la plus belle construction féodale de nos contrées (1).

Pierre eut deux fils : 1° Bernard; 2° Arnauld, qui a formé une branche de seigneurs d'Auradé et autres lieux, éteinte au XVIIe siècle dans la Maison de Narbonne.

En 1429, un Jehan d'Orbessan servait avec Saintrailles et Lahire dans l'armée de Jeanne d'Arc. Le roi Charles VII lui fit un don « pour « lui aider à entretenir au service du Roy sa compagnie » (2).

Quoi qu'il en soit de ces filiations plus ou moins élucidées, il demeure certain que cette famille a porté, au moins depuis le XIVe siècle, le nom d'Ornezan, et que les seigneurs de Saint-Blancard, Orbessan et autres lieux ne l'ont plus quitté. Après avoir donné à l'Église deux évêques de Lombez, et à l'armée un général des galères, marquis des Iles d'Or, dont les mémoires sont imprimés dans la collection des *Documents inédits*, cette famille s'est éteinte dans l'illustre Maison de Gontaut Biron. Son sang y a recueilli de nouvelles gloires militaires.

En 1616, messire Arnaud de Gontaut, marquis de Biron, vendit la terre d'Orbessan à Bernard Daignan, originaire d'Auch, trésorier de France à Toulouse, baron de Castelvieilh. Ses descendants ont occupé des charges de conseillers et président au parlement de Toulouse et dès lors se sont qualifiés marquis d'Orbessan, suivant un usage qui prouve que l'ancienne magistrature avait sur le fait des titres plus de vanité que de délicatesse. Le dernier marquis d'Orbessan a laissé dans les lettres et l'érudition un nom qui est terni par les émanations du XVIIIe siècle.

---

(1) Nos lecteurs connaissent le terrible incendie qui a détruit en partie le château de Saint-Blancard. D'intelligentes et actives réparations vont rendre à cet édifice son antique splendeur.

(2) Comptes du roi Charles VII. Bibl. nat., fonds franc. Mss. — Ces comptes sont une copie du XVIIe siècle, où les noms propres sont maltraités. On y lit *Ivain* d'Orbessan, prénom qui n'est pas gascon. Sans doute, sur l'original, il aurait fallu lire Jehan.

JEAN D'ORNEZAN,
ÉCUYER.

524

S. IEHAN DE ORNESAN.

Jehan d'Ornezan, « escuier », a reçu de Jehan Chauvel, trésorier des guerres, ses gages et ceux de deux autres écuyers de sa compagnie « à « desservir en ces presentes guerres sous le gouvernement de Mr Guy « de Beaumont. » Quittance scellée à Chartres, le 7 octobre 1356. (T. sc., reg. 82, n° 6471.)

Les armes qui figurent dans ce sceau ne sont pas celles de la maison d'Ornezan, qui porte écartelé.

Le 14 août 1352, mandement de Guy de Ferlay, lieutenant des maréchaux de France, à Jacques Lempereur, trésorier des guerres, de payer la montre de Pierre d'Ornezan, chevalier banneret, et six hommes d'armes et sept sergents à cheval, aux gages du Roi, sous le gouvernement du comte de l'Isle-Jourdain, plus huit hommes d'armes ajoutés le 27 octobre 1352.

La monstre Mr Pierre d'Ornesan, chevalier banneret, et de VI hommes et VII sergens à cheval de sa compagnie receuz aux gaiges du roy nostre sire, à Montalban, le XIV octobre MCCCLII. Item et de VIII hommes d'armes de sa compaignie oultre le nombre de sa première retenue, receus audit lieu de Montalban, le XXVII jour dudit mois l'an dessus.

Mes Pierre d'Ornesan, cheval liart, etc.	80 l.
Menaut de Beo (Béon), cheval	60 l.
Bidau de Montels	50 l.
Bernart d'Aribera (Rivière)	30 l.
Manaut de Maur (Mau)	50 l.
Santal de Lagorsa (Lagorsan)	50 l.
Arnault de Beusan (Viosan)	30 l.
Jordain de Castelbardun	35 l.
P. de Seissa	40 l.
Guiraut del Gers	30 l.
Arnaud d'Ornesan	50 l.

Mes Arnaud deu Garrané . . . . 50 l.
Guiraud de Saint-Thomas . . . . 40 l.
Remont de Santarona (Saint-Arroman). . . . . 30 l.
P. de Saint-Thomas.

SERGENS A CHEVAL

Remond de Bilenbat.
Busson d'Agenois.
Perrot Montels.
Jehan de Lande.
Guir. de Montgalard.
Raimond du Freisse.
Guil. de Blanc Moustier.

(T. sc., reg. 82, p. 6471.)

Nous omettons pour abréger le signalement des chevaux, nous bornant à leur estimation.

Le cartulaire de Berdoues, aux Archives du Séminaire d'Auch, nous apprend (chartes 69, 98, 99, 103, 219, 271) que Arnaud de Saint-Arroman, seigneur d'Ornezan, fit diverses donations à l'abbaye, en 1245 pour la dernière fois.

Cependant la seigneurie d'Ornezan appartenait, dès la fin du XIIIe siècle, à la famille d'Orbessan (voir au mot ORBESSAN) dont une branche prenait le nom d'Ornezan. Il en résulte une confusion que le Père Anselme (t. VII, p. 924) a essayé d'éclaircir au moyen des anciens titres de cette famille, qui sont aux archives de M. le marquis de Gontaut Biron, au château de Saint-Blancard. Mais il n'a pu établir la filiation que depuis un testament de l'année 1415. M. J. de Carsalade du Pont, notre collaborateur, a étudié ces mêmes archives et nous a fourni les notes qui suivent.

Jehan d'Ornezan, dont le sceau est ci-dessus, était seigneur de Saint-Blancard et frère aîné de Pierre, chevalier banneret, dont nous avons transcrit la montre, qui était seigneur d'Ornezan, de Sarcos et coseigneur de Monties.

Pierre épousa Jeanne de Castelnau-Tursan, fille de Raymond-Bernard et de Bearnèse de Foix. (*Hist. de la Maison de Castelnau*, par l'abbé Légé, t. II, preuves, p. 28 et suiv.) Il figure dans l'armée de Gaston Phœbus, comte de Foix, en 1376-78. (*Arch. hist. de la Gironde*, t. XII):

Seguin se los baledors de Messenher qui no son sos homes.

ESTERAC.

1º Lo comte. — 2º mess. P. d'Ornesan. — Peyroton son filh. — Lo senher d'Orbessan. — Lo senher de Sent-Blanquat. — Lo senher de Mont-Cornelh, etc.

En 1374, le comte de Foix prêta 3,000 florins d'or à Pierre, seigneur d'Ornezan, qui engagea les châteaux d'Ornezan et de Sainte-Livrade (Haute-Garonne). (Arch. de Pau, E 304.)

Le 29 novembre 1374, Pierre, seigneur d'Ornezan, étant à l'Isle-Jourdain, donne procuration à maître Pierre d'Aronsao pour recevoir des mains du comte de Foix 100 florins d'or pour partie de la dot de Jeanne de Castelnau, sa femme. (Arch. de Pau, E 302.)

Peyroton d'Ornezan succéda à son père; il épousa en premières noces Tallaise de Lagorsan, dame de Montferran et de Vidaillan (près Seissan, Gers), laquelle mourut sans enfants et le fit son héritier, et en secondes noces, Jeanne de Lagarde. Il mourut sans enfants. De son vivant il fit donation de tous ses biens à Bernard d'Ornezan, son parent, seigneur de Saint-Blancard, de Saboulies et d'Encausse (Gers). Les terres données sont Ornezan, Monties, Sarcos, Montferran, Vidaillan et Betcave (Gers). Acte du 19 juin 1437, aux archives de Saint-Blancard.

En 1337, Arnaud d'Orbessan dit le Monge (moine), Pierre d'Ornezan et son fils Arnaud ayant fait prisonniers Hugues et Pierre de Bajordan, chevaliers, les emmenèrent au château de Saint-Blancard où ils les firent mourir dans des supplices atroces. Ils obtinrent, le 23 janvier 1339, des lettres de rémission qui sont imprimées dans l'*Histoire de Languedoc*, édition Privat, tome X, page 838.

Par contrat du 25 mai 1641, messire Arnaud de Gontaut, marquis de Biron, et son fils Jean Charles de Gontaut, marquis de Saint-Blancard, vendirent la terre d'Ornezan à messire César de Péguillan, seigneur de Betbèse, écuyer de la grande écurie du Roi.

PARDAILLAN.

Le Pardailhanez était un pays qui fut détaché de l'Armagnac, à une époque inconnue, pour servir d'apanage à un puîné des plus anciens comtes d'Armagnac. Les cartulaires d'Auch nous apprennent que ce Pardailhanez fut lui-même démembré pour doter des fils : les plus anciens seigneurs de Cazeneuve, de Podenas, de Fourcès, de Bezoles étaient issus des Pardaillan, dès avant la première moitié du xiie siècle, puisqu'ils n'ont retenu que le nom de leur apanage.

Il paraît que des pans de murs ruinés sur le territoire de Cazeneuve sont ce qui reste de l'ancien château de Pardaillan ; il n'y avait pas de village. Cette race seigneuriale avait fondé des châteaux et des bastides ; la plus ancienne était Cazeneuve, qu'ils avaient appelée Pardaillan, mais le nom de Cazeneuve prévalut tellement qu'une branche de la famille s'appela Cazeneuve. Cette dernière s'éteignit dans la branche de Gondrin, perpétuant son nom en fondant dans l'église de Gondrin une chapelle qui jusqu'à la Révolution s'est appelée chapelle de Cazeneuve.

Le Pardailhanez devait subir encore des divisions ; il fut partagé entre les Pardaillan, les Gondrin, les Panjas, les Lamothe-Gondrin. Les Pardaillan étaient les aînés ; ils ont donné à leur bastide de Pardaillan, c'est-à-dire Cazeneuve, des coutumes sans date, probablement du xiiie siècle, dont une copie, écrite en 1475, est dans l'étude de M. Castay, notaire à Gondrin ; nous en donnons ici le premier article dont les dispositions nous paraissent peu communes :

« En nom de nostre senhor Diu Jesu Christ et de nostra dama
« Sancta Maria et ne totz los sans et sanctas de Paradis. Preme-
« rament es stablit e acoustumat los nobles donzels Bernad de
« Pardelhan per nom et per rason deu noble baron Nod de Par-
« delhan et abet tout lo conselh et ab tota la universitad deudit
« loc.

« Que per tostemps heretge et ensabatad ou per quyn nom sie

« apperat heretge de nostre payre l'apostolic de Roma et dels doc-
« tors de sancta mayre Gleysa sie getat del cossolat de Pardelhan
« et de tota la honor et appartenensas deudit loc... »

Cette article nous semble fait contre les Albigeois.

La généalogie de la Maison de Pardaillan, ou du moins de ses branches principales, se trouve dans le P. Anselme, tome V; dans le *Dictionnaire de la Noblesse*, page 175, et dans Moréri. M. J. Noulens a publié aussi un travail important sur cette famille. Nous renvoyons à ces ouvrages pour ce qui touche les personnages dont nous avons trouvé des sceaux.

BERNARD, SEIGNEUR DE PARDAILLAN.

525

Bernard de Pardaillan, chevalier, seigneur de Pardaillan, paraît avoir appartenu à la branche aînée de cette illustre Maison, puisqu'il était possesseur de la seigneurie qui lui a donné son nom.

En 1327, il était au siège de Madaillan en Agenais, avec Odet de Pardaillan, seigneur de Gondrin, son parent. (*Galard*, t. I, p. 378.)

Il servit de 1340 à 1356 aux guerres de Gascogne; il a délivré plusieurs quittances scellées et datées d'Agen, où il se qualifie capitaine de Mauvezin et capitaine de Juillac; il avait, en effet, épousé, le 24 octobre 1327, Cebelie de Mauvesin, vicomtesse de Juillac, qui lui avait apporté ces deux seigneuries. Voir Anselme (t. V, p. 192), où ses services militaires sont exposés. (T. sc., reg. 81.)

Il n'eut de ce mariage qu'une fille, Esclarmonde, qui fut mariée le 15 septembre 1347 à Roger d'Armagnac, fils puîné de Gaston d'Armagnac, vicomte de Fezensaguet, à charge de relever les nom et armes de la Maison de Pardaillan.

526

S. B. SEIN. D. PARDAILHAN.

Le 17 novembre 1340, à Agen, Bernard de Pardailhan donne au clerc des arbalétriers une quittance de vingt livres, pour ses gages et ceux des hommes de sa compagnie. Le sceau s'est conservé entier. (T. sc., reg. 83.)

JEAN DE PARDAILLAN,
VICOMTE DE JUILLAC.

527

S. JOHAN DE PARDELHAN.

Jean de Pardaillan, vicomte de Juillac, seigneur de Panjas et de Pardaillan, petit-fils de Roger d'Armagnac et d'Esclarmonde de Pardaillan, était du nombre de deux cents hommes d'armes et quatre cents hommes de trait ordonnés à Arnaud-Guill. de Barbazan et J. de Torsay, sénéchaux d'Agenais et de Poitou. Il les suivit à Paris, avec douze écuyers et huit archers à cheval, et donna quittance scellée pour 265 livres de ses gages, le 10 janvier 1415.

Voir sa filiation. (Anselme, t. V, p. 193.)

Il était fils de Bertrand et de Angline d'Antin; il épousa, après 1413, Jeanne de Faudoas.

Sceau d'une quittance de ses gages, de ceux de douze écuyers et de huit archers à cheval. Paris, 10 janvier 1415. (T. sc., reg. 84, p. 6625.)

JEAN DE PARDAILLAN,
PRIEUR D'EAUZE.

528

Le sceau ci-dessus est attaché à la pièce suivante :
« A vous messieurs des comptes certifie je Jehan de Pardeilhan, « clerc et sommier de la chapelle de plain chant du Roy, que je tiens « et possede le prieuré d'Eauze au diocese d'Aux, pour lequel prieuré « ceste presente année 1557, en vertu du privilege d'exemption des « decimes donnée par le Roy aux ministres et officiers des chapelles « de plain chant et chapelle du Roy, je n'ay rien payé des decimes « ceste dite année imposés sur mon dit benefice. » 22 mai 1557. (T. sc., reg. 187, p. 7033.)

Jean de Pardaillan était le second fils de Jean, seigneur de Panjas, de Castelnau-d'Auzan et de la Barrère. La déclaration qui précède nous apprend qu'il fut prieur commendataire d'Eauze. Dom Brugèles ne l'a pas inséré dans sa liste. (*Chroniques*, p. 347.)

François Ier avait établi, en 1543, sa chapelle de plain-chant, comprenant des chantres ecclésiastiques, tous parfaitement instruits dans la science du chant et de la psalmodie, destinés à chanter les hautes messes et les heures canoniales. (*Hist. ecclés. de la cour de France*, t. II, p. 50.) Le premier *maître* de cette chapelle fut le cardinal de Tournon, archevêque d'Auch. Les fonctions de sommier étaient fort modestes, elles consistaient « à faire porter les coffres de la chapelle par les « champs et au lieu de séjour, les faire porter d'église à autre, faire « blanchir le linge toutes les semaines et fournir les clous pour tendre « le parement et draps de pied. »

Il est à remarquer que Jean de Pardaillan porte écartelé d'Armagnac et de Pardaillan. Il était, en effet, de la Maison d'Armagnac (voir plus haut).

ODON DE PARDAILLAN,
SEIGNEUR DE GONDRIN.

 529

S. HODO DE PARDELHAN.

Oth ou Odon IVe de Pardaillan, seigneur de Gondrin, servit aux guerres de Gascogne en 1349, avec cinq écuyers et douze sergents à pied. Il donna quittance scellée, à Toulouse, le 10 décembre 1349. (T. sc., reg. 83, n° 6547.)

En 1356, il donna d'autres quittances, sous le même sceau, où il se qualifie capitaine de Gondrin.

ANTOINE DE PARDAILLAN,
BARON DE GONDRIN.

 530

Antoine de Pardaillan, baron de Gondrin et de Montespan, chevalier de l'ordre, capitaine de cinquante hommes d'armes, servit d'abord en Italie, fut prisonnier à la bataille de Pavie en 1524. Il était au siège de Naples en 1528. Anselme (t. V, p. 179) et les *Commentaires* de Monluc font connaître les principales circonstances de sa vie.

Il était lieutenant de la compagnie de cent lances fournies du roi de Navarre, les 15 septembre 1543, 6 avril, 1er mai 1546 et autres, lorsqu'il donna quittances scellées pour ses gages. (T. sc., reg. 83, p. 6551.)

Il porte écartelé de Castillon (*d'or au château sommé de trois tours, surmontées de trois têtes de Maure*) et de Pardaillan.

531

Un autre sceau est posé sur deux quittances, des 23 avril et 2 juillet 1552, données au payeur de sa compagnie par Ant. de Pardaillan, chevalier, lieutenant de la compagnie de quatre-vingts lances fournies des ordonnances du Roy, sous la charge et conduite du roy de Navarre. — « 200 liv. et 225 liv. tant pour nos estats et droit ancien de lieutenant « de ladite compagnie que pour la creue et augmentation d'iceulx. » (T. sc., reg. 83, p. 6553.)

On remarquera que l'écartelé des armoiries est transposé.

BLAISE DE PARDAILLAN,
SEIGNEUR DE LAMOTHE-GONDRIN.

532

Blaise de Pardaillan, seigneur de la Mothe-Gondrin (1), fut homme d'armes de la compagnie du roi de Navarre, en 1526, puis lieutenant de la compagnie de quarante lances de M. de Maugiron, puis de la compagnie de quatre-vingts lances du comte de Laval; gouverneur de Villeneuve de Marsan, gentilhomme ordinaire de la chambre, chevalier de l'ordre, puis capitaine de cinquante lances.

En 1559 il fut envoyé en Dauphiné comme lieutenant général commandant en l'absence du duc de Guise. Il fut massacré par les Huguenots, à Valence, le 25 avril 1562. De Thou (*Hist. Univ.*, t. IV, p. 284) raconte en détail ce tragique événement. Une des gravures de Tortorel et Perissin (n° 13) représente la scène du meurtre. Vingt gentilshom-

(1) Gers, canton de Montréal.

mes de sa compagnie furent assassinés et pendus en même temps que lui. (*Mémoires de Condé*, tome I, p. 84.) Voir aussi Loys de Perussis, *Discours des guerres, etc.*, p. 8, dans le tome I.er des *Pièces fugitives, etc.*, du marquis d'Aubais.

Son sceau est appliqué sur des quittances de gages de 1544 à 1560. (T. sc., reg. 187, p. 712.)

MONDON PAUTE.

533

... PAOTE.

Quittance scellée, donnée le 26 janvier 1407, à Montignac, par Mondon Paute, servant ès guerres de Guyenne, sous le connétable d'Albret. (T. sc.)

La famille Paute était originaire de Nontron en Périgord.

Jourdain Paute était sénéchal d'Agenais en 1327. (Noulens, *Galard*, t. I, p. 228.)

Guy Paute, de la ville de Nontron, épousa Ayssaline, sœur de Ithier de Magnac; il donna quittance de la dot en 1319. En 1384, il se porta héritier de Robert, sire de Magnac, et fit son testament en 1394.

Mondon (Raymond) Paute obtint des lettres de Jean de Bretagne, vicomte de Limoges, donnant mainlevée des revenus d'Itier de Magnac.

Raymond Paute, seigneur de Magnac, rendit hommage, pour la seigneurie de Magnac, à Jean de Bretague, seigneur de Laigle, lieutenant général de la vicomté de Limoges. (Arch. de Pau, E 802, 804, 805, 766.)

BERTRAND DE PESSAN,
CAPITAINE D'ASTAFORT.

Bertrand de Pessan, capitaine d'Astafort, a reçu les gages (50 livres) de sa compagnie de gens d'armes et de pied, pour la garde d'Astafort, sous le gouvernement du comte d'Armagnac. 2 mai 1353. (T. sc., reg. 86, p. 6697.)

Autres quittances du 13 septembre 1353, du 17 décembre 1353, sous le sceau de Othon Campanez, chevalier, en l'absence du sien.

S. BERTR. DE PESSAN.

Un autre sceau (n° 535) du même Bertrand de Pessan, écuyer, capitaine d'Astafort, se trouve attaché à des quittances des 25 juin et 26 juillet 1354, 15 avril 1355 avant Pâques (1356).

RAYMOND DE PEYRE,
SIRE DE GANGES.

« Remon Pierre » sire de Ganges, écuyer, donna quittance, le 22 juillet 1356, à Lectoure, de 55 l. tournois pour ses gages et ceux de dix autres écuyers de sa compagnie servant aux guerres de Gascogne, sous le gouvernement du comte d'Armagnac.

La famille de Peyre, seigneur de Pierrefort et de Ganges en Rouergue, paraît prendre son nom du lieu de Peyre, commune de Campagnac (Aveyron).

Louis de Peyre, seigneur de Pierrefort et de Ganges, qui épousa après 1374 Blanche de Séverac, était sans doute le fils du sire de Ganges dont nous reproduisons le sceau.

BERNARD DU PEYRON.

537

Le sceau que nous donnons est attaché à une quittance délivrée à Castelsarrazin, le 27 février 1342, par Bernard du Peyron, d'une somme de 50 livres qui lui ont été données par messire Agot des Baux, pour les services qu'il a rendus en ces *evenemens* de Gascogne. (T. sc., reg. 85, p. 6659.)

RAYMOND DE PEYRELADE,
CAPITAINE DE PUYLARROQUE.

538

« Remon de Pierre Late, » capitaine du Puy de la Roque, a posé le sceau de ses armes au pied de deux quittances de sept vingts livres données à Guill. Larcher, lieutenant de Jacques Lempereur, trésorier des guerres, 15 avril 1355 et 22 juillet 1356. Il servait sous le gouvernement du comte d'Armagnac. (T. sc., reg. 86, p. 6737.)

Le fief de Peyrelade, dont il portait le nom, est un écart de la communc de Roquecor (Tarn-et-Garonne). En écrivant la quittance, le trésorier des guerres a traduit en français par Pierrelate. Puy-la-Roque est dans le même pays.

En 1418, Jean de Peyrelade, damoiseau, est présent à l'hommage rendu au comte d'Armagnac par Arnaud-Ramon de Castelbajac, pour le lieu de Sarragassies (Gers). (Villevieille, v° Peyrelade.)

PINS.

La famille de Pins ou Piis, qui prenait peut-être son nom du lieu de Piis ou Pins, Lot-et-Garonne, était puissante dans l'Agenais aux XIIIe et XIVe siècles. Arnaud de Pins fut évêque de Bazas, de 1220 à 1226; Guillaume de Pins occupa le même siège de 1266 à 1270. (*Gall. Christ.*, I, 1199-1200). Ils paraissent sur nombre de chartes comme pleiges, arbitres ou témoins dans des affaires qui intéressent les rois de France et d'Angleterre.

L'*Histoire de Languedoc* (VI, 473, 485), l'*Histoire de Gascogne*, par Monlezun, les nomment souvent. Ils possédaient les seigneuries de Taillebourg, Monheurt, Moncrabeau, Caumont, Calignac et autres, qui sont dans les arrondissements de Marmande et de Nérac.

Courcelles, *Histoire généalogique des Pairs de France*, a essayé de dresser une généalogie de cette famille en analysant quatre testaments de ses membres recueillis au tome IV de la collection Doat (Bibl. nat.). Cette collection contient encore, volume 187, f° 107; vol. 192, f° 269; vol. 195, f° 155; vol. 197, f° 17, divers documents. Il faut aussi consulter les *Archives historiques de la Gironde* et les reg. du Trésor des Chartes, Arch. nat., JJ. reg. 102, pièce 134, et reg. 66, f° 129, dont nous donnons copie.

Sans-Aner de Pins épousa Brunissende de Comminges. En 1326, il était, ainsi que son fils Anissans, en guerre contre les habitants de Condom et de Mézin. Ils obtinrent à cette occasion des lettres de rémission qui expliquent brièvement les faits.

« In nomine sancte et individue Trinitatis, amen. Philippus,

« Dei gracia Franc. rex. Notum facimus universis tam presentibus
« quam futuris nos infra scriptas vidisse litteras formam que
« sequitur continentes : Alfonsus de Yspania, dominus de Lunelis,
« domini nostri Francorum et Navarre regis in Occitanie partibus
« locum tenens. Notum facimus universis tam presentibus quam
« futuris, quod, cum Sansanerius de Pinibus, dominus Talhaburgi,
« Anissancius, ejus filius, Petrus de Seras, miles, Bertrandus, ejus
« filius, Arnaldus de Gardia, rector Castri comitalis (*aujourd'hui*
« *Damazan*), Leberonus de Bidossa, Petrus de Fronsaco, Bertran-
« dus de Clairaco, Bernardus de Hugueto, Guilliamotus de
« Gorsola, Bernardus de Biraco, Augerius de Barreria, Remondus
« Guillelmi de Gimbreda, Rem. Guill. de Montefalcono, Guillel-
« mus et Fortanerius de Viveriis, Petrus Arnaldi lo Bascol,
« Galhardus de Biscario junior, Guillelmus Arnaldi de Bove,
« Remondus de Camparra, Vitalis de la Compra, Sansanerius de
« Venis, filius quondam Garcie de Venis, Grimoardus de Biraco,
« et Johannes de Canturano, et multi alii ejus complices et
« subditi, ad instanciam quorumdam inimicorum emularum suorum
« fuerint, coram domino nostro rege et ejus curia et coram senes-
« callo Agennensi, et pluribus aliis officialibus domini nostri
« regis, denunciati vel delati, quod dicti Sansanerius, Anissancius,
« filius ejus, et alii prenominati, cum tam ad [prejudicium]
« consulum, sindicorum et hominum universitatum de Condomio
« et de Medicino quam plurium gentium aliarum senescallie
« Agennensis commiserant nonnulla inhobediencias, rebelliones,
« conspirationes, injurias, violencias, dampna, gravamina, homi-
« cidia, incendia et plura alia maleficia contra regiam magestatem
« in senescallia Agennensi predicta. Supra quibus tam per com-
« missarios datos per dominum nostrum regem quam per senes-
« callum Agenensem et alios officiarios domini nostri regis ex
« officio sint incepte informationes et inqueste contra prenominatos
« et alios complices et subditos Sansanerii memorati que adhuc
« pendent; et cum tam per scripturas commissariorum quam per
« alia gravamina racione predictorum sustineant labores et expen-
« sas, quamvis ipsi se senciant ignoscentes totaliter de predictis;
« nobis humiliter supplicantur quod nos de gracia speciali omnem
« penam tam criminalem quam civilem, infamiam et aliam quam

« racione premissorum merere potuissent erga regiam magestatem,
« quittare et remittere dignaremur. Nos attendentes grata et
« fidelia obsequia que dictus Sansanerius, ejus filius domino nostro
« regi et nobis in personam ipsius liberaliter impenderunt et
« adhuc impendere cum suis subditis non recusant in presenti
« guerra Vasconie; ymo in ea intendentes servire cum familia
« et bonis suis. Quorum sicut decet affectamus desiderio compla-
« cere... licet ipsi se asserunt de predictis penitus innocentes
« (*suit la formule de rémission, sauf le droit des communautés et
« des particuliers qui voudraient poursuivre civilement*). Quod ut
« firmum et stabile permaneat in futurum, presentibus litteris
« nostrum facimus apponi sigillum. Actum et datum in exercitu
« ante Podium Guillelmi die XIX^a septembris anno Domini
« M° CCC° XXVI°. — Nos autem gratiam et remissionem predictas
« et omnia alia et singula superscripta contenta hiis rata
« habentes et grata ea volumus, ratificamus, laudamus, aprobamus
« ac tenore presentium nostra auctoritate regia confirmamus,
« nostro in aliis et cujuslibet alterius in omnibus jure salvo. Quod
« ut firmum et stabile permaneat in futurum presentibus nostrum
« fecimus apponi sigillum. Datum apud Sanctum Chrystoforum
« in Halata, anno 1329, mense marcio. Per dominum regem, etc...

« J. AUBIGNY. »

ANISSANS DE PINS,
SEIGNEUR DE TAILLEBOURG.

539

SIGILLUM ANISANSI DE PINIBUS.

Anissans de Pins, chevalier, a scellé du sceau ci-dessus plusieurs quittances de 1,800 livres qui lui ont été données, le 22 août 1355, pour la garde de ses terres.

S. ANISSANSI DE PIS.

Autres quittances de 320 livres, le 1er septembre, et de 437 livres, le 6 janvier de la même année, scellées du sceau ci-dessus. Il était chevalier banneret et servait avec trois chevaliers bacheliers, trente-six écuyers et quatre-vingts sergents à pied. (T. sc., reg. 86.)

BARTHÉLEMY DE PINS,
SEIGNEUR DE TAILLEBOURG.

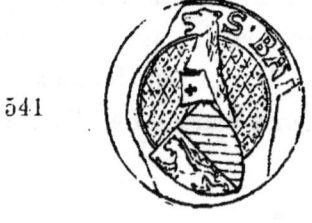

S. BA...

Barthélemy de Pins était fils d'Anissans. Courcelles (*Histoire généalogique des Pairs de France*) lui a consacré une notice étendue.

En 1350, il fut fait prisonnier par le seigneur de Lamothe et s'obligea, le 1er mai, à payer 4,500 livres pour sa rançon. (Acte imprimé dans les *Arch. hist. de la Gironde*, t. IV, p. 110.) Cette obligation fut garantie et payée par Bernard Ezi, sire d'Albret. (Arch. de Pau, E 36.)

Charles V lui accorda 300 livres de rente sur les places qu'il avait prises, et jusqu'à ce qu'il eut recouvré Taillebourg, dont les Anglais s'étaient rendus maîtres. (T. sc., reg. 86.)

Il servait avec vingt écuyers et quarante sergents à pied aux guerres de Gascogne, et il se qualifie chevalier banneret, seigneur de Calignac, dans les quittances scellées qu'il a données, le 10 octobre 1355, pour mille livres, et le 4 août 1356, pour neuf vingts livres.

Barthélemy de Pins, seigneur de Taillebourg et de Calignac, fit son testament le 3 juillet 1375. Il ne laissait qu'une fille, Régine de Pins. Sa succession passa par héritage à la Maison d'Albret.

RENÉ DE PINS,
SEIGNEUR DE MONTBRUN.

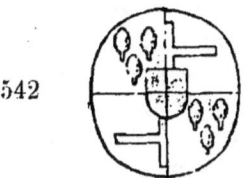

542

Une branche de cette famille se fixa à Toulouse, et dès les années 1307, 1337, 1362, y exerça des charges importantes. Elle devint gasconne par la possession des seigneuries de Montbrun, d'Aulagnères, du Bourg-la-Matère et autres. C'est « Jehan de Pins, seigneur de Mont- « brun, de Forgues et de Colomers, conseiller maistre d'oustel du Roy « nostre sire et lieutenant general de M. le seneschal de Toulouse, » qui fut l'un des commissaires qui dressèrent l'enquête de 1506, qui constate les cruels actes de tyrannie commis par le sire d'Albret dans la ville de Fleurance. C'est sous sa dictée que fut écrit le manuscrit 16834 (Bib. nationale), analysé par presque tous nos historiens de Gascogne et en dernier lieu par M. Luchaire, *Alain le grand, sire d'Albret*.

L'un des petits-fils de Jehan de Pins, René de Pins, sieur de Montbrun, était, en 1574, lieutenant de la compagnie de Saint-Sulpice. Nous transcrivons la montre qui est revêtue du sceau de ses armes :

Revue en armes, à Beaumont de Lomagne, le 16 mai 1574, de la compagnie de trente lances, sous les ordres de M. de Saint-Sulpice.

MM. Jean Ebrard de Saint-Sulpice.	500 livres.
René de Pyns, sr de Montbrun, lieutenant.	262 —
Meric [de Chasteigner] d'Eaucastetz, sieur dudit lieu, enseigne.	200 —
Henri Ebrard de Saint-Sulpice, guidon.	200 —
Bertrand de La Roquan, sr de La Tour en Armagnac, maréchal des logis.	120 —
Etienne de Gridpiere, sr dudit lieu, demeurant en Provence, absent, à sa place Jean de Rossiols, du Quercy.	100 —
Jehan de Sendat [Sédirat], sr de Sainte-Colombe, demeurant au comté d'Astarac, pays de Castelnau.	100 —
Jehan de Radonet, en Quercy.	100 —

Bernard de La Roquan, sieur de Saint-Léon, en Armagnac...	100 livres.
Jacques de Préchac, sʳ de Muras (1), en Armagnac........	100 —
Pierre de Rassiels, du Quercy......................	100 —
Bonaventure du Bec des Essarts, cassé à la montre précédente; enrôlé en sa place, le 16 mai audit an, en plaine montre, François Salvaignac, sieur de La Bourette, qui estoit archer de la compagnie.......................	100 —
Autre Gaston, qui demeure à Metz, cassé à la monstre précédente, absent; enrollé en sa place Antoine Pouillès, sieur dudit lieu en Comminges.....................	100 —
Pierre de La Pierre, sieur dudit lieu en Armagnac........	100 —
Charles de Beaumont, sʳ de Montfort, en Quercy.........	100 —

François de Pouzargues, sieur de la Gleyse en Quercy.
Antoine d'Alvignac, sʳ dudit lieu en Quercy.
Antoine Le Conte, paroisse de Larezet, sénéchaussée de...
Antoine Fénélon, sʳ dudit lieu en Quercy.
Antoine Aubert, sʳ de Faumeret en Quercy.
Jehan de La Court, sʳ dudit lieu en Quercy.
Jehan de Cossy, sʳ de Pujols, en Armagnac.
Simon de Pins, dict cappitaine Montbrun.
Jehan de Bordera, sʳ dudit lieu en Languedoc.
Jehan de Bernualh, sʳ de Beaupuis, sénéchaussée de Toulouse.
Antoine de La Conté, sʳ dudit lieu en Quercy.
Jehan de Clairat, sʳ dudit lieu, sénéchaussée de Toulouse.
Bernard Donzel, sieur d'Aiguemortes, sénéchaussée d'Armagnac.
Pierre de Gaulejac, sʳ de la Barrière, sénéchaussée de Toulouse.
Bertrand de Gaulejac, sʳ de Thiac en Quercy.

ARCHERS

Etienne de Lalande, de Beaumont de Lomagne.
Jehan de Barbazan, sʳ dudit lieu en Armagnac.
Bernard de Sendat [Sédirat], demeure au pays d'Astarac, pays de Castetnau.
Fleury du Bouzet, paroisse de Lauzerte en Quercy.
Gabriel de Baulat, sʳ dudit lieu en Armagnac.
Pierre de Laumont, sʳ de la Briffe en Armagnac.
Philippes Captamp de Saint-Vincent, demeure en Quercy.
Isac Le Blanc, sʳ de Thelleys en Armagnac.
Annet de Montamel, sʳ dudit lieu en Quercy.
François de Cossy, sʳ dudit lieu en Armagnac.
Antoine de La Brone, demeurant en Quercy, paroisse de Gourdon, absent, passé pour présent par ordre du Roi du 22 mars 1574.
Guil. de Fenelon, demeurant en la paroisse de Perisses en Cominges.
Jehan Savaté, demeure à Engausse en Armagnac.
Pierre de Montfaulcon, sieur de Taillade.
Etienne Radigot, demeurant à Taillade en Quercy.

(1) Commune de Puycasquier.

Gabrielle Fesanne, sr de la Cardonnière en Quercy.
Jehan de La Gelye, paroisse de Lauzerte, en Quercy.
Pierre de Montezel, sr de La Mothe en Languedoc, fourrier.
Antoine de La Verdure.
Jehan de Pinsson, sr dudit lieu en Quercy.
Etc., etc.
(En tout vingt-cinq hommes d'armes à cent livres chacun et quarante et un archers à cinquante livres.) (T. sc., reg. 126, p. 847.)

Suivent les certifications données et scellées en papier par René de Pins, sr de Montbrun, chevalier de l'ordre, lieutenant de la compagnie, et par le trésorier Goault dont voici le sceau.

543

La famille de Pins a produit nombre de personnages marquants dans l'armée et dans l'Église, notamment Jean, évêque de Rieux, prieur de Moissac, l'un des savants hommes de son temps, dont la plume, si l'on en croit Erasme, était Cicéronienne, grand amateur de manuscrits grec; les restes de sa collection ornent la Bibliothèque nationale. Voir les dictionnaires biographiques; — la *Biographie Toulousaine*; — Léopold Delisle, *Cabinet des manuscrits*, tome I, p. 152; — Courcelles, *Hist. des Pairs de France*, tome VII; — *Revue d'Aquitaine*, t. II, IV, X.

Dom Villevielle a analysé les archives de la famille de Pins.

PODENAS.

Cette seigneurie (1) a donné son nom à une famille issue des Pardaillan (2) et qui en porte les armes. Elle a été puissante au moyen âge. Une de ses branches a formé les barons de Peyrusse-Grande, près de Montesquiou (Gers).

(1) Canton de Mezin (Lot-et-Garonne).
(2) Guil. de Podenas, frère de Odon de Pardaillan en 1222. (Cartulaire noir d'Auch, f. 179 et 187.)

ARNAUD DE PODENAS.

544

Arnauld de Podenas, avec sa compagnie, tenait garnison à Moissac, en 1355; son compagnon Thierry de Laporte dit Roullant, capitaine de Moissac, a donné quittance de ses gages sous le *scel d'Arnaud de Podenas, son compagnon,* dont nous donnons le sceau. (Voir ROULLANT, p. 330, de ce volume.)

MONTASIN DE PODENAS.

545

S... AS.

Montasin de Podenas était le fils aîné de Pierre, seigneur de Mourède, coseigneur de Peyrusse, et de Catherine de Baulat. Le 5 août 1356, servant dans l'armée du comte d'Armagnac, au siège de Rulle (Aveyron), il était chevalier banneret et commandait neuf écuyers; il donna quittances de ses gages, les 28 septembre et 8 octobre 1356, scellées du sceau ci-dessus.

Nous transcrivons ici des lettres de rémission relatives à plusieurs membres de la famille Podenas :

« Philippus, Dei gracia rex... Notum facimus quod Guillelmus de
« Astaforti, Arnaldus de Podenassio et Guil. de Astaforti, condomini
« de Podenassio, et consules et universitas castri predicti, necnon
« Vitalis de Filartigue, Petrus Descals, miles, Vitalis de Podenassio,
« filius archidiaconi, Menotus de Baulato, Bertrandus de Monte Acuto,
« Galhardus de Filartigua, C. de Podenassio (*et un grand nombre*
« *d'autres dont l'énumération occupe neuf lignes du registre, ce sont*

« *les consuls et habitants de Podenas*), tam civiliter quam criminaliter
« preventi fuissent in curia senescallie Agennensis, et plures ex ipsis
« in inquesta positi de et supra eo quod ipsi coadunati cum armis
« prohibitis invaserant bajulum necnon consules, scindicos et quas-
« dam personas singulares de Medicino et in eos irruentes Remondum
« de Petra longa, Johannem Maleti, Petrum de Suno, Petrum Basteri
« de Blano, Vitalem de Larbosan et quatuor alios habitantes dicte
« ville de Medicino interfecerant, pro quibus excessibus et maleficiis,
« predicti Guillelmus de Astaforti et Vitalis de Filartigua in carceribus
« castri Lactorensis detenti ipsis fractis carceribus aufugerant : propter
« quod ipsi et plures alii de dictis preventis qui se absentaverant, ad
« jura nostra per senescallum Agennensem vocati et non comparentes
« secundum consuetudines patrie a regno nostro banniti sunt et
« eorum bona declarata nobis esse commissa, et nostris juribus appli-
« canda. Dilectusque et fidelis noster Petrus de Podenassio, domicellus,
« ad nostram accedens presenciam nobis exposuit factum predictum
« esse miserabile, nam cum predicti condomini de Podenassio in sua
« justicia et jure suo in loco de Pignague fecissent suspendi quemdam
« furem, prenominati de Medecino more hostili cum armis prohibitis
« absque licencia et auctoritate senescalli venerant ad locum illum et
« furchas suas patibulares destruxerant, denique suspensum portari
« faciebant versus villam de Medicino. Quod dum ad audienciam
« dictorum condominorum et consulum de Podenassio pervenisset,
« turbati et irati repente, nulla deliberatione habita, exierunt obviam
« prenominatis de Medicino petentes ab eis quare sic eos violenter
« dessaisire volebant et rogantes ipsos ut eos dimitterent in sua
« possessione et locum restituerent de dicto fure ; quod facere indebite
« denegantes et maximum conflictum et impetum facientes, in tantum
« hinc inde se commoverunt quod de parte illorum de Podenassio
« mortui equi dictorum Guillelmi de Astaforti et Guillelmi de Pode-
« nassio et de parte illorum de Medicino memorati undecim homines
« casu fortuito interfecti. Unde dictus Petrus pro predictis bannitis
« et preventis nobis humiliter suplicavit ut de facto hujusmodi fieri
« faceremus inquistam et secondum veritatem et juxta qualitatem
« debiti misericorditer vellemus agere cum eisdem. Nos autem ipsius
« Petri ejusque consideratione et obtentu serviciorum nostris prede-
« cessoribus Francorum regibus nobisque in guerris nostris per eum
« et per genus suum fideliter impensorum, cum dictis bannitis et
« preventis misericorditer procedi volumus, suplicationibus annuantes,
« de facto predicto et de circonstanciis ejusdem informationem fieri

« fecimus diligentem; qua nobis reportata et super contentis in ea per
« dilectos et fideles gentes nostros compotorum Parisii relacione
« plenissima nobis facta, attentis modis et causis factis ex utraque
« parte et quod, sicut dictus Petrus nobis exposuit, locus predictus de
« Pignagne erat et remanet in et de jure inter juridictionem dictorum
« condominorum et consulum de Podenassio per tractatum et concor-
« diam factos inter partes predictas; et etiam quod cum amicis dicto-
« rum interfectorum accordatum est et pacificatum ita quod mortem
« ipsorum prosequi de cetero non intendunt, mediantibus duobus
« millibus libr. turon. quas nobis pro emenda dicti delicti idem Petrus
« suo et aliorum nomine preventorum predictorum et bannitorum
« obtulit nostris thesaurariis Parisii ad beneplacitum nostrum sol-
« vendas. Habita deliberatione super hoc diligenti... (*suit la rémis-*
« *sion, restitution des biens et permission de retour accordée à tous les*
« *bannis, consuls ou habitants de Podenas*). Datum Parisiis, anno
« Domini M° CCC° tricesimo secundo, mense apprilis. » (Arch. nat.,
JJ 66, page 224.)

Nous ne connaissons pas de généalogie imprimée de la famille de Podenas.

Les deux derniers représentants de cette race antique habitaient naguère le château de La Roque, sur le territoire de Pouydraguin. L'un et l'autre ont trouvé une mort glorieuse dans une des batailles livrées aux Allemands.

Pendant la guerre de Cent ans, le lieu de Podenas était considéré comme une des plus importantes forteresses de la frontière française.

JEAN DE POLASTRON,
SEIGNEUR DE MAURENS, GOUVERNEUR DE TOUL.

Famille de féodalité ancienne, qui nous est connue d'abord au XIIe siècle par les donations qu'elle fait aux abbayes de Grandselve, de Berdoues et de Gimont. Des évêques et un grand nombre d'hommes de guerre en sont sortis jusqu'à la fin du XVIIIe siècle.

Elle s'est divisée en deux branches principales, celle de Polastron-le-Haut et celle de Polastron-le-Bas. Chacune de ces branches a poussé à son tour de nombreux rameaux. Celui de Maurens près Gimont appartient à la branche de Polastron-le-Bas.

Le 19 mai 1548, Jehan de Polastron, seigneur de Maurens, a posé le sceau de ses armes (n° 546) sur une quittance de ses gages. Il était lieutenant de quarante lances fournies sous la conduite du baron de Terrides.

En 1553, il était gouverneur de la ville de Toul, capitaine de cent chevau-légers.

Le 4 novembre, il reçut 500 livres pour la solde de quinze hommes qui restaient de sa compagnie, les autres ayant été renvoyés sans toucher leur solde.

Jean de Polastron était fils de Sans-Garcie, seigneur de Polastron-le-Bas, et de Anne de Lambès. Il épousa, en 1539, sa cousine Catherine de Marestang, dame de Maurens, après l'avoir enlevée. Il fut poursuivi pour rapt par les parents de sa femme, mais son mariage fut validé. Il devint ainsi seigneur de Maurens. Il fut gentilhomme ordinaire de la chambre du Roi, chevalier de l'ordre, et fit son testament le 29 mars 1558. Il mourut peu après laissant sept enfants. (Archives du château de Saint-Blancard, fonds Polastron-La-Hillère.)

FORTANER DE PREIGNAN.

547

S. F... HAN.

Fortaner de Preignan servait aux guerres de Gascogne, sous le gouvernement du comte d'Armagnac. Il a scellé deux quittances de ses gages (10 livres tourn.) et des sergents à pied de sa compagnie, employés à la garde de Vic-Fezensac. 22 juillet et 29 septembre 1356. (T. sc., reg. 84, p. 90.)

Les restes du château de Preignan (Gers, canton d'Auch) subsistent encore.

Bertrand de Preignan, damoiseau, transigea avec Othon de Montaut, le 14 mars 1324. (Généal. Malartic, *Dictionnaire de la Noblesse.*)

Othon de Preignan, fils de Bertrand, épousa Oubriette Bertrand, et donna quittance, le 20 mai 1340, de la dot de sa femme, à Arnaud Bertrand, seigneur d'Uzan, près Aubiet, son grand-père. (Arch. de M. de Carsalade.)

Eudes de Preignan était marié en 1366 à Marquèse de Massas, veuve de Pierre de Roquelaure. (Généal. Roquelaure, *Dict. de la Noblesse.*)

Dans son testament du 30 juin 1384, Jean de Massas, s^r de Castillon, substitue à ses enfants Bertrand et Manaud de Preignan frères. (*Idem.*)

Le 28 octobre 1425, Manaud, seigneur de Preignan, est exécuteur testamentaire de Jean, seigneur de Roquelaure.

Le 17 septembre 1411, il fait une vente au chapitre d'Auch. (Arch. du Gers, G 20, f° 147.)

PREISSAC.

Famille qui descend des anciens comtes de Fezensac et fut apanagée, aux XIe et XIIe siècles, de plusieurs seigneuries, sises dans le Fezensac, qui sont restées en sa possession jusqu'à la Révolution. Elle s'était également étendue en Guyenne, où elle avait formé la branche des Soudans de Latrau. Les seigneurs d'Esclignac (près Cologne, Gers), devenus marquis de Fimarcon et ducs d'Esclignac, se sont éteints en 1874.

Gastelier de La Tour a donné au siècle dernier une excellente généalogie de la maison de Preissac. A défaut de son ouvrage, devenu rare, on pourra consulter le *Dictionnaire de la Noblesse*, de Lachenaye-Desbois, et le *Nobiliaire* de Saint-Allais.

Ce nom s'écrit indifféremment *Preissac, Preyssac ou Préchac.* Cette dernière forme est assez fréquente.

ARNAUD-BERNARD DE PREISSAC,

SOUDAN DE LATRAU.

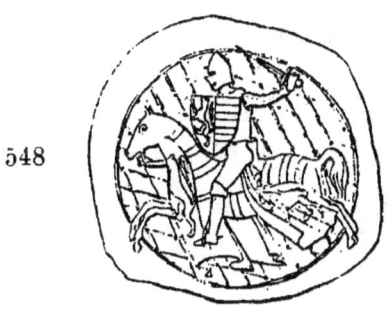

548

Latrau ou Latrave, fief (commune d'Uzeste, Gironde) dont les seigneurs portaient le titre de Souldan ou soudic, que plusieurs générations de la famille de Preissac ont rendu célèbre pendant le XIVe siècle.

Gastelier de La Tour et le *Dictionnaire de la Noblesse*, tome XVI, page 335, donnent sur ces personnages des résumés généalogiques et historiques. Leur seigneurie relevant des rois d'Angleterre comme ducs de Guyenne, ils tinrent presque toujours le parti anglais. Ils étaient en même temps sires de Didonne en Saintonge (Charente-Inférieure) (1).

Arnaud-Bernard, II° du nom, servait en Saintonge, en 1318.

Les comptes du trésorier des guerres mentionnent à cette date « monsieur le Souledant de La Trau, sire de Didonne. » (Descamps, t. LXXXIII, p. 151, Bibl. nat.)

Enquête faite en 1338 par le sergent du Soudan de Preissac, sire de la châtellenie de Didonne. (*Bibliothèque de l'École des Chartes*, 1874, p. 377.)

En 1340, Arnaud-Bernard, servant sous les ordres du sire de Magnac en Saintonge et Poitou, a délivré plusieurs quittances de ses gages, scellées de son sceau; nous copions une d'elles, où le sceau est presque entier :

« Saichent tous que je soudam de Preissac, sire de Didonne, confesse
« avoir eu de honorable homme et sage Reynaut Croulebois, receveur
« du Roy nostre sire en Xaintonge, par mandement de M. le capitaine
« et sénéchal de Xaintonge, IV^{xx} et VII livres tournois en prest sur

---

(1) La *Bibliothèque de l'École des Chartes* a publié (1858, p. 81) une pièce importante sur Arnaud-Bernard I, soudan de Latrau.

« mes gages et gendarmes de ma compagnie. A Xaintes, le 7 juin 1340. »
(T. sc., reg. 90, p. 7047.)

Par son testament de l'année 1345, Regine de Goth, comtesse d'Armagnac, appela éventuellement à sa succession « Arnaldum Bernardi « de Preyssaco, dictum Soldanum. »

En 1357, le 4 mars, il est du nombre des arbitres qui, par leur sentence rendue à Bordeaux, décident que la vicomté de Castillon en Médoc appartient au roi d'Angleterre. (Trésor généalogique, t. II, v° Albret, 93.)

Il avait épousé Rose d'Albret.

ARNAUD-BERTRAND DE PREISSAC,
SOUDAN DE LATRAU.

549

... SOVDAN... LATRAU.

Arnaud-Bertrand de Preissac, Soudan de Latrau, fils de Arnaud-Bernard II et de Rose d'Albret, suivit toujours le parti anglais. Il était dans l'armée du prince de Galles, qui parcourut la France en conquérant et finit par remporter la grande victoire de Poitiers, le 19 septembre 1356. Froissart cite le Soudan de Latrau parmi les gens d'armes qui firent sur les restes de l'armée française cette furieuse et sanglante charge où le roi Jean fut fait prisonnier.

Le Soudan fut un de ceux qui s'opposèrent le plus chaudement au départ du roi Jean pour l'Angleterre et qui obtinrent une portion de la rançon de 60,000 livres accordée par le prince de Galles à ceux qui avaient contribué à la prise du Roi.

Arnaud-Bertrand ne cessa point de servir les Anglais avec Jean Chandos, le prince de Galles et le duc de Lancastre.

La *Revue des Sociétés savantes* (4ᵉ série, vol. 5, p. 497) a publié sur sur lui une notice.

Nous ignorons les motifs qui avaient déterminé le roi de France à lui accorder une pension, dont une quittance porte encore un fragment du sceau.

« Sachent tuit que je, Soudy de Lestrau, chevalier, confesse avoir eu
« et receu des generaux tresoriers à Paris sur le fait des aides ordenés
« pour la delivrance du roy Jehan, dont Dieu ait l'ame, par les mains
« de Jehan Luissier, receveur general des aides, la some de cinq cens
« quatre vint trois francs d'or, 6 souls, 8 den. tourn., qui deus m'es-
« toient de montre à paier, aparet de la somme de XIᶜ LXVI liv. XIII s.
« IIII d. pour cause de certaine rente à heritage que je preing chascun
« an sur la recepte de Thoulouse, pour tous les termes passez jusques
« au terme de Noël present exclusivement. Si comme tant se peut
« apparoir par l'escripture faicte de la main maistre Hue de Roche,
« maistre des comptes du Roy messire, au dos d'unes lettres du Roy
« nostre dit seigneur donnée au Vivier en Brie, le Xᵉ jour d'octobre
« M CCC LXVIII precedent; lesquelles sommes sont demourées par devers
« ledit Jehan Luissier; de laquelle somme de Vᶜ IIIIˣˣ III frans VI sous
« VIII d. tourn. dessusdits, je me tiengs content et paié et en quitte le
« Roy messire, lesdis generaux tresoriers, Jehan Luissier et tous aultres.
« Donné sous mon scel, le XXVIᵉ jour de décembre M CCC LXVIII. » (T. sc., reg. 45, p. 3391.)

BÉRAUT DE PREISSAC,
CAPITAINE DE TONTOLON

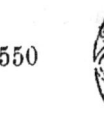
550

S. BERAVT DE PRESSAC.

Beraut de Preissac, chevalier, capitaine de Tontolon en Bazadais, servait en 1347, avec neuf écuyers, trente-quatre sergents lanciers et seize arbalétriers, sous les ordres de Enart de Montfaucon, sénéchal de Toulouse, « lors capitaine oultre la rivière de Garonne; » quittances scellées du 3 avril, 2 juillet et 1ᵉʳ octobre 1347. (T. sc., reg. 89, p. 7019.)

RAYMOND-ARNAUD DE PREISSAC.

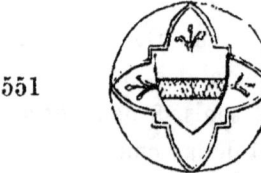

551

Raymond-Arnaud de Preissac, chevalier, servait en 1349, avec neuf écuyers, quatorze sergents lanciers et six arbalétriers de pied, ès guerres de Gascogne, sous le gonvernement de Rév. Père en Dieu, Guillaume, archevêque d'Auch; quittance scellée du 7 septembre 1349. (T. sc., reg. 89.)

GAILLARD DE PRESSAC,
SIRE D'ESTAIN.

552

Gaillart de Preissac, sire d'Estain, servait ès guerres de Gascogne et en la garde de Montégut en Armagnac, sous les ordres du comte d'Armagnac; quittances scellées des 14 janvier 1355, 23 juillet et 29 septembre 1356. (T. sc., reg. 89, p. 7019.)

AMART DE PRESSAC,
CHEVALIER.

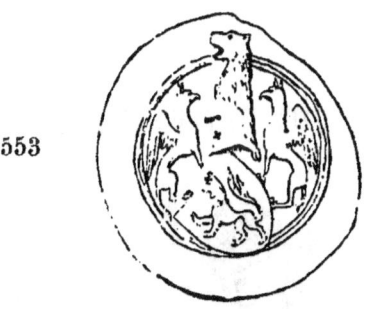

553

Amart de Pressac, chevalier bachelier, et trente-huit écuyers de sa compagnie servaient en Guyenne, sous le connétable d'Albret; quittance du 28 juin 1405. (T. sc., reg. 89, p. 7021.)

GAUTIER PREVOST.

554

... UTIER. PREVOST.

« Saichent tuit que je Gautier Prevost, escuier, ay eu et receu de
« Jehan Chauvel, tresorier des guerres du Roy notre sire, par la main
« de Raoul de Lisle, son lieutenant, pour don fait à moy par noble et
« puissant seigneur monseigneur Le Galois de La Balme, chevalier,
« lieutenant dudit seigneur ès parties de la Langue (*sic*), tant pour les
« bons et agreables services que je fay audit seigneur et sesdites guer-
« res, come en partie de restitution, plusieurs pertes et dommaiges
« que j'ay euz et sousteneuz au service dudit seigneur pour le temps
« dessusdit, vint livres tournois, dont je me tiens bien paiez. Donné à
« Carcassonne, souz mon scel, le VIIIe jour de decembre, l'an mil ccc
« quarante-huit. » (Arch. du château de Saint-Blancard.)

Saint-Allais (généal. Saint-Astier, t. XVII, p. 152) cite Gautier Prévost parmi les chevaliers bacheliers qui se trouvaient au siège de Montréal en Périgord, en 1340.

Hélie Prévost avait épousé, vers 1320, Catherine de Talleyrand-Grignols.

RAYMOND DE PROVENQUAS.

555

S. RA... ENAS.

« Sachent que nous Remon de Provenquas, chevalier, avons eu et
« receu de Jacques Lempereur, tresorier des guerres du Roy nostre
« sire, par la main Evein Dol, son lieutenant, deux cens douze livres
« seize sols tournois pour cent trente-trois escus d'or trente-deux s. la
« pièce, à nous donnez par mons. Jehan, comte d'Armagnac, lieute-
« nant dudit seigneur ès parties de la Languedoc, en recompense des
« services que nous avons faits au seigneur en la compagnie du sire
« de Terride, en une bataille faite pour ledit s^r de Terride et ses gens
« contre les ennemis dudit seigneur qui lors estoient en lieu de Saint-
« Anthonin, et pour les grans pertes et domages que nous y souste-
« nimes tant du cors comme de nos biens. Desquelles deux cent seize
« s. t. nous nous tenons pour bien paiés et en quittons le Roy nostre
« sire, le comte d'Armagnac, son dit tresorier et tous à qui quittance
« en doit ou appartient. Donné à Thoulouse, sous mon scel, le XVIIIe
« jour de juing l'an M CCC LIIII. (Archiv. du château de Saint-Blancard.)

PUJOLS.

L'une des baronnies de l'Agenais.

En 1252, Jean, baron de Pujols, céda à Alphonse, comte de Poitiers, une partie du territoire sur lequel devait être fondée la nouvelle bastide de Villeneuve. (Casany-Mazet, *Hist de Villeneuve-d'Agen*, p. 13.)

En 1273, Raymond de Pujols fit hommage au roi d'Angleterre. (*Arch. hist. de la Gironde*, t. V, p. 294, 304.)

Le noble baron de Pujols et Bertrand de Fumel, coseigneurs de Pujols, donnèrent aux habitants de ce lieu des coutumes qui sont imprimées. (*Arch. hist. de la Gironde*, t. XVII, p. 54.)

HUGON SIRE DE PUJOLS.

556

S. LVCA DE POIOLS.

Hugues ou Hugon, sire de Pujols, chevalier, fit la guerre pendant toute sa vie contre les Anglais. Les 9 décembre et 27 août 1341, étant à Agen, il donna quittance de ses gages et la scella du sceau reproduit ci-dessus. (T. sc., reg. 87.)

557

Le 15 septembre 1346, à Agen, il reçut du duc de Normandie une allocation de 80 livres pour la défense de ses forteresses, et en donna quittance scellée du sceau ci-dessus. (T. sc., reg. 87.)

Le 9 janvier 1352, il était capitaine de Sauveterre, sous le comte d'Armagnac, et reçut une somme de 336 livres, dont quittance scellée comme ci-dessus. (T. sc., reg. 87.)

558

En 1353, 1354 et 1355, il est qualifié seigneur de Blanquefort (Lot-et-Garonne, arrondissement de Villeneuve) et, servant toujours sous le comte d'Armagnac, il donna nombre de quittances scellées pour des sommes qui lui étaient allouées pour soutenir la guerre. (T. sc., reg. 90, p. 7065.)

En 1354, le sire de Pujols, Jean et Guil. de La Barthe, comtes d'Aure, conquirent tout l'Agenais sur les Anglais. (Casany-Mazet, *Hist. de Villeneuve-sur-Lot* et *Hist. de Languedoc*, t. VII, p. 188, 189.)

Le 25 mars 1356, avec le sire de Thémines, Hugues, seigneur de Pujols et de Blanquefort, fut garant de la trève conclue à Bordeaux entre les rois de France et d'Angleterre. (Rymer, t. VI, p. 8.)

Il fit son testament en 1390. Il avait épousé Catherine de Madaillan de Lesparre : dont, entre autres enfants, Jean, seigneur de Pujols et de Blanquefort, présent au contrat de mariage entre Bernard, comte d'Armagnac, et Bonne de Berry. Jean de Pujols épousa Catherine de Roquefeuil. Un de leurs descendants a construit le superbe château de Bonaguil, près Fumel, dont notre collaborateur Philippe Lauzun a écrit la monographie.

PONS DE PUJOLS,
CAPITAINE DE VILLEFRANCHE.

559

Pons de Pujols, écuyer, qualifié également capitaine de Villefranche en Périgord, sous le comte d'Armagnac, a donné à Toulouse plusieurs quittances de ses gages, en mars et avril 1352. (T. sc., reg. 90, p. 7061.)

RAYMOND DE PUJOLS,
CAPITAINE DE VILLEFRANCHE.

560

S. REMON DE PUIOLS.

Raymond de Pujols, capitaine de Villefranche en Périgord (Dordogne, arrondissement de Sarlat), servait aussi sous le comte d'Armagnac. Il a donné, en 1353 et 1354, à Agen, à Toulouse et à Montauban, plusieurs quittances scellées; il se qualifie écuyer. (T. sc., reg. 90.)

PONCET DE PUJOLS.

561

SEEL PONCET DE POIOL.

Pons ou Poncet de Pujols servait sous les ordres de messire Huc, seigneur d'Arpajon; il a donné quittance scellée le 23 décembre 1415. (T. sc., reg. 90.)

GAILLARDET DU PUY,
CAPITAINE DE SAUVETERRE.

562

S. GAILLARDET...

Gaillardet du Puy, capitaine de Sauveterre en Bazadais, apposa son sceau ci-dessus sur une promesse de fidélité faite au Roi le 29 avril 1395. (Arch. nat., J. 628.)

Ce personnage ne nous est pas autrement connu.

JEAN DU PUY,
ÉCUYER.

MESSER JEA DUPUY.

Nous ne pouvons pas donner de détails sur cet écuyer, qui servait sous le connétable d'Armagnac et donna quittance de 180 livres de ses gages, le 14 janvier 1415. (T. sc., reg. 90, p. 7075.)

BERTRAND DU PUY.

BERTRAN DUPUY.

Bertrand du Puy servait avec le précédent sous le connétable d'Armagnac, et donna quittance de la même somme pour ses gages et à la même date. (T. sc., reg. 90, p. 7075.)

GÉRAUD DU PUY,
SEIGNEUR DE PUYPARDIN.

565

La famille du Puy ou du Pouy et de Pouy prenait son nom du château de Puypardin, près Condom.

« Geraldus de Podio, de Condomio, recognovit se tenere a domino « Agenesii, domum de Podio Pardino, cum pertinenciis suis, excepta « medietate molendini quam habet supra Ossa, quam dicit tenere ab « Assino de Gallardo, et hominibus de Mesplet; etc... » (hommages de 1286. *Archives hist. de la Gironde*, I, p. 22).

Géraud du Puy avait épousé Hunalda de Marestang et vivait encore en 1301. Catherine du Puy, sa petite-fille, épousa, en 1400, Michel d'Albret, et lui porta la seigneurie de Puypardin qui fut possédée non sans éclat par leurs descendants Albret Pouypardin, pendant près de cent ans. Les autres descendants de la famille du Puy, connus universellement sous la forme gasconne de Pouy, ont formé les seigneurs de Saint-Amand (près Éauze), de Homps, de Taybosc et autres seigneuries.

Géraud du Pouy, évêque de Lectoure en 1425, fut un des leurs.

Géraud du Pouy fut un des feudataires convoqués en 1320 par le roi d'Angleterre pour la guerre d'Écosse.

Les comptes des trésoriers des guerres, de 1338 à 1340, portent Géraud du Puy parmi les chevaliers qui servent le roi de France.

Les de Pouy d'aujourd'hui, du moins ceux qui habitent le Gers, n'appartiennent pas à cette famille; ce sont des gentilshommes commingeois devenus gascons depuis le XVIe siècle.

Géraud du Puy, capitaine de Puypardin, a donné la quittance suivante :

« Sachent tous que je Geraud du Puy, escuyer, sire de Saint-Amant,

« capitaine de Puypardin, ai eu et receu de Jehan Chauvel, tresorier
« des guerres du Roy nostre sire, sur ce qui m'est deu pour les
« gaiges de moy et. IX autres escuyers et 20 sergens à pié de ma
« compagnie, desservis ès guerres de Gascogne, en la garde dudit lieu,
« du 6ᵉ jour de mais CCCXLVI jusques au 1ᵉʳ jour d'octobre ensuivant,
« sous le gouvernement de monseigneur Girart de Montfaucon, che-
« valier, senechal de Toulouse et d'Albigeois, lors capitaine pour le
« Roy es dictes senechaussées es parties de Gascogne oultre la rivière
« Garonne, 335 l. 2 sols 6 deniers tournois, c'est à savoir pour droiture
« VIII l. 10 s., pour brevez XV sous, et comptés dudit tresorier, par la
« main de Raoul de Lile, son lieutenant, en 8 pacts, IIIᶜ XXV livres
« XVII s. 6 den. Desquelles et des lettres particulières à moi rendues
« par ces presentes je me tiens pour bien payé. A Toulouse, sous mon
« scel, le 29 mars 1347. »

566

Autre quittance du même de 38 livres. 15 février 1355.
Autres quittances du même, du 15 mars 1355, et des 21 juin, 28 septembre et 8 octobre 1356. (Anselme, VII, 300).
Giraut du Puy, chevalier, capitaine de Condom et de Liaroles, avec sept écuyers. 17 novembre 1358.

GUILLAUME DE PUYGROS.

567

S. GUILL. DE PUISCROS.

Guillaume de Puygros, écuyer, avait suivi le comte d'Armagnac, Bernard VII. Le 14 janvier 1415, à Paris, sous les ordres de Jehan de

Broquières, il commandait une compagnie de quatorze écuyers; il a scellé, en cire rouge, comme ci-dessus (n° 567), la quittance de ses gages. (T. sc., reg. 90, p. 7059.)

Nous ne savons pas où était situé le fief de Puygros, dont ce capitaine portait le nom. Cette famille était gasconne et sans doute originaire de la Lomagne, car sur les registres des notaires de Cologne, Chabanon et Vignes (1599 à 1608), nous avons rencontré damoiselles Catherine et Louise de Puygros mariées à des gentilshommes du pays.

Le même nom se trouve dans une montre de la compagnie du vicomte de Turenne, passée à Marssat, en bas Limousin, le 10 mars 1575 :

Lieutenant, Philippe de Preissac, sieur de Gabarret, demeurant au dit lieu, pays de Gascogne.

Hercule de Costes (du Cos), sieur de la Fite en Gascogne, enrolé le 24 février 1574, pour un mois sept jours, 40 livres.

Pierre de Legrand, sieur du dit lieu en Gascogne et y demeurant, enrollé comme dessus, a esté tué le 21 février, au siège de Miremont.

Jehan de Puygorts, sieur du dit lieu en Gascogne, enrollé comme dessus.

Antoine du Faulx, sieur dudit lieu en Gascogne, enrollé comme dessus, etc. (T. sc., reg. 135, p. 2067.)

RABASTEINS.

Rabastens en Albigeois (Tarn) a donné son nom à une puissante famille qui a pris pendant plusieurs siècles une grande part aux événements principaux de notre histoire.

MATFRE DE RABASTEINS.

S. MATFRE DE RAB[ASTE]NCS.

Le sceau de Matfre de Rabasteins est pendu à l'acte de féauté des barons de l'Albigeois, en mars 1242. (*Hist. de Languedoc*, t. VI, p. 476.)

PILFORT DE RABASTEINS.

[S.] EN PELFORT DE RABASTENCS.

Le sceau de Pilfort de Rabasteins est attaché à une charte de 1278. (Arch. nationales, J 305, n° 14.)

Un autre Pilfort de Rabasteins, évêque de Pamiers en 1308, cardinal en 1320, mourut en 1321.

Guillaume de Rabasteins, sénéchal de Bigorre, fonda en 1306 la bastide à laquelle il donna son nom. (Ordonnances royaux, XII, 504.)

Pierre de Rabasteins fut sénéchal d'Agenais pour le roi de France (1334-1355). (*Hist. de Languedoc*, t. VII, p. 113, 2; — Arch. municipales d'Agen, FF 136; — Saint-Amans, *Hist. ancienne et moderne du département de Lot-et-Garonne.*)

PIERRE-RAYMOND DE RABASTEINS,
SÉNÉCHAL D'AGENAIS ET DE GASCOGNE.

Pierre-Raymond de Rabasteins servait en 1339, du 15 septembre au 17 janvier, avec neuf écuyers simples et vingt sergents dont six étaient arbalétriers. Il fut ensuite chevalier banneret, et en cette qualité se trouva, en 1344, au combat donné devant Auberoche, où il fut fait prisonnier par les Anglais, qui, après lui avoir causé de grands dommages, le forcèrent de se racheter au prix de 3,000 écus, sur quoi le pape Clément VI écrivit très fortement en sa faveur au roi Philippe de Valois, en 1345. (Baluze, *Vie des papes d'Avignon*, t. I, p. 747-748.)

Pierre-Raymond devint sénéchal de Beaucaire et de Nîmes avant 1362, sénéchal de Toulouse avant 1368. Il ne cessa de faire la guerre aux Anglais et reçut plusieurs commissions du comte de Poitiers, gouverneur de la province.

En 1369, lorsque les seigneurs et les communautés des provinces livrées aux Anglais, irrités de ce fouage illégalement imposé par le prince de Galles, recommencèrent la guerre, le duc d'Anjou envoya Pierrre-Raymond de Rabasteins en Quercy et Agenais pour favoriser la rébellion et traiter de la soumission des seigneurs et des villes. Ce sénéchal mourut peu de temps après.

Le sceau que nous reproduisons est attaché à la pièce suivante :

« Raymond de Rabasteins, sire de Campagne, senechal d'Agen et de

« Gascogne, capitaine general pour le Roy ès parties de Languedoc, au
« tresorier des guerres de notre dit sire et à son lieutenant, salut.
« Comme nous nous serions transporté des pays d'Agen ès pays de
« Thoulouse et nous seroit venu en cognoissance que en la sene-
« chaussée de Thoulouse il a grant quantité de malfaicteurs et de
« robeaux, et bonnement marchans ne autres ne peuvent aler ne venir
« de païs en autre et convient de necessité que en ladite senechaussée
« ait gens d'arme pour la visitation et seureté d'icelle et au païs d'envi-
« ron, pour ce est-il que nous avons rettenu et par ces presentes rette-
« nons monsieur Jean le Meingre dit Boucicaut, senechal de Thoulouse
« et d'Albigeois, à cinquante hommes d'armes et cinquante sergens à
« cheval de sa compagnie aux gages du Roy nostre sire acoustumiés
« tant comme il plaira au Roy nostre dit seigneur, et avons (retenu)
« oultre le nombre des gens d'armes de cheval et de pié en quoy mons.
« le comte d'Armagnac l'avoit retenu par ses lettres avant la date de
« ces presentes pour ladite visitation. Si vous donnons en mandement
« que audessusdit senechal, receue sa monstre, vous li faciez prest,
« compte et paiment des gaiges desdits gendarmes en la manière consti-
« tuée. Donné à Thoulouse, le 4 septembre 1354. » (T. sc., reg. 93,
p. 7185.)

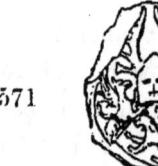

571

Le sceau ci-dessus est attaché à la quittance suivante :
« Sachent tuit que nous Pierre Raymond de Rabasteins, chevalier,
« senechal d'Agen et de Gascoigne, avons eu et receu de Jaques Lem-
« pereur, tresorier des guerres du roy notre sire, en prest sur les gaiges
« de iij chevaliers xxvij escuiers et xx sergens à cheval de notre com-
« pagnie desservis et à desservir en ces presentes guerres de Gascoigne,
« en la garde et visitation de notre senechaucée souz le gouvernement
« de mons^{gr} le comte de Poitiers, filz et lieutenant du Roy notre dit
« seigneur ès parties dessus dites, la some de quatre cens livres tour-
« nois; de laquelle some de iiij^c l. t. nous nous tenons pour bien paiez.
« Doné à Tholose, le premier jour d'octobre l'an mil ccc l. et huit. »
(Archives du château de Saint-Blancard.)

La monstre de iiij chevaliers bacheliers xxvij escuiers et xx sergens à cheval de la compagnie de Mr Pierre Raymond de Rabasteins, chevalier banneret, senechal d'Agenois, pour la visitation de ladite senechaussée, reçue le iiij jour d'aoust l'an mil ccc lviij.

Mons. Boos Buo, cheval morel estel, piez derriere blanc	c l.
Mons. Arnaut Guillem de Montignat, ch. bayart cler fondu	iiijxx l.
Mons. Remon de Rabastens, cheval tout blanc.	c l.
Pelfort de Rabastens, cheval liart, c. q. gris.	iiijxx l.
Arnaut Dossa, cheval bai; c. q. j. noirs.	xl l.
Arnaut de Pierregort, cheval morel estel. aul.	xxx l.
Hugues de Senric, cheval bayard, jambes noires.	l l.
Jourdain Salinier, cheval liart fondu.	xl l.
Girart de Montigni, cheval liart pommelé.	xxx l.
Jehan Blegier, cheval morel estel, jambes derriere blanches	l l.
Oth. Dalbiere, cheval fauvel, lab de iiij jambes	l l.
Matheo Sudre, cheval roam, c. q. j. grises.	xl l.
Arnaut de Serres, cheval gris, c. q. noires	xxx l.
Remon Boes, cheval gris fondu, estel aul.	xl l.
Pierre de la Bestour, cheval fauvel fondu.	xxx l.
Bertrand de la Bestour, cheval morel et iiij pi. blancs.	xxx l.
Guillaume Boes, cheval gris fondu, lab. de iiij jambes	xl l.
Arnaut Aymeric, cheval liart moucheté.	xl l.
Jehan Colom, cheval roam, c. q. noires, piez bl.	xl l.
Jaques Loubat, cheval gris pommelé fondu.	xxv l.
Guiraut Lobat, cheval tout bayart	xxv l.
Bernart Lobat, cheval bayart cler, piez devant bl	xl l.
Jehan de Latière, cheval fauvel fondu, c. q. j. grises.	xl l.
Arnaut de Rom, cheval blanc fondu.	xxv l.
Rodrigues Desparssa, ch. bai escur, pié senestre devant blanc.	xl l.
Doat Alaman, cheval bai cler, c. q. noir.	l l.
Jehan de Savoie, ch. liart moucheté fondu	xl l.
Arnaut de Gierez, ch. roan, c. q. j. noirs.	xxv l.
Pierre de la Tourta, cheval morel fondu, j. blanches	xl l.

(Arch. du château de Saint-Blancard.)

Guillaume de Rabasteins, fils de Pierre-Raymond, fut moins fidèle au roi de France. On le voit, en 1381, condamné à 500 livres d'amende pour avoir pris le parti des Anglais.

JEAN RAOULET,
CAPITAINE DE ROUTIERS.

572

IEHAN RAOVLET.

Jean Raoulet, capitaine de routiers, fut d'abord engagé par le comte d'Armagnac pour sa guerre contre le comte de Foix.

Il suivit le comte d'Armagnac à Paris, ainsi qu'il est prouvé par la quittance qu'il donna dans cette ville, le 19 janvier 1415, pour les gages de lui et dix écuyers servant sous le connétable d'Armagnac. Le sceau ci-dessus est attaché à cette quittance.

De là il alla servir contre le comte de Foix, mais il fut surpris et fait prisonnier avec ses compagnons aux environs de Mazères. (Flourac, *Jean Ier, comte de Foix*.)

En 1427, Jean Raoulet pénétra dans le Languedoc, s'empara de plusieurs places fortes et se maintint aux environs d'Alais et de Nîmes. (*Hist. de Languedoc*, t. VII, p. 36, col. 1, édit. du Mège.)

Il fut un des témoins de la réconciliation du maréchal Amaury de Sévérac avec Hugues d'Arpajon, à Meun-sur-Yèvre, le 27 décembre 1425. (Gaujal, *Annales du Rouergue*, t. II, p. 99.)

REVIGNAN.

Les restes de l'antique manoir de Revignan existent encore dans la contrée nord-ouest de la commune de Saint-Mézard (Gers). Ses épaisses murailles forment un bâtiment carré, remanié et surmonté de constructions modernes qui portent la date de 1644.

La famille de Revignan paraît issue des anciens vicomtes de

Lomagne. Dès la fin du xiie siècle, elle jouissait d'une grande puissance féodale et possédait Saint-Mézard, Escalup, Auterive, Casteljaloux d'Agenais, Tonneins-dessus, et d'autres seigneuries.

Arnaud de Revignan fut évêque d'Agen, de 1209 à 1228. On a cru qu'il avait donné son nom à la monnaie arnaudine, mais un titre antérieur à son épiscopat compte par sous arnaudins. (*Trésor des Chartes*, Teulet, t. I, p. 329, n° 864.)

On trouve un grand nombre de documents et de pièces concernant ces Revignan, Robinhan, Rovignan, dans l'*Histoire de Languedoc;* les *Archives historiques de la Gironde*, les *Chartes municipales d'Agen*, les *Layettes du Trésor des Chartes*, de Teulet, et dans les historiens de l'Agenais.

Les Titres scellés et les archives du château de Saint-Blancard nous fournissent les sceaux et les documents qui suivent.

HUGUET DE REVIGNAN,
SEIGNEUR D'HAUTERIVE.

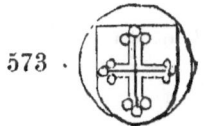

573

« Huguet de Rouvignan, sire d'Autarippe, » donne quittances des gages de lui et des gens d'armes et de trait de sa compagnie, scellées à Agen, les 7 novembre, 10 décembre et 30 janvier 1340. (T. sc., reg. 98, p. 7561.)

PIERRE DE REVIGNAN,
SIRE DE MONTCAUP.

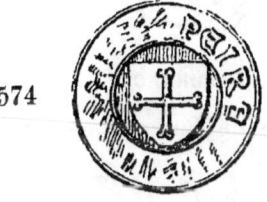

574

PEIRE...

Pierre de Revignan donne et scelle du sceau ci-dessus une quittance des sommes reçues pour la garde de sa terre de Montcaup et les gages de ses hommes d'armes et de trait « huit vint quinze livres... » 26 février 1352. (T. sc.)

575

Le 15 août 1353, Pierre de Rouvignan, sire de Montcaup, donne et scelle du sceau ci-dessus une quittance pour le même motif. (T. sc., p. 7647.)

576

S. PIERRE DE ROUVIGNAN.

Le 1er octobre 1353, autre quittance pour le même motif, scellée du sceau ci-dessus. (T. sc., p. 7647.)

BERNARD DE REVIGNAN,
SIRE DE LAUGNAC.

577

...[LA]UNHAC.

Bernard de Revignan, sire de Laugnac, a scellé de son sceau la quittance suivante :

« Sachent tuit que je Bernard de Rouvignan, sire de Laonhac, es-
« cuyer, ay eu et receu de Jacques Lempereur, tresorier des guerres du
« Roy nostre sire, pour le demourant de la somme de cinq cens livres

« tour. pour don à moy fait, si comme il appert par mandement de
« Mons. le conte d'Armagnac, lieutenant du Roy nostre sire en la
« Langue doc, la somme de deux cens liv. tour.; de la quelle somme de
« cc. liv. t. je me tiens à bien paié. Donné sous nostre scel, le 2ᵉ jour
« de septembre 1353. » (Arch. du château de Saint-Blancard.)

PIERRE DE REVIGNAN,
SIRE DE MANLÈCHE.

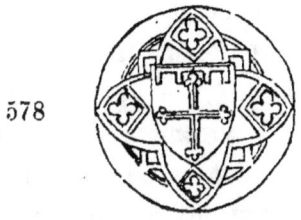

578

« Pierre de Rouviguen, sire de Maleise (1), » chevalier, capitaine de Layrac, a scellé quittance de ses gages, le 2 novembre 1353. (T. sc., reg. 98.)

579

...DE ROVIGNAN.

Pendant les années 1354, 1355 et 1356, il a délivré, à Agen, cinq quittances qui sont revêtues du sceau ci-dessus, différant un peu du précédent. (T. sc., reg. 98.)

L'*Histoire de Languedoc* (nouv. édit., t. VII, p. 1119, 1264, 1878) nomme un grand nombre de membres de cette famille. Dans le serment de fidélité des barons de l'Agenais, en 1249 (t. VII, p. 1264), on lit *Guastonus de Leomania* et *Arnaldus de Rovinhano, fratres.*

(1) Manlèche, château dans la commune de Pergain, Gers.

RIVIÈRE.

Le pays de Rivière-Basse, dépendant anciennement de la Bigorre avec Castelnau-de-Rivière-Basse pour chef-lieu, se composait de trente-deux paroisses qui sont maintenant réparties entre les départements du Gers et des Hautes-Pyrénées. En 1300, vingt et un nobles devaient l'hommage au suzerain de ce pays, et en formaient la cour majeure de justice et d'administration. Le premier portait le titre de vicomte et est ainsi qualifié dans une charte de l'an 1290. (Pau, E 387; — Balencie, *Enquête de* 1300, Tarbes, Larrieu, 1884.) Ces vicomtes de Rivière avaient les seigneuries de Labatut, Auriébat et autres. Ils se sont perpétués avec le même titre de vicomte et ont eu un rôle considérable dans notre histoire. Plusieurs d'entre eux ont exercé dans des temps difficiles les charges actives et guerrières de sénéchal d'Armagnac, de Bigorre et de Toulouse.

GAILLARD DE RIVIÈRE.

580

Gaillard de Rivière ne nous est connu que par la quittance qu'il donna, le 26 décembre 1342, à Villefranche de Rouergue, d'une indemnité reçue pour la perte d'un cheval: 25 livres allouées par le lieutenant des maréchaux, pendant les guerres de Gascogne. (T. sc., reg. 95, p. 7417.)

Sur les comptes des trésoriers des guerres, pour les années 1338 à 1342, nous voyons Bernard, vicomte de Rivière, Guillaume, Odet et Arnaud de Rivière employés aux guerres de Gascogne. (Ms. 20648, p. 264.)

BERNARD DE RIVIÈRE,
VICOMTE DE LABATUT, SÉNÉCHAL DE BIGORRE.

581

SEEL DE BERNAT D. ARIBERA.

Bernard de Rivière, seigneur de Labatut, servait en 1369 contre les Anglais. (Monlezun, t. III, p. 410, note.)

Le 22 juillet 1371, étant au Port-Sainte-Marie, il est qualifié sénéchal de Bigorre et donne quittance scellée pour ses gages. (T. sc., reg. 191, p. 7404.)

Le 2 octobre de la même année, il signa la capitulation de Tarbes. (Larcher, *Glanage*, Arch. de Tarbes.)

Le 23 juillet 1372, il reçut un acompte de 50 livres sur ce qui lui était dû, et donna quittance avec le même sceau. (T. sc.)

Il eut pour fils Bernard, IIe du nom, sénéchal d'Armagnac en 1377, après la mort de Géraud d'Armagnac, seigneur de Termes. Le 27 janvier 1377, il était au traité de paix conclu entre les comtes d'Armagnac et de Foix (1). Il épousa Agnès, dame de Saint-Ours en Magnoac.

Leur fils, Bernard IIIe, fut sénéchal d'Armagnac de 1401 à 1432; installé à Auch et prêtant serment aux consuls, le 6 décembre 1401, il est qualifié *senescallus noviter creatus*. (Arch. d'Auch, livre vert.) Il fut l'un des fidèles compagnons d'armes du sire de Barbazan, et l'un des procureurs que ce célèbre capitaine chargea de trouver de l'argent pour payer sa rançon. Bernard IIIe, chevalier, seigneur de Labatut et sénéchal d'Armagnac, se trouve dans les expéditions militaires en 1413, 1424 et 1428.

Odet de Rivière, capitaine armagnac, est un de ceux que Charles VII envoya au secours d'Orléans, sous Jeanne d'Arc.

(1) Voir Doat, 194, 1-3, lettre du sénéchal au comte d'Armagnac.

POTHON DE RIVIÈRE.

582

Pothon de Rivière, capitaine armagnac, envoyé par Charles VII en Lorraine et en Alsace, fut tué au siège de Saint-Hippolyte, en 1444, et enterré à Issenheim (Haut-Rhin, Colmar).

Il y a aux Archives municipales de Strasbourg, AA 186, deux quittances revêtues du sceau de ce capitaine. (Tuetey, *Les Écorcheurs*, t. I, p. 277.)

Gérand de Rivière servit fidèlement Jean IV, comte d'Armagnac, qui lui fit don, en 1443, d'un droit de péage.

Les armoiries de ces Rivière sont sculptées sur deux chapiteaux du joli cloître des Augustins de Marciac (Gers), construit au XVe siècle.

BERNARD, VICOMTE DE RIVIÈRE,
SEIGNEUR DE LABATUT.

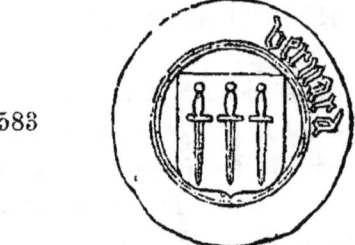

583

BERNARD...

Bernard IVe de Rivière, seigneur de Labatut, de Villefranche, de Caussade et d'Auriébat, servit d'abord le comte d'Armagnac. Il est un des nobles du pays nommés pour protester contre l'union du comté de Comminges à la couronne, dans une procuration du comte Jean V, le 5 janvier 1453. (*Hist. de Languedoc*, t. VIII, 118, 1.)

En 1460, le même comte le chargea de traiter de son mariage avec Jeanne, fille de Gaston, comte de Foix. (Archives de Pau, E 444.)

Après la chute du dernier comte d'Armagnac, il fut employé par

Louis XI, qui se l'attacha par des faveurs constantes et récompensa sa fidélité et ses talents par des charges importantes. Les comptes du roi Louis XI nous apprennent qu'en 1473 il reçut un don de 100 l. pour entretenir son *estat;* plus une pension de 1,200 l. (v. p. 582-585).

Le 22 juillet 1475, il donna quittance au trésorier de Languedoc de ces 1,200 l. tournois, pour sa pension de la présente année; le sceau, empreinte papier, y est attaché. (T. sc., reg. 191, p. 7401.)

Avant l'année 1480, il devint chambellan du Roi, gouverneur, sénéchal et capitaine particulier du ban et arrière-ban des pays et terres d'Armagnac deçà la rivière de Garonne. Ce sont les qualités qu'il prend dans une attestation du 19 janvier 1480, revêtue de son sceau et de sa signature. (Archives du Séminaire d'Auch.)

Le Roi lui donna les revenus de la seigneurie de Buzet, qui étaient de 1,315 livres tournois 5 sous 10 deniers, et le nomma sénéchal de Toulouse; c'est ce qui résulte d'une quittance par lui donnée, le 20 juillet 1483, sous les mêmes sceau et signature.

Il mourut en septembre 1784. Voir sa biographie dans les Archives de la Gascogne : *Comptes consulaires de la ville de Riscle.*

Bertrand de Rivière, fils aîné du précédent, donna quittance, revêtue du même sceau, de 100 livres tournois, pour ses gages de châtelain et capitaine de Montoussé, le 22 septembre 1488. Il avait épousé, le 18 septembre 1485, Isabeau d'Antin, fille d'Arnaud, baron d'Antin, et de Catherine de Foix-Carmain; il fit son testament en 1515.

ANTOINE DE RIVIÈRE-LABATUT,
SÉNÉCHAL DE BIGORRE.

584

Antoine de Rivière, vicomte de Labatut, seigneur d'Auriébat, Villefranche, Caussade et Sauveterre, fils aîné de Jean et de Philippe d'Espagne-Panassac, était, en 1573, guidon de la compagnie de cinquante lances de M. de Gramont, et lieutenant le 27 octobre 1575.

Il fut créé sénéchal de Bigorre.

Il commandait les troupes catholiques qui enlevèrent aux huguenots le château de Lescurry. Les *Commentaires* de Monluc, les *Mémoires* de Jean d'Antras, l'abbé Colomès, *Hist. de Bigorre*, racontent les exploits de ce seigneur de Labatut, qui périt tragiquement en 1577. (Antoine, vicomte de Labatut, et le seigneur de Saint-Lanne s'entretuèrent tous les deux sur la place des Ardennes, à Tarbes, sans mettre l'épée à la main.) (*Mémoires* de Jean d'Antras, p. 141.)

Le sceau de Antoine de Rivière est attaché à deux quittances de ses gages (1573 et 1575) et à un certificat qu'il délivra, le 26 août 1575, pour constater le décès de François de Bordeaux, archer de la compagnie de *Grantmont*, qui mourut le 17 avril, à Vic-Fezensac, où la compagnie tenait garnison.

PONS DE RIVIÈRE-LABATUT,
BAILLI DE MONTFERRAND.

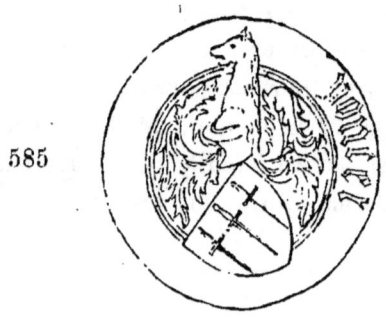

585

PONCET...

Louis XI, devenu Roi, éloigna et traita avec la dernière rigueur tous les hommes qui avaient servi avec fidélité son père, le roi Charles VII, et qui avaient le plus contribué à conquérir le royaume sur les Anglais. Il s'attacha des hommes nouveaux, jusqu'alors éloignés des conseils du Roi défunt. Pons ou Poncet de Rivière et Antoine de Castelnau du Lau furent du nombre de ces nouveaux favoris. Tous deux, originaires de Gascogne, braves et expérimentés capitaines, fins politiques, gagnèrent la confiance du Roi. Les chroniques nous les montrent partageant les mêmes faveurs, les mêmes disgrâces et les mêmes retours de fortune. Poncet de Rivière fut seigneur de Château-Larcher en Poitou, conseiller et chambellan du Roi et capitaine d'une compagnie de cent lances, grade alors important puisque toute l'armée royale se composait de quinze cents lances. (La compagnie de cent lances se composait de six cents hommes et quatre cents chevaux. Ord. de Louis XI, qui maintient les règlements précédents, 1475.) A la bataille de Montlhéry, Poncet eut le commandement des archers qui formaient une des avant-gardes retranchées dans le faubourg de la ville. Commines nous dit dans ses mémoires, à la page 21, « ceux de la part du Roy les conduisoit Poncet « de Riviere, et estoient tous archiers d'ordonnance orfavérisez et bien « en point ».

Cette troupe subit le premier choc des archers bourguignons qui, après un combat acharné, parvinrent à se saisir de la première maison et y mirent le feu. Le vent propageant avec rapidité l'incendie, Poncet et ses archers furent obligés de faire retraite. L'armée royale abandonna le champ de bataille pendant la nuit. Le récit de Commines fait présumer que du Lau et Rivière eurent le commandement de l'arrière-garde pendant cette retraite, car l'artillerie de ces deux capitaines arrêta l'armée bourguignonne lorsque, poursuivant lentement l'armée du Roi, elle arriva à Charenton.

Le 28 avril 1467, Poncet de Rivière donne quittance, scellée du sceau ci-dessus et signée *Ponsset*, de 265 livres pour ses gages de bailli de Montferrand. (T. sc., reg. 95, p. 7411.)

Louis XI n'avait pas pu vaincre la *Ligue du Bien public;* il la dissipa par des négociations : il y a lieu de croire que ses chambellans du Lau, Rivière et d'Urfé y furent employés et qu'ils trahirent les intérêts du Roi, car, vers le mois de juillet 1467, du Lau et d'Urfé furent tout à coup arrêtés et conduits dans des prisons éloignées.

Rivière, plus heureux, s'échappa et alla chercher un asile à la cour de Charles le Téméraire, qui l'avait en grande estime. Louis XI lui ôta sa compagnie de cent lances et toutes ses charges (1).

Le 9 octobre 1468, Louis XI était retenu par le duc de Bourgogne à Péronne lorsque des troupes bourguignonnes arrivèrent dans cette ville; Poncet de Rivière en commandait une partie. Les historiens nous disent qu'à cette nouvelle le Roi conçut les plus vives inquiétudes; mais les conseillers du duc le détournèrent d'un parti violent. Les traités de paix furent signés; le Roi refusa d'accorder pardon à ses trois chambellans du Lau, d'Urfé et Rivière; celui-ci finit par rentrer en grâce à une époque que nous ignorons. Le Roi lui accorda des lettres de rémission, du 24 novembre 1477, comme accusé de complicité dans

---

(1) Cette disgrâce est placée en 1466, suivant Duclos (*Histoire de Louis XI*); mais la quittance que nous citons étant du mois d'avril 1467, et comptant avec Commines, on trouve juillet 1467, date de la disgrâce.

un complot formé par Jean Hardy contre la vie du Roi. (Arch. nat., K 72, n° 10; — Teulet, carton des Rois, n° 2571.)

Poncet était troisième fils de Bernard de Rivière III° du nom et de Galiane de Lavedan.

Il mourut sans enfants; ses biens furent partagés entre son frère Bernard de Rivière, seigneur de Labatut, et sa sœur Marie, femme de Jean de Pardaillan, seigneur de Gondrin.

Le 24 janvier 1491, Jean de Pardaillan IIe du nom, fils de Jean Ier et de Marie de Rivière, fit donation de tous les droits qu'il avait en la châtellenie de Château-Larcher, venant de Pons de Rivière, à Bertrand de Rivière, seigneur de Labatut, à cause des services qu'il avait reçus de lui. (Acte aux Archives du Séminaire d'Auch, n° 20968.)

Voir sur Poncet de Rivière, Commines et les autres historiens de Louis XI, et les dictionnaires biographiques.

ROCHECHOUART.

Illustre famille du Poitou, issue, dit-on, des anciens vicomtes de Limoges et dont une branche est devenue gasconne, ainsi que nous allons le dire. On trouvera l'histoire de cette famille dans les *Grands Officiers de la Couronne*, tome IV, p. 662; — Moréri; — Lachenaye-Desbois, etc., et surtout dans l'*Histoire de la Maison de Rochechouart*, publiée récemment par les soins de M. le duc de Mortemart.

ANTOINE DE ROCHECHOUART,
SEIGNEUR DE FAUDOAS ET BARBAZAN, SÉNÉCHAL DE TOULOUSE.

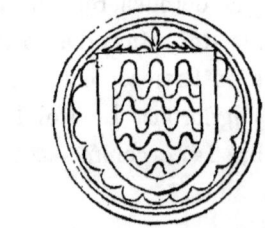

586

Quittance de gages, datée du 21 juin 1538, délivrée par Antoine de Rochechouart, quatrième fils de François, seigneur de Chandenier, et de Blanche d'Aumont. Antoine s'établit en Gascogne par son mariage, contracté au château de Faudoas (près Beaumont-de-Lomagne), le 25 octobre 1537, avec Catherine de Faudoas, fille unique et héritière de Béraud, baron de Faudoas et de Barbazan.

Il fut élevé par sa valeur aux premiers honneurs de la guerre et de la cour sous deux de nos Rois. Sénéchal de Toulouse, capitaine de cinquante hommes d'armes, il prit une grande part à la défense de la Provence contre les armées de Charles-Quint. Il eut le commandement de mille hommes à pied de la légion de Languedoc, où il eut pour lieutenant Blaise de Monluc, en 1537. Gouverneur de Lomagne et Rivière-Verdun, chevalier de l'ordre, seigneur baron de Faudoas, Gramat, Loubressac et Montégut, seigneur de Saint-Paul, du Grez, de Brignemont, le Causé, Maubec, Soussignac, Hauterive et Marignac, il mourut des blessures qu'il avait reçues à la bataille de Cérisolles. (*Hist. de la Maison de Faudoas*, p. 103; — *Hist. de la Maison de Rochechouart*, p. 222.)

CHARLES DE ROCHECHOUART-BARBAZAN,
BARON DE FAUDOAS.

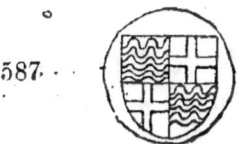

587.

Charles de Rochechouart, d'abord seigneur de Saint-Amand en Puysaie, puis de toutes les terres de la Maison de Faudoas, fils du précédent, était lieutenant de la compagnie de quarante lances du comte de Sancerre, lorsqu'il scella une quittance de ses gages, le 30 avril 1550. (Voir Anselme, t. IV, p. 662.)

JEAN-GEORGES DE ROCHECHOUART,
SEIGNEUR DE PLIEUX.

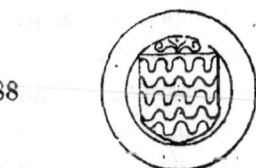

588

Jean-Georges de Rochechouart, fils du précédent, eut en partage la seigneurie de Plieux (Gers). Le 20 juillet 1552, il scella la quittance de ses gages de porte-guidon de la compagnie de quarante lances fournies des ordonnances du Roi, sous la charge de M. de Rohan. Il fut marié à Louise, fille d'Alain de Montpesat, seigneur de Laugnac. (T. sc., reg. 192, p. 7515.)

JEAN DE ROGER.

589

... DE ROGER.

Jean de Roger servait dans l'armée du comte d'Armagnac Bernard VII, à Paris; il a donné quittance de ses gages le 20 janvier 1415. Nous présumons qu'il appartenait à une famille de Villeneuve-de-Rouergue, qui a une courte notice dans le *Dictionnaire de la Noblesse*. (T. sc., reg. 97, p. 7523.)

CLAUDE ROLLAND,
CAPITAINE DE MOISSAC.

590

Claude Rolland appartenait à une famille du Rouergue.

En 1339, Guillaume Rolland, seigneur de Vallon (commune de La Croix-Bars) et de Villecomtal (Aveyron), était sénéchal de Rouergue. (*Annales du Rouergue*, t. I, p. 135; — *Hist. de Languedoc*, passim.)

Claude Rolland, écuyer, était capitaine de Moissac; il commandait deux chevaliers bacheliers, vingt-sept écuyers, trente-huit sergents à pied, sous les ordres du comte d'Armagnac, suivant sa quittance scellée, 1er décembre 1355. (T. sc., reg. 97, p. 7553.)

Pierre Rolland, seigneur de Vallon, était sénéchal de Castres, en 1470. (Arch. de Pau, E 144.)

ROQUEMAUREL.

591

S. BETON DE ROQUEMAUREL.

L'*Histoire généalogique de la maison de Faudoas* (p. 203) nous apprend que cette famille était originaire d'Auvergne, diocèse de Saint-Flour. Tous ceux dont nos historiens font mention possédaient des seigneuries dans le Quercy (Lot), le Couserans ou le Comminges.

Aymeric de Roquemaurel fut évêque de Montauban et abbé de Moissac. Son frère Beton, seigneur de Roquemaurel, suivit le comte d'Armagnac Bernard VII à Paris, et fut employé à la garde de cette ville, ayant trente écuyers sous ses ordres. Il y donna quittance de ses gages, le 14 mars 1415. (T. sc., reg. 98, p. 7581.) Il devint sénéchal du Rouergue et épousa Hélix de La Valette, fille de Bérenger de La Valette, seigneur de Cuzoul, et de Matheline de Balaguier. (Courcelles, *Hist. généalogique des pairs de France*, t. I, généal. La Valette.)

SAINT-LARY.

La famille de Saint-Lary est des plus anciennes du pays de Comminges; connue dès l'année 1224, elle a possédé au quinzième siècle les seigneuries de Gensac-Savès, Montgras, Montblanc, Montastruc et Frontignan.

Raymond de Saint-Lary ayant épousé, le 7 septembre 1498, Miramonde de Lagorsan, fille unique et héritière de Roger de Lagorsan, seigneur de Bellegarde en Astarac (canton de Masseube, Gers), prit le nom de Bellegarde, que ses descendants ont illustré.

PIERRE DE SAINT-LARY,
BARON DE BELLEGARDE.

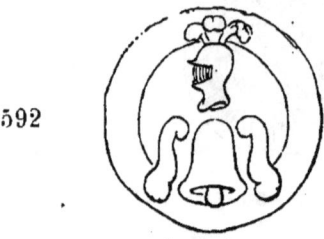

592

Pierre ou Perroton de Saint-Lary, baron de Bellegarde, seigneur de Monblanc, Gensac-Savès, Montgras, coseigneur de Laymont (Gers) et seigneur de Montastruc (Hautes-Pyrénées), chevalier de l'ordre du Roi, était fils de Raymond de Saint-Lary et de Miramonde de Lagorsan.

Il fut successivement lieutenant de quarante lances garnies, capitaine de cinquante hommes d'armes, gouverneur pour le Roi en la ville et sénéchaussée de Toulouse et Albigeois. Son testament est du 23 octobre 1569. Il mourut, en 1570, des suites d'un coup de mousquet au pied, qu'il avait reçu au siège de Mazières, en octobre 1569.

Il avait épousé, par contrat du 11 mars 1522, Marguerite d'Orbessan, fille de Pierre d'Orbessan-Labastide et de Jeanne de Labarthe-Termes, sœur du maréchal de Termes.

Le premier sceau que nous reproduisons est attaché à une quittance qu'il donna le 2 mai 1552, en qualité de lieutenant de quarante lances fournies de la compagnie de monseigneur de Termes. Les armes gravées sur ce sceau sont celles de Lagorsan : *d'azur à la cloche d'argent bataillée de sable.*

593

Autre quittance, scellée du sceau ci-dessus, donnée le 9 mai 1554. Parti : au 1er quartier de Lagorsan ; au 2e coupé, d'azur au lion d'or couronné, en chef, qui est de Saint-Lary; le quartier de la pointe est fruste, il portait un vase d'or qui est d'Orbessan-Labastide.

ROGER DE SAINT-LARY,
BARON DE BELLEGARDE, MARÉCHAL DE FRANCE.

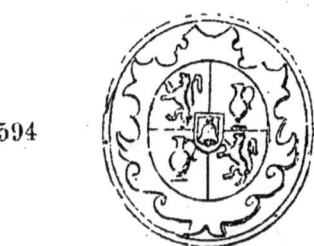

594

Roger de Saint-Lary, fils du précédent, se destinait d'abord à l'état ecclésiastique et fut pourvu d'un bénéfice; mais pendant qu'il faisait ses études, à Avignon, il eut dispute avec un de ses condisciples et le tua en duel. Il prit le parti des armes, servit d'abord sous le maréchal de Termes, son grand-oncle. Il était lieutenant de la compagnie du comte de Retz, le 24 mai 1566, et donna en cette qualité quittance de ses gages et scella cette quittance du sceau ci-dessus, écartelé de Saint-Lary et d'Orbessan et sur le tout de Lagorsan.

Il fut colonel de l'infanterie française et puis maréchal de France le 6 septembre 1574.

JEAN DE SAINT-LARY,
SEIGNEUR DE MONTASTRUC.

595

Jean de Saint-Lary, second fils de Pierre et de Marguerite d'Orbessan et frère du précédent, fut gouverneur de Metz, capitaine de cinquante hommes d'armes et chevalier des ordres du Roi.

Il mourut de maladie pendant le siège de Chorges en Dauphiné, où il servait en qualité de maréchal de camp, le 27 novembre 1586.

Le sceau que nous donnons est attaché à une quittance de 262 livres 10 sols, qu'il donna à Benoît Milan, trésorier des guerres, à Miremont en Gascogne, le 1er octobre 1569. Il y est qualifié de seigneur de Montastruc et lieutenant de trente lances de la compagnie de son père. Les armes sont écartelées de Saint-Lary et d'Orbessan et sur le tout une croix chargée de cloches de Lagorsan.

ARNAUD DE SAINT-GENEZ.

596

Arnauld Saint-Genez, sergent d'armes du Roy en son chastel de Montcuq, a donné en 1352 plusieurs quittances de ses gages, où est le sceau ci-dessus. (T. sc., reg. 52.)

Le lieu de Saint-Geniez est dans la commune de Montcuq, département du Lot.

CLAUDE DE SAINT-JULIEN.

597

Claude de Saint-Julien, maréchal des logis de la compagnie des quarante lances fournies de M. de Boutières.

Quittance revêtue du sceau ci-dessus, 21 décembre 1539. (T. sc.)

La famille de Saint-Julien, fort ancienne, paraît originaire des Landes ; elle possède et elle habite depuis plusieurs siècles le château de Cahuzac sur l'Adour, canton de Plaisance (Gers).

POTON DE SAINTRAILLES,
MARÉCHAL DE FRANCE.

598

POTON...

La seigneurie de Saintrailles (1) est devenue illustre par un de ses possesseurs, qui fut un des meilleurs capitaines du quinzième siècle au service des rois de France. Nous ne prétendons pas donner une biographie de Jean de Saintrailles, si connu sous le nom de Poton. Compagnon fidèle de Jeanne d'Arc, de Dunois et de Lahire, nous le trouvons sous les armes dès l'année 1419, tenant la place de Crespy en Valois. Son nom se retrouve dans tous les faits de guerre de cette époque mémorable, et particulièrement au fameux siège d'Orléans. L'histoire de Poton se trouve dans le père Anselme, tome VII, p. 92; — *Revue d'Aquitaine*, t. I, p. 153 ; — *Monographie du château de Xaintrailles*, par Ph. Lauzun; — *Revue de Gascogne*, t. XVII, p. 49, 446.

Charles VII récompensa généreusement Poton de ses glorieux et utiles services; il fut fait maréchal de France et reçut dans plusieurs circonstances des dons pécuniaires du trésor royal. Nous en transcrivons plus bas deux auxquels est attaché le sceau que nous reproduisons.

Poton de Saintrailles était, dès l'année 1437, marié avec Catherine Brachet, dame de Sallignac en Limousin. Il n'en eut pas d'enfants. Il testa en 1461, le 11 du mois d'août. Son testament, en langue

---

(1) Canton de Lavardac, arrondissement de Nérac, Lot-et-Garonne, en latin de *Sancta Eulalia*, en gascon *Saint Araille*, *Saintrailles* et *Xaintrailles*.

gasconne, est reproduit dans le tome VI des *Archives historiques de la Gironde*, page 125. Poton de Saintrailles mourut le 7 octobre 1461.

« Je Poton, seigneur de Saintrailles et de Sallignac, grant escuyer
« du corps et maistre de l'escurie du Roy nostre seigneur et capitaine
« de cent lances et les archiers, confesse avoir reçu de Me Mathieu
« Beauvarlet, notaire et secretaire du Roy nostredit sire, et par lui
« commis à la recette generale de ses finances, la somme de 248 l. t.
« que icelluy seigneur m'a ordonné et fait bailler par ledit commis
« pour moy recompenser de l'estat de vint lances qu'il me faut de mon
« dit nombre et charge de cette presente année commençant au 1er jan-
« vier derrenier passé, lequel estat est de 20 sous tournois pour chas-
« cune lance par mois; de laquelle somme je me tiens pour bien paié.
« En temoing de ce j'ay signé de ma main et fait sceller du scel de mes
« armes le vint deuxiesme jour de mars avant Pâques l'an 1451. » (T.
sc., reg. 100, p. 7747.)

« Je Poton, seigneur de Saintrailles, conseiller et chambellan du Roy
« nostre sire et marechal de France, confesse avoir receu la somme de
« 1300 l. pour le parfait payement de 2,000 francs que le Roy nostre
« sire m'a données ceste presente année, finissant le derrenier jour de
« septembre prochain, venant oultre et par dessus ma pension de 2,000
« livres tournois d'icelle année tant pour moi aider et entretenir hono-
« rablement mon estat comme pour moy acquitter de plusieurs despenses
« que j'ay nagueres faictes pour les affaires du feu le roy Charles VIIe
« cui Dieu pardoint; de laquelle somme je me tiens pour content et bien
« paié, le 27 aoust 1461. » (T. sc., reg. 100, p. 7748.)

RATIER DE SAINT-TUAL.

599

S. RAT. DE SAT. TUAL.

La matrice en cuivre du sceau qui porte la légende *Ratié de Saint Tual* a été trouvée dans un champ, près d'Astaffort; elle appartient au Musée d'Agen.

Les sires de Saint-Tual étaient bretons; l'un d'eux, sans doute, avait suivi le duc d'Anjou en Gascogne, à l'exemple d'un grand nombre de ses compatriotes. C'est ainsi que l'on peut expliquer la trouvaille de ce sceau dans un champ de Gascogne.

GUILLAUME-RAYMOND DE SAINTE-MARSE,
CHATELAIN DU SEMPUY.

600

S. G. R. D. S. MARSA.

« Saichent tuit que nous Guill. Remont de Sainte Marce, chevalier, « chastellain de Sompuy, avons eu et receu de Jacques Lempereur, « tresorier des guerres du Roy nostre sire, par la main de Evein Dol, « son lieutenant, en prest sur les gaiges de nous et deux ecuyers de « ma compagnie à desservir en la garde du dit lieu sous le gouver- « nement de Mons. Jehan comte d'Armagnac, lieutenant du roy, etc... » Moissac, 4 mai 1354.

601

G. REMON [DE SANT]A MA[RSA].

Autres quittances scellées de même, 13 janvier 1354. — A Agen, 2 août 1355, avec neuf écuyers et vingt sergents à pied, pour la garde de Sompuy. — 17 mai, 20 juin, 4 août 1356 — 1359.

S. G. R... [SAN]TA MARS[A].

Autre quittance, scellée d'un sceau plus petit, à Agen, 13 août 1359, pour la garde de Sompuy. (T. sc., reg. 70 et 71, p. 5497 et suiv.)

Nous ne savons rien autre chose sur ce capitaine de Sompuy (Gers) (1).

Le lieu de Sainte-Marse était dans l'Agenais : « Arnaldus de Sancta « Marsa, domicellus », et ses portionnaires reconnaissent tenir du roi d'Angleterre ce qu'ils possèdent à Sainte-Marse, ils doivent chasser à leurs frais pendant deux jours pour le Roi. (Hommages au roi d'Angleterre, 1286-1287, *Arch. hist. de la Gironde*, t. I, p. 380.)

GÉRAUD DE SALLES.

Gaillard de Salles, chevalier, fidèle serviteur du comte d'Armagnac, est témoin dans nombre d'actes des années 1316 à 1319.

Géraud de Salles rendit hommage et serment de fidélité au comte d'Armagnac pour le château de Salles (2) et autres fiefs. — 16 novembre 1319.

Il était sans doute le même que Géraud de Salles, qui donna quittance de onze livres de ses gages à Jean Lemaire, lieutenant du trésorier

---

(1) La forme ancienne *Sompuy* a été remplacée par la forme moderne *Sempuy*, que l'on écrit souvent par corruption *Saint-Puy*. La forme employée dans les chartes latines est *Suumpodium* (pour *summum podium*).

(2) Canton de Cazaubon, Gers.

des guerres, comme étant, lui et sa compagnie, employés aux guerres de Gascogne. La quittance est datée « devant Vyane », le 7 juillet 1342. Ce qui nous apprend que la petite ville de Vianne (arrondissement de Nérac) était alors occupée par les Anglais et assiégée par les Français. (T. sc., reg. 100, p. 7769.)

La famille de Salles a possédé la seigneurie de ce lieu jusqu'au seizième siècle; Jeanne, dernière fille de la branche aînée, porta la terre de Salles à son mari, noble Jacques de Forgues, seigneur d'Espagnet.

Toutefois le nom de Salles est très répandu, et il y avait dans le Rouergue une famille qui le portait : on la voit fréquemment indiquée dans les archives nobiliaires de ce pays. (*Inventaire des archives de l'Aveyron,* E 967, 1318 à 1366.) — Reconnaissance faite au chapitre de Rodez par noble Jean de Salles, fils de noble Gaillard de Salles, chevalier, pour le mas de Calmels, paroisse d'Inières.

LOUIS DE SANCERRE,
CONNÉTABLE, CAPITAINE GÉNÉRAL DU LANGUEDOC.

604.

Louis de Sancerre, descendant des comtes de Champagne, seigneur de Charenton, de Beaumez, de Condé et de Luzy, maréchal de France en 1369, créé connétable le 22 septembre 1397, mourut le 6 février 1402, et fut enterré en l'église de l'abbaye de Saint-Denis, côté gauche de la chapelle de Charles V. (Anselme, t. II, p. 851; t. VI, p. 205.)

Compagnon fidèle de Du Guesclin, il prit part aux conquêtes de ce grand capitaine en Guyenne. Il était au siège de Château-Neuf-de-Randon.

En 1388, il fut capitaine général du Languedoc. Ses principales actions sont rapportées par l'*Histoire de Languedoc* (tome VII.) En 1396, il parvint à éloigner de cette province les grandes compagnies. — En 1399, il saisit, au nom du Roi de France, le comté de Foix et fit un traité de paix à ce sujet avec Archambault, captal de Buch, et Isabelle sa femme.

Le sceau que nous reproduisons est attaché à une pièce datée du 31 juillet 1387. (T. sc.)

Les archives du château de Saint-Blancard nous fournissent le rôle de la compagnie du comte de Sancerre, en 1351.

La monstre m[essire] le comte de Sancerre, chlr. banneret, avoec liiij chlers. bachelers et xxij escuiers en sa comp. receus as gaiges en l'ost devant Sainct Jeh. Dangely le xxix j. d'aost l'an mil ccclj.

Le dit M. le comte, ch. bay, museau mesme, merqué en la cuisse destre....................................	XXXI l.
Jeh. Dambesy, pour la banniere, c[hevalier] b[achelier], ch[eval] liart, narines mesmes...............	LX l.
M. Jeh. de Sancerre, ch. gris p[ome]lé, lab. devant........	LX l.
M. Guille. de Miniere, cheval gris plé.................	LX l.
Pierre de Courtenay, c. b., ch. morel...................	L. l.
Loys de Sancerre. c. b., ch. gris plé...................	L l.
Jch. de La Rane, c. b., ch. roux gris...................	L l.
Reynaudin Troussebois, c. b., ch. gris plé..............	XL l.
Guille. de La Chastre, c. b., ch. morel fendu...........	XXX l.
Jeh. de Maleterre, c. b., ch. gris plé..................	L l.
Pierre de Semuir, c. b., ch. bay.......................	XXX l.
Simonet Acier, c. b., ch. blanc bay....................	XL l.
M. Phe. du Chastelneuf, ch. roux gris, p. senestre, devant blanc..	XXX l.
Adenin de Montaut, c. b., ch. morel fendu..............	IIIIxx l.
Huguet de Flori, c. b., ch. bay, c. q. j. noirs........	XXX l.
Pierre Cove, c. brun bay..............................	XX l.
Jehan des Ruaus, c. b., ch. liart, merqué en la fesse...	LX l.
Bourdin Atchier, c. b., ch. morel.....................	XXX l.
Loys de Bourges, c. b., ch. bay ost, p. bl.............	IIIIxx l.
Mace de Bourges, c. b., ch. bay tout noir.............	XX l.
Pierre de Breur, c. b., ch. tout noir.................	XXX l.
Pierre Le Coq, gol. bac., ch. noir, merqué en la cuisse destre....	XXX l.
M. Guy de Chaulay, ch. bay, bolsane, III p. bl........	VIxx l.
Jehan Paic, c. b., ch. morel. merqué en la cuisse destre.	C l.
Guille de Buisson, h. ch., ch. gris plé devant........	XXX l.

(Arch. du château de Saint-Blancard.)

CANHART DE SAUBOLÉE.

.605

Le territoire et paroisse Sainte-Marie-de-Saubolée était la partie nord-est du territoire actuel de la commune de Cologne. C'est sur cette ancienne paroisse que la ville de Cologne fut fondée au treizième siècle; et aujourd'hui la petite église ruinée de Sainte-Marie-de-Saboulies est le seul souvenir qui se rapporte à des temps aussi anciens.

Saubolée faisait partie des possessions seigneuriales de la famille de Terride. (Voir page 186, TERRIDE.)

Une branche cadette de cette famille a conservé le nom de Saubolée, sous lequel elle a possédé diverses seigneuries dans cette contrée, quoique le lieu de Saboulies ou Saubolée ne lui appartînt plus.

L'*Histoire de Languedoc*, l'*Histoire généalogique de la Maison de Faudoas*, le *Trésor généalogique* de dom Villevieille, les *Layettes du Trésor des Chartes*, par Teulet, la *Saume de l'Isle-Jourdain*, fournissent sur la famille de Saboulies des documents trop abondants pour que nous entreprenions de les produire ici. Avec les Terride, ils furent au nombre des principaux bienfaiteurs de ces religieux de Grandselve dont les héroïques vertus excitaient de toutes parts l'enthousiasme, tandis que leurs infatigables travaux enrichissaient la contrée.

Les Saboulies et les Terride fondèrent la grange de Terride, vaste établissement agricole dont les antiques bâtiments subsistent presque entiers sur le territoire de Saint-Georges (Gers), près de Cologne. On les appelle aujourd'hui le château des Granges (1).

Canhart de Saubolée servait aux guerres de Gascogne, en 1339, avec dix écuyers et vingt-deux sergents de sa compagnie.

---

(1) La dénomination de *Grange* est très répandue dans notre pays, elle désigne invariablement une ancienne maison de culture des moines Cisterciens ou Prémontrés. On y rencontre quelquefois des restes de la chapelle ou d'autres constructions primitives. Cinq ou six frères convers y habitaient; leur chef était le granger, nom qui s'est conservé jusqu'à la fin dans l'ordre de Prémontré pour désigner le supérieur de toute maison qui n'avait pas le titre d'abbaye.

Il servait encore, en 1341, avec Gérard des Tours, ou de Tous; ils ont donné quittance commune de leurs gages, scellée de leurs sceaux. Celui de Canhart est reproduit ci-dessus.

« Saichent tous que nous Girart de Tours, chevalier, et Canhart de « Saubolea recoñoyssons avoir eu de mestre Jehan de Condée, lieute- « nant du tresorier des guerres, en prest sur les gaiges de moy et de « mes gens d'armes, de cheval et de pié, desservis en ceste guerre de « Gascoigne, 118 liv. tourn. Donné à Vilenove d'Agenois, 22 janvier, « l'an de grace 1341. » (T. sc., reg. 101.) Ce sceau est écrasé, le parti était un quadrillé. (Voir les sceaux des TERRIDE, p. 186, Ire partie.)

Canhart de Saboulies avait épousé Blanche de Castelnau, il en eut: 1° Canhart, IIe du nom, qui mourut sans enfants, et 2° Séguine, mariée à Jean d'Ornezan, seigneur de Saint-Blancard, à qui elle porta les biens de sa Maison. La baronnie de Saboulies comprenait les seigneuries de La Réole, Ardizas, Encausse et Ségoufielle; les partages et les convenances de famille en décidèrent le démembrement. Bernard d'Ornezan vendit Ségoufielle au comte de Roquefort, et La Réole et Ardizas à Monsieur Maître Michel de Cheverry, docteur et avocat en la cour, fils de Pierre, général trésorier de France à Toulouse. Cette famille originaire de Bayonne, où elle avait fait une grande fortune dans le commerce, s'établit à Toulouse en 1557. Michel fut capitoul en 1599; il se qualifia, ainsi que ses descendants, baron de Saboulies. Ils furent maintenus nobles les 14 mars 1670 et 10 août 1717.

HENRIAS DE SAUNHAC,
SÉNÉCHAL DE BEAUCAIRE.

606

SEEL...

Les 28 avril et 14 juin 1414 deux quittances scellées, de *neuf vint* et de cent dix livres tournois, par Henrias de Saunac, chevalier, pour lui, chevalier bachelier, un autre chevalier bachelier et huit écuyers de sa compagnie servant le Roy, pour remettre à son obéissance le duc de Bourgogne, sous le gouvernement de M. le comte de la Marche. (T. sc.)

Henrias ou plutôt Alzias de Saunhac, seigneur de Belcastel d'Ampiac, coseigneur de Cassagnes-Contaut, était sénéchal de Beaucaire en 1407, chambellan du Roi, châtelain de Penne d'Albigeois. Sa biographie est publiée dans la *Revue archéologique du Midi de la France*, avec une belle gravure représentant son tombeau, qui existe encore dans l'église de Belcastel.

Voir aussi *Documents historiques et généalogiques sur les familles du Rouergue*, par H. de Barrau, et Archives de l'Aveyron, E 1619-1638, 1825. — Le 1er octobre 1481, Jean de Saunhac épousa Marie d'Astarac, fille de Jean comte d'Astarac, et veuve de Charles d'Albret, seigneur de Sainte-Bazeille.

RAYMOND DE SÉDILLAC,
CAPITAINE DE SAUVETERRE.

S. R. DE SEDILLAC.

Les Sédillac ou Sérillac paraissent dès le commencement du treizième siècle dans plusieurs chartes, dans les assemblées et les hommages de la noblesse de Lomagne. Ils prenaient leur nom du château de Sérillac, sis en la commune de La Sauvetat en Gaure. Ils ont possédé pendant plusieurs siècles la seigneurie de Saint-Léonard (Gers).

Raymond de Sédillac était fils de Guillaume et père de Odon de Sédillac. Il donna quittance, sous son sceau ci-dessus, de ses gages et de ceux de ses hommes, étant capitaine de Sauveterre, à Toulouse, les 27 janvier 1352, 2 novembre 1353, 12 décembre 1354, 15 mars 1355 et 21 juin 1356. (T. sc., reg. 102, p. 7931.)

BÉRENGUIER DE SÉGUR.

608

Bérenguier ou Brenguier de Ségur, gentilhomme du comté de Rodez. Les Archives de l'Aveyron possèdent un accord qu'il passa en 1361 : « Accord d'entre noble Brenguier de Ségur, chevalier, docteur ez lois, « coseigneur de Ségur, et Matelin de Ségur, son fils, et Bernard Natès, « du bourg de Rodez, au sujet d'arrérages de censives réclamés audit « Natès à cause de son fief de Trapes, paroisse de Canet. » (E 1594.)

Autre pièce aux mêmes Archives. (E 975.)

Noble Brenguier, *sive Gregorius* de Ségur, docteur ès lois, épousa noble Galiane de La Barrière; ils eurent Matelin de Ségur. Brenguier, IIe du nom, fils de Matelin, vivait en 1387.

Le sceau que nous donnons est attaché à deux quittances de gages des gens de sa compagnie, délivrées par Bérenguier de Ségur, à Bourg, le 28 décembre 1346 et le 26 janvier 1346. (T. sc., reg. 102, p. 7937.)

BERNARD DE SEISSAS,
CAPITAINE DE MANCIET.

609

SEL BERNAT DE S[EISS]AS.

Seissas est en Agenais; nous ignorons sa situation topographique. Ce fief noble a donné son nom à une famille ancienne.

En février 1226, Nug de Saissas est parmi les principaux de l'Agenais qui signent le traité conclu entre les villes d'Agen, Port-Sainte-

Marie, Mas-d'Agenais dépendant du comté de Toulouse et Saint-Macaire, et La Réole dépendant du comte de Poitiers. (*Chartes d'Agen*, p. 27.)

De 1339 à 1341, Arnaud-Garsias de Seissas servait le roi de France et se trouve porté sur les comptes de Barthélemy du Drach, trésorier des guerres.

Le 1er février 1355, Bernard de Seissas donne quittance de 30 l. pour lui et ses gens d'armes, pour la garde de la ville de Manciet dont il est capitaine. Scellée du sceau ci-dessus. (T. sc.)

En 1398, Eudes de Seissas rendait hommage au comte d'Armagnac pour les seigneuries de Montégut, près Auch, et de Clarac.

RUDEL, SEIGNEUR DE SEYSSES.

 610

Famille puissante aux treizième et quatorzième siècles, qui prenait son nom de Seysses-Tolosanes (Haute-Garonne).

En 1225, Bernard de Seysses et Bernard d'Orbessan, son frère, de concert avec Roger de Noë, fondèrent les bastides du Fousseret et de Sana (Haute-Garonne) (1).

Les exploits de W. de Seysses au combat de Melha, contre les croisés de Simon de Montfort, sont célébrés par les poètes qui ont raconté la guerre des Albigeois (vers 8889).

Rubeus de Seysses est témoin, en 1244, de l'hommage du comte de Comminges.

En 1249, W. de Seysses est du nombre des seigneurs qui rendent hommage pour leurs terres à Alphonse comte de Poitiers.

En décembre 1252, Bernard de Seysses est allé en Palestine sur la demande de son suzerain. Il est au camp devant Joppé et compris

---

(1) Teulet, *Trésor des Chartes*, tome II, p. 1739, et l'*Histoire de Languedoc* ont publié les actes de fondation.

avec nombre de ses compagnons toulousains ou gascons dans une sentence arbitrale rendue par Olivier de Termes. Son nom et ses armoiries ne figurent pas à la salle des croisades de Versailles, ni ceux de ses compagnons, sauf Bernard de Montaut à qui l'on a attribué par erreur les armes des Montaut du Fezensac.

Guillaume-Raymond et Rudel de Seysses sont au nombre des seigneurs auxquels le roi d'Angleterre écrivit, en 1327 et en 1340, pour les attirer à son parti.

Tous ces renseignements nous sont fournis par l'*Histoire de Languedoc* (t. VII); — Monlezun (t. III, p. 245, 495); — Teulet, *Trésor des Chartes* (III, p. 171 B.)

« Mossen en Rudel de Seysses, cavaler, senhor de Seysses, pay d'en
« Rudel de Seysses » servait le roi de France aux guerres de Gascogne, en 1353, 1354, 1355 et 1356. Il a donné plusieurs quittances scellées du sceau ci-dessus pour ses gages et ceux de ses compagnons. (T. sc., reg. 102.)

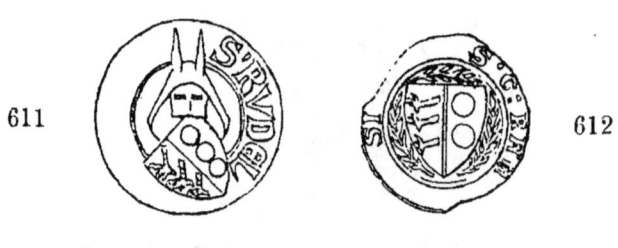

611   612

S. RUDEL...   S. G. RAM... SI...

Le 1er juin 1353, il servait avec Mons. Guill. Raymond de Seysses. Nous trouvons en effet aux Archives du château de Saint-Blancard la quittance suivante, à laquelle le sceau ci-dessus (n° 611) et celui de Guill. Raymond (n° 612) sont attachés.

« Saichent tuit que nous Ruddel, sire de Seiches, et Mons. Guill.-
« Raymond de Seiches nous avons eu et receu de Jacques Lempereur,
« tresorier des guerres du Roy nostre sire, par la main de Evein Dol,
« son lieutenant, en prest sur les gaiges de nous et des gens d'armes
« de nostre compagnie desservis et à desservir en la garde de nos
« lieux et forteresses, sous le gouvernement de Mons. d'Armagnac,
« lieutenant dudit seigneur ès parties de la Languedoc, quinze livres
« tournois; desquelles XV liv. t. nous nous tenons pour bien payés.
« Donné sous nos seelz, le premier jour de juing l'an M CCC LIIII. »

BERNARD SERANT.

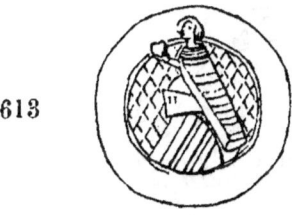

613

Bernard Serant, écuyer, a reçu de Jehan Mousquiers, lieutenant du trésorier des guerres, 16 liv. tourn., pour ses gages et ceux des hommes de sa compagnie, servant sous le comte d'Armagnac. Quittance scellée, donnée au Mas-d'Agenais, le 20 juin 1340. (T. sc., reg. 103, p. 7985.)

Le 12 décembre 1258, Bernard-Garsias de Seran, livra son château et mote « del Seran » au roi d'Angleterre, pour le garder tant que la guerre durera. (*Arch. hist. de la Gironde*, t. III, p. 9.)

REGNAUD SERVOT,
CAPITAINE D'AUBEROCHE.

614

REGNAUT ...OT

L'origine de Regnaud Servot, capitaine armagnac, ne nous est pas connue. Il était à la solde du duc d'Orléans et capitaine d'Auberoche en Rouergue.

Le 18 juillet 1415, il délivra quittance, munie du sceau ci-dessus, pour 84 francs et 6 deniers tournois, pour ses gages d'une année. (Arch. du château de Saint-Blancard.)

En 1424 et 1425, il était encore capitaine d'Auberoche, d'après les comptes de Giraud de Bonnys, receveur du domaine de Périgord pour le duc d'Orléans. (Arch. de Pau, E 641.)

ROSTAN DU SOLER.

615

S. ROST. [DEL SO]LER.

« Rostandhus » du Soler était lieutenant du sénéchal de Gascogne et maire de Bordeaux. Son sceau est attaché à une charte contenant approbation du traité passé entre les consuls d'Agen et ceux de Bordeaux, au sujet de la dette de Gaillard Colomb. (Arch. d'Agen, pièce imprimée dans les *Arch. Municip. d'Agen*, p. 51, par Magen et Tholin.

De Solio, appelée aussi du Soler, del Soler en langue romane, appartenait à une famille de bourgeois de Bordeaux, riches et influents, dont les membres sont nommés dans un grand nombre de chartes publiées par les *Archives historiques de la Gironde*. On y voit notamment que Rostandhus eut deux fils, Rostan et Bertrand, qui rendirent hommage au roi d'Angleterre pour leurs fiefs. (V, 302, 321.)

On peut encore lire sur le sceau : S. ROST..... LER, qu'il faudrait sans doute compléter S. ROSTANDI DEL SOLER.

BERNARD DE SOLLE.

616

S. BERNART DE SOLLE.

Bernard de Solle, écuyer, chef de chambre, de onze autres écuyers, servait dans l'armée des Armagnacs; il a donné quittance de ses gages, revêtue de son sceau reproduit ci-dessus, à Bourges, le 28 juin 1418.

(T. sc., reg. 104, p. 8067.)

BERNARD, SIRE DE SOLOMIAC,
SÉNÉCHAL DE TOULOUSE.

617

La ville de Solomiac (Gers) a pris le nom de ce vice-sénéchal, qui lui aurait donné des coutumes, nous dit Monlezun (t. III, p. 28.) Il ne paraît pas toutefois dans l'acte du 4 mars 1322, passé par Jean de Trie, sénéchal de Toulouse, et contenant paréage de Solomiac entre le roi de France et l'abbé de Gimont.

Le 19 octobre 1329, dans l'église des Frères mineurs de Tarbes, Béraut de Solomiac est un des témoins de la paix conclue entre les comtes d'Armagnac et de Foix (*Histoire de Languedoc*, t. VII, p. 460); il y est qualifié sénéchal de Toulouse; il est qualifié de même dans les quittances qui sont transcrites au mot ORBESSAN.

Le sceau que nous donnons ci-dessus est attaché à une quittance dont la teneur suit :

« Saichent tuit que nous Béraud, sire de Solomphiac, chevalier, bis
« sénéchal de Toulouse, avons eu et receu de Jehan Remy, tresorier
« des guerres nostre sire le Roy, par la main Gilet le Picart, seur le
« service que nous et la gent de nostre compagnie avons fait au Roy
« nostre sire en la guerre de Gascoingne, deuxsouz le gouvernement
« de noble homme Monsr Roubert Bertran, mareschal de France, par
« plusieurs parties cinc mille cinc cens quatre vint dix sept livres nef
« souz et six deniers tournois; desquex nous nous tenons pour bien
« payés par le tesmoing de ces lettres scellées de nostre scel. Donné
« à Agen, le 13e jour de octobre 1327. » (T. sc., reg. 104.)

Pour la fondation de la bastide de Solomiac, voir Monlezun, (t. VI, p. 255); — *Recueil des ordonnances royaux*, XII, 500; — *Histoire de Solomiac*, par M. l'abbé Dubord; — *Histoire des villes fondées dans le sud-ouest*, p. 251, par Curie-Seimbrès.

ÉTIENNE DE TALAURESSE,
SÉNÉCHAL DE CARCASSONNE.

618

S. ETIENNOT TALAURESSE.

Estevenot ou Étienne de Talauresse, seigneur de Mimbaste, Clermont, Cania, Le Saumont, Poyartin et Estibeaux dans les Landes, était fils de Pées de Talauresse, seigneur de Clermont et de Mimbaste; il servit avec zèle les rois Charles VII et Louis XI, combattant sous le commandement du sire d'Albret et du sire d'Orval.

Il prit part aux dernières campagnes de Charles VII en Guyenne.

En 1447, étant lieutenant du sire d'Orval, il reçut du Roi le don d'une brigandine dorée. (*Mém. de Mathieu d'Escouchy*, t. III, p. 256.)

Il fut conseiller du sire d'Albret, qui lui donna la justice de Poyartin, en 1454, et la maison noble de Saint-Germain, en 1456.

Le 14 mars 1457, il donna la quittance qui suit, revêtue du sceau que nous reproduisons ci-dessus :

« Je Estevenot de Talloresse, escuyer, cappitayne de la Tour du
« Crestarnault, ay receu la somme de 150 l. a moy ordonnée par le Roy,
« pour la defense de la dite place de Crestarnault, receue des mains
« du tresorier du Dauphin. » (T. sc., reg. 105, p. 8161.)

En 1458, il était écuyer d'écurie du Roi, bailli de Montferrand, ayant charge et conduite d'une compagnie de trente lances de la grande ordonnance. Quittance de 90 livres, scellée, 13 novembre 1458.

En 1466, il était maire de Bayonne. (*Revue de Gascogne*, t. XIV.) Nous pensons qu'il conserva la garde de cette place importante pendant plusieurs années, car le manuscrit n° 21498 de la Bibliothèque nationale contient les montres de la garnison de Bayonne, en 1472 et 1473, sous les ordres de Etiennot de Talauresse.

En 1459, Estevenot acquit la terre d'Estibeaux, pour laquelle il rendit hommage en 1461, et qu'il revendit, le 15 mai 1469, à Gaston du Lion, sénéchal de Toulouse, son beau-frère.

Créé par Louis XI sénéchal de Carcassonne, il conduisit la noblesse de sa sénéchaussée au siège et à la prise de Lectoure, en 1469, et le Roi lui donna plusieurs seigneuries du Rouergue, confisquées sur le comte Jean V d'Armagnac. De là il se rendit avec l'armée royale en Roussillon, où il était aux sièges d'Elne et de Perpignan. (*Histoire de Languedoc*, édition du Mège, t. VIII, p. 148, c. 2, 159, c. 1, 172, c. 2); — 14 novembre 1475, montre de la compagnie de Étiennot de Talauresse, sénéchal de Carcassonne, mss. 21499, f. franç., Bibl. nat.)

En 1473, le Roi lui donna la baronnie de Saint-Sulpice, au diocèse de Toulouse. Il avait épousé Anne du Lion, fille d'Espain du Lion, seigneur de Vianne et de Villesegue, et de Catherine de Bezaudun. Il testa en 1479; son testament se trouve aux Archives du Séminaire d'Auch. Sa femme était veuve avant le 29 mars 1488, date d'une transaction qu'elle passa avec ses frères et sœurs.

Leur descendance masculine s'éteignit après deux générations. Catherine de Talauresse porta le nom et les seigneuries de sa Maison, en 1576, à noble Firmin d'Ardoy. Leur fils François d'Ardoy-Talauresse épousa, le 19 octobre 1597, Suzanne de Monluc, fille du maréchal et d'Isabeau de Beauville, veuve de Henry de Rochechouart-Barbazan. Il n'eut pas d'enfants. (Arch. de M. J. de Carsalade du Pont.)

JEAN TALBOT,
SIRE DE FOURNIVAL.

S. JOHIS COMITIS DE FORNIVALLEA.

Jean, sire de Talbot et de Fournival, comte de Schrewburg et de Waterbord, Stewart d'Irlande, créé maréchal de France, le 10 novembre 1438, par le roi d'Angleterre qui régnait alors à Paris, tué le 17 juillet 1453 au combat de Castillon, fut l'un des plus célèbres capitaines de son siècle et des plus valeureux adversaires de nos Armagnacs. Jeanne d'Arc cependant, avec ses *armagnagais*, le repoussa d'Orléans et le vainquit à Beaugency et à Patay, où il fut fait prisonnier. Les dictionnaires historiques font connaître sa vie. Anselme (t VII, p. 85 et suiv.) a publié sa généalogie historique, parce qu'il a été maréchal de France.

Le sceau que nous reproduisons est appliqué sur plusieurs pièces et quittances de la collection des Titres scellés, volumes 134 et 201. Ces pièces sont toutes en outre signées de sa main : *J. Stafford*. Nous avons inutilement cherché l'origine de ce nom. (T. sc., reg. 134 et 201.)

Voir aussi *Bibliothèque de l'École des Chartes*, IIe série, t. III, p. 247, 507 ; t. IV, p. 418.

GUILLAUME-ARNAUD DE TANTALON,
SÉNÉCHAL D'AGENAIS.

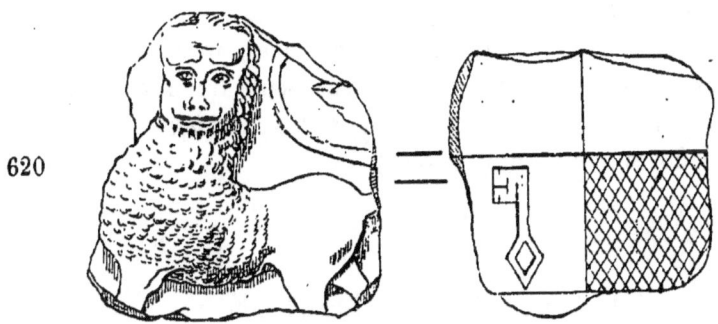

620

Tantalon est le nom d'un fief avec château fort et ancienne paroisse, aujourd'hui englobés dans le territoire de Bazas. (*Archives hist. de la Gironde*, t. VII, p. 371.)

Guillaume-Arnauld de Tantalon fut sénéchal d'Agenais pour le comte de Toulouse, vers l'année 1216, et y exerça ses fonctions jusqu'à l'année 1247. Les *Chartes municipales d'Agen*, publiées par MM. Magen et Tholin, contiennent une série d'actes qui se rapportent à ce sénéchal. Les fragments ci-dessus des sceau et contre-sceau à ses armoiries sont attachés à un accord ménagé par lui, le 12 avril 1242, entre les habitants de La Réole et les hommes de la terre du comte de Toulouse. (Arch. d'Agen, FF 129.)

En 1244, il est présent au serment de fidélité du comte d'Astarac. (*Histoire de Languedoc*, nouvelle édition, t. VII, p. 1163.)

Il ne fut pas toutefois seul sénéchal d'Agenais pendant trente et un ans.

Philippe d'Andreville, ou Landreville, fut sénéchal d'Agenais pour Simon de Montfort (1216-1218). (Molinier, *Catalogue des actes de Simon et Amaury de Montfort;* — *Bibliothèque de l'École des Chartes*, t. XXXIV, p. 97; — *Chartes d'Agen*, p. 10.)

Jordanus Ponto (1223, 1226, 1229), Géraut Durut (1225), Jean de Boville (1227) sont cités par Saint-Amans. (*Histoire ancienne et moderne du département de Lot-et-Garonne.*)

Bertrand était sénéchal d'Agenais en 1242. (*Histoire de Languedoc*, t. VIII, p. 1086.)

Les *Archives historiques de la Gironde* ont publié (t. XIII, p. 373) un mandement du 18 mai 1290, par lequel le roi d'Angleterre ordonne le payement d'une somme d'argent à compter sur le prix du château de Tantalon que Guill.-Arnauld lui a vendu. Ce Guill.-Arnauld était apparemment le fils du sénéchal. Cette vente fut-elle volontaire ? On peut en douter, si l'on se souvient qu'à cette époque les rois d'Angleterre obligèrent les seigneurs de Guyenne à leur céder, soit par vente, soit par échange, toutes les forteresses de quelque importance. Ainsi, les sires de Navailles et les sires de Mauléon de Soule furent contraints par cette espèce d'expropriation *pour cause d'utilité publique* : *Ad opus nostrum*, disaient les rois d'Angleterre (1).

GUILLAUME DU TEMPLE.

621

GUILLHEM DE TEMPLE.

Guillaume du Temple, écuyer, avait seize écuyers dans sa compagnie servant sur la rivière de Dordogne, sous le commandement du connétable d'Albret. Il a donné quittance scellée, à Montignac en Périgord, le 26 janvier 1407. (T. sc.)

THÉMINES.

Thémines, puissante famille du Quercy qui possédait la baronnie dont elle portait le nom (arrondissement de Figeac, Lot). Cette baronnie, divisée dès le quatorzième siècle pour apanager des cadets, vit plusieurs grandes familles telles que Cardaillac, Gourdon, Lauzières, arriver par succession à sa coseigneurie. Les Lauzières finirent par la posséder en entier et en prirent le nom.

(1) Jaurgain, dans la *Revue de Béarn; Les Châtelains de Mauléon;* — Delpit, *Manuscrit de Wolfenbutel;* — *Archives historiques de la Gironde,* t. V.

Le maréchal de Thémines a illustré ce nom au dix-septième siècle.

Les personnages que nous citons appartiennent à la première Maison de Thémines.

GISBERT DE THÉMINES,
ÉCUYER BANNERET.

622

Guibert ou Gisbert, seigneur de Thémines, vivait en 1273 ; il eut Gisbert qui suit et Barrane, mariée à Pierre de Goutaut, seigneur de de Biron.

Gisbert de *Tamines*, écuyer banneret, a scellé, le 12 août 1348, à Toulouse, quittance de ses gages ; il avait sous ses ordres deux chevaliers bacheliers, vingt-six écuyers et trente sergents à pied, employés aux guerres de Quercy et Guyenne. (T. sc., reg. 105, p. 8161.)

GUILLAUME DE THÉMINES.

623

Le premier jour de mai 1359, étant à Montpellier, Guillaume de Thémines a scellé du sceau ci-dessus une quittance de 250 écus d'or qui lui étaient avancés sur les 500 écus que le comte de Poitiers lui avait accordés sur la somme donnée aux nobles du Quercy. (Arch. du château de Saint-Blancard.)

Le 6 du même mois, Barast de Thémines donna aussi quittance pour la même cause, sous un sceau d'emprunt. (T. sc., reg. 105, p. 8197.)

Guill. de Thémines rendit hommage au roi d'Angleterre, en 1363. En 1368, Robert Knolles, ayant été obligé de lever le siège de Cahors, fut attaqué et battu auprès de Domme en Périgord; il fut encore attaqué près de la Dordogne par Guil. de Thémines, qui fit éprouver de grandes pertes aux Anglais. Ceux-ci, pour se venger, ruinèrent jusqu'aux fondements le château de Nadaillac, qui appartenait à Thémines. (*Histoire du Quercy*, Cathala-Coture, t. I, p. 306.)

ODET DU TILLET,
CAPITAINE DE CAMPAGNE.

624

S. NODET DE TILLET.

Odet du Tillet a donné quittance scellée pour ses gages et ceux de trois autres écuyers, à Caussade, le 25 mars 1353. Il était capitaine de Campagne (canton de Cazaubon, Gers).

En 1354 et 1355, il a donné plusieurs autres quittances scellées : l'une est donnée, le 10 juin 1355, devant *Pressan*, sous le sceau de Pierre de Lavardac, chevalier, sire de Campagne. (T. sc., reg. 106, p. 8255 et 57.) Voyez LAVARDAC.

ROGER, SIRE DE TOUJOUSE.

625   626

S. R. DE TOVIOVSE.

Toujouse (1) dépendait autrefois de la vicomté de Marsan et du diocèse d'Aire; ses seigneurs sont connus depuis le commencement du treizième siècle. L'un d'eux fonda la bastide de Montguillem (Gers, canton de Nogaro), en paréage avec le roi d'Angleterre, le mercredi après la fête de la Trinité 1319.

Anne-Sans de Toujouse fut évêque d'Aire; sa fin tragique et l'impunité de ses assassins sont racontées par nos historiens. (Monlezun, t. III; — *Revue de Gascogne*, etc.)

Bernard, sire de Toujouse, fit foi et hommage, en 1312, à la vicomtesse de Marsan.

En 1338, malgré sa dépendance féodale du roi d'Angleterre, il servait le roi de France aux guerres de Gascogne; il est porté aux comptes du trésorier des guerres.

Le 26 août 1337, son fils, Roger, sire de Toujouse, fit foi et hommage entre les mains de Raoul, comte d'Eu, connétable de France, représentant le Roi. Il eut des lettres de sauvegarde et obtint du Roi le maintien et confirmation des libertés et privilèges de Toujouse et de Montguillem.

Roger, sire de Toujouse, servait en 1353 sous le comte d'Armagnac; il a donné quittance de ses gages et la scella du sceau n° 625, le 22 octobre. (T. sc., reg. 106, p. 8287.)

Au château de Saint-Blancard il y a une autre quittance scellée (n° 626) de 55 livres, « pour don à nous fait par M. Jehan, comte « d'Armagnac... pour plusieurs services que nous avons fait audit « seigneur en ces presentes guerres de Gascoigne, et que nous esperons « à l'aide de Nostre Seigneur faire au temps avenir. » 11 octobre 1353.

Son petit-fils, Bertrand de Toujouse, combattit glorieusement dans l'armée des Armagnacs. Charles VII l'envoya au secours d'Orléans, sous Jeanne d'Arc, et il fut ensuite désigné pour assister au sacre dans la

(1) Canton de Nogaro, Gers.

cathédrale de Reims. Il avait été à la peine, il était juste qu'il fut à l'honneur.

Messire Antoine de Toujouse, baron de Toujouse, coseigneur de Montguillem, seigneur de Lagouarde et autres places, mourut en 1673, le dernier de sa race.

Sa succession fut disputée et finalement divisée en deux parties, l'une échut à la famille de Pardaillan, l'autre à la famille de Cours-Monlezun, puis au marquis de Maniban, dont la fille et héritière, la marquise de Livry, vendit Montguillem et Toujouse, par contrat du 10 janvier 1776, retenu par Brochard, notaire au Châtelet de Paris, à messire Léonard de Baylens, marquis de Poyanne, gouverneur de Dax, lieutenant général, inspecteur général de cavalerie et des dragons, chevalier des ordres du Roi.

GÉRAUD DES TOURS.

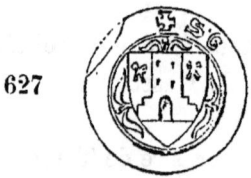

627

Géraud des Tours, ou plutôt de Tous, puisqu'aujourd'hui le lieu de Tours (*de Turribus*) a pris la forme gasconne Tous ou Thous (1), servait aux guerres de Gascogne en compagnie de Canhart de Saubolée, son voisin; il a scellé, le 22 janvier 1341, une quittance collective pour ses gages et ceux de son compagnon. (Voir SAUBOLÉE, p. 497.)

Géraud de Tous fut retenu, le 22 janvier 1342, par Agout des Baux, sénéchal de Toulouse. (Voir BAUX, p. 216.)

Géraud, seigneur de Tous, de Sirac et d'Ardizas (canton de Cologne, Gers), rendit hommage au comte d'Armagnac pour Sirac, en 1343. (Arch. de Pau, E 241.)

Cette famille avait formé plusieurs branches qui ont possédé des fiefs dans le Fezensaguet et le voisinage de Cologne. En 1422, Georges de Polastron, héritier de Géraud de Tous, rendit hommage pour les coseigneuries de Tous et de Saint-Cricq. (Archives de Saint-Blancard.) Les aînés ont dû s'éteindre dans la famille d'Astarac, car aux quinzième

---

(1) Thoux, canton de Cologne, Gers.

et seizième siècles, nous voyons Guillaume d'Astarac et Paul d'Astarac rendre hommages pour Tous en Fezensaguet et les trois quarts de Saint-Cricq. (Arch. de Pau, E 241.)

La branche des seigneurs d'Endoufielle au comté de l'Isle-Jourdain a retenu la forme gasconne de *Las Tours* (*de Turribus*). Elle a jeté de l'éclat au seizième siècle, pendant les guerres de religion, et s'est éteinte au dix-septième dans la maison de Bonfontan, ainsi devenue héritière de la seigneurie d'Endoufielle.

JEAN TRUFFEL,
CAPITAINE DE MONHEURT.

628

Jean Truffel, capitaine de Monheurt, a donné quittance scellée de ses gages, le 16 août 1354. (T. sc., reg. 108, p. 8457.)

On sait que Monheurt (canton de Damazan, Lot-et-Garonne), qui appartenait à la famille de Pins, était un lieu stratégique et une de ces forteresses frontières souvent disputées entre les partis ennemis.

ARNAUD VAQUIER,
CAPITAINE DE MONTAUBAN.

629

Arnaud Baquier, chevalier, capitaine de Montauban, a donné deux quittances scellées pour ses gages, à Montauban, les 26 juin et 10 décembre 1353. (T. sc., reg. 109, p. 5529.)

ANTOINE DE VAURION,
MARÉCHAL DES LOGIS DE M. DE MONLUC.

630

Anthoine de Vaurion, maréchal des logis d'une compagnie d'hommes d'armes fournies des ordonnances du Roy, sous la conduite de Monseigneur de Monluc, a donné quittance de trente-sept livres pour ses gages, le 21 janvier 1559, à François de Lacome, trésorier des guerres.

Empreinte sur papier. (T. sc., reg. 126, p. 827.)

VERDUZAN.

Les seigneurs de ce nom paraissent dès le onzième siècle et se sont perpétués jusqu'à nos jours par une longue suite d'hommes de guerre qui ont leur place dans notre histoire provinciale.

La branche aînée possédait la seigneurie de Verduzan (commune de Castéra-Verduzan, canton de Valence, Gers), où l'on voit encore les ruines de son manoir féodal. Elle s'est éteinte au quinzième siècle dans les Biran-Puységur, après avoir donné naissance à de nombreux rameaux, entre autres celui des seigneurs de Saint-Criq, près Auch, et celui des seigneurs et marquis de Miran (canton de Valence, Gers), qui subsiste encore.

JEHAN DE VERDUZAN,
CAPITAINE DE CASTÉRA-DE-VIVENT.

631

Jehan de Verduzan, capitaine de Castéra-de-Vivent, servait sous le comte d'Armagnac, en 1356, et a donné, les 21 juillet et 8 octobre, deux quittances de ses gages, scellées du sceau ci-dessus. (T. sc., t. III, p. 8705.)

OTH DE VERDUZAN.

632

Oth et Jehan de Verduzan, chevaliers, servaient aux guerres de Gascogne, sous le comte d'Armagnac. La quittance de douze vingts livres qu'ils ont donnée en 1354 est revêtue de leurs sceaux ci-dessus. (T. sc., reg. 10, p. 575.)

Voir le sceau de Jehan, n° 631.

Oth ou Not de Verduzan avait obtenu des lettres de rémission que nous transcrivons d'après les registres du Trésor des chartes. (JJ 68, p. 461.)

« Philippe, par la grace de Dieu, etc... savoir faisons à tous presens
« et avenir que comme certain discord feust entre Guillaume de Beles-
« tat et Enaut de Boge, bourgeois et consul de la cité d'Aux en la
« conté de Fezensac d'une part, et Conlon de Lafargue et ses frères et

« Arnaut de Belestat le jeune d'autre : Et ledit *Geraut* (Enaut) a trois
« ans ou environ feust partis d'un sien manoir appelé Baisillac pour
« aller droit à la cité d'Aux, auquel chemin en allant droict à ladicte
« cité, yssi des bois des chanoines de Sainte-Marie d'Aux ou d'illec
« environ certain nombre de gens armez à pié ; et quand ledit bourgeois
« les vit il s'enfouy en un manoir qui est appelé Nalastroz, lequel les
« dictes gens rompirent et tuèrent ledit bourgeois, si comme on dit ;
« pour lequel fait le bailli et les consuls de ladite cité et autres et par
« l'induction des amis dudit mort et pour la sousepecion qu'il avoient
« (contre) Not de Verdusan, chevalier de nostre tres cher et feal cousin
« le conte d'Armignac, pour ce que il amoit plus et soustenoit la partie
« contraire dudit mort que la sienne, firent penre Mongon de Lapere
« dit Denglez, Pellet et Pierre de Courrains, disant qu'ils estoient sous-
« peçonnez de ladite mort, et familiers audit chevalier ; lesquiex furent
« menés au chasteau de Verdins (1) de ladite conté, qui n'estoit pas
« lieu accoustumé de mener gens qui eussent forfait en ladite cité ou
« ses appartenances ; et illec furent mis en gehenne et riguereuse de
« forsce furent mis par telle maniere que, par force d'icelle, il advint
« qu'il confessassent ledit fait et qu'ils accusassent Jacques de Lucante,
« Bernard Raimond de Dominis, Guillaume Sens de Lespiaulx, Pierre
« de Gangon, Pierre du Caup, Domeneche de Valentées, Vidal de Gilles
« dit Camusel, Arnaud de Ribontar dit Echougnet, tous familiers dudit
« chevalier, pour laquelle occasion et souspeson ils furent appelez à
« droit et bannis par les consuls, baillis et autres officiers de Fezensac,
« jasoit ce que de ce fait ils soient purs et inocens. Et apres ce furent
« menez lesdits Mangon et Pierre à la prison des consuls d'Aux et fut
« mis ledit fait en ordinaire ; lesquiex furent mis hors d'icelle par sen-
« tence absolutoire des consuls et baillis come purs et inocens dudit
« fait si come ils dirent ; et ledit chevalier qui bien et loyaulment nous
« a servi en nos guerres de Gascoigne et de Picardie et ser tousiours
« avec lesdits accusez ses familiers, en la compagnie de nostredit cou-
« sin, nous ait supplié que ausditz accusez volsissions remettre et quiter
« toute paine civile et criminelle en quoy il pourroient estre encourus
« envers nous pour ladite cause dessus dite. Nous, oie la supplique
« dudit chevalier, attenduez lesdiz bons et aggreables services qu'il
« nous a faitz avec lesdits accusez et esperons qu'il nous fera, et en
« regart à ce que lesdits Mengon et Pierre qui confesserent par force
« ledit fait et accuserent les autres ont esté delivrez par sentence abso-

(1) Lavardens.

« lutoire, avons quittié, remis et pardonné, quittons, remettons et par-
« donnons par la teneur de ces lettres, ausditz accusez et à chascun
« d'eulx, les appeaux et bans dessusditz avec toute paine civile et crimi-
« nelle, en quoy il ou l'un d'euls pucent avoir encouru envers nous
« et les restablissons en leur païs, biens, bonne fame et renomée, et
« tous proces, informacions, enquestes, appiaux, bans, proclamacions et
« adiournemens fais contre eulx ou l'un d'eulx, tant ce quy s'en est
« ensuy ou pourroit ensuyvre, rappelons, cassons, annulons et volons
« que dores en avant il aient nulle value et effect et imposons silence
« perpetuel à nos procureurs et autres nos officiers quant as choses
« dessusdites, de notre autorité royal, certaine science et grace especial,
« en remuneration des services dessusdits, jasoit ce quiex le eussent fait
« et nonobstant que ledit bourgeois feust des robes et familiers de
« l'arcevesque d'Aux et qu'il feust en notre sauvegarde, sauf droit de
« partie, se par voïe de directe accusation civilement ils les veulent
« poursuivre. Mandons audit senechal de Thoulouse et d'Agenois, bail-
« lis et consuls dessusdits et à tous autres justiciers et officiers que
« contre la forme et teneur de notre presente grace lesdits accusez ou
« l'un d'eulx ne vexent, molestent en corps ne en biens en aucune
« maniere, ains les facent joir et user d'icelle sans nul empeschement
« et sans contredit; et se aucuns de leurs biens ont esté pour ce prins,
« saisis ou arrestez pour la cause dessusdite qu'ils leur seront rendus,
« restituez et mis ou délivré. Volons et leur octroyons par la teneur
« de ces presentes que nostre dicte grace ils puissent presenter et pour-
« suivre par procureur. Et pour que ce soit ferme chose et stable à tous
« iours nous avons fait mettre nostre scel à ces presentes lettres, sauf
« en autre chose notre droit et en tout le droit d'autruy civilement.
« Se fut fait à Amiens, l'an de grace M CCC XL VII, au mois de septem-
« bre. Par le Roy, à la relation de mess. de la Harriere et Glavel. »

En 1410, Odon de Verduzan, damoiseau, seigneur de Verduzan, de Noulens, d'Espas, de Rimbos et de Cazeneuve, fut fait prisonnier dans un combat contre les troupes du comte de Foix, et emmené en Béarn où il fut retenu pendant deux ans environ parce qu'il ne pouvait pas payer sa rançon. Enfin, honorable et prudent homme Bernard de Monclar, habitant Vic-Fezensac, seigneur de Bautian (1), emprunta par

---

(1) La salle ou château de Bautian est une jolie construction du quinzième siècle, encore entière, sur la rive droite de l'Osse, au nord de Vic. Les Monclar étaient de riches bourgeois de Vic, devenus nobles au quinzième siècle par acquisition de fiefs militaires.

amitié pour lui une somme de 1,540 florins aragonais ; le florin valant 200 gros et chaque gros trois ardits. Moyennant l'obligation personnelle de Bernard de Monclar, les amis de Verduzan se cotisèrent pour procurer la somme ; c'étaient Pierre de Massas, archidiacre de Pardiac et vicaire de l'archevêque d'Auch, Pierre de Bezoles, seigneur de Bezoles, Ispan de Dousset, seigneur de Peyrusse, Jehan d'Avezan, seigneur d'Avezan, Odon de Lavardac, seigneur d'Aumensan, et Jehan de Biran, seigneur de Puységur.

Mais ces gentilhommes n'avaient pas pu donner la somme effectivement, Bernard de Monclar avait été obligé d'en faire l'avance ; il n'était pas encore remboursé en 1415. Verduzan demanda au comte Bernard VII la permission de vendre ses fiefs pour se libérer, et, par acte du 2 décembre 1415, il donna en payement à son créancier les seigneuries de Noulens, Espas, Rimbos et la moitié de Cazeneuve. (Arch. du Séminaire d'Auch, registre de Liabra, notaire à Vic, année 1415.)

Déjà Odon de Verduzan avait repris les armes depuis sa libération et il faisait la guerre avec les Armagnacs en Normandie et dans l'Ile-de-France. Il échappa au massacre du mois de juin 1418 et continua à servir le dauphin Charles VII.

Le sire de Verduzan fut tué, le 12 février 1428, à la journée des Harengs, et son corps enseveli dans l'église cathédrale d'Orléans.

Il était fils de Jean, seigneur de Verduzan et Ayguetinte, et de Jeanne de Pardaillan-Gondrin. Il laissait deux filles ; la seconde, Marguerite, épousa Guytard de Lupiac-Moncassin, avec mille florins de légitime.

Le livre de raison de Bernard de Biran, seigneur de Puységur, époux de l'aînée, fait mention en ces termes du mariage de Marguerite :
« Margarida de Berdusan, fillo deu senor que morit en Fransa, anec
« a marit au fray deu senor de Moncassin, que abe myl floris de do.
« La carta matrimonyau estanca Me Pey Castanho, notari de Castet
« Gelos. » (*Revue de Gascogne*, juin 1888.)

La fille aînée était Beliette de Verduzan, que l'on trouve héritière des seigneuries de Verduzan et d'Ayguetinte. Elle épousa en premières noces Bernard d'Armagnac, baron de Pardaillan et de Panjas, vicomte de Juillac, duquel elle n'eut que deux filles, Catherine et Marguerite de Pardaillan. Étant veuve, elle épousa en secondes noces Bernard de Biran, seigneur de Puységur, Casteljaloux et Roquefort près d'Auch, qui prit le nom et les armes de Verduzan et s'établit sur les terres de sa femme. Beliette de Verduzan testa en 1477 ; son testament est aux Archives du Séminaire d'Auch. (Registre Ponsom, f° 131) (1). Leurs enfants vendirent les terres de la maison de Biran et prirent le nom de Verduzan, qu'ils ont encore illustré. Le petit-fils de Bernard, Odet, fut gouverneur de Dax, le 12 juin 1515. (Arch. nat., K 81, 7.) Le livre terrier de 1513 de ce seigneur est aux Archives du Gers, E 120. Il avait épousé, en 1504, Jeanne de Bilhères-Lagraulas. Voir *Histoire de Bourrouillan*, par M. Cazauran, p. 134.

Son fils, Odet de Verduzan, fut comme lui sénéchal de Bazas, capitaine de cinquante hommes d'armes, chevalier de l'ordre. Monluc le cite avec éloge.

MENAUT DE VERLUS,
CAPITAINE DE BARCELONNE.

633

Berglus, aujourd'hui Verlus (2), dépendait du château de Corneillan et fut cédé en même temps que cette suzeraineté au comte d'Armagnac. La veille de l'Assomption 1319, Pierre de Berglus, chevalier, rendit hommage au comte pour la châtellenie qu'il possédait relevant de Corneillan. Il est présent le même jour et le mercredi avant la Saint-Laurent 1319 aux autres hommages des nobles de son voisinage. (Villevieille, v° Berglussio.)

Le 13 octobre 1355, Menaut de Berglus, écuyer, « capitaine de « Barceloigne, » reconnaît avoir reçu de Jacques Lempereur, trésorier des guerres, le prest (30 livres tournois) de lui et des gens d'armes

---

(1) Elle eut quatre fils, Odon, Thibaut, Gaston, chevalier de Rhodes, et Jean, et trois filles, Catherine, mariée, en 1456, à Barthélemie du Fouga, Marguerite, mariée, en 1461, à Arnaud-Bernard d'Arcizas, seigneur de Beauregard, et Florette, mariée, en 1466, à Jean de Lupé, seigneur de Maravat. Odon de Biran, l'aîné des enfants, seigneur de Verduzan, Ayguetinte, Puységur, etc., assista, en 1504, au mariage de son fils Odet, et ne vivait plus le 29 décembre 1513, date du mariage de sa fille Anne avec François de Poyanne, seigneur de Mansencôme, Monclar, Nousse, Gamarde et Onard. (Arch. de M. J. de Carsalade du Pont.)

(2) Canton de Riscle, Gers.

et de pied de sa compagnie pour la garde de la ville de Barcelonne, sous le gouvernement du comte d'Armagnac; il scella la quittance du sceau ci-dessus (n° 633).

S. M. DE BERGLVS.

Autre quittance du mois d'août 1356, avec le sceau reproduit ci-dessus (n° 634). (T. sc., reg. 13, p. 841.)

Cette famille existait encore à la fin du seizième siècle; nous trouvons dans une montre de la compagnie de Lubat d'Aydie, passée à Bayonne, le 31 janvier 1471, le bastard de Berglus, archer de cette compagnie. (Bibl. nat., mss. f. fr. 21497.)

Le 3 avril 1484, Jehan de Berglus, seigneur de Verlus, assiste à la réunion des États du Bas-Armagnac, tenue en la chapelle Saint-Sébastien de l'église de Nogaro.

Le 10 janvier 1487, il remet à des arbitres la décision d'une contestation qu'il a avec les habitants de sa seigneurie au sujet de ses droits féodaux. (Arch. du Séminaire d'Auch, reg. Chastenet, notaire à Nogaro.)

« Le 2 juin 1593, dans le château noble de Verlus au bas comté
« d'Armagnac, noble Vincent de Verlus, seigneur dudit lieu, fait
« donation de tous et chacuns ses biens, terre de Verlus, lods, rentes,
« fiefs, droits seigneuriaux, etc., à noble Vincent du Mont, seigneur
« dudit lieu, son neveu, au pays de Bearn habitant; à condition que
« ledit du Mont viendra habiter avec lui, comme s'il était son propre
« fils, regira les affaires de la maison de Verlus, pour ensemble servir,
« reverer et honorer ledit seign^r de Verlus comme aussi demoiselle
« de Sensac sa femme, comme un enfant est tenu et doit servir et obeir
« ses père et mère. Aussy que ledit du Mont durant ceste guerre civile
« ne faira aulcunement profession de prendre les armes pour ung partie
« ou pour ung aultre. Sera tenu quand il se remariera de mener sa
« femme à Verlus. La dite donation valable pour lui et pour ses enfants
« nés et à naître et en cas de mort reversible sur Bernard du Mont, son
« fils, né du premier mariage. Fait en presence de noble Pierre du
« Mont, seign^r de Fargues en Chalosse. Bernard Batcabriere, notaire de

« Projan. » (Archives du Gers, série B, Insinuations de la Sénéchaussée de Lectoure.)

Mais la famille de Mont ne conserva pas longtemps la seigneurie de Verlus, qui dès avant 1640 était possédée par noble Pierre de Medrano (Sabazan, notaire à Nogaro, et Monlezun, t. VI, p. 173), apparemment par héritage, car sur les registres du même notaire (étude de Nogaro) on trouve, au 26 juin 1611, un contrat de mariage entre Antoine de Mont et Françoise de Medrano.

Les Medrano ont conservé Verlus jusques à des temps voisins de la Révolution, ainsi que plusieurs autres seigneuries dans l'Armagnac et le Pardiac. L'un d'eux, seigneur de Mauhic (commune d'Avéron, Gers), a été guillotiné à Auch, par ordre des représentants du peuple Dartigoeyte et Cavaignac.

Ces Medrano étaient originaires de la Navarre espagnole. El noble don Jehan Martin de Medrano, mayor ricombre de Pampelune, est désigné avec ces titres dans une ordonnance des « reformadores de « l'estado del regno de Navarra, » 1er septembre 1325. Cette ordonnance en langue navarraise est transcrite sur le registre du Trésor des Chartes, JJ 64, pièce 411, Archives nationales.

GUILLAUME DE VERNIOLE,
CHATELAIN DU FOUSSERET.

635

... RNALDI... OA.

Famille du pays de Foix, seigneurs de Verniole (département de l'Ariège).

Le sceau ci-contre est celui de Guillaume de Verniole, servant d'armes et châtelain du Fousseret, attaché à une quittance de ses gages, donnée à Toulouse, le 8 mai 1349. (Archives du château de Saint-Blancard.)

Bertrand de Verniole rend hommage au comte de Foix, en 1388.

Bernard-Ramon et Bertrand de Verniole rendent hommage au comte de Foix, en 1402. (Archives de Pau, E 10, 289, 300, 422.)

La légende porte... RNALDI... OA, et cependant la quittance est donnée par Guillaume de Verniole, *sub sigillo meo*.

ARNAUD-GUILLAUME DE VICMONT,
SIRE DE TOURNECOUPE.

636

I. Pierre de Vicmont, sire de Tournecoupe, vivait en 1260. Il fut père de : 1° Arnaud, qui suit ; 2° Escobon, qui a formé la branche des seigneurs de Pordéac (Gers, canton de Miradoux) ; 3° Navarre ; 4° Bertrande, mariée à Bernard de Faudoas, seigneur d'Avensac (Gers, canton de Saint-Clar) ; elle était veuve en 1312.

II. Arnaud, sire de Tournecoupe, rendit hommage en 1288 et en 1292. Il paraît dans des chartes dès 1284, et donna des coutumes aux habitants de Tournecoupe, en 1293.

III. Arnaud-Guillaume, son fils, est nommé dans des chartes de 1322 à 1353. Aux Archives du château de Saint-Blancard se trouve la quittance suivante, scellée de son sceau :

« Sachent tuit que nous Arnauld-Guillaume, sire de Tournecoupe, « chevalier, avons eu et receu de Jacques Lempereur, tresorier des « guerres du Roy nostre sire, par la main de Evein Dol, son lieute-« nant, pour don à nous fait par mons. Jehan comte d'Armagnac, « en recompense des bons services que nous avons fait audit seigneur « en la guerre devant Saint-Anthonin et ailleurs ès parties de Gas-« coigne et que encore si Dieu plaît espérons à faire, vint et neuf « livres tournois; desquelles, etc. » A Toulouse, 4 avril 1353.

Les Archives du Séminaire d'Auch possèdent un grand nombre de titres et pièces concernant la famille de Vicmont et la seigneurie de Tournecoupe.

La famille d'Ornezan hérita par mariage de cette seigneurie. Le 17 mars 1606, messire Jean d'Ornezan la vendit moyennant 50,000 liv.

et divers biens en échange, à Gaston de Foix et de Candale, seigneur de Villefranche, baron de Saint-Sulpice.

En 1658, Marguerite-Henriette de Foix épousa Charles de Monlezun-Lupiac, mestre-de-camp de cavalerie ; elle devint héritière de son frère, Gaston-Bernard de Foix, assassiné par des braconniers à Castelnau (Landes), et porta à son mari la terre de Tournecoupe. Ils sont l'un et l'autre enterrés dans l'église de ce lieu.

Par héritage, la seigneurie passa à la famille de Preissac, qui la possédait au moment de la Révolution.

BERNARD DE VICMONT,
SEIGNEUR DE PORDÉAC.

637

Bernard de Vicmont, seigneur de Pordéac, Gachepouy, Castet-Arrouy, (Gers), chevalier de l'ordre du Roi, marié, le 11 juillet 1566, à Anne d'Aydie Guittinières, était, en 1568, lieutenant de la compagnie de M. de Terrides. Le sceau, empreint sur papier, est au pied d'une quittance de ses gages du 16 avril 1568. (T. sc., reg. 114.)

Il suivit le seigneur de Terrides dans l'expédition de Béarn ; fait prisonnier à Orthez, il fut, quelques jours après, traîtreusement poignardé à Navarreins par ordre de Montgommery. Sa veuve lui survécut cinquante ans.

AYMERI VIGIER,
SIRE DE BAZILLAC.

638   639

Aimeri Vigier, sire de Bazillac, capitaine de la Bastide Saint-Loys (sceau n° 638), Hélyon de Balbeon, son compagnon (sceau n° 639), et

Hugues Moreau, capitaine du chastel dudit lieu, ont donné quittance de leurs gages sous les scels des deux premiers, le 10 septembre 1345.

La Maison de Vigier en Périgord a possédé les fiefs de Saint-Crépin, d'Eyliac, de Bazillac, la viguerie du Puy-Saint-Front, celle de Sciorac, les terres de Chanterac la Bégonie, etc.

Autre Hélyon de Balbéon transigea, en 1290, avec Archambauld comte de Périgord, au sujet des droits de juridiction de la châtellenie de Vergt. (Arch. de Pau, E 876.)

VIGNOLES-LAHIRE.

La seigneurie de Vignoles était dans la paroisse de Saint-Jean-de-Préchacq, aujourd'hui commune de Préchacq, canton de Montfort, arrondissement de Dax, département des Landes.

Placé sur une éminence, le château dominait le confluent du Loutz et de l'Adour. Ses dépendances consistaient en quelques métairies nobles, dont les noms sont encore sur les cartes, et surtout en un petit bois taillis appelé La Hitte. Il devint la part héréditaire d'Étienne de Vignoles, l'un des frères puînés de Johan de Vignoles, qualifié noble *donzel paropian* de Préchac dans un bail à nouveau fief qu'il donna le 16 septembre 1426. Étienne prit la qualité de seigneur de *Lahitte*, dont un vice de prononciation a fait *Lahire*, nom qu'il a si bien illustré que pendant deux siècles les possesseurs de ce modeste fief ont toujours voulu s'appeler seigneurs de Vignoles-Lahire (1).

« Noble En Johan, seigneur de Vignoles, habitant en la paroisse « Monsieur St Johan de Prechacq, diocese de Dax », vivait encore en 1431. Son fils nous est connu par le titre original d'une acquisition qu'il fit le 30 avril 1614. Il n'eut qu'une fille, mariée, en 1480, à Menauton de Cauna, dont la petite-fille et unique héritière Marie de Cauna, dame de Vignoles, épousa, en 1530,

---

(1) Ainsi se trouvent réduites à néant les interprétations fantaisistes que l'on a données du nom de Lahire et dont la moins ingénieuse n'est pas celle qui le fait dériver du latin *ira*, colère. Nous devons ajouter que ce nom de Lahire est très commun en Gascogne.

François de Gayrosse dit de Saint-Paul-d'Arricau. Bertrand de Vignoles-Lahire, son petit-fils, augmenta la célébrité de ce nom; il a laissé des Mémoires dont M. Tamizey de la Roque a donné une parfaite édition. Sa fille unique, Suzanne de Vignoles-Lahire, épousa, le 8 septembre 1627, Hector de Gélas, marquis d'Ambres et de Léberon, vicomte de Lautrec. Leur descendant direct, François de Gélas, marquis d'Ambres, lieutenant-général en Guyenne, vendit la terre seigneuriale de Vignoles avec toutes ses dépendances, moyennant 50,000 livres, à Géraud Mauriez, bourgeois et marchand de la ville de Bayonne, par contrat du 7 juillet 1709: (Cailleba, notaire à Tartas, et de Lays, notaire à Préchacq.)

Nous donnons ces indications d'après les titres originaux qui appartiennent à la riche collection de M. J. de Carsalade du Pont, espérant ainsi corriger les erreurs propagées par les historiens et biographes sur l'origine de notre célèbre Lahire et sur le sort de sa famille et de sa terre seigneuriale.

ÉTIENNE DE VIGNOLES, DIT LAHIRE.

640

S. ETIENNE DE VIGNOLLE.

Nous ne pouvons retracer ici la vie glorieuse de ce capitaine qui, par une bravoure admirable, par tant de victoires et de revers, par une indomptable persévérance, rendit à la France et à son Roi des services immenses.

Nous devons nous contenter de donner la pièce intéressante, qui est revêtue du sceau que nous reproduisons.

Lahire et ses compagnons promettent de rendre aux Anglais la ville de Guise et certaines autres villes, en vertu d'un traité dont l'occasion n'est pas exprimée. Nous ne trouvons aucun éclaircissement dans les historiens contemporains sur cette convention. Cette pièce est aux Archives nationales. (J 646, n° 23.) L'inventaire des sceaux des Archives l'analyse ainsi (n° 5363) : « Étienne de Vignolles et « ses compagnons Péro d'Artigallobes, Falcon de Mercadié, Bouson « de Fauges, 26 mars 1424, promettent de rendre la place de Tours « aux Anglais... » Nous rectifions ces erreurs de nom en copiant la pièce originale :

« Je Estienne de Vignolles dit Lahire, escuier d'escurie du Roy, et
« Arnault Guillaume de Vignolles, Bouson de Faiges, Pierre Argnault
« de Vignolles, Amador de Vignolles, Sauton de Mercadié, Johan de
« Ferrières, Jehan de la Tour, Bertrand de la Marigue, Peroton d'Ar-
« tigalobe, Pierre de Chassain et Gasinez de Villegresse, promettons
« tous à Monseigneur de Bedford et à reverend père en Dieu Moss[gr]
« l'evesque de Biauvois, à moss. de Chastillon, à moss. de Montagut,
« à mess. Thiebaut et Henri de la Tour et à tous ensemble et à
« chascun d'eux : promettons par la foy et serment de nos corps et
« sur nos honneurs et scellés de rendre la place et toutes ensemble
« nommées en traitié en les maings de Mons[gr] de Bedford ou de leur
« commis ainsi que dit est. Et en cas que desfaulte pararoit que nous
« ne la rendrions au jour seurvenu la journée, nous nous reputons
« estre faulx et maulvais et traitres et renonçons la loy de Dieu et
« prenons celle du diable que ja Dieu ne veuille et si faulte pararoit
« nous voulons que eulx tout ensemble nous puissent et chascun
« pour eux deshonorer par la maniere qui est dite et que par reproche
« qui nous fassent nous ne nous pouvons escuser devant seigneurs et
« prinses chevaliers et escuiers comme gens deshonorés; et pour les
« choses dessus dites entretenir, nous avons icy mis nos scellés. A
« Guise, le XVI° jor de mars l'an MCCCCXXIV. »

Au bas se trouvent neuf sceaux écrasés, brisés, que nous reproduisons à leur ordre alphabétique, sauf deux dont il ne reste rien de distinct.

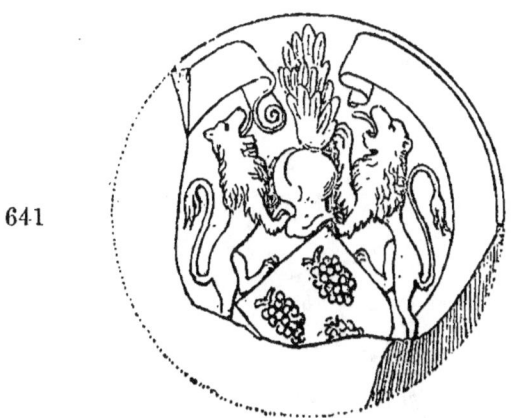

641

Un autre sceau de Lahire (Titres scellés, reg. 113, p. 8813) est attaché à une quittance ainsi libellée :

« Je Estienne de Vignoles dict Lahire, escuyer d'escurie du Roy
« nostre sire et bailly de Vermandois, confesse avoir eu et receu de
« Huguet Champion, receveur de l'aide mis sur la ville et eslection de
« Soissons, au mois de janvier 1439, pour la portion de l'aide de C^M
« fr. derrenierement ottroyée au Roy, au mois de novembre precedent,
« la somme de deux cens livres tourn.... »

AMADOR DE VIGNOLLES.

642

...VIGNOLLES.

Amador de Vignolles, frère d'Étienne de Lahire, servit toujours avec lui. Il fut tué, en 1434, dans la ville de Creil qu'il défendait, « d'une flesche à la volée toute deferrée. »

Il s'était fait une réputation et comptait parmi les meilleurs capitaines; il était au premier rang à la bataille de Patay. (Mémoires de Richemont, 451, 462.)

Son sceau est attaché à la pièce ci-dessus.

PIERRE-RENAUD DE VIGNOLLES.

643

Pierre-Renaud de Vignolles, frère de Lahire, servit constamment sous ses ordres et lui survécut. En 1414, il servait en Lorraine. (*Histoire de Lorraine*, t. II, p. 832.) Quelques auteurs le disent bâtard.

Son sceau est attaché à la pièce ci-dessus.

ARNAUD DE VILLAR,
SEIGNEUR DE SALLES.

644

Le sceau que nous donnons est attaché à la quittance suivante :
« Sachent tuit que nous Arnaut du Villar, seigneur de Sales (1),
« chevalier, reconnaissons avoir receu de Jehan de Condé, lieutenant
« des tresoriers des guerres du Roy, 500 livres, lesquelles ont eté don-

---

(1) Salles, canton de Villefranche, Rhône.

« nées par noble et puissant messire Agot des Baux, senechal de Tou-
« louse et lieutenant du Roy notre sire es parties de la Languedoc, à
« Chastel-Sarrazin, le 15 septembre 1342. » (T. sc., reg. 113, p. 8829.)

Arnaud de Villar, seigneur de Sales, est plusieurs fois mentionné dans les Archives municipales de la ville d'Auch, avec le titre de lieutenant du sénéchal de Toulouse, notamment en 1337.

Arnaud du Villar, compatriote de Pierre de Lapalu, du Galois de La Baume et autres, était venu servir les rois de France dans leur guerre contre les Anglais. On voit que Agout des Baux l'avait fait son lieutenant en Gascogne.

VILLEMUR.

Une des anciennes baronnies du Toulousain, qui donnait entrée aux États de Languedoc, possédée avec éclat par une famille qui s'éteignit vers l'année 1240. Plusieurs de ses membres sont fréquemment nommés dans l'*Histoire de Languedoc*, et dans Teulet, *Layettes du Trésor des Chartes*.

Cette baronnie fut réunie à la couronne après la mort de Raymond-Guillaume de Villemur; donnée par Philippe le Long, en 1318, à Pierre de La Vie, seigneur de Calvinet, beau-frère du pape Jean XXII, puis érigée en vicomté par Philippe le Bel, en 1342, en faveur d'Arnaud de La Vie, petit-neveu du pape.

ARNAUD, VICOMTE DE VILLEMUR,
CAPITAINE DU BAILLIAGE DES MONTAGNES D'AUVERGNE.

645

S. ARN...

Arnaud de La Vie, vicomte de Villemur, faisait partie de l'armée du sire de l'Isle-Jourdain, en 1345 ; il était, le 9 août, à la fatale bataille d'Auberoche. Monlezun (t. III, p. 279) nous apprend qu'il n'y fut pas fait prisonnier. En 1346, il était au siège d'Aiguillon, sous le duc de Normandie ; en 1353, au long siège de Saint-Antonin.

Il fut capitaine du bailliage des montagnes d'Auvergne. (*Hist. de Languedoc*, t. VII.) Il ne l'était plus en 1359, lorsqu'il donna à Carcassonne, les 2 janvier 1359 et 17 juillet 1360, quittances scellées pour ses gages. Il se qualifie Arnaut vicomte de Villemur, sire de Calvinet, naguères capitaine au bailliage des montagnes d'Auvergne. (T. sc., reg. 113, p. 8855.)

JACQUES DE VILLEMUR.

646

SEEL JAQUES DE VILLEMUR.

Jacques de Villemur, chevalier bachelier, avec onze écuyers de sa compagnie, servait sous les ordres du sire d'Arpajon, chevalier banneret. Quittance scellée du 24 janvier 1415. (T. sc., *idem.*) Il pouvait être fils d'Arnaud, quoique la différence des armoiries et l'éloignement des temps puissent en faire douter.

Ce fut un Jacques de La Vie, vicomte de Villemur, qui, le 3 juillet 1425, avec l'autorisation du Roi, vendit la vicomté de Villemur à Jean, comte de Foix, moyennant 13,000 écus d'or. (Archives de Pau, E 495.)

On trouve dans l'*Histoire de Languedoc* un si grand nombre de personnages qui portent le nom de Villemur dans le Toulousain et le pays de Foix, que nous n'osons pas les reconnaître.

BERNIN DE VILLEMUR.

647

S. B. DE V[IL]LAMUR.

Le 29 juin 1356, Bernin de Villemur, écuyer, donne, à Toulouse, quittance d'un don que lui a fait le comte d'Armagnac pour ses services militaires. (Arch. de Saint-Blancard.)

Les armoiries, dont il reste une partie sur l'écu, n'ont aucun rapport avec celles de la famille de Villemur, dont les sceaux viennent d'être reproduits. Nous ignorons qui pouvait être Bernin de Villemur, servant à Toulouse en 1356. Il y avait un fief de Villemur en Magnoac, actuellement canton de Castelnau-Magnoac, arrondissement de Bagnères-de-Bigorre.

PIERRE DE VISSOUSE.

648

Pierre de Vissouse servait en la garnison de Montivilliers en Normandie, sous M. de la Barenguière, suivant une quittance scellée qu'il a délivrée le 5 mai 1416. (T. sc., reg. 114, p. 8943.)

Nous reproduisons ce sceau, qui peut avoir appartenu à un ancêtre de ce Vissouse, ou Viçose ou Bissouse, qui fut le secrétaire de Henri IV, lorsqu'il était roi de Navarre. Bissouse est maintes fois nommé dans les lettres de Henri IV.

JEHAN DE VIVANT.

649

JEHAN DE VIVA[N]T.

Jehan de Vivant servait en Normandie sous le duc d'Alençon. A Rouen, le 26 septembre 1415, il donne quittance de ses gages, avec son sceau que nous reproduisons. (T. sc., reg. 113, p. 8943.)

Il peut avoir appartenu à la famille de Vivant en Périgord.

Geoffroy de Vivant, seigneur de Doissac en Sarladais, capitaine huguenot, naquit en 1543, et fut tué, en 1593, au siège de Villandraut. Il passa toute sa vie sous les armes.

Son fils a écrit ses mémoires, que M. Adolphe Magen vient de donner au public.

Son petit-fils, Geoffroy de Vivant, épousa, en 1620, Jeanne de Pardaillan, héritière de la comté de Panjas (canton de Cazaubon, Gers).

Leurs descendants furent comtes de Panjas pendant un siècle.

TABLE DES MATIÈRES.

SCEAUX DES SEIGNEURS.

Arbeyssan, p. 197.
Armenonville, p. 199.
Artigueloube, p. 200.
Audirac, p. 201.
Aulin, p. 202.
Aure, p. 203.
Aydie, p. 204.

Balzac, p. 205.
Barbazan, p. 206.
Barbotan, p. 211.
Bazillac, p. 212.
Baux, p. 215.
Beaumarchez, p. 216.
Bédat, p. 218.
Bédeissan, p. 219.
Béon, p. 221.
Bérail, p. 223.
Bérart, p. 224.
Bergognan, p. 225.
Bertran, p. 228.
Bezolles-Ferrabouc, p. 229.
Billan, p. 229.
Birac, p. 230.
Biron-Montferrand, p. 231.
Bonnay, p. 235.
Braa, p. 237.
Bressols, p. 238.
Bretails, p. 238.
Buch, p. 240.

Cantiran, p. 241.
Cardaillac, p. 242.

Castelbajac, p. 244.
Castelnau-Tursan, p. 245.
Caumont-Agenais, p. 247.
Caumont-Lomagne, p. 251.
Causac, p. 254.
Cazaubon, p. 255.
Chandos, p. 257.
Connin, p. 258.
Corneillan, p. 259.
Cravensères, p. 260.
Cros, p. 261.
Cuelhe, p. 262.
Cugnac, p. 263.
Cumont, p. 266.

Dalby, p. 268.
Des Prez, p. 268.
Dieupentale, p. 269.
Du Fourc, p. 270.
Durfort, p. 271.

Entraygues, p. 276.
Espagne, p. 276.
Esparros, p. 282.

Fages, p. 283.
Ferrières, p. 285.
Ferriol, p. 286.
Fontains, p. 288.
Francs, p. 289.
Fumel, p. 290.

Galard, p. 291.

Gassias, p. 295.
Gière, p. 295.
Gontaut, p. 297.
Gout, p. 299.
Gramont, p. 300.
Guerre, p. 301.

Helleville, p. 303.

Isalguier, p. 304.

Jean, p. 305.
Jugo, p. 306.
Jussan, p. 307.

La Barthe, p. 309.
Labbay, p. 312.
La Baume-Le Galois, p. 312.
Lagraulet, p. 313.
La Hitte, p. 316.
Lamartre, p. 317.
La Mothe, p. 318.
Landiras, p. 319.
Landorre, p. 319.
Landreville, p. 321.
Lanes, p. 322.
Lanta, p. 323.
La Palu de Varambon, p. 323.
La Pallière, p. 327.
La Plaigne, p. 329.
La Porte dit Roullant, p. 330.
La Rène, p. 330.
Laroche-Fontenille, p. 331.
Lartigue, p. 334.
Las, p. 335.
La Salle, p. 339.
Lasseran, p. 340.
La Tour, p. 341.
La Tournelle, p. 341.
Laugnac, p. 342.
La Valette, p. 342.
Lavardac, p. 344.
Lavedan, p. 346.
Lautrec, p. 350.
Lauzières, p. 350.
Léaumont, p. 352.
Lempereur, p. 352.
Lescun, p. 355.
Lesgo, p. 358.
Ligardes, p. 359.

Lion, p. 359.
Lorras, p. 360.
Loubenx, p. 361.
Loudières, p. 361.
Loupiac, p. 362.
Luppé, p. 363.

Madaillan, p. 367.
Madirac, p. 367.
Magnoac, p. 368.
Marciac, p. 371.
Maréchaux de l'ost, p. 372.
Marsan, p. 376.
Mascaron, p. 377.
Massas, p. 378.
Massencome, p. 379.
Mauléon, p. 380.
Maumont, p. 383.
Maussemont, p. 383.
Mazens, p. 384.
Mazières, p. 385.
Mercadier dit Sauton, p. 386.
Monclar, p. 387.
Monlezun-Pardiac, p. 388.
Monluc, p. 396.
Mons, p. 399.
Montagut, p. 401.
Montaut, p. 401.
Montaut-Bénac, p. 406.
Montaut-Agenais, p. 409.
Montberton, p. 412.
Montesquiou, p. 413.
Montferrand, p. 416.
Montmorin, p. 417.
Montpezat, p. 418.
Mun, p. 422.

Nangeville, p. 423.
Navailles, p. 424.
Nisse, p. 425.
Noailhan, p. 425.
Noé, p. 426.

Orbessan, p. 431.
Ornézan, p. 433.

Pardaillan, p. 436.
Paute, p. 442.
Peyre, p. 443.
Peyron, p. 444.

TABLE DES MATIÈRES.

Peyrelade, p. 444.
Pins, p. 445.
Podenas, p. 451.
Polastron, p. 454.
Preignan, p. 455.
Preissac, p. 456.
Prevost, p. 461.
Provenquas, p. 462.
Pujols, p. 462.
Puy, p. 465.
Puygros, p. 468.

Rabasteins, p. 469.
Raoulet, p. 474.
Revignan, p. 474.
Rivière, p. 478.
Rochechouart, p. 484.
Roger, p. 486.
Rolland, p. 486.
Roquemaurel, p. 487.

Saint-Lary, p. 487.
Saint-Genez, p. 490.
Saint-Julien, p. 490.
Saintrailles, p. 491.
Saint-Tual, p. 492.
Sainte-Marse, p. 493.
Salles, p. 494.
Sancerre, p. 495.
Saubolée, p. 497.
Saunhac, p. 498.
Sédillac, p. 499.

Ségur, p. 500.
Seissas, p. 500.
Seysses, p. 501.
Serant, p. 503.
Servot, p. 503.
Soler, p. 504.
Solle, p. 504.
Solomiac, p. 505.

Talauresse, p. 506.
Talbot, p. 508.
Tantalon, p. 509.
Temple, p. 510.
Thémines, p. 510.
Tillet, p. 512.
Toujouse, p. 513.
Tours ou Tous, p. 514.
Truffel, p. 515.

Vaquier, p. 515.
Vaurion, p. 516.
Verduzan, p. 516.
Verlus, p. 521.
Verniole, p. 523.
Vicmont, p. 524.
Vigier, p. 525.
Vignoles-Lahire, p. 526.
Villar, p. 530.
Villemur, p. 531.
Vissouse, p. 533.
Vivaut, p. 534.

(Le prochain et dernier volume contiendra une table analytique générale.)

SCEAUX GASCONS

DU MOYEN AGE

(GRAVURES ET NOTICES)

PUBLIÉS POUR LA SOCIÉTÉ HISTORIQUE DE GASCOGNE

PAR PAUL LA PLAGNE BARRIS
CONSEILLER A LA COUR D'APPEL DE PARIS

IIIᵐᵉ PARTIE

**SCEAUX DES VILLES. — SCEAUX DE JUSTICE. — SCEAUX DES BOURGEOIS. —
SUPPLÉMENT**

PARIS	AUCH
HONORÉ CHAMPION,	LÉONCE COCHARAUX
ÉDITEUR	IMPRIMEUR
9, quai Voltaire, 9	11, rue de Lorraine, 11

M DCCC XCII

ARCHIVES HISTORIQUES
DE LA GASCOGNE

FASCICULE VINGT-DEUXIÈME

SCEAUX GASCONS DU MOYEN AGE

PAR

PAUL LA PLAGNE BARRIS

ARCHIVES HISTORIQUES
DE LA GASCOGNE.

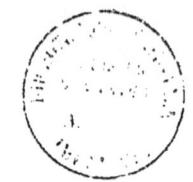

Auch, le 18 Octobre 1892.

Monsieur et cher Confrère,

Le Comité de publication des Archives historiques de la Gascogne *a décidé, dans sa dernière réunion, de faire désormais commencer chaque exercice au 1ᵉʳ janvier.*

Jusqu'à ce jour, nos exercices allaient du mois de mai au mois de mai suivant. Cet empiètement d'une année sur l'autre occasionnait des complications dans nos comptes et produisait souvent dans l'envoi de nos fascicules des confusions apparentes dont nos souscripteurs se sont plaints quelquefois. C'est pour obvier à ces inconvénients que nous ramenons nos publications à l'année ordinaire.

Le troisième volume des Sceaux Gascons, *que nous vous envoyons, forme le complément de ce que vous deviez recevoir pour l'année commencée en mai 1891 et terminée en mai 1892. Nous vous ferons présenter prochainement une traite de 12 francs, montant de ce qui nous est dû pour cet exercice. Vous voudrez bien lui faire bon accueil.*

Du 1ᵉʳ janvier 1893 à la fin de l'année, nous comptons vous donner le second volume des Livres de Comptes des frères Bonis, *et le premier volume d'*Audijos et l'impôt de la gabelle en Gascogne.

Je n'ai pas à faire ici l'éloge du travail de M. Forestié, que l'Institut a honoré d'une récompense. Quant aux documents sur Audijos, je me bornerai à vous les signaler comme formant le récit très attachant d'un des épisodes les moins connus et les plus curieux de l'histoire de nos provinces sous Louis XIV.

Veuillez agréer, Monsieur et cher Confrère, l'assurance de mes sentiments dévoués.

J. DE CARSALADE DU PONT,
CORRESPONDANT DU MINISTÈRE,
Secrétaire général de la Société historique de Gascogne.

SCEAUX DES VILLES.

AGEN.

650

[SIGILL]VM CONSILII CIVITATIS AGEN[NI].

Sceau de la ville d'Agen (Lot-et-Garonne), appendu à une charte du vendredi après l'Annonciation, 27 mars 1243.

Les consuls et habitants d'Agen promettent à S. Louis de contraindre Raymond VII, comte de Toulouse, à garder la paix de Paris. (Arch. nat., J. 305, n° 33.)

Ce sceau (n° 650), très bien gravé mais réduit à 55 mil., est sur le titre du beau volume de MM. Magen et Tholin, *Charles d'Agen*.

Il est empreint sur le bronze d'une cloche de la ville d'Agen.

650 bis

SIGILLVM COMVNITATIS CIVITATIS AGENNI.

Contre-sceau placé au revers du sceau ci-dessus (n° 650).

AUCH.

651

Sceau des consuls d'Auch (Gers), appendu à un parchemin contenant une promesse des consuls d'Auch en faveur de M° Jean Ayral, lieutenant du juge du paréage, et Jean de Gillis, notaire, de la somme de xxv livres, 10 juin 1338.

« Actum et datum Aux. sub testimonio contrasigilli nostri et ville « predicte. » (Arch. municip. d'Auch, série CC.)

BARCELONNE.

652

... DE BAR....

Barcelonne sur Adour (canton de Riscle, Gers), bastide fondée en 1316 par le comte d'Armagnac.

Sceau attaché au bas de la pièce suivante :

« Sachent tuit que nous, les consuls de Barcelonne, avons eu et receu
« de Jacques Lempereur, tresorier des guerres du Roy nostre sire, par la
« main de Even Dol, son lieutenant, en prest sur les gaiges de xxx ser-
« gens a pié desservis et à desservir en la garde et deffense de la dite
« ville, sous le gouvernement de M. Jehan, conte d'Armignac, lieutenant
« dudit seigneur es parties de la langue d'oc, sept vins trois livres cinq
« souls VII deniers tournois; desquels VII^{xx} III^{L} V^{s} VII den. nous nous
« tenons pour bien payés. Donné sous le scel dudit consulat, le xve jour
« d'octobre l'an M CCC LIII. » (Titres scellés, reg. 10, p. 571.)

BASSOUES.

SIGILLVM COMMVNITATIS VILLE DE BASSOA.

Bassoues d'Armagnac (canton de Montesquiou, Gers). Bastide fondée par les archevêques d'Auch à la fin du treizième siècle. Ce lieu est remarquable par ses deux belles églises paroissiales du XVe et du XVIe siècle, et surtout par le beau château qu'y fit élever le cardinal Arnaud Aubert, vers 1380.

Le sceau représente saint Fris, patron de la ville. La matrice est au musée de Toulouse.

BAYONNE.

654

SIGILLVM COMMVNE CIVITATIS BAION[E]
dans l'intérieur du sceau **S[AN]C[T]A MARIA.**

Grand sceau de la ville de Bayonne, apposé sur une charte contenant trève de trois ans entre les villes de Bruges, Gand, Ypres et autres, daté du 7 décembre 1351. (Arch. département. du Nord, B. 827.)

Le sceau représente la cathédrale de Bayonne, placée sous le vocable de Notre-Dame, ainsi que l'indique l'exergue S[AN]C[T]A MARIA, et les portes et remparts de la ville.

654 bis.

Sur le revers se trouve le léopard d'Angleterre et la légende : *Benedictus qui venit in nomine Domini.*

Nous devons le dessin de ce superbe sceau à la complaisance de M. l'archiviste du Nord.

M. Demay l'a décrit dans ses *Sceaux de Flandre*, n° 3867.

S. MAIORIE CIVITATIS BAIONE.

Ce sceau, coté 778 sur l'inventaire de Paul Raymond, date du temps de la domination anglaise; il est attaché à un acte du 7 octobre 1528. (Arch. de Pau.)

Aux archives de Lille (Nord) il y a un grand sceau de Bayonne dont une des faces est photographiée dans l'inventaire des sceaux de Flandre de G. Dumay, tome I, n° 3867. Nous n'avons pu nous le procurer, et la photographie donnée par M. Demay est trop confuse pour être copiée.

SIGILLUM CIVITATIS BAIONE.

Empreinte sur papier attachée à un certificat de démolition du couvent des Augustins pendant la guerre, daté de Bayonne, 7 octobre 1528. (Arch. de Pau, H. 2 et 3.)

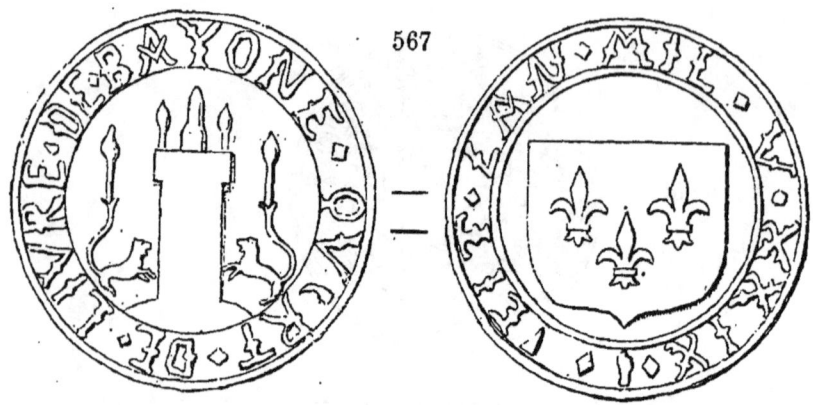

QVART DE LIVRE DE BAYONE. — FEIT LAN MIL V^C XXIX.

Poids-étalon en bronze de la ville de Bayonne, 1529. (Déposé aux arch. de la ville.)

BAZAS.

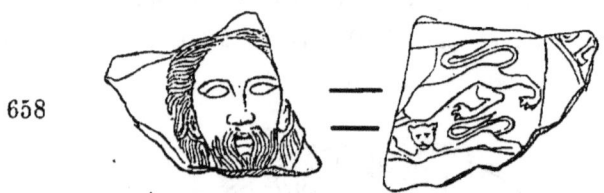

Ce sceau de la ville de Bazas est attaché à un certificat donné par Hugues de Rochefort, évêque de Bazas, le chapitre et la ville, dans lequel ils déclarent que la monnaie de Morlas avait cours dans le Bazadais, daté du jeudi 3 février 1289 (v. s.). (Arch. de Pau, E 293.) Le sceau porte d'un côté la tête de saint Jean-Baptiste, patron de la ville de Bazas, et de l'autre les léopards d'Angleterre.

SIGILLVM CIVITATIS BASATI.

Ce second sceau est décrit dans le premier volume des *Sceaux de*

Flandre, par Demay, n° 3868. La matrice était alors (1873) dans la collection de M. Preux à Douai. Notre dessin est fait d'après l'empreinte de plâtre qui est aux Archives nationales. Il représente la décollation de saint Jean-Baptiste. Le saint est sur la porte de la prison et le bourreau, armé d'un badelaire, s'apprête à lui trancher la tête.

BEAUMARCHÈS.

660

..... BELLO[MAR]CHESIO.

Beaumarchès (canton de Plaisance, Gers). Bastide fondée en 1288 par Arnaud-Guillaume de Monlezun, comte de Pardiac, en paréage avec le roi de France. Eustache de Beaumarchez, sénéchal de Toulouse, qui a conclu ce paréage, a donné son nom à la nouvelle bastide. L'église, construite au xv° siècle, est un bel exemple de l'architecture gasconne de cette époque. Toute la partie supérieure du clocher a été détruite au temps des guerres de religion.

Le sceau est attaché à un acte du 10 octobre 1418, par lequel les habitants se mettent sous la protection du comte de Foix. (Arch. de Pau, E. 428.)

Sceau : *parti, au 1er de France ancien, au 2e de Monlezun-Pardiac.*

BIARRITZ.

SIGILLVM CONSILI[I] DE BEIARRIZ.

Biarritz (canton de Bayonne, Basses-Pyrénées), ville aujourd'hui très peuplée et devenue, pendant une partie de l'année, un séjour de plaisance.

Les habitants de ce lieu se livraient autrefois à la pêche de la baleine et ils ont fait représenter sur leur sceau, d'un côté, une scène de cette pêche, et de l'autre, le patron de leur ville, saint Martin, qui donne la moitié de son manteau à un pauvre.

Ce sceau est décrit et photographié dans le premier volume des *Sceaux de Flandre*, par Demay.

Nous l'avons dessiné d'après le moulage en plâtre qui est aux Archives nationales.

BOULOGNE.

662

S. CONSVL[VM] [V]ILLE...

Boulogne-sur-Gesse (arrondissement de Saint-Gaudens, Haute-Garonne), est une bastide fondée à une époque indéterminée, en paréage avec le Roi, dans le pays de Cominges, soit par un comte de Cominges, soit par un membre de la famille d'Ornesan, qui en avait la coseigneurie au XVI° siècle.

Le sceau est attaché à une charte du 2 août 1422, par laquelle les habitants se placent sous la protection du comte de Foix. (Arch. de Pau, E. 435.)

CASTELJALOUX.

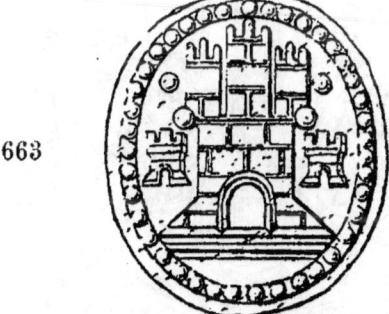

663

Sceau de la ville de Casteljaloux (arrondissement de Nérac, Lot-et-Garonne).

D'après une empreinte sur cire conservée aux archives de Lot-et-Garonne.

CONDOM.

SIGILLVM COMMVNITATIS VILLE CONDOMENSIS.

Ville qui s'est formée auprès de l'abbaye de Saint-Pierre de Condom, dont l'origine n'est pas connue.

Les insignes qui devaient se trouver représentés sur les sceaux des consuls de Condom étaient indiqués dans deux chartes qui existent aux archives de la ville.

Les habitants étant en querelle avec l'abbé de Saint-Pierre, au sujet des droits seigneuriaux, les parties prirent pour arbitre Amalric, ancien abbé de Grandselve et alors abbé de Citeaux, qui prononça en 1210 une sentence où on lit ce qui suit :

« Statim consules electi eidem abbati debitam fidelitatem jurare et
« claves et sigillum in ejus manibus perpetuo resignare : sigillum ab
« ipso, sicut domino, ad communes ville usus, sine difficultate protinus
« recepturi. Hoc autem adjicimus nos huic capitulo statuentes ut
« competens et conveniens dominis et ville, sit sculptura sigilli ex al-
« tera videlicet parte claves sicut actenus continens, ex alia campana-
« rium vel aliud quid hujus modi. »

Les difficultés s'étant renouvelées, Pierre de Calmieu, légat du Saint-Siège, fut pris pour arbitre et rendit en 1228 une sentence dont nous tirons la phrase qui suit, relative au sceau : « Item restituendum ipsum
« abbatem dicimus in sigillo universitatis, videlicet quod in sigillo non
« sit nisi missio clavium in una parte et alia pars sit solida sine
« impressione aliqua. »

Donc les habitants de Condom devaient à l'abbé, leur seigneur, le serment de fidélité ; ils tenaient de lui le droit de posséder un sceau, et, en signe de cette mouvance, ils étaient obligés de remettre leur sceau à l'abbé, qui le leur confiait aussitôt pour en faire usage dans les affaires de la ville.

Le magnifique sceau que nous avons fait graver paraît composé en conformité de la sentence de 1208. D'un côté les clefs, d'un autre un clocher ou autre chose analogue.

La matrice en bronze de ce sceau a été soustraite à l'hôtel de ville de Condom, vendue à bas prix, puis livrée au commerce. Elle est maintenant dans une collection quelconque. Notre dessin est fait d'après un moulage en plâtre que la ville de Condom est heureuse de posséder, après avoir été frauduleusement dépouillée de l'original.

Les consuls se sont servis de ce sceau, car on en trouve des fragments reconnaissables sur des chartes des archives d'Agen ; mais ils en avaient un autre qui était tout à fait conforme à la sentence de 1228. C'était *missio clavium*, c'est-à-dire S. Pierre assis présentant les clefs de la main droite, et *alia pars sine impressione aliqua,* autrement dit, point de contre-sceau.

En effet, en 1355, le comte d'Armagnac, lieutenant du roi de France, fit donner 300 livres aux consuls de Condom, pour aider à la réparation de leurs fortifications, et ils délivrèrent la quittance qui suit, où est attaché le sceau dont un fragment est ici dessiné.

665

« Saichent tuit que nous, les consuls de la ville de Condom, confessons
« avoir eu et receu de Jacques Lempereur, tresorier des guerres... par
« la main de Evein Dol, son lieutenant, pour tout le demeurant de la
« somme de 300 liv. tourn. à nous données par M. le comte d'Arma-
« gnac, lieutenant, etc..., pour convertir en la reparation et cloture de
« ladite ville, cent livres tourn. En tesmoing de ce, nous avons mis en
« ces lettres le scel du consulat de la dite ville de Condom, le 3e jour
« de mai 1355. (T. sc., reg. 213, p. 9467.)

Voir, *Revue de Gascogne,* année 1883, une excellente étude de M. Ph. Lauzun sur le sceau de Condom, avec gravures.

FLEURANCE.

666

Fleurance (arrondissement de Lectoure, Gers), dans l'ancien comté de Gaure, est une bastide fondée en 1280 par le sénéchal Eustache de Beaumarchez et les religieux Cisterciens de l'abbaye de Bouillas.

Le sceau que nous reproduisons est attaché au bas d'un parchemin portant un *attestatoire* donné sur la demande des consuls de Lectoure par les consuls de Fleurance, au sujet du mode de perception et assiette des tailles et autres impositions sur les habitants de la juridiction de Fleurance en Gaure. Daté du 16 mars 1558. (Archives de Lectoure.)

Empreinte sur papier, sans légende : les consuls y ont ajouté leurs signatures : A. Podio et Raymond. Ce sceau a été certainement gravé au seizième siècle. Nous n'avons pas ceux qu'il a dû remplacer.

GABARRET.

667

SIGILLVM COMVNIS D[E] GAVARDO.

Gabarret, chef-lieu de canton du département des Landes, dans l'arrondissement de Mont-de-Marsan, dépendait anciennement de l'archidiocèse d'Auch. Cette ville, capitale du comté de Gabardan, était le siège d'un archiprêtré.

Nous reproduisons ce sceau d'après le moulage qui est aux Archives nationales, n° 5559.

GEAUNE.

668

S. COMVNITATIS VI[LL]E DE G...

Geaune (arrondissement de Saint-Sever, Landes), est une bastide fondée en 1318, sous le nom de Genoa ou Gênes, par Pierre de Castelnau-Tursan, en paréage avec le roi d'Angleterre.

Le sceau est attaché à une charte du 5 février 1414, par laquelle les habitants se placent sous la protection du comte de Foix. (Arch. de Pau, E. 425.)

On trouve l'histoire de cette bastide dans les deux volumes de M. l'abbé Légé : *Les Castelnau-Tursan*.

GENSAC.

669

LE SEAU DE LA VILLE DE GENSAC.

Gensac est une petite ville du département de la Gironde, dans le canton de Pujols, sur la rive droite de la Durèze. Le sceau que nous reproduisons est apposé sur un certificat donné par le maire de Gensac, en 1791. (Arch. nat., J 481.)

Les armes gravées sur ce sceau doivent être celles des anciens seigneurs de Gensac, dont le château féodal en ruines se voit encore sur un des côtés de la ville.

GIMONT.

670

SIGILLVM VRBIS GIMONTIS.

Ce sceau de la ville de Gimont (1), empreint sur cire à cacheter rouge, est apposé par le maire et les officiers municipaux de Gimont au bas d'une légalisation de la signature de Dupré, notaire royal à Gimont, le 24 juillet 1791. (Arch. du Gers, L 414.)

Ce sceau est relativement moderne, mais le sceau primitif différait peu de celui-ci.

Il est ainsi décrit dans un acte du 17 mars 1312 (communiqué par M. Alph. Vignaux) : « La forme... était ainsi : on voyait d'un côté « l'image de la bienheureuse Vierge Marie, assise sur un siège, avec « un carreau et un marchepied, tenant un enfant dans son bras droit « et des fruits et une fleur dans sa main gauche, avec la légende sui- « vante et une croix: *S. (sceau) des consuls de Villefranche de Gimont.* « Et dans l'autre partie du sceau il y avait un écusson chargé de trois « fleurs de lys avec légende autour : *S. (sceau) des consuls de Villefran-* « *che de Gimont.*

« La forme du nouveau sceau desdits consuls étoit telle : Dans sa « partie la plus étendue étoit l'image de la bienheureuse Vierge Marie,

---

(1) La gravure ci-dessus offre une légère irrégularité. La vierge tient dans sa main droite, non une branche de lys naturel, mais un sceptre surmonté d'une fleur de lys. De même l'enfant Jésus tient un sceptre dans sa main gauche, également surmonté d'une fleur de lys.

« assise dans une chaise sculptée, avec des têtes et des pieds de serpents,
« tenant auprès d'elle l'enfant Jésus sur la tête du serpent de ladite
« chaise et embrassé de la main droite, et il y a de chaque côté de
« ladite image deux fleurs de lys et à l'entour de l'image, à la circon-
« férence, cette légende et cette croix : *Sceau des consuls de Villefranche
« près Gimont*. Et dans la petite partie qu'on appelle le contre-sceau,
« on voyait l'image de la bienheureuse Vierge Marie tenant un enfant
« et à l'entour sept fleurs de lys entières et cinq demi fleurs de lys, et
« est écrit à la circonférence : *contre-sceau des consuls de Villefranche*.

    Gimont est une bastide fondée vers 1256 par le sénéchal de Toulouse et les moines de l'abbaye de Gimont. Elle prit d'abord le nom de Villefranche de Gimont, qu'elle perdit peu après, pour conserver celui de l'abbaye qui lui avait donné le jour. Son histoire a été écrite dans la *Revue de Gascogne*, tome XVII, p. 388.

ISLE-EN-JOURDAIN.

671

    L'Isle-en-Jourdain, ville capitale de l'ancien comté de l'Isle, passa avec le comté, au XVe siècle, dans la maison d'Armagnac, à l'extinction de la maison de l'Isle-Jourdain (voir le premier volume des sceaux); c'est pour cela que le sceau que nous donnons est écartelé d'Armagnac et de l'Isle.

    La matrice de ce sceau est dans la collection de M. Mathon, à Agen.

LADEVÈZE.

672

ASO ES LO SAGET DE LA VIELA DE LADEVESA.

Ladevèze est une petite ville du canton de Marciac, composée de plusieurs paroisses éparses. Son histoire a été écrite par M. l'abbé Gaubin. La matrice du sceau que nous reproduisons appartient à un habitant de Bagnères-de-Bigorre, qui nous en a envoyé une empreinte sur cire.

LAVARDAC.

673

SIGILLVM CONCILLII DE LAVARDAC.

Lavardac (Lot-et-Garonne), bastide fondée dans la première moitié du XIIIᵉ siècle, peut-être par un seigneur dont elle a gardé le nom. La matrice du sceau est dans la collection de M. Mathon, à Agen.

LAVIGNE.

674

S [C]ONSULES DE VINEA.

La matrice de ce sceau appartient à M. Cazenove, de Gimbrède (Gers), depuis un temps immémorial, sans que l'on en connaisse l'origine.

Il y a plusieurs lieux en Gascogne qui portent le nom de Vigne ou La Vigne.

Peut-être est-ce Lavigne, département des Landes ?

Armoiries parlantes : *un cep de vigne chargé de ses fruits.*

LECTOURE.

Le sceau de la ville de Lectoure, que nous reproduisons, est appendu à une lettre d'adhésion des capitouls de la ville au procès de Boniface VIII, du 15 août 1303. (Arch. nat., J 481.) Il porte sur une de ses faces le bélier des vicomtes de Lomagne, dont Lectoure était la capitale, et de l'autre, un évêque bénissant, qui doit être Raimond II, évêque de Lectoure en 1303. Il n'est pas autrement indiqué dans le *Gallia Christiana.* Le nom de famille de cet évêque donnerait probablement l'explication de l'écusson qui est gravé à côté de lui.

675

[SIGILLVM] CAPITVLI. — SIVITATIS [LACTORE].

676

LECTOVRE.

La matrice de ce sceau est conservée aux archives de Lectoure, elle paraît être du XVIe siècle. Il existe aux mêmes archives plusieurs autres sceaux des XVIIe et XVIIIe siècles, qui sont trop modernes pour trouver place ici.

MARMANDE.

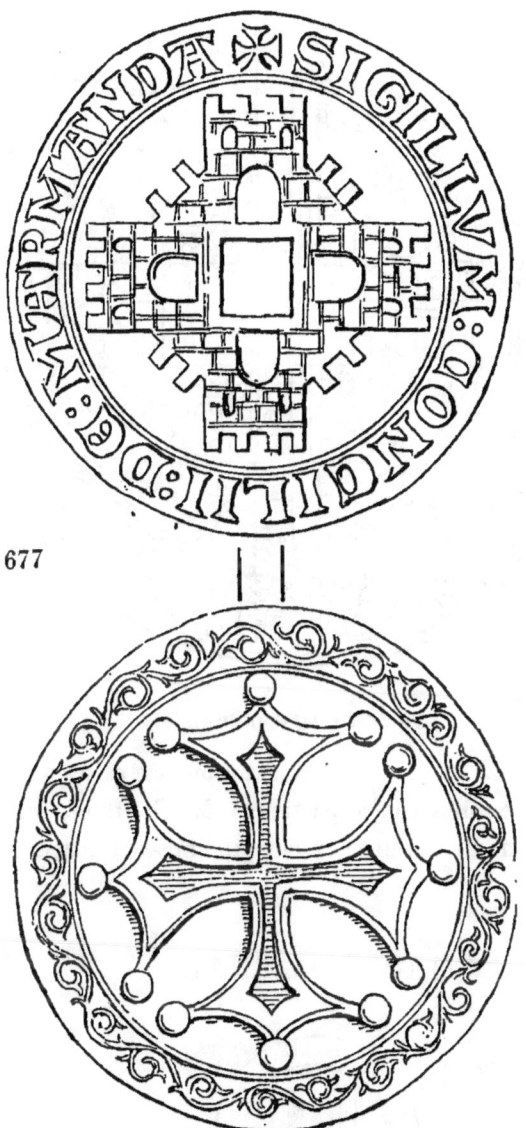

677

SIGILLUM CONCILII DE MARMANDA.

Ce sceau de la ville de Marmande (Lot-et-Garonne) est attaché à une charte par laquelle les consuls promettent au roi saint Louis d'engager le comte de Toulouse à garder la paix de Paris, de l'an 1229, le samedi après l'Annonciation de l'année 1243. (Arch. nat., J 306.)

Le sceau représente le plan de la ville, et le contre-sceau porte la croix de Toulouse.

VILLE DE MARMANDA.

C'est encore le plan de la ville avec ses remparts et ses tours.
La matrice de ce joli sceau appartient à M. Gauthier, à Marmande.
On en conserve une empreinte en cire au musée d'Agen.

MAS D'AGENAIS.

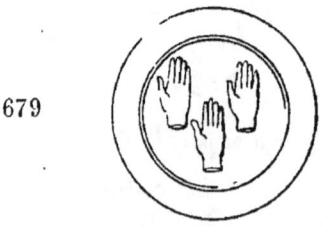

Le 24 juin 1355, étant à Marmande, les consuls du Mas d'Agenais (Lot-et-Garonne) reçoivent du comte d'Armagnac 50 écus d'or, en avance sur un don de 200 écus qu'il leur a promis. Le lendemain, 25 juin, ils prennent du trésorier 55 livres tournois en 50 écus pour

22 sous la pièce, et en donnent quittance scellée du sceau que nous reproduisons. (T. sc., reg. 213, p. 9471.)

L'ordonnance qui leur accorde ces 200 écus d'or est du 28 avril 1355, rendue à Moissac, par Pierre Raymond de Rabasteins, au nom du comte d'Armagnac.

MEZIN.

680

SANTI JOHANNIS BAPTISTE. —
S. COMUNITATIS MEDICINI.

Mézin, arrondissement de Nérac (Lot-et-Garonne), devant sa naissance au prieuré Clunisien de Saint-Jean-de-Mezin, avait adopté l'insigne d'une tête de saint Jean-Baptiste, séparée du tronc par le glaive que tient encore le bourreau.

Ce sceau, remarqué par les archéologues, a été plusieurs fois reproduit : en dernier lieu dans la grande *Histoire de Paris,* armoiries, tome II, planche IV, des pages 8 et 10. Le revers est la croix de Toulouse. Il est attaché à une charte du 30 mars 1243. (Arch. nat.)

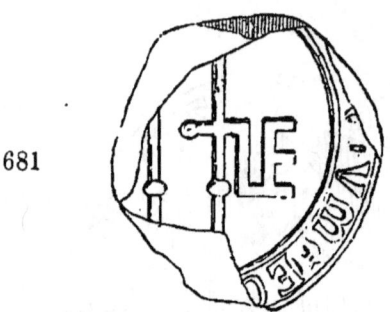

·681

Ce fragment de sceau reste seul attaché à un traité, conclu en décembre 1239, entre les villes d'Agen, Condom, Mézin, le Mas, Marmande, Port-Sainte-Marie et Penne d'Agenais, et conservé aux archives d'Agen, AAI, 14. Le revers est lisse et bien conservé. M. Magen l'attribue à la ville de Mézin, à cause du rang qu'il occupe dans la série des sceaux qui existaient. La légende ne nous a pas paru lisible ; la lettre qui sépare M de E, peut tout aussi bien être un D qu'une autre M. Il est aussi hasardé de lire VM MEC, que VM. DE. C., de sorte que nous rappelant la définition précise du sceau primitif de Condom (v. page 550), trouvant ici d'un côté les clefs et l'autre côté lisse, nous sommes porté à attribuer ce fragment à la ville de Condom et à lire [CONSVL]VM [D]E C[ONDOMIO].

MIRADOUX.

682

La petite ville de Miradoux, arrondissement de Lectoure (Gers), est appelée dans les actes latins *de Miratoriis;* c'est du reste le nom que l'on lit dans la légende très fruste du sceau que nous reproduisons. Ce nom explique le miroir que l'on voit dans ses armes.

Ce sceau est attaché au bas d'un parchemin portant un attestatoire ou certificatoire donné sur la demande des consuls de Lectoure par les consuls de Miradoux, sur le mode de répartition des tailles et autres impositions en la juridiction de Miradoux, daté du 8 mars de l'année 1558. (Archives de Lectoure.)

MIRANDE.

SIGIL[UM] JURISDICT[IONIS].MIRANDÆ.

Ce sceau de la ville de Mirande (Gers), ou plutôt de la justice de Mirande, appartenant à feu M. Seillan, conseiller général, est de la fin du XVIe siècle ou du XVIIe. Les trois besans qui sont en pointes sont les armoiries anciennes de la ville de Mirande. En chef, les armoiries des coseigneurs haut-justiciers de la ville. Parti : *au premier, d'un comte d'Astarac de la maison de Foix; au second, de l'abbé de Berdoues.*

Le style de ce sceau nous paraît banal et déplaisant.

MOISSAC.

S..... [MOISS]ACI.

Sceau de la ville de Moissac (Tarn-et-Garonne), apposé par les consuls comme témoins d'une quittance du 4 octobre 1356, donnée par

Gaillardet du Til, d'un don que lui a fait le comte d'Armagnac pour les grands services qu'il a rendus pendant la guerre dans le pays de Tursan. (T. sc., reg. 213.)

MONCLAR D'AGENAIS.

685

S. PARVVM CONSVLVM.....

Petit sceau des consuls de la ville de Monclar d'Agenais (arrondissement de Villeneuve, Lot-et-Garonne), attaché à une quittance de 112 livres 10 sous, « en déduction et rabat de 150 escus d'or qui leur ont « été donnés par M. le comte d'Armagnac pour convertir à faire souste- « nir la forteresse de la ville de Monclar d'Agenois », 1ᵉʳ août 1355, et deux autres quittances analogues, 16 août et 16 mars 1355. (T. sc., reg. 210, p. 9473.)

MONGASTON.

686

Mongaston est une ancienne paroisse dans la commune de Lamayou (canton de Montaner, arrondissement de Pau). Le sceau de ses consuls, que nous reproduisons, append à un accord des États de Béarn avec les bâtards de Gaston Phœbus, fait à Orthez, le 8 août 1391. (Arch. de Pau, E 313.)

MONTAUBAN.

687

Sceau de la ville de Montauban (Tarn-et-Garonne), apposé au bas d'une quittance délivrée par les consuls de Montauban à Even Dol, de 40 livres, sur ce qui leur a été ordonné par le comte d'Armagnac prendre et recevoir pour la défense de leur ville. 6 août 1353.

Ils donnent sous le même sceau, 7 mars 1352, une autre quittance, au siège devant Saint-Antonin.

Une, le 13 avril 1353, à Caussade, et deux autres enfin en 1349 et 1353. (T. sc., reg. 76, p. 5927.)

Ce sceau est écartelé. Le premier et le quatrième quartier de l'écu paraissent être de France, le deuxième est de Toulouse. On voit sur le troisième le créquier de Montauban.

MONTCUQ.

688

... CONSVLVM MON...

On remarquera que le sceau de la ville de Montcuq (Lot) porte un chef parti de France et de Toulouse. On retrouve la fleur de lys et la croix de Toulouse dans les armes de la plupart des villes royales relevant d'Alphonse de Poitiers, comte de Toulouse, frère de Louis IX.

Le sceau que nous reproduisons est attaché à la pièce suivante :

« Saichent tous que nous, les consuls de la ville de Montcuq de
« Labau, avons eu et receu de J. Lempereur... par la main de Evein
« Dol... 100 liv. tourn. en 50 escus d'or, en déduction de la somme de
« 200 escus à nous donnés et à l'université dudit lieu par mons^r Jehan,
« comte d'Armignac, lieutenant du seig^r Roy ès parties de Languedoc,
« en recompensation des pertes et dommages que nous et les autres
« habitans dudit lieu avons eus et sostenuz à cause de cette présente
« guerre de Gascoigne, et aussi pour convertir en la reparacion et clau-
« ture dudit lieu et chastel de Montcuq, desquelles nous nous tenons
« pour bien et à plain paiez. Donné sous le seel du consulat dudit lieu,
« le 23 jour d'avril 1353. »

23 juillet 1353, quittance du reste de la somme. (T. sc., reg. 213, p. 9457.)

MONT-DE-MARSAN.

Ce sceau de la ville de Mont-de-Marsan (Landes) (n° 689) est apposé au bas d'une convention passée entre les consuls de la ville et Constance, vicomtesse de Marsan, héritière universelle de Gaston, vicomte de Béarn. 4 janvier 1311. (T. sc., reg. 210, p. 9233).

Mont-de-Marsan était la ville capitale de la vicomté de Marsan. La question de la fondation de cette ville par Pierre de Lobanner, vicomte de Marsan, en 1141, mise en vogue il y a quelques années par la découverte de quatre chartes dans les fondations du vieux château, a été élucidée par M. J.-F. Bladé, qui a démontré d'une façon irréfutable que ces chartes étaient l'œuvre d'un grossier faussaire du commencement de ce siècle. (*Pierre de Lobanner et les quatre chartes de Mont-de-Marsan*, par M. J.-F. Bladé, Paris, Dumoulin, lib., 1861.)

Sur le contre-sceau est un écartelé dont les dessins écrasés ne peuvent être distingués. Il devait porter les armes de Constance, écartelé de Béarn et de Marsan.

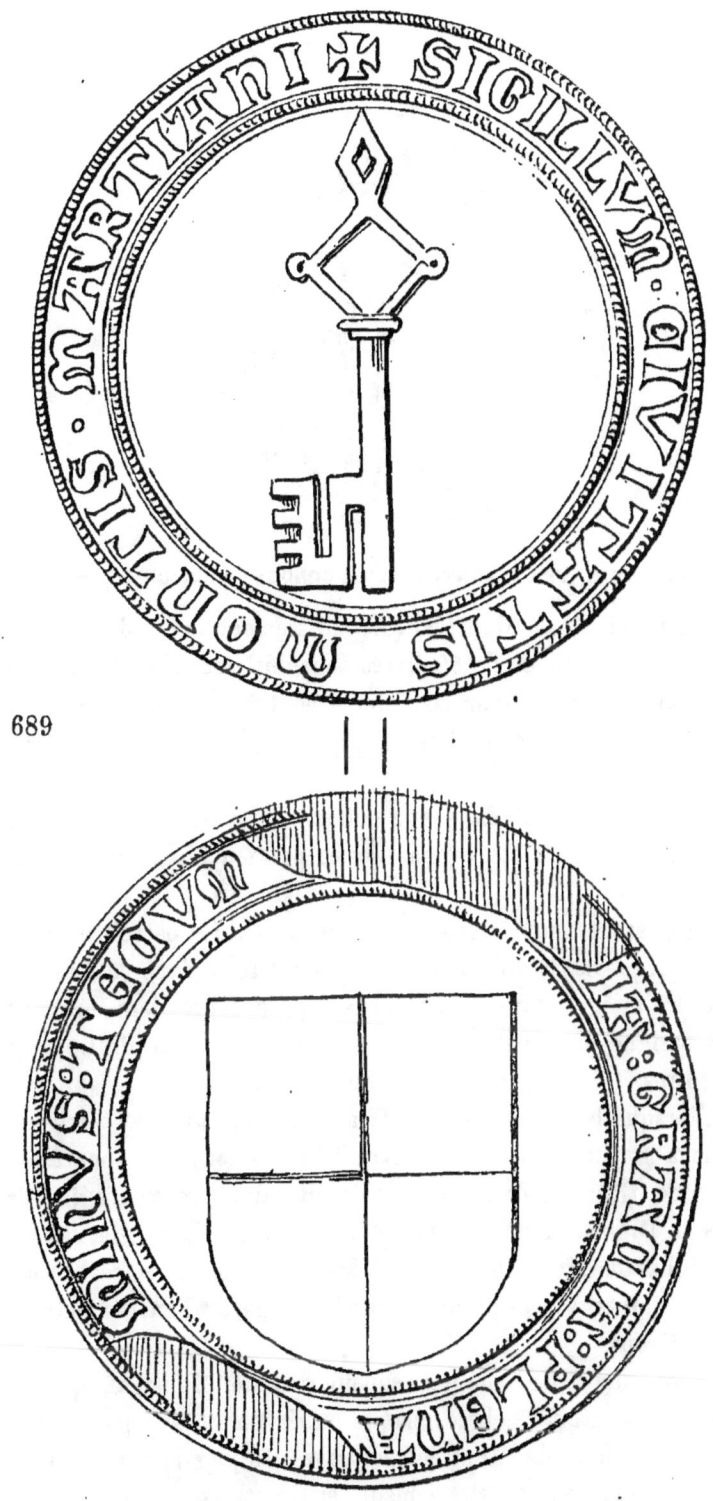

SIGILLVM CIVITATIS MONTIS MARTIANI. —
[AVE MAR]IA GRACIA PLENA [DO]MINVS TECVM.

MONTRÉAL DU GERS.

S. CO[MUN]ITAT[IS] VILLE MONTREGAL[IS] CONDOMEN[SIS] DIOC[ESIS].

Le sceau des consuls de Montréal (arrondissement de Condom, Gers), est attaché à une quittance de 50 livres tournois données aux consuls par le comte d'Armagnac pour les aider à soutenir la guerre et supporter les grands frais ; elle est datée du 3 août 1354. (T. sc., reg. 214, p. 9539.)

La matrice du sceau est dans une collection particulière. Une empreinte en cire nous avait été communiquée par feu M. Lucante, curé de Courrensan.

L'évêque représenté sur le sceau est saint Orens. Le patron en effet de Montréal, avant la Révolution, était saint Orens, dont la fête s'y célébrait le 1er mai. Depuis le concordat, un des premiers curés de Montréal a assigné pour patrons à sa paroisse les saints Philippe et Jacques, apôtres (1er mai), confondant ainsi les deux fêtes.

En 1255, lorsque la bastide de Montréal fut construite, le territoire où elle s'éleva appartenait, de même qu'il avait toujours appartenu, à la paroisse de Diguem, dont le patron était saint Orens. L'église de Saint-Orens de Diguem, de paroisse qu'elle avait été jusque-là, devint annexe de l'église de Montréal. Le titulaire de l'église de cette bastide nouvelle fut la sainte Vierge ; mais le territoire garda l'ancien patronage de saint Orens.

Aussi voit-on, dans les comptes consulaires de Montréal, que la fête de saint Orens était célébrée chaque année en grande pompe par les consuls et le peuple de Montréal. Il y avait ce jour-là dans la ville grande liesse : repas publics des consuls et jurats, saltimbanques et jongleurs *(joglas)*, courses aux taureaux, etc., etc. Les consuls entraient en charge ce jour-là; leurs comptes allaient ainsi du 1er mai au 30 avril de l'année suivante. De plus, à l'origine même de la ville, et dès la première année de son existence, ainsi que le porte l'acte de fondation et des coutumes, une foire fut instituée qui commençait la veille de Saint-Orens, dans l'après-midi, et durait, dit l'acte, pendant toute l'octave de la fête. Cette foire subsiste encore le 1er mai, mais ne dure qu'un jour.

La croix est la croix de Toulouse. On sait en effet que Montréal était dans le Condomois, qui faisait lui-même partie des domaines d'Alphonse de Poitiers, comte de Toulouse.

L'acte de fondation de la ville de Montréal, portant l'institution des consuls pour cette bastide, en 1255, fait mention du sceau de la ville et dit que cet acte fut scellé de ce sceau.

MONSÉGUR.

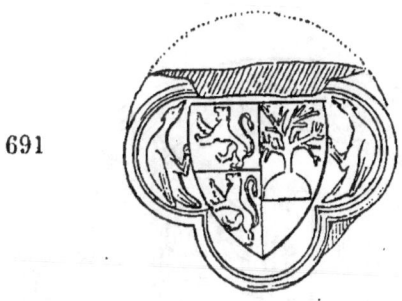

691

Ce sceau de la ville de Monségur en Bazadais (arrondissement de la Réole, Gironde) est placé au bas d'une quittance délivrée par les consuls de la ville, d'une somme à eux payée par le comte d'Armagnac, le 1er juillet 1356. (Tit. sc., reg. 213, p. 9483.)

NOGARO.

S. VILLE NUGAROLII.

Sceau moderne, XVIᵉ siècle, de la ville de Nogaro (Gers), d'après une empreinte sur cire à cacheter qui nous a été communiquée par M. l'abbé Breuil, curé de Cazeneuve. Nous ignorons en quelles mains se trouve la matrice de cuivre.

Armes parlantes : *un noyer chargé de ses fruits.*

PAU.

SIGILLUM VILLEE DE PALO.

La matrice en bronze de ce sceau est conservée au musée de Tarbes.
Écartelé : *1 et 4 à trois pals, qui est de Pau, 2 et 3 de Béarn.*

SIGILLLM PALI.

Empreinte sur cire, couverte de papier, attachée à un certificat des consuls de la ville de Pau de l'année 1612.

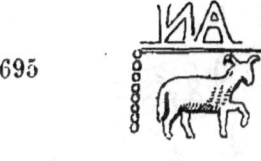

... NA...

Fragment d'une autre empreinte aussi attachée à un certificat des mêmes consuls.

Ces deux sceaux ont été trouvés par un de nos collaborateurs, M. Balencie, sur d'anciennes minutes d'un notaire de Tarbes.

PENNE D'AGENAIS.

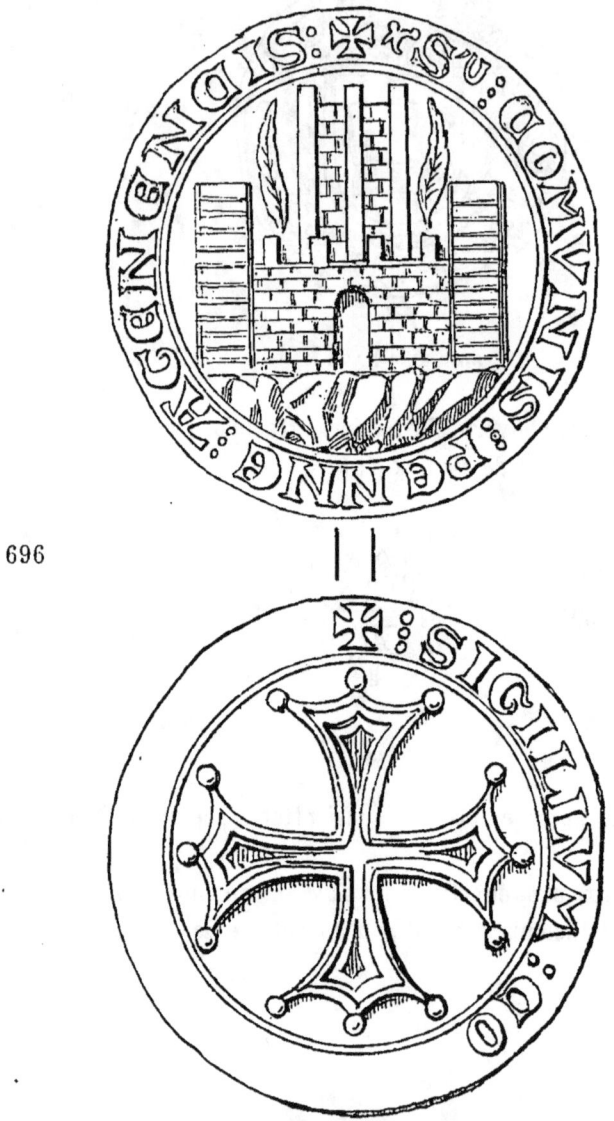

696

S[IGILL]V[M] COMUNIS PENNE AGENENCIS. —
SIGILLVM CO.....

Ce sceau est appendu à la promesse des consuls et habitants de Penne (arrondissement de Villeneuve, Lot-et-Garonne), de garder et faire garder par le comte de Toulouse la paix de 1229. Datée du 28 mars 1243. (Arch. nat., S 305, n° 33.)

Le sceau représente sur sa première face le château fort de la ville, dont le donjon est accosté de deux *pennes* ou plumes. Sur le revers est la croix de Toulouse.

PORT-SAINTE-MARIE.

697

BEATE MARIE DEL PORT.

Ce sceau est appendu au bas de la promesse des consuls et habitants du Port-Sainte-Marie (Lot-et-Garonne), de faire garder par le comte de Toulouse la paix de Paris de 1229. Datée du 28 mars 1243. (Arch. nat., S 305.)

PUYMIROL.

698

Sceau attaché à une quittance d'une somme de 100 écus qui a été donnée par le comte d'Armagnac aux consuls de Puymirol (arrondissement d'Agen, Lot-et-Garonne), pour réparer les portes et autres forteresses de leur ville. Datée du 26 mai 1355. (T. sc., reg. 213, p. 9467.)

RUILLE.

699

S. EST SAIED... DE RUILLE.

Sceau des consuls de Ruille (Aveyron), attaché à la quittance suivante :

« Sachent tous que nous, les consuls de Ruillem, nagaires de l'obéis-
« sance du Roy d'Engleterre, avons eu et receu de Jacques Lempereur,
« tresorier des guerres du Roy nostre sire, par les mains de Guill. Lar-
« cher, son lieutenant, pour don à nous fait par le conte d'Armignac,
« lieutenant, etc... en remuneracion et recompensation de plusieurs
« domages par nous receus des gens d'armes et de pié de l'ost de
« d'Armignac, quand il mit le siège devant ledit lieu, 300 liv. tourn.
« nous nous tenons pour bien payés. Donné sous le scel du consulat de
« ladite ville, le 19ᵉ jour d'aoust 1356. » (T. sc., reg. 213, p. 9485.)

TOULOUSE.

700

S. PARVVM VNIVERSITATIS STVDII THOLOSANI.

Sceau de l'université de Toulouse. La Vierge assise tenant l'Enfant Jésus d'une main, et de l'autre une branche de lys. Au-dessous la croix de Toulouse, avec la date 1586.

Dans les archives des vieilles familles bourgeoises de notre pays on trouve assez souvent, pendue à des diplômes universitaires, une petite boîte de fer blanc où est l'empreinte sur cire rouge que nous reproduisons ici.

C'est le petit sceau dont l'Université de Toulouse a fait usage jusqu'à la Révolution. Il porte la date de 1586. Cette matrice est certainement la copie d'une autre plus ancienne.

Les figures et les ornements ont le caractère du XVe siècle; la légende du XVIe.

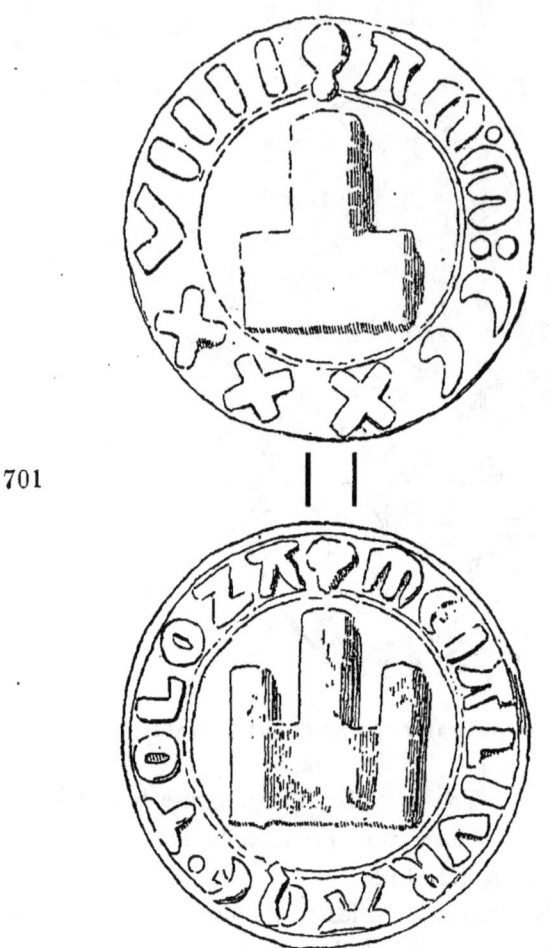

AN. M. CC. XXXVIIII — MEIA LIURA DE TOLOSA.

Poids de Toulouse, en bronze, trouvé dans un jardin de Bassoues d'Armagnac (Gers). D'un côté l'église cathédrale, de l'autre le château Narbonnais.

SAINT-GIRONS.

COSOLAD DE SENT GIRON.

Sceau pendu à l'adhésion donnée par les consuls de Saint-Girons (Ariège) au procès du pape Boniface VIII, 17 août 1303. (Arch. nat., J 486.)

SAINT-JEAN-PIED-DE-PORT.

Sceau des consuls de Saint-Jean-Pied-de-Port (Basses-Pyrénées), attaché au procès-verbal du serment prêté par les États de Navarre aux infantes de Navarre, le 11 septembre 1396. (Arch. de Pau, E 527.)

On voit représenté sur ce sceau l'apôtre saint Jean tenant la croix ; à côté de lui, sur un arbre, et un peu plus haut, la perdrix légendaire.

SERREFRONT.

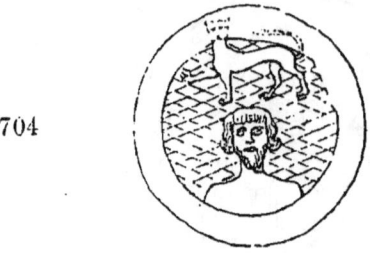

704

Serrefront, dans les actes latins *Serrafranca*, bastide fondée par le comte d'Armagnac et le roi de France, en paréage, avant 1318, sur la frontière de l'Armagnac, devint une forteresse assez importante pour que le roi d'Angleterre exigeât qu'elle lui fût remise lors de l'accord passé le 8 mai 1330 pour l'exécution de la dernière paix (V. Rymer, II). En 1353 les consuls en avaient la garde, après qu'elle eût été reprise par le comte d'Armagnac. Ils y tenaient une garnison de 30 sergents à pied, comme on le voit par la quittance qui suit :

« Sachent tuit que nous, les consuls de Sarrafront, avons eu et receu
« de Jacques Lempereur, tresorier des guerres, par la main de Evain Dol,
« son lieutenant, en prest sur les gaiges de trente sergens de pié desser-
« vis et à desservir en ces presentes guerres de Gascoigne à la garde de
« ladite ville de Sarrafront, sous le gouvernement de M. le conte d'Ar-
« mignac, lieutenant, etc., 22 livres 10 souls tournois... Donné à Mon-
« talben, le 21e jour de juin 1353. »

Le sceau que nous reproduisons est attaché à cette quittance. Pierre de Lavardac, chevalier, était capitaine de cette bastide (v. au mot *Lavardac*). *Les establies pour la garde de la Gascogne par dela rivière Garonne* (Bibl. nat., Mss. Descamps, 83) désignent Sarrefront comme une des forteresses frontières qui doivent avoir garnison payée par le Roi. M. Guillaume de Moncade en est nommé capitaine, avec 14 écuyers et 30 sergents. Cette ville et ses habitants éprouvèrent tous les maux de la guerre. Après le traité de Bretigny, elle était presque entièrement ruinée ; le roi abandonna sa part de paréage au comte d'Armagnac, et celui-ci fit remise aux habitants de tous cens, droits, tailles et devoirs quelconques pendant trente-cinq ans, pour les indemniser et récompenser de leur fidélité. Cette exemption fut encore prolongée pendant vingt-cinq ans, à charge de tenir leur ville fortifiée (inventaire du château de Lectoure).

Il est probable que ces droits ne furent jamais rétablis, car un siècle plus tard, en 1460, le seul revenu que percevait le comte d'Armagnac à Serrefront était « la bailie, péage et tout l'emolument de Serrafront « arrenté à maistre Laurence de la Boërie à 20 ecus 9 gros 3 deniers. » (Bibl. nat., Mss., f. fr., n° 20057.) Ce revenu fut converti en une rente fixe, que les habitants proposèrent de payer. A partir de 1481, elle fut toujours adjugée en même temps que le domaine de Nogaro. Pendant tout le XVe siècle, on voit sur les registres des notaires de Vic et de Nogaro des actes passés par des habitants de *Serrafranca*. Puis ce nom disparaît ; aux XVIIe et XVIIIe siècles les États du domaine royal d'Armagnac ne mentionnent plus que Sarron ou Seron. Dom Brugèles dit Saint-Rond, la carte de Cassini et celle du diocèse d'Auch disent de même. Dans la *Revue de Gascogne* (XIV, 195), M. Départ, curé de Saint-Agnet-Sarron, a démontré que la vieille bastide de Serrafront était ce même village, aujourd'hui bien déchu, qui se nomme Sarron (canton d'Aire, Landes).

TARBES.

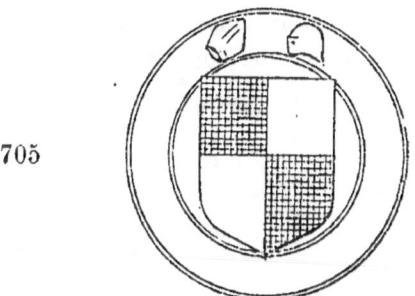

705

Sceau attaché à une décision des États de Bigorre relative à l'obéissance due au comte de Foix, datée de Tarbes, 8 février 1488. (Arch. de Pau, E 379.)

VALCABRÈRE EN COMINGES.

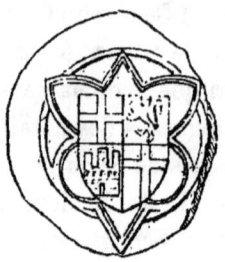

706

Sceau des consuls de Valcabrère, apposé au bas de la pièce suivante :
« Sapian tots los qui las presents beyran que nos, cossolis de Bacera-
« bera de la diocesa de Cominge, per tenor de las presents certiffiam que
« Spanholet Spanolli, recebedor particular de la dicta diocesa, a cosa de
« buena gracia a nos feyta per lo Rey messire noste sobiran senhor, nos
« a tengut quitez per lo espadi de oeyt ans completz de totz subsidis,
« laqual gracia est de la date del vi jorn de nouembre l'an mil IIII^c
« XXVIII e finie la dita gracia l'an mil IIII^c XXXVI; per meyor fermessa
« abem feita fer las presentz per la man del notari dejus scriut, sagela-
« das de nostre sagel, lo IX jorn de julh l'an mil IIII^c quarante et dus ».
(T. sc., reg. 220, p. 31.)

VERDUN-SUR-GARONNE.

707

SIGILLUM UNIVERSITATIS VERDUNI.

Le grand sceau et le contre-sceau de la ville de Verdun-sur-Garonne, siège d'une très importante judicature royale, est appendu au bas du serment des consuls et habitants de la ville de garder la paix conclue à Paris entre saint Louis et Raymond VII, comte de Toulouse, le 2 mars 1242. (Arch. nat., J 305, p. 31.)

708

S. CONS[V]LVM DE VERDVNO.

Petit sceau apposé à l'adhésion des consuls au procès de Boniface VIII, en 1303. (Arch. nat., J 481.)

Ces deux sceaux représentent le château de Verdun et la croix de Toulouse.

SCEAUX DE JUSTICE.

SÉNÉCHAUSSÉE D'AGENAIS ET DE GASCOGNE.

709

S[IGILLVM] REG[ALE] SENESCALL[IE] AGE[NENSIS] ET VASCON[IE].

Ce sceau royal est attaché à l'acte de vente au roi de France du château de Montclar en Agenais, 1338. (Archiv. nat., J 299, n° 93.) Les registres du trésor des chartes (JJ 66, pages 194 et 294) nous apprennent que le bailli royal était alors Pierre Garrugnier, et le garde des sceaux de la sénéchaussée était Adhémar, nommé depuis novembre 1330.

Le même sceau est aux archives d'Agen, attaché à une série de sept sentences, rendues en 1334 par le sénéchal Pierre Raymond, de Rabasteins, contre Rainfroy de Durfort, seigneur de Bajamont.

710

..... IN AGENESIO AD CONTRAC[TUS].

Ce second sceau est celui des contrats. Le fragment que nous avons recueilli est attaché à une vente faite au Roi, en 1344. (Archiv. nat., J 299, n° 99.)

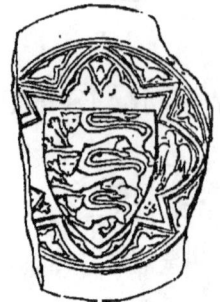

711

Ce troisième sceau est celui de la sénéchaussée d'Agen, sous la domination anglaise; c'est pour cela qu'il porte les léopards d'Angleterre. Il est attaché à l'ordonnance rendue en 1363 par Amanieu de Montpezat, sénéchal d'Agenais pour le roi d'Angleterre. (Voir *Sceaux des seigneurs*, article Montpezat.)

712

S..... [VA]SCONIE.

Enfin ce sceau français est attaché au bas de la commission du 14 mars 1444, de sénéchal d'Agenais, donnée par le roi Charles VII à Odet de Lomagne, seigneur de Fimarcou, dont voici le début :

« Comme des pieça se feust meu debat entre nos très chers et amés
« cousins le comte d'Estarac, d'une part, et nostre amé et feal chevalier
« et chambellan Beraud de Faudoas, d'autre part; pour cause de l'office
« de senechal d'Agenois et de Gascoigne, que chacun desdites parties
« pretendoit à luy appartenir. Et soyt ainsi que pour cause dudit debat
« soit meu telle guerre entre les parties, que la ville d'Agen ait esté
« prinse par amblée ou par echellé par chacune desdites parties, et en
« icelles prinses ait eu gens pillés et robez, les autres prins prisonniers
« et raençonnez et les autres naiez et tuez. Et qui plus est, pour cas
« dudit debat, ait chaiscune desdites parties tenu gens d'armes sur le
« païs, tellement que à l'occasion de ce, le païs de ladite senechaussée
« d'Agenets est presque tout detruit par eulx... »

Le Roi destitue les deux prétendants et nomme à leur place Odet de Lomagne, sire de Fimarcon.

(Bib. nat., chart. royales, volume XV, p. 159.)

SÉNÉCHAUSSÉE D'ARMAGNAC.

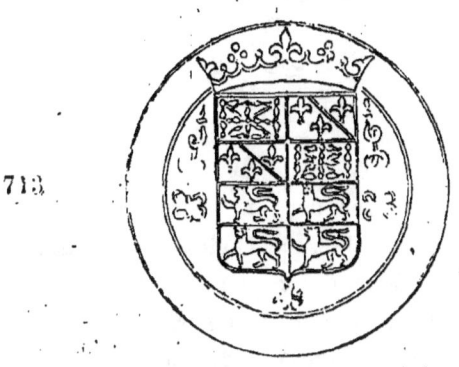

713

Ces armoiries sont celles d'Antoine de Bourbon, roi de Navarre et comte d'Armagnac. Le haut de l'écu est écartelé de Navarre et de Bourbon, le bas est écartelé d'Armagnac.

JUSTICE DE FEZENSAC.

714

Il y avait dans le Fezensac deux sièges de justice, dont les juridictions étaient limitées par la Baïse. De là la dénomination de *Judex citra Baïsam* et *Judex ultra Baïsam* que l'on retrouve constamment dans les actes judiciaires.

Ce premier sceau est scellé en cire rouge, au bas d'un vidimus délivré par Bernard de Prato, juge ordinaire de Fezensac, *citra Baïsam*, 28 septembre 1385, des « lettres du conte Jehan, portant quittance « de 120 francs en faveur des consuls d'Aux. » (27 septembre 1385.)

(Arch. municipales d'Auch, 66.)

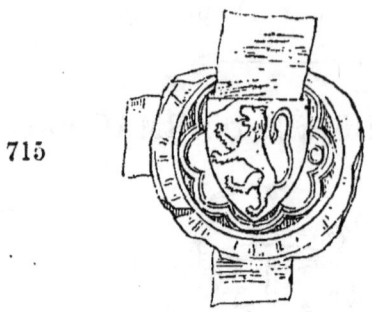

715

Sceau de la justice de Fezensac, deçà la Baïse, cire rouge.

Vidimus délivré, le 30 août 1393, par Oddon de Verdusan, juge ordinaire de Fezensac, *citra Baïsam*, des « lettres de Bernard, comte d'Ar-
« magnac, evoquant à soy certaine instance sur la dispute de l'eslection
« consulaire. Données à Gaies (Gages), le 21 août 1393. »

(Archiv. municipales d'Auch, BB.)

716

S. COMITIS FESENCIACI.

Empreinte sur papier, bien conservée, qui est appliquée sur plusieurs
ordonnances rendues en 1543, par « Pierre Cabanier, bachelier en droits,
« conseiller de très puissant prince monseigneur le duc de Vendosmoys,
« per de France, et madame la Princesse, comtes d'Armagnac, et leur
« juge ordinaire au comté de Fezensac ».

(Étude de M⁰ Auxion, notaire à Vic-Fezensac.)

SIGILLVM FEZENSACO.

Sceau dont la matrice nous a été communiquée. C'est apparemment le sceau de justice de la comté de Fezensac.

La matrice est dans la collection de M. Mathon, à Agen. C'est évidemment, comme le précédent, le sceau d'Antoine de Bourbon, roi de Navarre, comte d'Armagnac.

SCEAUX DE BOURGEOIS.

BERNARD ASALIT.

718

S. DEN : BERNAT : ASALIT.

Matrice appartenant à M. le colonel Mas Mazéran, à Toulouse.
Au XIVᵉ siècle (1358), Bernat Asalit était marchand à Montauban.
Voir *les Comptes des frères Bonis*, publiés par M. Forestié, dans notre collection.

JEAN DE CASSAGNE.

719

S. JOHAN DE CASSANHA.

Sceau en bronze, avec son contre-sceau, trouvé à Lagraulet, près Montréal (Gers). (Collection de M. Daignestous, pharmacien à Gondrin.)
Le nom de Cassagne est fort répandu dans notre pays; toutefois on peut attribuer ce sceau à une famille qui occupa un rang élevé dans la bourgeoisie de la ville de Condom, pendant plus d'un siècle.

En 1229, *Joannes de Cassanea* et autres, qui doivent être les consuls, acceptent une sentence prononcée entre l'abbé de Condom et les habitants, par Pierre de Colmieu, légat du Saint-Siège. (Arch. municipales, cart. Larcher, p. 185.)

En 1278, autre Jean de Cassenha avec Bernard, Raymond, Vital et Bertrand de Cassanea, figurent dans un instrument de paix entre les bourgeois et le peuple. (Arch. de Condom.)

En 1286, Jean de Cassanha, consul, est présent au serment de fidélité des habitants au roi d'Angleterre. (Arch. municipales, pièce volante.)

Le 23 septembre 1313, Johan de Cassanea, *senior*, assiste aux serments réciproques du sénéchal de Guyenne et des habitants de Condom. (*Documents historiques sur la maison de Galard*, t. I. p. 192.) En 1318, il est présent au serment prêté aux consuls par le sénéchal d'Agenais.

Le 5 janvier 1328, comme consul, il est présent à la transaction entre l'évêque Raymond de Galard et la ville de Condom, au sujet de Larressingle. (*Ibid.*, t. I, p. 341, t. IV, pp. 661, 258, 261, 263.)

En juin 1336, Bernard Cassanea, docteur ès lois, conseiller du Roi, Arnaud Cassanea, servant d'arme du roi de France. (*Ibid.*, t. I, p. 405.)

Bertrand de Cassanea est présent, en 1357, à un accord passé entre les religieux du chapitre et les consuls.

A partir de cette époque, le nom de Cassagne ne paraît plus sur les titres de Condom, nous présumons que ce sceau est celui de Jean, consul en 1328.

GAILLARD COLOMB.

720

SIGILLVM GALHART COLVM.

Il ne serait pas impossible que *Philippus de Colymbis*, témoin dans une charte donnée à Agen, vers 1186, par Richard, comte de Poitiers, fils du roi d'Angleterre, fut le premier degré de la riche famille Colomb, bourgeois et marchands de Bordeaux, sur laquelle les documents bordelais et agenais nous fournissent des renseignements abondants. Gaillard Colomb, que nous trouvons entre 1239 et 1273, fonda surtout leur fortune et s'éleva au premier rang au milieu de ces riches bourgeois que les rois d'Angleterre traitaient avec tant d'égards, à qui ils confiaient les fonctions civiles et dont aussi ils empruntaient l'argent.

En 1239, Gaillard Colomb avait prêté 2,000 marcs au comte de Toulouse, qui avait engagé sa terre en garantie. Colomb voulait être remboursé ; on doit présumer qu'il menaça de faire saisir les marchandises ou les biens des sujets du comte, car celui-ci, pour avoir de l'argent, établit un péage nouveau sur la Garonne, en face des villes qui lui appartenaient. — Agen, Marmande et autres, afin de maintenir la liberté de leur commerce, prirent l'engagement solidaire de payer les 2,000 marcs.

Rassuré sur le sort de sa créance, Colomb se désista des rigueurs de sa poursuite et promit de laisser circuler librement sur la Garonne les marchandises d'Agen et des autres villes qui avaient donné leur cautionnement. Le sauf-conduit qu'il délivra, revêtu de son sceau, est imprimé, avec les autres pièces relatives à cette affaire, dans les chartes d'Agen, pages 47, 50, 51, 52, 53.

Dans une charte de l'an 1261 (*Arch. hist. de la Gironde*, t. VI, p. 167), nous voyons que Gaillard Colomb, ayant prêté de l'argent à Pierre de La Mote, retenait, à titre de gage, les fiefs de Hosten, Laudiras, Langon et Rochetaillade.

La même année, une sentence arbitrale rétablit la paix et concorde entre lui et G. de Salerio.

En 1273, ces Colomb sont au nombre des *prodomes* (prud'hommes) de Bordeaux qui jurent les coutumes et privilèges. (Arch. munic. de Bordeaux, privilèges 32, Bouillons.)

Encore en 1273, Gaillard Colomb et Trencaléone sa femme reconnaissent tenir en fief du roi d'Angleterre la quatrième partie du château de Lamarque en Médoc. Il est plusieurs fois témoin des hommages rendus par les seigneurs ses voisins. (*Arch. hist. de la Gironde*, t. V, pp. 273, 326, 335.)

Gaillard Colomb laissa sans doute une grande fortune, mais mal liquidée, car son fils Jean employa 10,000 sous bordelais pour payer les dettes de la succession. Les *Archives historiques de la Gironde* (t. IV, p. 57) ont publié le testament de ce fils (9 juillet 1294) et le contrat de mariage par lequel ledit Jean Colomb unit sa fille Trencaléone avec Bernard d'Escassan, seigneur de Langoiran (1289).

Le même ouvrage et les archives municipales de Bordeaux font connaître plusieurs autres membres de la famille Colomb ; et surtout un partage de biens de l'année 1349. M. Léo Drouyn a même retrouvé l'emplacement de la maison de G. Colomb (*Bordeaux vers 1430*, p. 314).

JEAN COBO.

JEHAN COBO.

Ce personnage pouvait être un oiseleur, un fauconnier. Il porte dans ses armes un faucon ayant son chaperon suspendu à son cou.

GUILLAUME DE CRAPUSA.

S. W. DE CRAPUSA.

Empreinte en cire, conservée au musée d'Agen.

GARSIANER DORDIALE.

S. GARSINERIZ DORDIALEZ.

La matrice en cuivre de ce sceau a été trouvée sur le territoire de

Pauilhac (Gers), et une empreinte nous a été communiquée par M. le curé de cette paroisse, sans autre renseignement.

Nous attribuons ce sceau à un bourgeois de cette contrée. Le prénom de Garsianer était commun au XIIIe siècle.

R. DE GRESOLAS.

724

S. R. D[E] GREZOLAS CL[ERIC]I.

Matrice conservée au musée d'Agen.

Il y avait à Lectoure une famille de Grisolas, dont le nom se rencontre dans le volume publié par M. Druilhet : *Archives de la ville de Lectoure*, dans notre collection.

P. LASSALLE.

725

S. P. LASALA.

Sceau dont la matrice est au musée d'Agen, sans indication d'origine.

VINCENT LINGUA.

726

Maître Vincent Lingua, habitant d'Agen.

Son sceau, emprunté par Amanieu de Barbotan, est appliqué sur une quittance donnée le 12 décembre 1340. (Voyez article Barbotan, sceaux des seigneurs.)

BERNARD MARS.

727

Au XIVe siècle, il y avait deux juges dans le Fezensac, l'un *ultra Baïsam* faisait sa résidence à Auch, l'autre *citra Baïsam* habitait Vic-Fezensac. Outre leurs audiences du chef-lieu, ils allaient rendre la justice dans divers lieux de leur ressort, les consuls devaient présenter et réunir des assesseurs. Le juge pouvait se faire suivre par des sergents ; il y en avait six à Auch et quatre à Vic. On voit par les quittances, dont une est transcrite ci-dessous, qu'en temps de guerre, la chevauchée du juge avait les apparences d'une expédition militaire.

Nous n'avons trouvé aucun renseignement sur la personne de Bernard Mars, qui est plusieurs fois nommé avec sa qualité de juge dans les chartes des archives d'Auch.

« Sachent tuit que nous, Bernart Mars, juge d'Aux, avons eu et receu
« de Jacques Lempereur, tresorier des guerres du Roy nostre sire, en
« prest, sur les gaiges de nous deux escuyers et six sergens à pied de
« nostre compagnie desservis et à desservir en ces presentes guerres de
« Gascoigne, sous le gouvernement Mons. Jehan, conte d'Armignac,

« lieutenant dudit seigneur es païs de Languedoc, en la visitation de
« notre jugerie, seize livres seize soulz tournois ; desquels XVI l. XVI s
« nous nous tenons pour bien payé. Donné soubz nostre scel, le XVI° jour
« d'octobre l'an M CCC LV. » (T. sc., p. 70, n° 5495).

728

S. MOSSE[N] MARS.

Deux autres quittances du même juge, de l'année 1356, sont scellées
de ce second sceau qui porte encore sa légende : S. Mosse Mars, « sceau
de monsieur Mars. »

SANS DU MIRAIL.

729

Cette famille était parmi les premières de la bourgeoisie de La
Réole.

En 1226, Sans du Mirail est au nombre des bourgeois de cette ville
qui font un accord avec ceux d'Agen.

En 1234, dans deux sentences arbitrales rendues par Arnaud, évêque de Bazas, il est nommé parmi *los communals* de La Réole qui
adhèrent à la décision de l'évêque. (*Chartes d'Agen*, pp. 28, 29, 41, 43.)

Raymond du Mirail fut lieutenant du sénéchal de Bazadais ; il
commit des exactions, et pour contraindre au payement il fit saisir
plusieurs hommes et les emmena à la prison de La Réole. Une sentence
du 7 juillet 1277 l'obligea à restituer l'argent indûment perçu. (*Archives municipales de Bordeaux, Bouillons*, p. 429 et suiv.)

Sans, II° du nom, était fils de Raymond. Par une quittance du 6 avril
1289, publiée dans les *Archives historiques de la Gironde* (t. XV, p. 181),
nous voyons qu'il avait épousé Miramonde, veuve de Pierre Calhau.

Le sceau de Sans du Mirail, bourgeois de La Réole, fils de Raymond, est attaché à une obligation de quinze marcs sterling qu'il a souscrite à Londres, le 22 mai 1293, au profit de Bernard Blanc, bourgeois de Blaye. (Arch. de Pau, *Invent. des sceaux*, n° 870.)

BERTRAND MOTET.

730

S. BERTRAN MOTET.

Matrice appartenant à M. Forestié, à Montauban, XIVᵉ siècle. La famille Motet existe encore à Montauban.

PIERRE PATENET.

731

S. PETRI D[E] PATENET.

Sceau appartenant à M. Charles Palanque, à Auch.

G. DE PENIÈRE.

S. G. D[E] PEINIEIRA.

Sceau dont la matrice est au musée d'Agen, sans indication d'origine. L'objet représenté paraît être une coquille de pèlerin.

JEAN PILHO.

S. JOHAN PILHO.

Sceau trouvé à Marmande. Empreinte en cire conservée au musée d'Agen.

REPASIER.

S. ECVIE REPASIERI.

Sceau dont la matrice est au musée d'Agen. La légende ne nous apporte aucune lumière sur son origine et son possesseur.

PONS RIVIÈRE.

735

S. PONS ARIBERA.

L'écu porte des armes parlantes, c'est-à-dire une imitation allégorique des flots d'une rivière. La matrice en cuivre a été trouvée à Pauilhac (Gers) et appartient à M. Campunaud, propriétaire dans cette commune.

DOMINIQUE DE SAINT-MARTIN.

736

S. DNICI DE SCO MARTIN.

Matrice avec contre-sceau, trouvée à Touget (Gers), communiquée par M. A. Daran et par M. le curé de Touget. Le sujet représente saint Martin donnant son manteau à un pauvre.

SANSON LE SAVONNIER.

737

S. SANSON LE SAVONNIER.

Sceau dont la matrice en cuivre est dans la collection de M. Pellisson, notaire à La Romieu. Elle a été trouvée près de Mauvezin (Gers), lieu dit à Larbèque.

GARCIAS DE SERRE,
PROCUREUR DU ROI EN BIGORRE.

738

S. GARCIE DESSERIS CL[ERIC]I.

Sceau attaché à un acte de l'année 1308, « Garcias Desseris Clerici ». (Archiv. nat., n° 5222.)

GUILLAUME DE SYON

739

[S. DE] VILHEM DE SION.

Le sceau de Guillaume de Syon est attaché à la quittance qui suit :
« Sapian tuitz, que jo, Guilhem de Syon, recebedor d'Armanhac,

« reconec aber pres e recebut deus cosels d'Aux, per las mas de Guilhem
« de Lapujada, Jacmes de Lasportas et Arnaut de Betestat, cosels de
« ladita bila d'Aux, hueyt centz florins d'aur, et aso per causa deu foc-
« gatge autreyat aud. mossenhor le comte per l'aumentoment deu dot
« de madona la duguesa de Girona : dels quals VIII^c flor., me teni per
« content. Escrit à Aux, sus mon saget, lo 11 jorn de juin, l'an de Nos-
« tre Senhor M. CCC. LXXIIII. Per lo terme de Pascas prosiman passat,
« escrit cum desus. — DE SYONO. » — (Arch. de la ville d'Auch, AA.)

ARNAUT-GUILLAUME TANHEIRAT.

740

ARNAVT GVILHEM TANHEIRAT.

Sceau trouvé à Lectoure et conservé au musée de cette ville. Il est probable qu'il a appartenu à un bourgeois de Lectoure.

N.

741

..... RACENITIS.....

Matrice conservée au musée d'Agen.

N.

742

S. A... RII.

Matrice en cuivre, trouvée au Garros, près d'Auch. Collection de M. Calcat, juge à Auch.

SUPPLÉMENT.

SCEAUX ECCLÉSIASTIQUES.

ÉVÊQUES, CHAPITRES, OFFICIALITÉS.

JEAN DE BARTON,
ÉVÊQUE DE LECTOURE.

743

SIGILLVM JOHANIS LACTORENSIS E[PISCO]PI.

Jean de Barton fut évêque de Lectoure de 1513 à 1544.

Ce sceau est apposé sur les lettres de tonsure accordées à Seignouret de Galard, fils de Gilles de Galard, seigneur de Terraube. Données le 3 août 1529, dans l'église cathédrale de Lectoure. (Arch. de Tarn-et-Garonne, Fonds Moissac, Prieuré de la Masquère, G 755.)

Nous devons ce dessin à M. l'archiviste de Tarn-et-Garonne.

JEAN DE MARIGNY,

ÉVÊQUE DE BEAUVAIS.

744

Jean de Marigny, évêque de Beauvais, fut lieutenant du Roi en Languedoc, en 1343 et années suivantes. L'histoire de cette province nous apprend qu'il y exerça l'autorité avec sagesse et fermeté dans ces temps difficiles.

Le sceau de ses armes existe encore au pied d'un certain nombre de ses ordonnances, nous l'avons dessiné d'après une de l'année 1346, qui est à la Bibliothèque nationale. (Mss. fr., 20881.)

RAYMOND-ARNAUD DE LABARTHE,

ÉVÊQUE DE COMMINGES.

745

S. R. EPISCOPI CONVENARVN. — S. AVE MARIA GRACIA PLENA.

Raymond-Arnaud de la famille des comtes de La Barthe, seigneurs des Quatre-Vallées, occupa le siège de Comminges (Lugdunum Convenarum) de 1189 à 1204.

Son sceau a été découvert par M. Bernard, de Luchon, de la Société française d'archéologie, dans un chapiteau-reliquaire, placé sous la table de l'autel principal de l'église de Valcabrère.

Ce sceau double, ovale, en cire, d'apparence très desséchée, à reflets nacrés, mesurait 0^m065 de long sur 0^m05 de large. Dans une fente ménagée dans l'épaisseur, sur la tranchée des faces, apparaissait des deux côtés, les angles d'un parchemin plié qui, soigneusement retiré, se trouve être le procès-verbal de la consécration de l'autel : « Anno ab « Incarnatione Domini M^o CC^o, regnante Philippo rex Francorum, « mensis octobris. Hoc majus altare est consecratum in honore sancti « Stephani proto martyris et sanctorum martyrum Justi et Pastoris, a « Domino R. Convenarum episcopo. »

On trouvera dans : *Congrès archéologique de France*, LIIIe session, pages 338, 346, une étude de M. Bernard sur ce scéau, sur le document qu'il renfermait et sur les divers objets trouvés dans le chapiteau-reliquaire.

CATHÉDRALE DE LECTOURE.

746

GERVASIUS ET : PROT[ASIUS].

Empreinte sur papier, appliquée sur un extrait baptistaire délivré le 21 mai 1735, par M⁰ Duprat, curé de la cathédrale de Lectoure; pour légalisation de la signature par les vicaires généraux.

Le style des figures et de la légende a les caractères du XIVᵉ siècle. C'était un sceau ancien dont on faisait encore usage au siècle dernier. (Arch. départementales du Gers.)

CHAPITRE DE LECTOURE.

747

Empreinte sur papier appliquée sur un parchemin des archives du château de La Cassagne, près Saint-Avit, canton de Lectoure. Ce titre est la collation de la chapellenie de Saint-Clair en faveur de noble Antoine de Voisins, en conséquence de la nomination faite par le patron de cette chapelle, noble Jean de Voisins, seigneur de la Grave et de Saint-Avit, le 29 janvier 1535.

M. E. Camoreyt, à qui nous devons ce dessin et un grand nombre d'autres, reconnaît sur ses traces presque effacées une œuvre du XVe siècle. Les chanoines la conservaient précieusement et en avaient fait faire une grande copie à l'encre de Chine, au XVIIe siècle. C'est un grand dessin de 15 cent. de diamètre, qui orne la première page d'un des livres de la cathédrale.

CHAPITRE DU MAS D'AGENAIS

748

S. CAP[ITV]LI S[AN]C[T]I VINCENTII DE MANSO.

Au centre, un personnage (saint Vincent, sans aucun doute) vêtu en diacre, la tête nimbée, tenant dans la main gauche un livre qu'il appuie contre sa poitrine et de l'autre une palme.

La matrice de ce sceau provient de la collection Dongé, elle a été acquise par M. Ph. Lauzun, à Paris, en 1883.

L'église du Mas d'Agenais est sous le vocable de saint Vincent d'Agen. La tradition place en cet endroit le lieu du martyre de ce saint. Un monastère y fut élevé dès les premiers âges, qui dans la suite fut maintes fois pillé, incendié, détruit et sans cesse relevé. La très ancienne église romane du Mas date du XIe siècle. Elle dépendait d'un prieuré, qui devint fort riche et fort important. Au XIIIe siècle, le seigneur du Mas était l'évêque prieur. C'est alors que dut être fondé le chapitre de Saint-Vincent du Mas. (Voir *Revue de Gascogne*, année 1883. *Le sceau de la ville de Condom, avec la description de quelques autres sceaux relatifs à la Gascogne,* par Ph. Lauzun.)

OFFICIALITÉ D'AGEN.

749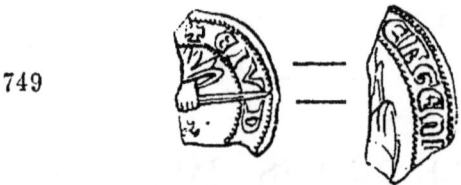

Nous réunissons ici, par respect pour leur antiquité, deux fragments qui sont décrits par M. Paul Raymond dans son *Inventaire des sceaux des Basses-Pyrénées,* n° 982. Ce sont les pauvres restes du sceau et du contre-sceau de l'officialité d'Agen, encore attachés à une charte du 4 août 1261. (Arch. de Pau, E 172.)

On lit sur un fragment EAGENI, sur l'autre, EIVD.

Voir dans la première partie, n° 49, un autre sceau de la même origine.

ABBÉS, PRIEURS, COUVENTS.

AYMERIC DE DIEUPENTALE.
MOINE DU MAS-GRENIER.

750

S. AYMERICI D[E] DEOPANTALA MO[N]ACHI MANSI.

Au centre saint Pierre, patron de l'abbaye du Mas, tenant de sa main droite la clef symbolique et de sa gauche un livre contre sa poitrine; à droite et à gauche une sorte de peigne ou de herse qui est l'emblème figuré dans les armoiries des seigneurs de Dieupentale. (Voir sceaux des seigneurs, p. 269.) Au-dessous un moine en prière.

L'abbaye du Mas-Grenier, autour de laquelle s'est fondée la ville de ce nom (canton de Verdun, Tarn-et-Garonne), est antérieure à l'année 817. Le village de Dieupentale est à une petite distance de l'abbaye. (Voir Jouglar, *Monographie du Mas-Grenier.*)

La matrice de ce sceau provient de la collection Dongé. Elle a été acquise par M. Ph. Lauzun, qui l'a décrite dans la *Revue de Gascogne*, année 1883 : *Quelques sceaux relatifs à la Gascogne.*

LE PRIEUR DE SAINT-ANTOINE D'AGEN.

751

S. PRIORIS SANCTI ANTONII.

Dans le champ, on voit saint Antoine, nimbé, le capuce sur la tête, les épaules couvertes d'un manteau, la main droite reposant sur un long bâton en forme de T, la gauche portant un livre qu'il tient serré contre sa poitrine. Au-dessous, dans une niche, le prieur du couvent, à genoux, les mains jointes, semble invoquer le saint.

La matrice de ce sceau a été trouvée par M. Ph. Lauzun, dans les anciennes dépendances de l'évêché d'Agen. On trouve l'histoire du prieur de Saint-Antoine d'Agen dans l'ouvrage de M. Lauzun : *Les couvents de la ville d'Agen avant 1789*, t. I, p. 15.

JEAN-MICHEL DE MONTAUT-SAINT-SIVIÉ,
ABBÉ COMMENDATAIRE DE SAINT-SAVIN DE LAVEDAN.

752

Sceau deux fois répété sur le pli d'une lettre autographe de Jean-Michel de Saint-Sivié, à Dom Colomban, supérieur des Bénédictins réformés de la congrégation de Saint-Maur, pour demander l'établissement à Tonlouse du séminaire de Saint-Louis ou noviciat des Bénédictins, 15 janvier 1622. (Archiv. de la Haute-Garonne, H. Dauride, liasse 205, séminaire Saint-Louis.)

Saint-Sivié était une ancienne maison seigneuriale située dans le village appelé autrefois le Barry de Bénac, commune actuelle de Barry, canton d'Ossun, Hautes-Pyrénées. (M. G. Balencie, *Enquête de Bigorre de l'année 1300*, p. 107, note 2.)

Les seigneurs de cette maison portèrent longtemps le nom de Saint-Sivié. « Il y a apparence, dit l'abbé de Vergès (Mss. des Archives des Hautes-Pyrénées, not. généal.), que Saint-Sivié devint le partage d'un cadet de Bénac, par l'extinction de postérité masculine, qui épousa l'héritière d'où sortit Mathieu de Monthaut, seigneur de Saint-Sebié. »

« Boas, Brouilh ou Bourg de Montaut rendit en 1478 hommage en qualité de seigneur de Sensebié, du chef de Geneviève de Sen-Sebié, sa femme, à Arnaud de Montaut, baron de Benac, son frère. » (Larcher, *Diction. hist. et généal.*, Ms. aux archiv. des Hautes-Pyrénées, mot *Sensebié*.)

« François de Montaut, seigneur de Saint-Sivié, gentilhomme ordinaire du roi de Navarre, marié, le 10 décembre 1579, au château d'Aries, avec Paule de Faudoas, fille de Corbeyran, seigneur de Séguenville, et de Catherine de Béon-Sère, eut de ce mariage : 1° Bernard ; 2° Étienne ; 3° Pierre, dit M. d'Arbouinx ; 4° Françoise, veuve en 1650, de Simon d'Olive, conseiller au Parlement de Toulouse ; 5° Jean-Michel, nommé à l'abbaïe de l'Escaledieu, qu'il permuta avec celle de Saint-Savin en Lavedan, que Bernard de Sariac avait obtenue. » (Larcher, *ibid.*)

6 décembre 1622. « Joannes Michael de Sancto-Sivié, abbas commendatarius Sancti Savini, contulit domno Paulo d'Hilaria, congregationis Sancti Mauri monacho, unum locum seu praebendam monachalem in dicto monasterio cum prioratu sanctæ Mariæ de Bariège. Actum VI decembris, anno Domini M DC XXII. » (*Monasticon benedictinum*, Bibl. nat., Ms. 12696, latin, f° 29.)

9 novembre 1623. « Joannes Michael de Sancto Sivié, canonicus et archidiaconus ecclesiæ Tolosanæ, pepigit cum domno Thoma Baudery, congregationis Sancti Mauri, seminarii Tolosani prioris, de restituenda in hoc monasterio regulari observantia beneficio monachorum ejusdem congregationis. Actum IX novembris, anno Domini M DC XXIII. (*Ibid.*, f° 27.)

Janvier 1624. A la demande de l'abbé de Saint-Sivié, deux religieux de la congrégation de Saint-Maur prennent possession du monastère de Saint-Savin et y introduisent la réforme. (Biblioth. nat., Ms. 12695, latin, f° 380.)

19 mars 1633, à Tarbes, messire Jean-Michel de Saint-Sivié, abbé com-

mandataire de l'abbaye de Saint-Savin, diocèse de Tarbes, fait son procureur M. d'Olive, cons. du Roy en la cour du Parlement de Toulouse, pour conjointement avec M. Mᵉ Noel, aussi conseiller, s'obliger pour noble Hector de Tersac de Montberaut, seigneur de Bernayoul, envers ceux qui lui voudront prêter 300 liv. (Reg. de Sébastien Noguès, not. de Tarbes, 1633, chez M. Duguet, not. à Tarbes.)

17 septembre 1649. Contrat de mariage au château de Savères (Haute-Haronne), diocèse de Lombez, sénéchaussée de Toulouse, « entre noble Etienne de Montaud de Saint-Sivié, seigneur de Visker (Hautes-Pyrénées), assisté de messire Jean-Michel de Montaud de Saint-Sivié, presbtre, abbé de Saint-Sevin, conseiller du Roy en ses conseils, seigneur et baron de Montaud, Beaumont et Saint-Sulpice Lezadois, son frère ; de messire Hector de Tersac de Monberaud, seigneur de Vernaioul, son beau-frère ; messire Jean de Baliros, seigneur et baron de Monbardon et autres lieux ; messire Alexandre-François de Beon de Lamezan, seigneur et baron du Massès et autres lieux, ses cousins germains ; noble Jean-Michel de Terssac de Montberaud, sieur de Fouches (?), son neveu... et demoiselle Marie de Noé, fille de feu messire Jean-Louis de Noé, seigneur et baron dudit lieu, Savere et autres, sénéchal d'Aure, Maignoac, Barousse et Neste.... etc. » L'abbé de Montaut donne à son frère les terres et baronnies de Montaut, Beaumont, Saint-Sulpice, les terres et seigneuries de Saint-Sivié, Arbouix, Cohitte (en Lavedan, canton d'Argelès, Hautes-Pyrénées) et Visker, situées en Bigorre, sans y comprendre les droits appartenant à noble Pierre de Montaut de Saint-Sivié, sieur d'Arbouix (Ayros-Arbouix, canton d'Argelès, Hautes-Pyrénées), son frère. L'abbé se réserve l'usufruit sa vie durant. (Acte insinué à Tarbes, le 10 janvier 1650. Reg. des insinuations, Arch. des Hautes-Pyrénées, série B, n° 721, années 1648-1655.)

11 juillet 1648. « Messire Jean-Michel de Montaut de Saint-Sevié, seigneur dudit-Sevié, Cohitte, Arbouix, Visquer, baron dudit Montaud, Saint-Sulpice (*sic*), Beaumont et autres lieux, conseiller du Roy en ses conseils et abbé commandataire de l'abbaye de Saint-Savin en Lavedan.... donne aux abbés ses successeurs et au chapitre des religieux de Saint-Savin, présents, dom Pierre Pontalier, prieur, et dom Hugues Calmeilz, sous-prieur, savoir : la justice haute, moyenne et basse et greffe que ledit seigneur abbé a acquise de Sa Majesté aux lieux de Saint-Sevin, Adast, Nestalas, Solon (Soulons) Cautares (Cauterets), Baiglaignas (Balagnas), Laur (Lau), Viellalongue (Villelongue) et Arcizans-Devant (Arcizans-Avant), dépendants du *quarteronage* de Tarbes en Bigorre...., faculté d'établir juges, consuls et tous autres

officiers nécessaires, conformément à l'édit de S. M., en paréatge et par moitié entre l'abbé et les religieux. » (Insinué à Tarbes le 17 mars 1650. Reg. des insinuations, Arch. des Hautes-Pyrénées, série B, n° 721, années 1648-1655.)

3 juillet 1650. « Jean-Michel de Montaut de Sensevé, abbé de Saint-Savin, estant bien mémoratif des libéralités qu'il a faites à messire Etienne de Montaut de Sensevé, son frère, en faveur de son mariage avec la demoiselle de Noé, son épouse, désirant ajouter à icelles pour l'affection envers son dit frère, qui est à présent l'unique masle sur lequel l'honneur de toute la famille doit reposer, lui donne tous ses biens. » (Insinué le 7 juillet 1650, *ibid.*)

1651. Jean-Michel de Saint-Sivié meurt et est enseveli dans l'église du monastère de Saint-Savin.

(Renseignements fournis pour la plupart par M. Gast. Balencie.)

PRIEUR DE DURFORT.

753

S. PRIORIS DE DUROFORTI.

Sceau du prieur de Durfort, d'après une empreinte communiquée par M. de Carsalade. La matrice a été trouvée en creusant une conduite d'eau dans la rue de l'Intendance, à Auch, vis-à-vis de l'ancienne église des Cordeliers.

Ce sceau a été décrit dans la *Revue de Gascogne*, qui a présumé qu'on pouvait l'attribuer à l'un des membres de l'illustre famille de Durfort. La légende ne nous paraît pas comporter cette attribution. Il s'agit du prieuré de Durfort, en Agenais.

XIMENO DE AYNAR,

PRIEUR DE RONCEVAUX.

754

Sceau attaché à une charte concernant l'hôpital de Bonloc, datée de Roncevaux, 9 avril 1396. (Arch. de Pau, G 206.)

Au moyen âge, l'hôpital de Roncevaux, fréquenté par les pèlerins de Saint-Jacques de Compostelle, jouissait d'une grande réputation. Il est rare que, dans nos contrées, les testaments des XIVe et XVe siècles ne contiennent pas un legs fait aux *quatre hôpitaux généraux* qui étaient, Saint-Antoine de Viennois, Le Puy, Rocamadour et Roncevaux.

LE CHAPELAIN DE BARBONVIELLE.

755

S. CAPELLANI D. BARBAVILLA.

Ce sceau-matrice a été trouvé dans le sol, à Lectoure ; il appartient à M. Ducos, docteur-médecin, ancien maire de Lectoure.

Entre Lectoure et Agen est le lieu de Barbonvielle, qui a une église et des maisons et ne figure pas sur les dictionnaires géographiques ordinaires. Barbonvielle est dans le département de Lot-et-Garonne, près de sa limite avec le département du Gers.

CAPUCINS D'AUCH.

756

CONCEPTIO TUA DEI GENITRIX.

Cette matrice en cuivre a été trouvée à Auch, elle appartient à M. Calcat, juge au Tribunal civil.

Le religieux qui est à genoux aux pieds de la Sainte Vierge porte la barbe et l'habit des capucins. L'invocation qui sert de légende caractérise cet ordre religieux, qui manifesta toujours une grande dévotion au dogme de l'Immaculée Conception.

Ce sceau est du dernier siècle : nous le reproduisons à cause de l'intérêt particulier qui l'attache à notre vieille cité d'Auch.

LES RÉCOLLETS DE FLEURANCE.

757

SIGILLUM FR[ATR]UM MINORUM RECOLLECTORUM CONVENTUS FLORENTIÆ.

Matrice en laiton, appartenant à M. le docteur Desponts, à Fleurance (Gers).

G. DE JUCAS,
MOINE D'ARTECELE.

758

S. G. DE JVCAS NONARI ARTECELE.

Matrice conservée au musée d'Agen, trouvée à Agen. Le sujet représenté est le baptême du Christ.

Les deux derniers mots de la légende indiquent qu'il s'agit d'un moine. Le mot *Monari* est évidemment une faute pour *Monaci*, le nom de l'abbaye *Artecele* nous est inconnu.

ROIS, REINES ET GRANDS FEUDATAIRES.

PHILIPPE III, ROI DE FRANCE.

PHILIPPUS: DEI: GRACIA: FRANCORUM: REX.

Grand sceau de majesté, sur cire verte de 16 millimètres d'épaisseur, avec contre-sceau profondément imprimé, pendu par une cordelette de soie rouge et verte à un acte de confirmation du paréage de Gimont : donné à Paris au mois d'août 1280.

Ce beau parchemin est intact, l'écriture est fort belle et d'une lecture facile ; le sceau a perdu seulement quelques lettres de la légende dans sa partie inférieure, Nous l'avons complété d'après la gravure donnée par Natalis de Wailly, *Éléments de paléographie*, t. II, planche E, n° 1. Cette gravure, exécutée par un procédé mécanique, a laissé échapper tous les détails délicats ; nous les rétablissons minutieusement dans notre dessin, d'après l'original.

Le paréage de Gimont est imprimé ; cette pièce historique et le grand sceau qui y est attaché nous ont été communiqués par M. A. Daran, de Gimont.

JEAN, DUC DE NORMANDIE.

760

En 1344, Philippe de Valois confia à son fils Jean, duc de Normandie, d'Anjou et du Maine, le gouvernement du Languedoc et des provinces du centre, où la guerre allait recommencer contre les Anglais. Ce prince réunit l'armée royale sur la Garonne. Les ordonnances rendues sous son autorité sont en grand nombre.

Le sceau que nous reproduisons est attaché à deux ordonnances conservées aux archives d'Agen et dont voici le titre :

« Lettres de Jean, duc de Normandie, fils et lieutenant du roi, renouvellant pour cinq ans, au profit de la ville d'Agen, l'autorisation de lever les droits de souquet et de barrage, dont les produits devront être appliqués à la construction des remparts et à la réparation du pont. A Agen, 18 septembre 1344. »

« Lettre de Jean duc de Normandie, fils du Roi et son lieutenant, retenant à sa solde Othon de Montault, capitaine de Penne, avec sa compagnie, et lui donnant l'ordre d'aller se joindre au sénéchal d'Agenais pour assiéger le château de Bajaumont. Dans les tentes, devant Aiguillon, 18 juillet 1346. »

LOUIS, DUC D'ANJOU.

761

Louis duc d'Anjou, frère du roi Charles V.

Sceau attaché à un mandement du don de 40 francs d'or, « à notre « Raoulet de Tourville, somelier de notre chambre aux nappes, pour « acheter un harnois pour servir en cette présente guerre.... Par le « duc d'Anjou et comte du Maine, à Toulouse, soubs le scel de nostre « secret, en l'absence du grand, le 25e jour de février 1368. »

(T. sc., vol. 135, p. 2007.)

ANTOINE DE BOURBON ET JEANNE D'ALBRET,
ROI ET REINE DE NAVARRE.

762

... BEL MONTI COM...

Empreinte sur papier, très détériorée, appendue sur simple queue de parchemin à une commission pour recevoir les comptes de la baronnie de l'Isle-Jourdain, datée de Lauzun, le 8 janvier 1557. (Arch. de Pau, E 274.)

Les armoiries disposées en orle sont celles des diverses provinces dépendant de la couronne de Navarre.

JEANNE D'ALBRET,

REINE DE NAVARRE.

763

IOANNA [R]EG[INA] NAVARRAE. D... ALBRETI COM[ITISSA] FVX[IS] ARM[ANIACI] MARCH[ESA] I. MO.

Sceau de Jeanne d'Albret, reine de Navarre. Empreinte sur papier attachée à une procuration datée de Pau, le 6 avril 1568. (Arch. de Pau, E. 731.)

HENRI III, ROI DE NAVARRE.

764

Grand sceau de majesté, de cire rouge, dont le contre-sceau est gravé dans la première partie, sous le numéro 132, p. 96.

Ce sceau représente Henri de Navarre (le futur Henri IV) enfant.

JEAN Ier, COMTE D'ARMAGNAC.

765

S... [FE]ZENCIACI ET RVTHENE COMITIS.

Contre-sceau de Jean Ier, comte d'Armagnac, sur cire verte, au bas des coutumes de Lectoure et de leur confirmation, en novembre 1343, par Jean, Ier comte d'Armagnac. Le grand sceau équestre est presque entièrement détruit; on n'y distingue rien qui puisse être relevé. Voici sa description, d'après un ancien inventaire où figure la pièce..... *Carta sigillata est sigillo magno dicti domini comitis condam cere viridi, in quo sigillo est effigies dicti domini comitis equem existentis ; et in dorso dicti sigilli est contra sigillum armorum ejusdem domini....*

Nous avons représenté ce grand sceau, n° 142, page 104, d'après un exemplaire qui est aux Archives nationales.

Le contre-sceau que nous donnons ici n'existe, croyons-nous, qu'aux Archives de Lectoure.

ANNE D'ARMAGNAC, DAME D'ALBRET.

766

Empreinte sur papier, attachée à la donation du greffe de Moncrabeau en faveur de Jean du Drot ; datée de Nérac, le 19 avril 1469. (Arch. de Pau, G 193.)

JEAN III, COMTE D'ASTARAC.

767

SEEL JEHAN CONTE DASTARAC.

Jean III, comte d'Astarac, succéda à son père Jean II et l'imita par sa grande vaillance et par les services qu'il rendit aux rois de France. Le manuscrit français 20685 de la Bibliothèque nationale nous apprend qu'il reçut pour « soutenir son estat », en 1473, un don de 1200 fr., et en 1475, une même gratification (pages 610 et 628).

Il suivit le roi Charles VIII en Italie et contribua beaucoup à la victoire de Fornoue. Renvoyé en France avec les troupes qu'il commandait, il reçut une somme de 1550 livres dont il a donné la quittance suivante, signée et scellée (Bibl. nat., Pièces originales) :

« Nous Jehan, conte Destrac, conseiller et chambellan du Roy nostre
« sire et cappitaine de cinquante lances fournies de ses ordonnances,
« confessons avoir receu de Me Pierre Legendre, conseiller et tresorier
« des guerres du Roy nostre sire, et données par Mons. le duc de Bour-
« bonnais et d'Auvergne, à tenir le compte des frais ordinaires de la
« guerre en attendant le retour dudit seigneur de sa conqueste de Naples,
« la somme de quinze cens cinquante livres tournois, à nous ordonnée
« par ledit seigneur pour la distribuer et departir ainsi que adviserons
« aux gens de guerre de ma charge, ausquels ledit seigneur l'a donnée,
« tant en faveur des bons et agreables services qu'ils ont fait audit
« seigneur au fait de ses guerres, audit voyage et conqueste de Naples,
« que pour leur aider à vivre sur les champs en retournant en leurs
« maisons où ledit seigneur les renvoie presentement. De laquelle
« somme de xv^c L liv. t. nous nous tenons pour content et bien payez et
« en quitons ledit Me P. Legendre commé dessus. En tesmoing de ce

« nous avons signé ces presentes lettres de nostre main et scellées du
« scel de nos armes, le XXVI° jour de decembre l'an M CCCC IV^{xx} XV.
                              « Jehan DESTRAC. »
Le 26 juillet 1496, il donna quittance de 100 liv. tournois pour deux
mois de sa charge de capitaine de cinquante lances fournies.

BERNARD D'ASTARAC,
BARON DE MONTAMAT.

768

Bernard, *alias* Guillaume d'Astarac, baron de Montamat, près Lombez (Gers), fils de Jean-Jacques d'Astarac, baron de Fontrailles et de Marestang. Le baron de Montamat, dont Brantôme vante la bravoure, accompagna la reine de Navarre, en 1568, à La Rochelle. De là il rejoignit Mongommery qui, le Béarn conquis, le nomma lieutenant général pour agir de concert avec le baron d'Arros (voir plus loin ce nom). Ce fut lui qui soumit toute la Bigorre. La paix signée, Montamat se rendit à Paris et y fut tué à la Saint-Barthélemy.

Son sceau que nous reproduisons est une empreinte sur papier, communiquée par M. G. Balencie.

ANTOINE DE LOMAGNE,

BARON DE TERRIDE.

769

« Antoine de Lomagne, seigneur, baron de Terride, vicomte de Gimois, chevalier de l'ordre du Roi, capitaine de 50 hommes d'armes de ses ordonnances, lieutenant général chef et conducteur de l'armée ordonnée par Sa Majesté pour la protection et sauvegarde du pays de Béarn », tels sont les titres dont se qualifiait, dans ses ordonnances, celui que l'on appelait plus communément le *vicomte de Terride.*

Il avait près de soixante ans lorsqu'il reçut du duc d'Anjou la mission d'envahir les États de Jeanne d'Albret et d'en extirper l'hérésie. Battu et fait prisonnier sous les murs d'Orthez par Mongommery, en 1569, échangé contre le frère de celui-ci, il se retira à Éauze où il mourut cette même année. On trouvera les détails de la vie de ce personnage dans les ouvrages qui traitent des guerres de religion au XVIe siècle.

Sur un champ losangé, le bélier de la maison de Lomagne ; l'écu est entouré du cordon de l'ordre de Saint-Michel, dont le vicomte de Terride était chevalier.

BERNARD D'ARMAGNAC,

SÉNÉCHAL D'AGENAIS.

770

CONTRA S. B. D[E] ARMANHACO.

Dans le champ, un écu écartelé au 1ᵉʳ et 4° d'Armagnac, au 2ᵉ et 3ᵉ du bélier de Lomagne.

Nous avons déjà publié ce sceau, première partie, p. 119, d'après une matrice en bronze appartenant à M. Paul Durrieu. La matrice de celui-ci est plate, munie d'un petit appendice percée d'un trou ; elle a été trouvée dans la Seine, à Paris. (Voir *Revue de Gascogne*, année 1883. *Quelques sceaux relatifs à la Gascogne*, par M. Ph. Lauzun.)

BERNARD, BARON D'ARROS.

771

Bernard, baron d'Arros, fut un des plus fougueux lieutenants de Jeanne d'Albret, dans le Béarn. Son histoire se trouve dans tous les auteurs qui ont traité des guerres de religion au XVIᵉ siècle.

Son sceau que nous reproduisons est conservé aux archives de Pau, B 2159 et 2197. On remarquera dans le premier et le quatrième quartier une roue. C'est l'emblème parlant de la maison d'Arros. Ce nom, en effet, signifie roue en langue béarnaise.

PÉLEGRIN DE BEAUMONT,

CAPITAINE DE LIALORES.

772

Pélegrin de « Boomont », écuyer, capitaine de Lialores (arrondissement de Condom), a posé le sceau ci-contre sur huit quittances de ses gages, données à Agen, en 1354 et 1355.

Le 12 décembre 1355, il fut témoin, avec Arnaud de Berrac et Béraud de Bordes, du testament de Pons IV, seigneur de Castillon, fait à Condom. (Courcelles, *Hist. des Pairs de France*, art. Castillon.)

Cette famille conserva le fief dont elle portait le nom, tout au moins jusqu'au milieu du XVe siècle, car le 9 avril 1439, « Pierre de Boomont, « seigneur de Boomont, » lausima la vente d'une pièce de terre mouvante de son fief. (Trobat, notaire; étude de Gondrin.)

Mais, en 1463, Jean, seigneur de Bezolles, est seigneur de Beaumont.

Le château de Beaumont (canton de Condom) a passé dans les mains des familles de Mazelières et de Galard.

GRIMOARD DE BIRAC.

773

..... ART DE VIRAC.

Nous avons déjà publié un sceau de ce personnage, p. 230, n° 275.

ROLAND DE BOISSI,

CAPITAINE DE TOURNON.

774

La Bresse et le pays de Gex, alors dépendants des comtes de Savoie, ont fourni pendant le xive siècle, aux rois de France, plusieurs capitaines qui les ont servis avec bravoure et fidélité contre les Anglais ; de ce nombre était Roland de Boissi ou Woissy (Boissey, canton de Bourg, département de l'Ain), vassal et homme-lige du seigneur de Villars (Villars, arrondissement de Trévoux, département de l'Ain) et du comte de Savoie.

En 1352, il était capitaine de la ville importante de Tournon, chef-lieu de l'un des douze bailliages d'Agenais ; c'est à ce titre que nous reproduisons le sceau pendu à une quittance de 100 livres tournois, pour le restors (indemnité) de quatre chevaux que Guillaume de Masse, Jehan de Rebernon, Bernard de Marcillac et Jehan de Frontenay, écuyers de sa compagnie, ont eu morts et perdus ès guerres de Gascogne, sous le gouvernement du comte de l'Isle. Toulouse, 24 novembre 1352. (T. scellés.)

775

Il continua de faire la guerre assez malheureusement. « Il a esté « prins tant à Poitiers comme ailleurs par plusieurs fois et mis à grans « et excessives rençons. »

Le Roi lui fit en 1360 un don de 240 écus, dont il a donné quittance le 13 avril, sous le sceau ci-contre. Le 21 juin 1364, autre don de

250 livres tournois sur le péage de Saint-Symphorien-sur-Coise, et autres avantages qui furent convertis en une pension viagère de 250 florins. (T. sc.)

(Delille, *Mandements de Charles V*, page 21, n° 34, d'après les chartes royales, VI, n° 12).

ANDRÉ DE BUDOS,

CAPITAINE DE BUDOS.

776

S. ANDRE DE BVDOS.

Budos (canton de Podensac, Gironde).

André du Chesne (*Hist. généal. de la maison de Montmorency*, p. 447) a donné une notice sur la maison de Budos, éteinte dans celle de Montmorency. Raymond de Budos avait épousé la sœur du pape Clément V. Son fils, Amanieu de Fargues, fut évêque d'Agen.

Leur nom revient souvent dans l'obituaire de l'église Saint-André de Bordeaux, et les *Archives historiques de la Gironde* ont publié un grand nombre de documents qui les concernent. Quoiqu'ils fussent dans la dépendance féodale de l'Angleterre, ils préférèrent toujours servir les rois de France.

Andrieu ou André de Budos, capitaine du lieu de Budos, a donné quittance de ses gages, le 22 mai 1342, à Agen ; son sceau y est attaché. Il était fils aîné de Raymond-Guillaume et d'Esclarmonde de Lamotte. (Voir aussi Boutaric, *les Parlements*, t. II, 7265.)

« Sous les regnes de Charles VI et Charles VII, autre Andrieu de
« Budos, baron de Budos et de Porte-Bertrand, servit avec tant de
« fidélité le roy Charles VI contre les Anglois, ennemis de la couronne,
« qu'il mérita d'estre surnommé le fléau, et fut lors choisi entre plu-
« sieurs autres chevaliers de marque pour commander à la ville de
« Bazas en qualité de gouverneur. Puis la confusion ayant enveloppé
« tout le royaume après la mort de ce prince, il abandonna mesme ses
« biens et héritages assis au pays de Bazadois et Bourdelois à la merci

« des ennemis pour maintenir le iuste party du roy Charles VII, lequel
« en récompense d'un si louable mespris non seulement l'honora de
« l'estat de conseiller et chambellan de sa maison par lettres de l'an
« 1424, mais encore luy donna depuis diverses rentes et revenus sur le
« péage de Saint-Jean de Marvejols et autres en la seneschaussée de
« Beaucaire et de Nismes. Il avait épousé Cecile de la Fare dont il eut
« descendance, et testa en 1446. » (Duchesne, hist. citée, p. 449.)

777

S. ANDREE DE BVDOS.

Le 22 février 1421, sous le sceau ci-contre, il donna quittance de ses gages et de ceux de dix-neuf écuyers de sa compagnie employés au recouvrement du château de Sommières, sous le gouvernement de Guillaume de Meulan, sénéchal de Beaucaire.

RAOUL DE CLERMONT,

FILS DE SIMON II ET DE ALIN DE MONTFORT.

778

[S.] RADVLPHI D[E] [CLA]ROMONTE.

Il fut seigneur de Neelle et de Brios, et connétable de France dès 1287, sous les rois Philippe le Hardi et Philippe le Bel. Envoyé en Guyenne à la tête d'une armée, il mit cette province sous l'obéissance du Roi ; en 1293, après en avoir chassé le seigneur de Saint-Jean, lieutenant d'Édouard, roi d'Angleterre. En 1294, il obligea ce dernier à lever le siège de Bordeaux, fit les campagnes de Gascogne en 1295 avec Charles, comte de Valois. En 1297, il combattit en Flandre ; il fut tué à la bataille de Courtray, le 11 juillet 1302. Son corps fut enseveli à Beaupré.

Il avait épousé Alix de Dreux et en deuxièmes noces Isabelle de Haynaut, fille de Jean II, comte de Haynaut.

Le sceau est appliqué au bas du serment de fidélité du connétable pour le roi de France et des habitants d'Agen : *Datum Agennii, sabbato ante festum Assumptionis Beate Virginis, anno Domini* 1295. (Archives d'Agen, AA 3, p. 15.)

GAILLARD DE GOURDON,

SEIGNEUR DE SAUVETERRE.

779

S. GVALHARDI D[E] GORDONIO D[OMI]NI SALVET[ER]RE.

Dans le champ, un écusson chargé de trois besans ou tourteaux, posés 2 et 1, à une croix abaissée et fichée.

Ce personnage ne nous est autrement connu que par le sceau que nous reproduisons d'après la matrice qui fait partie de la collection de M. Ph. Lauzun. La terre dont il se dit seigneur est le village de Sauveterre, en Quercy (canton de Lauzerte, Tarn-et-Garonne), qui a appartenu à une branche de la maison de Gourdon. M. Douet d'Arcq (t. II, p. 392) a reproduit un sceau de ces seigneurs de Sauveterre, qui diffère peu de celui-ci ; le revers représente un écu à la croix abaissée à l'orle de cinq tourteaux. (Voir l'étude de M. Ph. Lauzun, *Revue de Gascogne*, année 1883.)

GUIRAUD DE LEBRET.

780

S. GUIRAUT DE LABRET.

Nous ne pouvons dire si ce personnage appartient à la maison d'Albret, dont le nom s'écrivait anciennement *Lebret*.

Guiraud de Lebret, seigneur de Prépard, capitaine de la ville de Mézin en Gascogne, donna quittance le 13 octobre 1439, avec Bernard du Gura, écuyer, de 358 livres tournois pour distribuer aux gens d'armes et de trait qui les aidèrent à recouvrer la ville de Mezin. (Anselme, *Grands officiers de la Couronne*, t. VI, p. 210.)

Les trois sceaux qui suivent se sont trouvés dans notre collection, sans que nous puissions indiquer leur provenance.

781

Ce sceau est celui d'une ville située dans les domaines des comtes de

Toulouse. Cette position géographique est indiquée par la *croix de Toulouse* que l'on voit au bas du sceau.

SCEAU DE CHEVALIER. SCEAU DE BOURGEOIS.

782    783

DE FERL...   S. ARNAVT-PEI RERLAZI.

POUY.

Nous avons dit, page 467, que la famille de Pouy, qui habite aujourd'hui le Gers, n'appartenait pas à la famille des seigneurs de Pouy-Pardin, dont nous avons donné les sceaux : il semble résulter des observations qui nous ont été présentées par M. le comte de Pouy, d'Avensac, et des documents qu'il nous a communiqués, que cette assertion n'est pas fondée.

FIN DES SCEAUX GASCONS.

TABLE GÉNÉRALE DES MATIÈRES.

SCEAUX ECCLÉSIASTIQUES.

PAPE.

Clément V

CARDINAL.

Raymond de Goth, p. 2.

ARCHEVÊQUES D'AUCH.

Géraud de Labarthe, p. 3.
Garsie de Lort, p. 4.
Amanieu de Grisinhac, p. 5.
Guillaume de Flavacourt, p. 6.
Arnaud d'Aubert, p. 7.
Jean IV d'Armagnac, p. 8.

ÉVÊQUES D'AGEN.

Bertrand de Beceira, p. 12.
Raoul de Pins, p. 12.
Guillaume III de Pontoise, p. 13.
Pierre II, p. 14.
Pierre III Jorlandi, p. 14.
Bertrand de Goth, p. 15.

ÉVÊQUE D'AIRE.

Louis d'Albret, p. 15.

ÉVÊQUES DE BAYONNE.

Pierre de Maslacq, p. 16.
Pierre de Saint-Jean, p. 17.
Garsias de Heuguy, p. 17.
Jean IV du Bellay, p. 18.

ÉVÊQUE DE BAZAS.

Guillaume II de Pins, 19.

ÉVÊQUES DE COMMINGES.

Raymond Arnaud de Labarthe, p. 609.
Garsie de Lort, p. 19.

ÉVÊQUES DE CONDOM.

Aymeric Noël, p. 20.
N..., p. 21.

ÉVÊQUES DE COUSERANS.

Cérebrun de Gobdès, p. 21.
Nicolas, p. 22.
Arnaud Fredeti, p. 23.

ÉVÊQUES DE DAX.

Bertrand Ier, p. 24.
Jean II Bauffès, p. 25.
Jean III Guitard, p. 25.

ÉVÊQUE DE LANGRES.

Guillaume de Dufort, p. 26.

ÉVÊQUES DE LECTOURE.

Arnaud II, p. 27.
Bernard-André, p. 28.
Jean de Barton, p. 607.
Pierre V. d'Abzac, p. 28.

TABLE DES MATIÈRES.

ÉVÊQUE DE LESCAR.

Arnaud de Saliers, p. 29.

ÉVÊQUE DE LOMBEZ.

Jean de Bilhères, p. 32.

ÉVÊQUES DE TARBES.

Arnaud-Guilhem de Biran, p. 33.
Amanieu de Gresinhac, p. 34.
Roger de Foix, p. 35.

ARCHEVÊQUE DE TOULOUSE.

Jean de Cardaillac, p. 35.

ÉVÊQUE DE VALENCE.

Jean de Monluc, p. 36.

CATHÉDRALES, CHAPITRES, CHANOINES ET OFFICIALITÉS.

Cathédrale de Lectoure, p. 610.
Chapitre d'Auch, p. 37.
Chapitre d'Agen, p. 38.
Chapitre de Bayonne, p. 40.
Chapitre de Bazas, p. 41.
Chapitre de Condom, p. 42.
Chapitre de Couserans, p. 42.
Chapitre de Lectoure, p. 610.
Chapitre du Mas-d'Agenais, p. 611.
Chapitre de Saint-Gaudens, p. 43.
Sous-chantre de Béziers, p. 43.
Archidiacre de la vallée d'Ossau, p. 44.
Prévôt de Toulouse, p. 44.
Collégiale d'Uzeste, p. 46.
Officialité d'Agen, p. 612.

ÉGLISES, CURÉS, PRÊTRES.

Église de Saint-Lizier de Mengué, p. 46.
Recteur de Saint-Léon de Bayonne, p. 47.
Curé de Corinhac, p. 47.
Curé de Saint-Sulpice, p. 48.
Prêtres divers, p. 48-50.

ABBAYES ET ABBÉS.

Abbaye de Belleperche, p. 51.
Abbaye de Boulbonne, p. 52.
Abbaye de Bonnefont, p. 53.
Abbaye de Saint-Jean de la Castelle, p. 54.
Abbaye de Saint-Pierre de Clairac, p. 55.
Abbaye de Saint-Pierre de Condom, p. 56.
Abbaye d'Eysses, p. 57.
Abbaye de Feuillans, p. 57.
Abbaye de Flaran, p. 58.
Abbaye de Grandselve, p. 59.
Abbaye de Saint-Sever, p. 59.
Abbaye de Sordes, p. 60.
Abbaye de Sorèze, p. 61.
Abbé de Saint-Savin de Lavedan, p. 614.
Moine du Mas-Grenier, p. 613.
Moine d'Artecéle, p. 620.

PRIEURÉS ET PRIEURS.

Prieuré de Saint-Caprais d'Agen, p. 62.
Prieuré de Saint-Orens d'Auch, p. 63.
Prieuré de Saint-Esprit de Bayonne, p. 64.
Prieuré de Saint-Nicolas de Bayonne, p. 64.
Prieuré de Bazas, p. 65.
Prieuré d'Éauze, p. 65.
Prieur de Saint-Antoine d'Agen, p. 614.
Prieur de Durfort, p. 617.
Prieur de Roncevaux, p. 618.

COUVENTS.

Provincial des Carmes d'Aquitaine, p. 66.
Clarisses de…?, p. 67.
Frères Mineurs de Condom, p. 67.
Frères Prêcheurs d'Orthez, p. 68.
Chartreux du Port-Sainte-Marie, p. 69.
Provincial des Frères Prêcheurs de Toulouse, p. 70.
Inquisiteur de Gascogne, p. 71.
Chapelain de Barbonvielle, p. 619.
Capucins d'Auch, p. 619.
Récollets de Fleurance, p. 620.

SCEAUX LAÏQUES.

ROIS ET PRINCES.

Philippe III, p. 621.
Jean, duc de Normandie, p. 622.
Louis, duc d'Anjou, p. 623.
Henri III, roi de Navarre (le futur Henri IV), p. 626.

ROIS DE NAVARRE.

Thibaut Ier, p. 73.
Marguerite de Bourbon, p. 74.
Thibaut II, p. 74.
Isabelle, p. 76.
Henri Ier, p. 77.
Blanche d'Artois, p. 78.
Jeanne Ire, p. 79.
Louis le Hutin, p. 81.
Marguerite de Bourgogne, p. 81.
Philippe le Long, p. 82.
Philippe d'Évreux, p. 82.
Jeanne de France, p. 85.
Charles II le Mauvais, p. 85.
Pierre de Navarre, p. 88.
Charles III d'Évreux, p. 89.
Jean d'Aragon, p. 91.
Jean III d'Albret, p. 92.
Catherine de Foix, p. 93.
Henri II d'Albret, p. 94.
Antoine de Bourbon, p. 95.
Henri III de Bourbon, p. 96.
Catherine de Bourbon, p. 96.
Antoine de Bourbon et Jeanne d'Albret, p. 624.
Jeanne d'Albret, p. 625.

SIRES D'ALBRET.

Bernard II Ezi, p. 97.
Marguerite de Bourbon, p. 98.
Arnaud-Amanieu, p. 98.
Charles Ier d'Albret, p. 99.
Gabriel d'Albret, p. 100.
Anne d'Armagnac, dame d'Albret, p. 627.

COMTES D'ARMAGNAC.

Géraud V, p. 101.
Bernard VI, p. 103.
Jean Ier, p. 104, et p. 627.
Jeanne d'Armagnac, p. 108.
Jean II, p. 109.
Jean III, p. 110.
Bernard VII, p. 111.
Jean IV, p. 112
Jean V, p. 116.
Charles II d'Alençon, p. 118.
Bernard d'Armagnac, sénéchal d'Agenais, p. 118
Bernard d'Armagnac, comte de Pardiac, p. 120.
Jean d'Armagnac, vicomte de Fezensaguet, p. 121.
Pierre d'Armagnac, bâtard de Fezensaguet, p. 125.
Jean d'Armagnac, seigneur de Termes, p. 125.
Giraut d'Armagnac, chevalier, p. 129.
Manaud d'Armagnac, seigneur de Bilhères, p..129.
Amanieu d'Armagnac, capitaine de Barcelonne, p. 130.
Amanieu d'Armagnac, capitaine de Saint-Justin, p. 131.
Guiraud d'Armagnac, chevalier-bachelier, p. 131.
Jean bâtard d'Armagnac, dit de la Guerre, p. 135.
Bernard d'Armagnac, sénéchal d'Agenais, p. 631.

COMTES D'ASTARAC.

Centulle IV, p. 136.
Jean II, p. 136.
Jean III, p. 628.
Boémont d'Astarac, p. 139.
Bernard d'Astarac, p. 629.

COMTES DE BIGORRE.

Esquivat, p. 140.
Agnès, p. 141.

COMTES DE COMMINGES.

Bernard V, p. 142.
Bernard VI, p. 145
Bernard VII, p. 146.
Pierre-Raymond Ier, p. 147.
Pierre-Raymond II, p. 148.
Mathieu, p. 149.
Roger de Comminges, vicomte de Bruniquel, p. 150.
Bernard de Comminges, écuyer des écuries du Roi, p. 151.
Raymond-Roger de Comminges, p. 151.
Emerigot et Bernard de Comminges, p. 152.

COMTES DE FOIX.

Raymond-Roger, p. 153.
Roger-Bernard II, p. 154.
Roger IV, p. 156.
Roger-Bernard III, p. 159.
Marguerite, p. 160.
Gaston Ier, p. 161.
Roger-Bernard de Foix, vicomte de Castelbon, p. 163.
Gaston II, p. 163.
Gaston III Phœbus, p. 164.
Archambaut de Grailly, p. 165.
Isabelle, p. 166.
Jeanne d'Albret, p. 167.
Gaston III de Foix le Boiteux, p. 167.
Gaston XII, vicomte de Béarn, p. 168.
Odet de Foix, vicomte de Lautrec, p. 169.

COMTES DE L'ISLE-JOURDAIN.

Jourdain IV, sire de l'Isle-Jourdain, p. 171.
Bertrand-Jourdain de l'Isle, p. 173.
Bertrand de l'Isle, p. 174.
Bertrand, comte de l'Isle-Jourdain, p. 175.
Arnaud, bâtard de l'Isle, p. 176.
Bertrand-Jourdain de l'Isle, sire de Launac, p. 177.
Jean-Jourdain, comte de l'Isle-Jourdain, p. 178.
Jean, comte de l'Isle-Jourdain, p. 179.
Bertrand II, comte de l'Isle-Jourdain, p. 180.

VICOMTES DE LOMAGNE.

Vivian, vicomte de Lomagne, p. 181.
Yspan de Lomagne, sire de Gimat, p. 182.
Arnaud de Lomagne, sire de Gimat, p. 182.
Vesian de Lomagne-Gimat, p. 183.
Jean de Lomagne, sire de Fimarcon, p. 185.
Vesian de Lomagne, sire d'Astaffort, p. 185.
Antoine de Lomagne, baron de Terride, p. 630.

SIRES DE TERRIDE.

Raymond-Jourdain de Terride, sire de Penneville, p. 188.
Bertrand de Terride, vicomte de Gimois, p. 189.
Bertrand II de Terride, sire de Penneville, p. 190.

SCEAUX DES SEIGNEURS.

Arbeyssan, p. 197.
Arros, p. 631.
Armenonville, p. 199.
Artigueloube, p. 200.
Audirac, p. 201.
Aulin, p. 202.
Aure, p. 203.
Aydie, p. 204.

Balzac, p. 205.
Barbazan, p. 206.
Barbotan, p. 211.
Bazillac, p. 212.
Baux, p. 215.
Beaumarchez, p. 216.
Beaumont, p. 631.
Bédat, p. 218.

TABLE DES MATIÈRES.

Bédeissan, p. 219.
Béon, p. 221.
Bérail, p. 223.
Bérart, p. 224.
Bergognan, p. 225.
Bertran, p. 228.
Bezolles-Ferrabouc, p. 229.
Billan, p. 229.
Birac, p. 230 et p. 632.
Biron-Montferrand, p. 231.
Boissi, p. 633.
Bonnay, p. 235.
Braa, p. 237.
Bressols, p. 238.
Bretails, p. 238.
Buch, p. 240.
Budos, p. 634.

Cantiran, p. 241.
Cardaillac, p. 242.
Castelbajac, p. 244.
Castelnau-Tursan, p. 245.
Caumont-Agenais, p. 247.
Caumont-Lomagne, p. 251.
Causac, p. 254.
Cazaubon, p. 255.
Chandos, p. 257.
Clermont, p. 635.
Connin, p. 258.
Corneillan, p. 259.
Cravencères, p. 260.
Cros, p. 261.
Cuelhe, p. 262.
Cugnac, p. 263.
Cumont, p. 266.

Dalby, p. 268.
Des Prez, p. 268.
Dieupentale, p. 269.
Du Fourc, p. 270.
Durfort, p. 271.

Entraygues, p. 276.
Espagne, p. 276.
Esparros, p. 282.
Fages, p. 283.
Ferrières, p. 285.
Ferriol, p. 286.
Fontains, p. 288.
Francs, p. 289.
Fumel, p. 290.

Galard, p. 291.
Gassias, p. 295.
Gière, p. 295.
Gontaut, p. 297.
Gourdon, p. 636.
Gout, p. 299.
Gramont, p. 300.
Guerre, p. 301.

Helleville, p. 303.

Isalguier, p. 304.

Jean, p. 305.
Jugo, p. 306.
Jussan, p. 307.

La Barthe, p. 309.
Labbay, p. 312.
La Baume-Le Galois, p. 312.
Lagraulet, p. 313.
La Hitte, p. 316.
Lamartre, p. 317.
La Mothe, p. 318.
Landiras, p. 319.
Landorre, p. 319.
Landreville, p. 321.
Lanes, p. 322.
Lanta, p. 323.
La Palu de Varambon, p. 323.
La Pallière, p. 327.
La Plaigne, p. 329.
La Porte dit Roullant, p. 330.
La Rène, p. 330.
Laroche-Fontenille, p. 331.
Lartigue, p. 334.
Las, p. 335.
La Salle, p. 339.
Lasseran, p. 340.
La Tour, 341.
La Tournelle, p. 341.
Laugnac, p. 342.
La Valette, p. 342.
Lavardac, p. 344.
Lavedan, p. 346.
Lautrec, p. 350.
Lauzières, p. 350.
Léaumont, p. 352.
Lebret, p. 637.
Lempereur, p. 352.
Lescun, p. 355.

TABLE DES MATIÈRES.

Lesgo, p. 358.
Ligardes, p. 359.
Lion, p. 359.
Lorras, p. 360.
Loubenx, p. 361.
Loudières, p. 361.
Loupiac, p. 362.
Luppé, p. 363.

Madaillan, p. 367.
Madirac, 367.
Magnoac, p. 368.
Marciac, p. 371.
Maréchaux de l'ost, p. 372.
Marsan, p. 376.
Mascaron, p. 377.
Massas, p. 378.
Massencome, p. 379.
Mauléon, p. 380.
Maumont, p. 383.
Maussemont, p. 383.
Mazens, p. 384.
Mazières, p. 385.
Mercadier dit Sauton, p. 386.
Monclar, p. 387.
Monlezun-Pardiac, p. 388.
Monluc, p. 396.
Mons, p. 399.
Montagut, p. 401.
Montaut, p. 401.
Montaut-Bénac, p. 406.
Montaut-Agenais, p. 409.
Montberton, p. 412.
Montesquiou, p. 413.
Montferrand, p. 416.
Montmorin, p. 417.
Montpezat, p. 418.
Mun, p. 422.

Nangeville, p. 423.
Navailles, p. 424.
Nisse, p. 425.
Noailhan, p. 425.
Noé, p. 426.

Orbessan, p. 431.
Ornézan, p. 433.

Pardailhan, p. 436.
Paute, p. 442.
Peyre, p. 443.

Peyron, p. 444.
Peyrelade, p. 444.
Pins, p. 445.
Podenas, p. 451.
Pouy, Puy, p. 465, 638.
Polastron, p. 454.
Preignan, p. 455.
Preissac, p. 456.
Prevost, p. 461.
Provenquas, p. 462.
Pujols, p. 462.
Puygros, p. 468.

Rabasteins, p. 469.
Raoulet, p. 474.
Revignan, p. 474.
Rivière, p. 478.
Rochechouart, p. 484.
Roger, p. 486.
Rolland, p. 486.
Roquemaurel, p. 487.

Saint-Lary, p. 487.
Saint-Genez, p. 490.
Saint-Julien, p. 490.
Saintrailles, p. 491.
Saint-Tual, p. 492.
Sainte-Marse, p. 493.
Salles, p. 494.
Sancerre, p. 495
Saubolée, p. 497.
Saunhac, p. 498.
Sédillac, p. 499.
Ségur, p. 500.
Seissas, p. 500.
Seysses, p. 501.
Serant, p. 503.
Servot, p. 503.
Soler, p. 504.
Solle, p. 504.
Solomiac, p. 505.

Talauresse, p. 506.
Talbot, p. 508.
Tantalon, p. 509.
Temple, p. 510.
Thémines, p. 510.
Tillet, p. 512.
Toujouse, p. 513.
Tours ou Tous, p. 514.
Truffel, p. 515.

TABLE DES MATIÈRES.

Vaquier, p. 515.
Vaurion, p. 516.
Verduzan, p. 516.
Verlus, p. 521.
Verniole, p. 523.
Vicmont, p. 524.

Vigier, p. 525.
Vignoles-Lahire, p. 526.
Villar, p. 530.
Villemur, p. 531.
Vissouse, p. 533.
Vivant, p. 534.

SCEAUX DES VILLES.

Agen, p. 539.
Auch, p. 540.

Barcelonne, p. 541.
Bassoues, p. 542.
Bayonne, p. 543.
Bazas, p. 546.
Beaumarchès, p. 547.
Biarritz, p. 548.
Boulogne-sur-Gesse, p. 549.
Casteljaloux, p. 549.
Condom, p. 550.

Fleurance, p. 552.

Gabarret, p. 553.
Geaune, p. 554.
Gensac, p. 554.
Gimont, p. 555

Isle-en-Jourdain (l'), p. 556.

Ladevèze, p. 557.
Lavardac, p. 557.
Lavigne, p. 558.
Lectoure, p. 558.

Marmande, p. 561.
Mas-d'Agenais, p. 562.
Mézin, p. 563.

Miradoux, p. 564.
Mirande, p. 565.
Moissac, p. 565.
Monclar-d'Agenais, p. 566.
Mongaston, p. 566.
Montauban, p. 567.
Montcuq, p. 567.
Mont-de-Marsan, p. 568.
Montréal du Gers, p. 570.
Monségur, p. 571.

Nogaro, 572.

Pau, p. 572.
Penne d'Agenais, p. 574.
Port-Sainte-Marie, p. 575.
Puymiröl, p. 575.

Ruille, p. 576.

Saint-Girons, p. 579.
Saint-Jean-Pied-de-Port, 579.
Serrefront, p. 580.

Tarbes, p. 581.
Toulouse, p. 577.

Valcabrère-en-Comminges, p. 582.
Verdun-sur-Garonne, p. 583.

SCEAUX DE JUSTICES.

Sénéchaussée d'Agenais et de Gascogne, p. 585.

Sénéchaussée d'Armagnac, p. 587.
Justice de Fezensac, p. 587.

SCEAUX DES BOURGEOIS.

Asalit (Bernard), p. 591.

Cassagne (Jean de), p. 591.
Colomb (Gaillard), p. 592.
Cobo (Jean), p. 594.
Crapusa (Guillanme de), p. 594.

Dordiale (Garsianer), p. 594.

Gresolas (R. de), p. 595.

Lassalle (P.), p. 595.
Lingua (Vincent), p. 596.

Mars (Bernard), p. 596.

Mirail (Sans du), p. 597.
Motet (Bertrand), p. 598.

Patenet (Pierre), p. 598.
Pénière (G. de), p. 599.
Pilho (Jean), p. 599.

Repasier, p. 599.
Rivière (Pons), p. 600.

Saint-Martin (Dominique de), p. 600.
Savonnier (Sanson le), p. 601.
Serre (Garsias de), p. 601.
Syon (Guillaume de), p. 601.

Tanheirat (Arnaut-Guillaume), p. 602.

FIN DE LA TABLE GÉNÉRALE DES SCEAUX.

www.ingramcontent.com/pod-product-compliance
Lightning Source LLC
Chambersburg PA
CBHW050103230426
43664CB00010B/1419